PATRICK BAUER

Der 4. November 1989 und seine Geschichte

DER TRAUM IST AUS. ABER WIR WERDEN ALLES GEBEN, DASS ER WIRKLICHKEIT WIRD.

Rowohlt
Hundert Augen

Originalausgabe
Veröffentlicht im Rowohlt Verlag, Hamburg, November 2019
Copyright © 2019 by Rowohlt Verlag GmbH, Hamburg
Satz aus der Pensum Pro Book, InDesign
Gesamtherstellung CPI books GmbH, Leck, Germany
ISBN 978-3-498-00151-3

«Die Zeit der Kunst ist eine andere Zeit als die der Politik.
Das berührt sich nur manchmal, und wenn man Glück hat,
entstehen Funken.»

Heiner Müller

PROLOG

T homas Neumann geht voran.

Am Sonnabend, den 4. November 1989, es ist kurz nach
zehn Uhr morgens, steht der Schauspieler des Deutschen Theaters
und dortige Vertrauensmann der Gewerkschaftsgruppe vor dem
Haus des Berliner Verlags in der Karl-Liebknecht-Straße und weiß
nicht weiter. Über dem Alexanderplatz schwebt die Spitze des Fernsehturms in grauen Schleiern, aber es ist mild, fast frühlingshaft.
Neumann ist müde, in den vergangenen Nächten hat dauernd sein
Telefon, das er vor zwei Jahren, als er Ensemblevertreter wurde, auf
einmal genehmigt bekam, geklingelt, wenn er endlich im Bett lag,
doch nie war jemand dran.

Neumann trägt Schiebermütze und Jeansjacke, die grün-gelbe
Schärpe, auf der «Keine Gewalt» steht, hat er sich zu einem Hals-
tuch gebunden. Früh am Morgen, um acht Uhr, beim Organisati-
onstreffen im Zuschauerraum der Volksbühne, hat jeder eine solche
Schärpe ausgehändigt bekommen, der sich als Ordner eingetragen
hatte. Allein vom DT sind dreißig Mitarbeiter angemeldet als Aufpasser, denn heute darf nichts schiefgehen. Zu der Schärpe bekam
jeder Ordner einen Polizisten zur Seite gestellt, als Verbindungs-
mann, falls was wäre. Die saßen da in der Volksbühne, in jeder
Sitzreihe einer, alle in Zivil, man konnte sich sozusagen einen aus-
suchen, aber es ergab sich dann auch so. Die Polizisten, vielleicht
waren es aber auch welche von der Stasi, trugen keine Waffen,
dafür Plastiktüten, echte Raritäten also, in denen Funkgeräte und
Megaphone lagen. So war jeder Ordner mit Schärpe samt einem
Ordnungshüter mit Plastiktüte losgezogen, und die schweigsamen
Duos hatten sich am Rande der geplanten Demonstrationsstrecke

verteilt, bis hin zum Palast der Republik und wieder zurück. Warum auch immer, aber Neumann und sein Polizist sind am Startpunkt der Demonstration gelandet, an der Spitze des Zuges, von dem keiner ahnt, wie lang er werden wird. Neben Neumann halten Kollegen von ihm, darunter auch Jutta, seine Freundin, das große, breite Transparent mit der Aufschrift «Protestdemonstration», das sie noch rasch gemalt haben, Schwarz auf Rot, als sie hörten, selbst Egon Krenz wolle mitdemonstrieren. Aber nee, der soll verstehen, dass sie zwar nicht gegen Sozialismus auf die Straße gehen, aber ganz sicher auch nicht für *seinen* Sozialismus.

8

Thomas Neumann ist 43 Jahre alt. Als er das letzte Mal an einer Demonstration teilgenommen hat, war er 15. Der 1. Mai 1961 in Nehringen, Kreis Rostock. Alle Schüler bekamen diese Papierfähnchen, Wink-Elemente. Es fing an zu regnen, und Neumann hatte kurz zuvor einen alten Regenschirm geschenkt bekommen, so einen mit goldenem Griff, Musspritze nannte man die. Die waren selten, er war stolz darauf, und weil die Prozession zum Arbeiterkampftag an seinem Elternhaus vorbeiführte, rannte er heim und holte diesen Regenschirm, spannte ihn auf und steckte sein Fähnchen, es war nicht mal eines der DDR, sondern ein finnisches oder dänisches oder gar schwedisches, der Völkerverständigung wegen, an die Spitze. Das war alles. Bald jedoch kam der FDJ-Sekretär der Schule und sagte, er solle den Schirm zumachen. Neumann klappte ihn also ein, aber das Fähnchen steckte noch an der Schirmspitze, die er ausgelassen in den Himmel reckte, albern vielleicht, übermütig, es war, so erinnert er, ein schöner Tag, trotz des Regens. Der FDJ-Sekretär kam erneut an und befahl ihm, diesmal strenger im Ton, die Demonstration sofort zu verlassen, und Neumann, er war ja 15 und ausgelassen, verstand nicht. Bis es einige Tage danach zu dieser Anhörung in der Schule kam. Sechs Schüler waren des Aufmarschs verwiesen worden, einer hatte eine Jeans getragen, der andere war statt mit seiner mit der Parallelklasse gelaufen und so weiter, sie mussten nun jeweils ihr angebliches Fehlverhalten erklären. Thomas Neumann wurde zunächst beurlaubt, und im Sommer, während der Ferien, kam die Nachricht vom Ministerium für Volksbildung, dass er, der Pfarrerssohn, von allen Oberschulen der DDR verwiesen sei. Deswegen lernte er zunächst Maurer. Und deswegen durfte er, als ihm klar wurde, dass er Mauern lieber einreißen wollte, im Theater nämlich, nicht den Fortinbras geben in Greifswald, wo der große Adolf Dresen «Hamlet» inszenierte und einen ganz jungen, unerfahrenen Darsteller wollte und Thomas Neumann gefunden hatte über einen gemeinsamen Bekannten. Und deswegen wäre er fast nicht angenommen worden an der staatlichen Schauspielschule in Niederschöneweide, die er später ohnehin gehasst hat, weil ihn vor dem Vorsprechen – Lancelot im «Kaufmann von Venedig» – ein Prüfer fragte, was denn da gewesen sei, am 1. Mai 1961 an diesem schönen, ausgelassenen Regentag, als er 15 war.

Am 4. November 1989 spricht sich durch die Menge, dass sogar die Schönhauser Allee, oben im Prenzlauer Berg, schon voll mit Demonstranten sei. Jutta fragt ihn: Tommy, worauf warten wir? Vor einem Monat, als die Ernst machten und begannen, zu prügeln, war Juttas Tochter, aus voriger Beziehung, in der Gethsemanekirche eingeschlossen. Neumann war den ganzen Abend bei seiner Tochter, aus voriger Beziehung, die wohnte am Friedrichshain. Er lief dann durch die Nacht und hörte die Glocken läuten und sah die ersten Kerzen in den Fenstern. Als er bei Jutta ankam, hielten sie sich fest und sagten: Von heute an geht's nicht mehr! Wenn sie gegen unsere Kinder vorgehen, müssen wir etwas tun! An diesem Morgen nun, am Alexanderplatz, sind die Leute guter Stimmung, aufgekratzt, sie wollen los. Wo kommen die alle her, wundert sich Neumann, wann haben sie all die Plakate gebastelt? «Radikale Wende oder Ende», liest er. Wo ist sein Polizist? Der Mann ist nicht mehr zu sehen. Wenn sie starten wollen, muss Neumann jedoch seinem Polizisten Bescheid geben, damit der die Zentrale anfunkt, die Order geben soll, dass der Verkehr um den Alexanderplatz abgeriegelt wird. So war es verabredet: Damit die Teilnehmer nicht schon vor

der Kundgebung, die zum Abschluss der Demonstration dort statt-
findet, den Alex verstopfen, werden die Straßen rundherum erst ge-
sperrt, wenn sie sich in Bewegung gesetzt haben. Tommy! Los jetzt!
Die schieben schon dahinten! Das kann doch nicht sein, denkt sich
Neumann, Wochen saßen sie zusammen und heckten diesen Tag
aus, der etwas ändern soll und der sie bereits verändert hat, und
jetzt, da es so weit ist, da die gemeinsame Idee Wirklichkeit wird,
steht er ganz alleine da.

Vor ihm hat sich eine Wand aus Journalisten und Fotografen und
Fernsehteams aufgebaut, viele stehen auf kleinen Trittleitern. Und
davor ein Pkw mit Anhänger, auf dem massenhaft Tapetenrollen
liegen, weil der olle Hager aus dem Politbüro gesagt hatte, angesprochen auf die Sowjetunion und Gorbatschow und Glasnost und
Perestroika: Nur weil der Nachbar seine Wohnung tapeziere, müsse
man doch bei sich nicht auch renovieren. Neumann sucht noch mal
nach dem Polizisten. Er blickt Jutta in die Augen. Und nach hinten,
wo er nur noch Köpfe sieht. Da entscheidet er, dass es so weit ist.

So beginnt der 4. November 1989, der eigentlich schon viel früher
begonnen hatte. Thomas Neumann ruft «Gehen wir los!» und reiht
sich ein hinter das Transparent. Protestdemonstration. Sie laufen
auf den Verkehr zu. Sie räumen die Straße einfach selbst. Es ist zu
spät, haltzumachen. Niemand ruft, niemand spricht. Es wird geflüstert, als schleiche man durch den Käfig eines Raubtiers, das man
lieber nicht aufschrecken will. Thomas Neumann hat den Alexanderplatz, den sie rechter Hand passieren, noch nie so still erlebt.
Kein Motor. Kein Rassabumm wie bei den Paraden. Plötzlich hört
er doch etwas, ein Dröhnen, das immer näher kommt, und ist sich
kurz sicher: Jetzt schicken sie wirklich die Panzer. Aber es ist nur die
S-Bahn. Das Leben geht weiter, aber anders als bisher.

Thomas Neumann denkt: Jetzt hole ich mir Schritt für Schritt mein
Land zurück.

Am Sonnabend, den 4. November 1989 findet in Berlin die erste genehmigte nichtstaatliche Demonstration in der Geschichte der Deutschen Demokratischen Republik statt. Dass diese Geschichte auf ein neues Kapitel zusteuert, ahnen, hoffen oder fürchten zu diesem Zeitpunkt alle, die an diesem Tag dabei sind. Dass diese Geschichte bald darauf beendet sein wird, ahnt dagegen niemand.

Im Revolutionsherbst 1989 verändert sich die Welt jeden Tag, nicht nur, aber vor allem für DDR-Bürger. Und manch ein Tag in diesen Wochen verändert die Welt. Der 4. November ist so ein Tag. Und doch wird er in der Rückschau oft vergessen; überdeckt von jenem Tag fünf Tage später, dem 9. November, als in der Nacht die Mauer fiel und die Welt schon wieder eine vollkommen andere war.

Angemeldet wurde die Demonstration für die Paragraphen 27 und 28 der Verfassung der DDR – das Recht auf Meinungs-, Presse- und Versammlungsfreiheit – von Schauspielerinnen und Schauspielern und Mitarbeiterinnen und Mitarbeitern der Berliner Bühnen. Die Idee war kurzfristig entstanden, erst am 15. Oktober, bei einem Treffen von 800 Theaterschaffenden im Großen Saal des Deutschen Theaters. Auslöser war nicht zuletzt der Hinweis eines jungen Anwalts namens Gregor Gysi, der in der Diskussion um die vorangegangene Gewalt gegen Protestierende auf die «Veranstaltungsverordnung» verwies, laut der man solche Demonstrationen auch genehmigen lassen könne, und der sagte: «Ich verstehe eigentlich nicht, dass sich keiner bemüht, mal diesen Rechtsweg zu gehen!» In den zwei Wochen, die darauf folgten, wurde mit Behörden und Mitstreitern um den Ablauf dieses für alle Seiten so ungewohnten Ereignisses gerungen und nicht zuletzt darüber diskutiert, wer auf der Abschlusskundgebung auf dem Alexanderplatz sprechen soll und darf. 26 Rednerinnen und Redner sind es schließlich; Künstlerinnen und Künstler, sehr und weniger bekannte, junge und alte, Oppositionelle, Studenten, Kirchenleute, aber auch Parteikader wie Günter Schabowski.

Noch am Morgen des 4. November weiß niemand, in was für einem Land man am Abend leben wird. Wird es zu Ausschreitungen kommen? Zu Übergriffen der Stasi, zu Provokationen aus der Menge? Wird es überhaupt eine Menge geben? Wie viele Demonstranten werden dem Aufruf folgen, der sich vor allem an den Theatern, bei Konzerten und auf vielen Diskussionsveranstaltungen, die in diesen Tagen stattfinden, verbreitet hat?

Es wird ein ungeahnter historischer Erfolg. Für viele, die in Berlin dabei sind, fühlt sich der 4. November an wie der Höhepunkt dieser bewegten Monate im Jahr 1989. Vom Gefühl, dass sich auf dem Alexanderplatz einstellt, schwärmen sie noch heute, so unterschiedlich sich auch ihre Leben seither entwickelt haben. Im *Spiegel* steht damals, die Kundgebung sei «die größte in der deutschen Geschichte» gewesen. In den Nachrichten, im Osten wie im Westen, wird bald nach der Demonstration verkündet, 500 000 Menschen hätten sich auf dem Alexanderplatz versammelt. Manche sprechen gar von einer Million. Der Kampf um die Freiheit ist auch ein Kampf mit Zahlen, nicht nur gegen die Mächtigen. Auch zwischen den Aktivistinnen und Aktivisten des Herbstes 1989 – ihre Biographien sind so verschieden wie die Ziele der zahlreichen Gruppen, die sich formiert haben – gibt es Konkurrenz. Aus Leipzig, aus Dresden, aus Plauen waren im vorangegangenen Monat große, immer größere Protestmärsche gemeldet worden, keiner genehmigt, aber zum Teil angeblich von Hunderttausenden besucht.

«Sicherlich spielte eine Rolle, dass Ost-Berlin Leipzig, der Hauptstadt der Demonstrationen, wenigstens die größte Veranstaltung streitig machen wollte», schreibt der Historiker Ilko-Sascha Kowalczuk in seinem Buch «Endspiel – Die Revolution von 1989 in der DDR» über die Teilnehmerzahlen und rechnet vor, warum seiner Ansicht nach am 4. November nicht mehr als 200 000 Menschen auf dem Alexanderplatz gewesen sein können. Klären lassen wird sich das nie. Fest steht wohl nur, dass es darauf nicht ankommt. Am 4. November 1989 sind viele auf dem Alexanderplatz, viel mehr als erwartet, und die Wirkung, die diese Veranstaltung erzielt, ist groß, viel größer als erhofft. Die Massen unter dem Fernsehturm sind atemberaubend, für die Organisatoren der Demonstration ebenso wie für die Staatsmacht. Der Witz und die Frechheit auf den unzähligen Transparenten waren an diesem symbolträchtigen Ort unvorstellbar gewesen – bis sie einfach in die Höhe gereckt und von allen gelesen werden können.

Hinzu kommt, dass die Kundgebung kurzfristig im DDR-Fernsehen live gesendet wird – nach allem, was man weiß, ohne dass dies mit den politisch Verantwortlichen abgesprochen wäre. Ein weiterer Akt des Ungehorsams in einem System, das nach vier Jahrzehnten einfach nicht mehr in der Lage ist, den Gehorsam wie gewohnt zu verordnen. In dieser Übertragung massiver Kritik an Staat und Staatsführung im Staatsfernsehen liegt vielleicht die größte Sensation am 4. November 1989. So wirken die Bilder vom Alexanderplatz, so hallen die Reden von der improvisierten Bühne vor dem Haus des Reisens in das ganze Land und auch in das benachbarte, und in die ganze Welt. Prominente, in manchen Fällen lange von der SED zensierte Redner wie Stefan Heym, Christa Wolf, Heiner Müller, Ulrich Mühe, Christoph Hein oder Steffie Spira können eine demokratischere Gesellschaft fordern oder die Aufarbeitung von geschehenem Unrecht. Und die Zuhörer können auf ihren Schildern Krenz und Honecker und die Stasi schmähen, niemand schreitet ein, selbst dann nicht, als sie Regierende während ihrer Reden niederpfeifen. Die Folge dieses Ereignisses besteht auch in der Offensichtlichkeit dessen, dass es in der DDR nun einerseits folgenlos bleibt, seine abweichende Meinung öffentlich kundzutun – und dass diese abweichenden Meinungen andererseits eben endlich Wirkung zeigen. Weil sich, nach Wochen der Zusammenkünfte und Verlautbarungen, bereits etwas getan hat. Dafür ist das Zustandekommen dieses Tags der beste Beweis.

Doch so richtig es ist, dass die Genehmigung der Demonstration am 4. November zeigt, wie sehr dieser restriktive Staat unter Druck steht, so falsch wäre es zu glauben, er habe an diesem Tag bereits nachgegeben. Ja, die DDR ist im Herbst 1989 nicht nur politisch, sondern auch finanziell bankrott, die Natur ebenso kaputt wie viele Städte, die Rituale ebenso leer wie viele Kaufhallen. Ja, für die Mehrheit der Bürger ist Michail Gorbatschow mit seiner Politik von Glasnost und Perestroika, von Offenheit und Umgestaltung, ein Hoffnungsträger und die Tatsache, dass die DDR-Führung sich dem großen Bruder plötzlich widersetzt und den Reformen in der Sowjetunion gegenüber taub stellt, ist für viele unerträglich. Ja, allein am Vortag der Alexanderplatz-Demonstration, am Freitag, den 3. November, sind weitere 3000 Flüchtlinge aus der DDR in Prag angekommen, das Land, jeder spürt es, blutet aus. Ja, Erich Honecker ist nach achtzehn Jahren am 18. Oktober als Generalsekretär des Zentralkomitees der SED zurückgetreten. Doch die meisten langjährigen Politbüro-Mitglieder sind an diesem 4. November 1989 noch im Amt, und Honeckers Nachfolger Egon Krenz hat in seiner Antrittsrede zwar von «Wende» geredet, aber seither überhaupt keine Aufbruchsstimmung verbreitet.

Niemand hat an diesem Tag außerdem vergessen, dass Krenz nach dem Massaker am 4. Juni auf dem Platz des Himmlischen Friedens in Peking im Spätsommer bei einem China-Besuch Verständnis für das blutige Vorgehen dort geäußert hat. Nur knapp einen Monat vor dem 4. November hat sich bei den Protesten rund um den 40. Nationalfeiertag auch in der DDR gezeigt, in Berlin, Leipzig, Dresden und anderswo, zu welchen Gewaltexzessen gegen seine Leute dieser Staat fähig ist. Allein in Berlin werden am 7. und 8. Oktober mehr als tausend Menschen festgenommen, viele misshandelt und verletzt. Am 9. Oktober, als in Leipzig die Straßen voll wie nie waren und die Sorge im ganzen Land größer denn je, dass es zu einer «chinesischen Lösung» kommt, war zwar kein Schuss gefallen. Und doch, das zeigen aus heutiger Sicht Dokumente des Ministeriums für Staatssicherheit und das zeigen auch Repressalien gegen Regimegegner, die noch auf diesen Sonnabend folgen sollen, ist es alles andere als selbstverständlich, dass der 4. November gewaltfrei verläuft. An der Berliner Mauer, um deren Fall es fünf Tage vor dem Mauerfall gar nicht geht, stehen die Truppen bereit. Dass während der Demonstration und Kundgebung auf dem Alexanderplatz und auch in den Stunden danach nichts passiert, ist vielmehr ein weiteres Wunder aus dieser Zeit, in der so oft von Wundern die Rede ist.

Ein Jahr zuvor, am 1. und 2. Oktober 1988, trat Rio Reiser auf Einladung der FDJ, die von SED-Chefideologe Kurt Hager angewiesen worden war, der entnervten Jugend mehr attraktive Rock-Konzerte zu bieten, zwei Abende vor jeweils 6000 Besuchern in der Berliner Seelenbinder-Halle auf. «Keine Macht für Niemand» durfte Reiser auf Weisung der Bezirksleitung nicht spielen. Aber vielleicht hatte die Partei die Lage und das Lebensgefühl der Leute wieder mal nicht richtig eingeschätzt. Denn am lautesten mitgesungen und am längsten gefeiert wurde Reisers Hymne «Der Traum ist aus»:

Gibt es ein Land auf der Erde, wo der Traum Wirklichkeit ist?
Ich weiß es wirklich nicht
Ich weiß nur eins, und da bin ich sicher
Dieses Land ist es nicht
Dieses Land ist es nicht
Dieses Land ist es nicht
Dieses Land ist es nicht

Der Traum ist aus, zu dieser Zeit
Doch nicht mehr lange – mach dich bereit
Für den Kampf ums Paradies
Wir haben nichts zu verlieren, außer uns'rer Angst
Es ist uns're Zukunft, unser Land
Gib mir deine Liebe, gib mir deine Hand

Der Traum ist aus
Der Traum ist aus
Aber ich werde alles geben, dass er Wirklichkeit wird
Aber ich werde alles geben, dass er Wirklichkeit wird
Dass er Wirklichkeit wird

Ilko-Sascha Kowalczuk, der wie niemand sonst die letzten Monate der DDR erforscht hat, weist neben der umstrittenen Teilnehmerzahl in Berlin auf eine andere, deutlich relevantere Zahl zum 4. November 1989 hin: In über fünfzig weiteren Städten kommt es an diesem Tag zu Demonstrationen und Kundgebungen. In Jena, Magdeburg, Potsdam oder Wernigerode. Das darf man nicht vergessen: Nicht eine Demonstration stürzt das Regime. Nicht an einem Tag findet diese friedliche Revolution statt, die sich nun zum dreißigsten Mal jährt. Es sind viele Tage und viele Demonstrationen, die zum Ende der DDR führen. Und vor allem: Viele Menschen, die den Mut aufbringen, gegen die Zustände zu rebellieren, die zu ertragen sie nicht länger bereit sind.

Trotzdem soll es in diesem Buch allein um diese eine Demonstration an diesem einen Tag gehen. Um die Rednerinnen und Redner vom Alexanderplatz. Und auch um ein paar Frauen und Männer, die damals zwar nicht sprachen, ohne die aber keiner gesprochen hätte. Um ihre Tage vor diesem Tag. Und um ihre Jahre danach. Der 4. November ist ein Datum, das klein erscheint angesichts der Daten, die folgten und die wir groß begehen, 9. November, 3. Oktober. Der 4. November ist ein Tag zwischen den Zeiten. Das Alte ist am Ende. Das Neue hat noch nicht begonnen. Die Macht liegt auf der Straße. Die Freiheit in der Luft. Die Menschen auf dem Alexanderplatz träumen unterschiedliche Träume, aber sie alle träumen, und weil die Weltgeschichte gerade Wochenende macht, weckt sie niemand. Alles scheint möglich.

Heute wissen wir, wie es weiterging. Damals ahnt es niemand. Und die Eindrücke aus dieser Vergangenheit erzählen etwas über die Gegenwart und wie sie empfunden wird von den Menschen, die vor dreißig Jahren dabei waren, als die Zukunft entstand.

Geschichte wird nicht an einem Tag gemacht. Aber es gibt Tage, da verbinden sich viele einzelne Geschichten zu einer Geschichte von allen. Für einen kurzen Moment, der lange bleibt.

Die Rednerinnen und Redner sowie die Musiker der Abschluss-kundgebung auf dem Berliner Alexanderplatz, in der Reihenfolge ihrer Auftritte am 4. November 1989:

Hans-Eckardt Wenzel und **Steffen Mensching**, im Herbst 1989 34 und 30 Jahre alt, Liedermacher und Schriftsteller, touren als Clown-Duo «Wenzel & Mensching» durch die DDR und auch nach Westdeutschland und verlesen vor ihren provokanten Kabarett-Auftritten die am 18. September von ihnen mitverfasste und unterzeichnete «Resolution von Rockmusikern und Liedermachern zur inneren Situation und zum Aufruf des Neuen Forums».

Gerhard Schöne, geboren am 10. Januar 1952 im sächsischen Coswig, wuchs in einer Pfarrerfamilie auf und wollte Schauspieler werden, wurde aber nicht zum Studium zugelassen, weil er den Wehrdienst verweigert hatte. Schon als Kind hatte Schöne Lieder geschrieben – bekannt machten ihn später seine Kinderlieder, die sehr frech und anarchisch klangen. «Kinderland» oder «Jule wäscht sich nie» wurden zum Soundtrack vieler Generationen.

Jürgen Eger, Jahrgang 1954, schloss in Dresden den Diplomstudiengang Elektronik / Technologie ab, war aber nach dem Gesangsunterricht an der Musikschule Friedrichshain und dem Gewinn des Sängerpreises bei den Chansontagen in Frankfurt/Oder als staatlich anerkannter freischaffender Musiker tätig.

Henning Schaller ist 45 Jahre alt, als er am 4. November die Kundgebung auf dem Alexanderplatz moderiert. Schaller, Meisterschüler der Akademie der Künste der DDR, arbeitet seit 1977 als Bühnenbildner am Berliner Maxim-Gorki-Theater.

Thomas Heise, 1955 in Berlin geboren, arbeitete nach einer Lehre als Facharbeiter für Drucktechnik und seinem Wehrdienst als Regieassistent im DEFA-Studio für Spielfilme und studierte dann an der Hochschule für Film und Fernsehen in Potsdam-Babelsberg. Er brach das Studium 1982 ab, nachdem ihn die Stasi massiv unter Druck gesetzt hatte und seine dort entstandenen Filme nicht aufgeführt werden durften. Danach war Heise als Autor und Regisseur tätig. Auf Initiative von Heiner Müller wurde er 1987 Meisterschüler der Akademie der Künste. Auf der Bühne am Alexanderplatz tritt Heise zwar nicht auf, filmt aber die ganze Zeit von dort.

Marion van de Kamp, aus Wuppertal, ist 1989 64 Jahre alt und an der Volksbühne Berlin engagiert. Nach der Schauspielschule wurde sie 1953 Teil des ersten Fernsehensembles – und als Ansagerin die Stimme der DDR-Abendunterhaltung.

Johanna Schall, damals 31 und seit fünf Jahren Ensemblemitglied des Deutschen Theaters in Berlin, ist eine Enkelin von Bertolt Brecht, Tochter der Schauspieler Barbara Brecht-Schall und Ekkehard Schall.

Ulrich Mühe (†2007), Sohn eines Kürschnermeisters aus Grimma, ist zu der Zeit 36 Jahre alt und der Star am Deutschen Theater, wo er gerade mit Heiner Müller den achtstündigen Inszenierungsmarathon «Hamlet / Hamletmaschine» probt. In zweiter Ehe ist Mühe 1989 mit der Schauspielerin Jenny Gröllmann verheiratet, ihre vierjährige Tochter heißt Anna Maria.

Jan Josef Liefers, am 8. August 1964 in Dresden in eine Theaterfamilie geboren, absolvierte eine Tischlerlehre, bevor er von 1983 bis 1987 an der Hochschule für Schauspielkunst «Ernst Busch» in Berlin ausgebildet wurde. Mit seinem Mitschüler und Freund Tobias Langhoff kommt Liefers direkt im Anschluss ans Deutsche Theater. Früh wird er auch Vater: Seine Frau Alexandra Tabakowa, ebenfalls Schauspielerin, bringt 1988 eine Tochter zur Welt.

Gregor Gysi ist zum Zeitpunkt seiner Rede auf dem Alexanderplatz 41 Jahre alt und alleinerziehender Vater eines Sohnes. Gysi wuchs in

Berlin-Johannisthal auf, seine Mutter Irene war im Kulturministerium der DDR für den Austausch mit dem Ausland zuständig, sein Vater Klaus Geschäftsleiter des Aufbau Verlags und später Botschafter in Italien. Mit 23 wurde Gysi, gelernter Facharbeiter für Rinderzucht, jüngster Rechtsanwalt der DDR-Geschichte und ist seit April 1988 Vorsitzender der fünfzehn Kollegien der Rechtsanwälte in der DDR. Gysi, SED-Mitglied, hat Verbindungen ins Zentralkomitee der Partei, sich aber auch einen Namen als Verteidiger systemkritischer Mandanten gemacht. Am 12. September 1989 reiste er mit einem Anwaltskollegen nach Prag, um die aus der DDR Geflüchteten in der deutschen Botschaft zur Rückkehr aufzufordern.

Marianne Birthler, damals ebenfalls 41 und geschieden, Mutter von drei Töchtern, stammt aus Berlin-Friedrichshain. Birthler konnte ihr Abitur machen, obwohl sie aus der FDJ ausgetreten war. Sie arbeitete im DDR-Außenhandel, ließ sich aber nach der Familienpause zur Katechetin ausbilden und arbeitet seit 1987 als Jugendreferentin im Stadtjugendpfarramt von Berlin. Birthler hat den Arbeitskreis «Solidarische Kirche» mitgegründet, der für die Demokratisierung der Gesellschaft eintritt.

Kurt Demmler († 2009), geboren am 12. September 1943 als Kurt Abramowitsch, war Liedermacher und einer der erfolgreichsten Songtexter der DDR. Er schrieb die großen Schlager dieses Landes, zum Beispiel «Du hast den Farbfilm vergessen» für Nina Hagen, dazu viele Hits für Renft, Karat, die Puhdys oder Silly. Auch Demmler ist Mitunterzeichner der «Resolution von Rockmusikern und Liedermachern».

Markus Wolf († 2006), in den Monaten, von denen dieses Buch erzählt, 66 Jahre alt, entstammte einer legendären kommunistischen Familie, sein Vater Friedrich, jüdischer Herkunft, war Arzt und Schriftsteller, Bruder Konrad wurde ein berühmter Filmregisseur. Die Wolfs emigrierten 1934 in die Sowjetunion und wohnten wie viele deutsche Exilanten im Moskauer Hotel Lux – wo sie wie nur wenige die Zeit des «Großen

Terrors» überlebten, die «politische Säuberung» durch Stalin zwischen 1936 und 1938. Nach dem Zweiten Weltkrieg arbeitete Wolf für den Berliner Rundfunk und war bei den Nürnberger Prozessen akkreditiert. 1949 entsandte die DDR ihn in die Botschaft nach Moskau. Ab 1951 beteiligte er sich am Aufbau des Auslandsgeheimdienstes ANP und wurde 1952, mit 29 Jahren, dessen Leiter. Wolf war Spionagechef eines weltweiten Agentennetzes – und 1. Stellvertreter des Ministeriums für Staatssicherheit. Seit den 1950er Jahren gab es kein Foto von ihm. Im Westen hieß er «Mann ohne Gesicht», bis der BND ihn 1979 auf einem Bild beim Einkauf in Stockholm erkannte und die Aufnahme im *Spiegel* abgedruckt wurde. 1986 heiratete Wolf zum dritten Mal, seine Frau Andrea hatte wegen versuchter Republikflucht in Stasi-Haft gesessen. Im selben Jahr ließ Wolf sich beurlauben. Anfang 1989 erschien sein Buch «Die Troika» über die Jugendfreundschaft seines Bruders Konrad zu zwei weiteren Emigrantensöhnen in Moskau, das überraschend kritisch war, sich selbst und den Entwicklungen in der DDR gegenüber. Das Buch ist im Herbst 1989 ein Erfolg. Wolf tritt öffentlich in Erscheinung. In der westdeutschen Presse heißt es, Wolf bringe sich in Stellung, um bald ein hohes Amt an der Spitze des Staates zu übernehmen.

Jens Reich, damals 50-jährig, Mediziner und Molekularbiologe, war 1980 Abteilungsleiter am Zentralinstitut für Molekularbiologie in Berlin-Buch geworden, hatte die Position aber vier Jahre später verloren, weil er sich weigerte, mit dem Ministerium für Staatssicherheit zusammenzuarbeiten. Bereits 1970 hatte Reich einen «Freitagskreis» gegründet, bei dem – oft zu Hause bei seiner Frau und ihm – kritisch über die politische Situation in der DDR diskutiert wurde. Im September 1989 gehört er, unter anderem mit Bärbel Bohley, zu den Erstunterzeichnern des Aufrufs «Aufbruch 89 – Neues Forum».

Manfred Gerlach († 2011), geboren am 8. Mai 1928 in Leipzig, war Vorsitzender der Liberal-Demokratischen Partei Deutschlands, die zu den Blockparteien gehörte und der SED-Linie folgte. Seit 1960 war Gerlach stellvertretender Staatsratsvorsitzender der DDR, zumindest laut Verfassung Erich Honeckers Stellvertreter. Am 20. September 1989 stellte Gerlach öffentlich den Führungsanspruch der SED in Frage und forderte Reformen.

Ekkehard Schall (†2005), 59 im Herbst 1989, Schauspieler und Regisseur, Vater von Johanna Schall, war das Gesicht des Berliner Ensembles. Allein als Arturo Ui in «Der aufhaltsame Aufstieg des Arturo Ui» von Bertolt Brecht, seinem Schwiegervater, stand er dort mehr als 500 Mal auf der Bühne. 1973 erhielt Schall den Vaterländischen Verdienstorden in Silber.

Günter Schabowski (†2015), 1989 60 geworden, war von 1978 bis 1985 Chefredakteur des *Neuen Deutschland* und danach Erster Sekretär der SED-Bezirksleitung Berlin. 1981 wurde er Mitglied des Zentralkomitees der SED und gehörte ab 1984 dem Politbüro an, dem höchsten Parteiorgan. Mit seiner Frau und den beiden Söhnen wohnt er seither in der abgeriegelten Führungs-Waldsiedlung in Wandlitz bei Berlin.

Stefan Heym (†2001) wurde als Helmut Flieg am 10. April 1913 in Leipzig in eine jüdische Kaufmannsfamilie geboren. 1931 wurde er wegen eines antimilitaristischen Gedichts in der *Volksstimme* auf Druck von Nationalsozialisten des Gymnasiums verwiesen und ging nach Berlin, wo er nach dem Abitur Journalistik studierte. 1933 floh er in die Tschechoslowakei und gab sich seinen neuen Namen. Mit dem Stipendium einer jüdischen Studentenverbindung wanderte Heym 1935 in die USA aus und wurde 1937 in New York Chefredakteur der deutschsprachigen linken Wochenzeitung *Deutsches Volksecho*. Heym nahm 1943 die amerikanische Staatsbürgerschaft an und 1944 als Soldat an der Invasion der Normandie teil, er verfasste an der Front Texte und Rundfunksendungen zur Demoralisierung der Wehrmacht. Nach Kriegsende leitete Heym die *Ruhr Zeitung* in Essen und war Redakteur der *Neuen Zeitung* in München, wurde aber wegen seiner prosowjetischen Haltung zurück in die USA beordert. 1948 erschien dort sein erster Roman. In der McCarthy-Ära verließ Heym das Land und kam 1953 in die DDR. 1959 wurde er mit dem Nationalpreis für Kunst und Literatur ausgezeichnet, stand jedoch ab 1956, als sein Buch «Der Tag X» über den Volksaufstand vom 17. Juni 1953 nicht veröffentlicht werden durfte, immer wieder in Auseinandersetzung zur SED. Auf dem 11. Plenum des ZK der SED griff Erich Honecker während der sogenannten «Kahlschlag-Diskussion», in der es um das Versagen der Zensurgremien ging, Heym massiv an. Seitdem galt für ihn erstmals ein Veröffentlichungsverbot. Nach einer kurzen Phase, in der Heyms Werke in kleinen DDR-Verlagen erschienen, wurden seine Bücher ab 1974 nur im Westen verlegt. Heym unterzeichnete 1976 die Petition gegen die Ausbürgerung von Wolf Biermann, 1979 wurde er aus dem Schriftstellerverband ausgeschlossen. 1982 sprach er sich für eine Wiedervereinigung aus – unter sozialistischen Vorzeichen.

Friedrich Schorlemmer, Pfarrersohn, evangelischer Theologe, 45 Jahre alt, als der Herbst 1989 anbricht, wurde international bekannt, als er auf dem Kirchentag 1983 in Wittenberg auf dem Lutherhof in Anwesenheit des Regierenden Bürgermeisters von West-Berlin Richard von Weizsäcker ein Schwert zu einer Pflugschar schmiedete – obwohl die DDR-Behörden die Verwendung des Bibelzitats «Schwerter zu Pflugscharen», das zum Motto der DDR-Friedensbewegung geworden war, für illegal erklärt hatten. Schorlemmer ist Mitbegründer der oppositionellen Gruppierung «Demokratischer Aufbruch».

Christa Wolf († 2011) ist damals 60 Jahre alt und die bedeutendste Schriftstellerin der DDR. Ihr Debüt «Moskauer Novelle», das von der Liebe zwischen einer Berliner Ärztin und einem russischen Dolmetscher erzählte, wurde 1961 mit dem Kunstpreis ihrer Heimatstadt Halle ausgezeichnet. Wolf zog mit ihrem Mann Gerhard und den beiden Töchtern nach Kleinmachnow, später nach Berlin. Von 1963 bis 1967 war sie Kandidatin des Zentralkomitees der SED. Auf dem «Kahlschlag-Plenum» des ZK 1965 sprach sich Wolf als einzige Rednerin gegen eine restriktivere Kulturpolitik aus. 1974 wurde Wolf, die regelmäßig ins westliche Ausland, oft in die USA, reiste, Mitglied der Akademie der Künste der DDR. Im Jahr 1980 wurde sie in Darmstadt mit dem Georg-Büchner-Preis geehrt, als erste in der DDR lebende Autorin. Auch Wolf unterzeichnete den offenen Brief gegen die Ausbürgerung Wolf Biermanns und wurde 1977 aus dem Schriftstellerverband der DDR ausgeschlossen und von der Partei gerügt.

Tobias Langhoff ist 1989 26 Jahre alt und Mitglied des Ensembles des Deutschen Theaters. Er und sein bester Freund <u>Jan Josef Liefers</u> gelten dort als die jungen Wilden, als Bühnen-Hoffnungen. Langhoff kommt aus einer der großen Theater-Familien der DDR, sein Vater Thomas war ein erfolgreicher Regisseur, sein Großvater Wolfgang war von 1946 bis 1963 Intendant des Deutschen Theaters.

Annekathrin Bürger, geboren am 3. April 1937 in Berlin, spielte in über achtzig Filmen der DEFA und des DDR-Fernsehens und war seit 1965 Mitglied des Ensembles der Volksbühne. Unter den Protest gegen die Ausbürgerung von Wolf Biermann hatte sie, auf Initiative ihres Freundes Jurek Becker, 1976 bereits ihre Unterschrift gesetzt, diese aber wieder zurückgezogen, in der Hoffnung, sie könne mit einem Termin beim Kulturminister mehr erreichen. Ihr Mann Rolf Römer, ein erfolgreicher Regisseur, mit dem Bürger viele Filme gemacht hat, gehörte dagegen zu den Unterzeichnern. Und erhielt fortan kaum Aufträge.

Joachim Tschirner, noch ein Redner, der am 4. November 41 Jahre alt ist, war seit 1980 Autor und Regisseur im DEFA-Studio für Dokumentarfilme. Auf dem letzten Kongress der Film- und Fernsehschaffenden der DDR ein Jahr vor der Demonstration auf dem Alexanderplatz hatte er vor dem Plenum Gorbatschows Ideen von Perestroika und Glasnost vertreten.

Klaus Baschleben († 2005) ist im November 1989 43 Jahre alt und schreibt als Kritiker für die *Nationalzeitung* und die Zeitschrift *Film und Fernsehen*.

Heiner Müller († 1995), zur Wendezeit 60, war der wichtigste deutschsprachige Dramatiker des 20. Jahrhunderts, ein Analytiker und Dichter, dem die eigenen Zitate schon zu Lebzeiten vorauseilten – und der wie sein Werk in der BRD bekannter war als in der DDR, wo seine Stücke oft abgesetzt und seine Texte selten gedruckt wurden. Müllers Eltern hatten die DDR mit seinem jüngeren Bruder 1951 im Protest verlassen. Er selbst blieb und kam doch nie an, musste unter Pseudonym publizieren und wäre ohne namhafte Unterstützer nie Dramaturg am Berliner Ensemble und an der Volksbühne geworden. 1984, seine Stücke hatten im Ausland Erfolge gefeiert, wurde er Mitglied der Akademie der Künste der DDR und 1988 wieder in den Schriftstellerverband aufgenommen. Im Herbst 1989 verbindet er in den Proben sein Stück «Die Hamletmaschine», das 1979 in Paris uraufgeführt worden war, mit einer Hamlet-Inszenierung am Deutschen Theater mit Ulrich Mühe, den er früh entdeckt hatte, in der Hauptrolle.

Lothar Bisky († 2013), am 17. August 1941 geboren, war 1959 als 18-Jähriger aus ärmlichen Verhältnissen in Schleswig-Holstein allein in die DDR gegangen, weil er nicht glaubte, dass es ihm finanziell möglich wäre, in der BRD sein Abitur abzulegen. Er studierte Philosophie an der Berliner Humboldt-Universität und Kulturwissenschaft an der Karl-Marx-Universität Leipzig, wo er auch promovierte. 1979 wurde Bisky Honorarprofessor an der Humboldt-Universität, von 1980 bis 1986 war er Dozent an der Akademie für Gesellschaftswissenschaften beim ZK der SED, der wichtigsten Forschungs- und Ausbildungsinstitution der Partei. Anschließend wurde er Professor und Rektor der Hochschule für Film und Fernsehen in Potsdam.

Ronald Freytag, gerade 30 geworden, studiert 1989 an der Humboldt-Universität Psychologie. Für dieses Studium war Freytag, der aus Thüringen stammt, zuvor abgelehnt worden und war nach der Armeezeit zunächst auf DDR-Handelsschiffen zur See gefahren, um etwas von der Welt zu sehen. An der Humboldt-Universität ist er gerade an der Gründung eines von der FDJ unabhängigen Studentenrates beteiligt.

Christoph Hein, am 8. April 1944 geboren, hatte, um das Gymnasium besuchen zu können, den entgegengesetzten Weg zu Lothar Bisky eingeschlagen: Da ihm als Pfarrersohn nicht erlaubt war, eine Oberschule zu besuchen, war er alleine nach West-Berlin gegangen. Als die Mauer gebaut wurde, kam er zurück in die DDR. Hein wollte Dramaturg am Theater werden. Der legendäre Regisseur Benno Besson stellte ihn als Assistenten am Deutschen Theater ein. Hein holte an einer Abendschule das Abitur nach und studierte in Berlin und Leipzig Philosophie und Logik. Er war Dramaturg und Autor an der Volksbühne und ab 1979 als Schriftsteller tätig, die Novelle «Der fremde Freund» war 1982 sein Durchbruch. Heins Bühnendrama «Die Ritter der Tafelrunde», die darin alt und grau und von ihren Idealen entfremdet sind, wurde am 12. April 1989 am Staatsschauspiel Dresden uraufgeführt. Dass es an der Zensur vorbeikam, war für viele eine Überraschung, da die Analogien zur Führungsriege der DDR nicht zu übersehen waren.

Róbert Juharos, ist 22, als er am 4. November 1989 in Berlin spricht. Er studiert Jura in Budapest und ist dort Teil der Oppositionsgruppe «Fidesz», dem «Bund Junger Demokraten», der am 30. März 1988 von 37 jungen Intellektuellen gegründet wurde und durch Auftritte von Mitgliedern auf Demonstrationen in Ungarn und anderen Ostblock-Staaten bekannt wurde. Juharos spricht deutsch, sein Vater arbeitet als Musiklehrer in der BRD, er selbst hat zwischenzeitlich in Deutschland studiert, deswegen hält er Kontakt zu Aktivisten in der DDR, aber auch zu Exilanten in Westdeutschland, Juharos verkehrt oft in beiden Staaten.

Konrad Elmer, 40 Jahre alt im Herbst 1989, war seit 1982 Studentenpfarrer in Berlin und wurde 1989 Dozent für Philosophie und Theologie am Paulinum, einer Ausbildungsstätte für evangelische Pfarrer.

Steffie Spira († 1995) wurde am 2. Juni 1908 in Wien geboren, in eine Theaterfamilie. Ihre Eltern Lotte und Fritz, eine deutsche Protestantin und ein österreichischer Jude, waren Schauspieler, ihre zwei Jahre ältere Schwester Camilla wurde auch eine. Steffie Spira besuchte in Berlin die Schauspielschule und spielte ab 1928 an der Volksbühne. 1931 heiratete sie den Regisseur und Dramaturg Günter Ruschin – und trat der Kommunistischen Partei Deutschlands bei. Das Ehepaar lebte in der «Künstlerkolonie Berlin» und war Teil des Theaters «Truppe 31», das am 15. März 1933, nach Machtergreifung der Nationalsozialisten, infolge einer Großrazzia aufgelöst wurde. Günter Ruschin kam in «Schutzhaft». Mit Glück gelang es beiden, nach Paris zu fliehen, wo im selben Jahr Sohn Thomas zur Welt kam und Spira das Exil-Kabarett «Die Laterne» mitgründete, das mit Brecht-Aufführungen bekannt wurde. Spiras Vater Fritz war bereits nach Polen geflüchtet; zu Hause zwangen die Nazis ihre Mutter Lotte, sich von ihm scheiden zu lassen. Schwester Camilla, mit ihrem Mann und den zwei Kindern in den Niederlanden, wartete im Durchgangslager Westerbork bereits auf den Transport in ein Vernichtungslager, als Lotte Spira den Behörden weismachte, die älteste Tochter stamme aus der Verbindung mit einem Christen. Als 1939 der Zweite Weltkrieg ausbrach, wurden Steffie Spira und Günter Ruschin in Paris als «unerwünschte Ausländer» verhaftet und von ihrem Sohn getrennt. Spira war zwei Jahre im Frauenlager Rieucros interniert. Über das Rote Kreuz machte sie schließlich ihren Sohn ausfindig. Günter Ruschin entkam dem Lager Le Vernet, die Familie war wieder vereint und floh im Dezember 1941 über die Pyrenäen und von Lissabon per Schiff nach Mexiko. Dass ihr Vater 1943 im KZ Ruma in Jugoslawien ermordet wurde und ihre Mutter kurz darauf in Berlin gestorben war, erfuhr Spira erst viel später. Sie beteiligte sich in der deutschen Exilantengemeinde in Mexiko an Theaterabenden, freundete sich mit Anna Seghers und Egon-Erwin Kisch an. 1947 zog die Familie zurück nach Berlin, in die DDR. Im ersten Ernst-Thälmann-Film spielte sie 1954 Clara Zetkin und wurde wieder Ensemblemitglied der Volksbühne, ab 1975 deren «Ehrenmitglied». Spiras Schwester Camilla kehrte nach dem Krieg ebenfalls nach Berlin zurück, jedoch in den Westen, wo sie ein glamouröser Leinwandstar wurde. Steffie Spiras Mann Günter Ruschin litt als Regisseur unter der Zensur der DDR-Behörden, er starb bereits 1963.

Aus einem Bericht der «Zentralen Auswertungs- und Informationsgruppe» (ZAIG) des Ministeriums für Staatssicherheit über «Reaktionen progressiver Kräfte auf die gegenwärtige innenpolitische Lage der DDR» an Erich Mielke, Minister für Staatssicherheit, Oktober 1989: 31

«Nach vorliegenden Hinweisen aus der Hauptstadt und
allen Bezirken der DDR schätzen viele progressive
Kräfte, insbesondere Mitglieder der SED ein, dass
die sozialistische Staats- und Gesellschaftsordnung
der DDR ernsthaft in Gefahr ist. (...) Sie treffen die
Feststellung, dass sich die Stimmungslage der Bevölkerung weiter rapide verschlechtert hat. Ihren Dar-
stellungen zufolge werde in vielen Meinungsäußerungen
sowie in zahlreichen Eingaben und Stellungnahmen von
Werktätigen zum Ausdruck gebracht, dass das System
der Führung und Leitung politischer, ideologischer
und volkswirtschaftlicher Prozesse in der DDR erstarrt sei. Die spürbare Zuspitzung vorhandener
innenpolitischer Probleme und Schwierigkeiten sowie
die Massenflucht deuteten auf eine umfassende gesellschaftliche Krise in der DDR. Die Folge davon sei
eine erhebliche Zunahme von Erscheinungen der Ver-
unsicherung, der Ratlosigkeit und Resignation unter
Parteimitgliedern, Mitarbeitern des Staatsappa-
rates und weiteren aktiv gesellschaftlich tätigen
Personen. Unter den Werktätigen wachsen Zweifel an
der Perspektive des Sozialismus in der DDR. Zahl-

reiche progressive Kräfte, darunter viele Werktätige vor allem älterer Jahrgänge, befürchten, dass es zu großen Erschütterungen in der Gesellschaft komme, die von der Partei nicht mehr beherrschbar seien. Bereits jetzt – so argumentieren sie – befände sich die DDR in einer Situation wie kurz vor den konterrevolutionären Ereignissen am 17. Juni 1953. (...) Viele Werktätige, einschließlich zahlreicher Mitglieder und Funktionäre der Partei, sprechen ganz offen darüber, **32** dass die Partei- und Staatsführung nicht mehr in der Lage und fähig sei, die Situation real einzuschätzen und entsprechende Maßnahmen für dringend erforderliche Veränderungen durchzusetzen.»

Der Tag nach der Straßenschlacht am Dresdner Hauptbahnhof, wo 10 000 Demonstranten versucht hatten, auf die verriegelten Züge zu springen, mit denen gut 7000 DDR-Bürger, die in die Prager Botschaft geflohen waren, in die BRD ausreisen dürfen. In der *Leipziger Volkszeitung* gibt Günter Lutz, Kommandeur der Kampfgruppenhundertschaft, bekannt, «konterrevolutionäre Aktionen endgültig und wirksam zu unterbinden, wenn es sein muss, mit der Waffe in der Hand». Gorbatschow ist zu Besuch in Berlin. Am nächsten Tag feiert die DDR 40. Geburtstag. Honecker will seinem Gast vorher einen Fackelzug vom Brandenburger Tor zum Marx-Engels-Platz präsentieren.

Steffie Spira hängt am Vorabend des Tags der Republik die alte rote Fahne aus ihrem Küchenfenster. An die Fahne hat sie einen langen Trauerflor gebunden. Dieses Land, das weiß Spira, die dabei war, als es zum Leben erweckt wurde, und den Tag nie vergessen wird, weil sie damals selbst mit zurückfand ins Leben, ist tot. Heute und morgen werden sie wieder auf ihrer Tribüne stehen, nicht weit von hier, die Apparatschiks. Die Blauhemden werden an ihnen vorbeimarschieren, und sie werden zurückwinken, die alten Herren, als fühlten sie sich gemeint. Die Raketen werden an ihnen vorbeiruckeln, als Ersatz ihrer Potenz. Woran glauben die noch? Im Januar, als an Rosa und Karl erinnert wurde, wie jedes Jahr, stand in der Zeitung: «Wir ehren Karl Liebknecht und Rosa Luxemburg durch hohe Leistungen zur Stärkung des Sozialismus und des Friedens – Vorwärts zum 40. Jahrestag der DDR!» Diese Phrasen. Diese Phantasielosigkeit. Und dass die Parteioberen den Mann zuerst

nannten und nicht Rosa, sagt auch alles. Was ist bloß passiert? Steffie Spiras Arme und Beine jucken, als sei sie dabei, sich zu häuten, aber in der Klinik finden sie nichts, und einen Termin bei einem fähigen Arzt zu bekommen, ist noch schwieriger, als einen fähigen Arzt zu finden.

Wie leicht es sich anfühlte am 7. Oktober 1949, und weltbewegend. Ein absoluter Neubeginn. Ein normales Deutschland, wer hätte das gedacht. Günter und Thomas und sie waren erst zwei Jahre zurück in Berlin. Die Stadt war kaputt und die Leute auch. Schlimm hatten sie es sich schon vorgestellt, als sie in Mexiko den Dampfer bestiegen hatten, aber nicht so schlimm. Ihre Schwester verstand nicht, warum sie nicht in den West-Teil zogen, zu ihr, die bereits über den roten Teppich stolzierte, als wären die, die ihr nun applaudierten, nicht dieselben, die sie gerade noch auf die Rampe geschubst hatten. Doch Steffie Spira interessierte nicht das Blitzlichtgewitter, sondern der Traum, der im grauen Ost-Teil der Stadt unter diesen Trümmern gewachsen war, einer, den so viele so lange geträumt hatten in ihren Verstecken. Aus diesen einsamen Träumen machten sie eine gemeinsame Realität. Sie schrieben plötzlich die Geschichte, deren Opfer sie immer hatten sein sollen. Ein antifaschistischer Staat, endlich, zwar kein vereinigter, aber das würde noch werden, diesmal würden sie nicht weichen. «Dieser Staat muss zertrümmert werden», hatte Wilhelm dem Reichstag entgegengebrüllt, 1932, kurz vor dem Sturm, der schon am Himmel stand. Er hatte es anders gemeint, als es gekommen war, er wollte diesen Staat zertrümmern, bevor dieser einen ganzen Kontinent zertrümmern konnte. Ihr Freund Wilhelm war auch nach Paris geflohen, schließlich nach Moskau. Vergangenheit! Wilhelm war jetzt der Herr Präsident Wilhelm Pieck.

Steffie Spiras Heimat war immer ihre Überzeugung gewesen. Am 7. Oktober 1949 wurde es die Deutsche Demokratische Republik. Viele Genossen von damals hat sie wiedergesehen vor drei Tagen, am 3. Oktober. Honecker hatte 400 Veteranen der Arbeiterbewegung in den Festsaal des Zentralkomitees geladen, am Nachmittag, vor seiner dienstäglichen Politbüro-Sitzung. «Die DDR wird weitere vierzig Jahre und noch darüber hinaus bestehen», hat Honecker gehoneckert und alle aufgefordert, ihr Glas zu erheben. Aber die meisten konnten sich selbst kaum noch erheben und standen erst, als die Internationale schon fast gesungen war. Auf zum letzten Gefecht! 35 000 hatten das Land in den Wochen zuvor verlassen, die Jungen und Fähigen. Spiras lange Flucht war 1949 vorbei gewesen, als dieser Staat gegründet wurde. Nun flüchteten die Leute aus diesem Staat. Da standen sie, die Alten und Verdienstvollen, und prosteten dem Anfang einer Idee zu, deren Ende erreicht war. Steffie Spira schrieb danach in ihr Tagebuch: «Wir leben in der DDR wie Ameisen. Die Königin stirbt gerade, ihre Soldaten umlagern sie, die Kraft, kaum dass sie je in ihren Genuss gekommen wären, ist verpufft. Aber: Beteiligt waren sie doch. Wie lange noch? Es ist ekelhaft. Ein bereits dem Tod geweihter Kreis gibt sich den starrköpfigen Gedanken seiner Erfolge hin, ohne die neue Zeit auch nur zu begreifen.»

Im Festsaal des Zentralkomitees war es ihr gekommen: Das ist eine Beerdigung! Wir wohnen unserer eigenen Beerdigung bei, und Honecker da vorne hält die Trauerrede! Sie ist 81 Jahre alt, aber gerade erst umgezogen in diese Drei-Zimmer-Wohnung in Berlin-Mitte, nach vierzig Jahren Adlershof. Sie sang die Internationale aus voller Kehle, denn eine Kehle hatte sie. Das war nicht deren Lied, das war ihr Lied. «Das Lied der Partei» dagegen hatte sie nie mitgesungen. Die Partei, die Partei, die hat immer recht! Dieses schreckliche Lied. Wie kann eine Partei, die den dialektischen Materialismus von Marx zur Maxime ihres Denkens gemacht hat, ihre Mitglieder so einen undialektischen Quatsch singen lassen?

Die Sache hatte von Anfang an gestunken. Ulbricht war genauso einer gewesen wie Honecker, es machte für die keinen Unterschied, ob sie einen Konsum oder einen sozialistischen Bruderstaat verwalteten. Nur dass der Leiter eines Konsums keinen roten Teppich vor seinem Büro ausrollen lässt. 1960, irgendein Staatsbesuch stand an, hatte sie zum Zug gemusst. Vor dem Haupteingang am Ostbahnhof lag der rote Teppich, und sie war darüber geeilt und einer im Anzug hatte sie zur Schnecke gemacht und verwarnt. Arbeiterführer empfingen einander wie Könige, geht es absurder? Günter und sie konnten es nicht fassen. Aber sie machten den Mund zunächst nur zu Hause auf, und auf der Bühne. Später äußerte sie ihre Sorgen auch in ihrer Parteizelle, sehr zum Ärger des Parteisekretärs. Spira hatte protestiert gegen die Absetzung von Wolfgang Langhoff. Der Mann hatte das KZ überlebt, der hatte das Moorsoldaten-Lied geschrieben, und nun musste er sich als Intendant des Deutschen Theaters vorwerfen lassen, seine Spielpläne unterstützten nicht den sozialistischen Realismus. Langhoff war sozialistischer und realistischer als jene Realität, welche die Zensoren schützten. Sie hatte protestiert. Es änderte nichts. Als Spira 1968 von der Reise zu den Olympischen Spielen in Mexiko zurückkehrte, fragte der Parteisekretär, wie sie zur Niederschlagung der Aufstände in der ČSSR stünde, an der wohl auch NVA-Soldaten beteiligt waren. Prager Frühling nannte der das nicht. Und sie hatte gesagt, es sei ihr unbegreiflich, wie man so instinktlos sein könne, Soldaten in alten Naziuniformen wieder dort einmarschieren zu lassen, denn damals trug die Truppe aus Mangel an neuer die alte Kluft mit veränderten Abzeichen. Ihre Meinung hatte ihr nicht geschadet. Aber sie hatte auch keinen Unterschied gemacht. Alle waren erstarrt.

Die vorbeilaufenden Polizisten, die an diesem Oktoberabend von der gegenüberliegenden Straßenseite hochschauen zu ihrer roten Fahne mit Trauerflor, die aus dem Küchenfenster weht, klingeln nicht. Die Nachbarn im Aufzug lächeln freundlich. Alle machen weiter, als sei nichts. Du musst dabeibleiben, hatte Günter ihr gesagt, bevor er gestorben war – obwohl sie ihn auch nicht mehr hatten inszenieren lassen. Sie hatte hinschmeißen wollen, aber Günter hatte beharrt: Es geht nicht um uns! Dabei hatte sie am Anfang gedacht, nun gehe es endlich mal um sie. Um jeden, um alle. Du musst diesem Staat treu bleiben, hatte Günter gesagt, bis zum Ende. Vielleicht ist es jetzt so weit. Der Wartburg ist kaputt. Der neue. Den ersten hatten Günter und sie 1957 gekauft, für 14 700 Mark. Nach zwei Jahren war die Kupplung kaputt. Aber dann fuhr er und fuhr und fuhr. Den neuen hat sich Steffie Spira zu Weihnachten geschenkt, am 20. Dezember 1988, für 30 950 Mark. Nach 120 Kilometern war die Kupplung hin. Werkstatt! Nach weiteren 360 Kilometern war die Kupplung wieder hin. Pfusch! Aber in der Zeitung drucken sie Loblieder auf unsere Pläne. Jetzt stand der Wartburg in West-Berlin, an der Grenze zwischen Schöneberg und Wilmersdorf, weil sie die Schwester besuchen wollte, vor deren Garage ein Mercedes parkt. Wer sollte ihren Wagen wieder flottmachen? Er war liegengeblieben, und da war keiner, der wusste, wie man ein Ost-Auto wieder zum Laufen bringt.

Annekathrin Bürger und Marion van de Kamp stehen an diesem Abend auf der Bühne. «Zeit der Wölfe» von Ulrich Plenzdorf nach Tschingis Aitmatow ist eine Abrechnung mit dem Stalinismus. Es schreit derart nach Perestroika, dass man kaum hoffen konnte, dass es aufgeführt werden darf. Die Wölfe kämpfen um ihren Lebensraum in der Savanne und suchen nach einem Erlöser. Analog zweifeln der Gläubige Awdi Kallistratow und der Kommunist Boston Ürküntschijew am Sinn ihres Daseins. Einer der beiden wird schließlich gekreuzigt. Das Bühnenbild: Eine Steppe, von Bergen begrenzt, Schienen führen hindurch, ein Leninbildnis, eine Bahnhofsuhr. Vor der Premiere hatten sie im Foyer eine Resolution zur Erneuerung des Sozialismus ausgehängt. 175 Volksbühnenmitarbeiter hatten dafür gestimmt, bei einer Enthaltung. Die heutige Vorstellung ist wieder ausverkauft. Als auf der Bühne gesagt wird, dass nicht die bestraft werden müssten, die etwas Neues wollen, sondern die, die etwas tun könnten und es aus Feigheit oder Trägheit nicht täten, gibt es Szenenapplaus.

Auf einer Gewerkschaftsversammlung der Volksbühne einige Tage zuvor hatten Bürger und van de Kamp, die Versammlungsleiterin, verkündet, keine Lust zu haben, die offiziellen Feierlichkeiten zum morgigen Republikgeburtstag zu besuchen. Aber bloß zu Hause bleiben geht in diesen Zeiten doch auch nicht. Warum feiern wir nicht im Theater? Der Intendant Rödel war einverstanden. Sie gaben einigen Kollegen von anderen Häusern Bescheid. Bald meldeten sich sogar Theaterleute aus anderen Städten und kündigten sich an; sie hätten gehört, Marion van de Kamp wolle auf dem Rosa-Luxemburg-Platz eine Rede halten?

Nach der Vorstellung hört Annekathrin Bürger im Radio, dass der Genosse Generalsekretär Honecker an diesem Herbstabend mit seinem Besuch aus Moskau einem Fackelzug zuschaut. Wie die Zeit vergeht. Über zehn Jahre ist es schon her, dass Rolf und sie mit Honecker Kaffee tranken. Das war nach der Biermann-Sache und auch nachdem Manfred Krug ausgereist war. Beides Freunde von ihnen. Solch große Verluste. Rolf durfte keine Filme mehr machen, seitdem er die Petition für Biermann unterschrieben hatte. Es hatte sie überrascht, dass das Büro von Honecker ihnen so schnell einen Termin gewährte: Kommen Sie morgen, am 29. April! Sie hatten nichts zu verlieren, aber aufgeregt waren sie trotzdem. Sie nahmen auf einer großen Eckcouch Platz und warteten auf den Generalsekretär. Das schöne Meißner Porzellan, das die Sekretärin gebracht hatte, stand auf einem hässlichen Eloxaltablett. Später hatte sie dem Büro des Generalsekretärs ein hübsches Tablett aus Messing geschickt. Per Post.

«Du bist nun die Annekathrin», hatte Honecker sie begrüßt. Sie fragte, ob sie rauchen dürfe. Rolf sagte, er habe aufgeschrieben, was sie aktuell störe im Land und ob er den Brief vorlesen dürfe. Es war ein langer Brief, ein brillanter, Rolf hatte ihn nun mal geschrieben, ihr Rolf, den Honeckers Leute nicht mehr schreiben ließen: «Wir sind es müde, in den Vorzimmern freundlich empfangen und geduldig angehört zu werden, um anschließend in frommem Selbstbetrug und mit neuem Glauben an die Sache zurückzukehren an die Stätten unseres Wirkens.»

Honecker hörte zu; wie aufmerksam, ließ sich schwer sagen, er wirkte an manchen Stellen irritiert, aber insgesamt ungerührt. Er sprach danach allgemein von Fehlern und Fehlentwicklungen und großen Projekten, die er angehe; bis 1990 solle jeder DDR-Bürger eine bezahlbare Wohnung haben. Dann erzählte er von Thomas Brasch, dem Sohn des Ministers Brasch, der Schriftsteller geworden und gerade mit Bürgers Kollegin Katharina Thalbach in den Westen abgehauen war. Der kleine Thomas, sagte Honecker, habe mal auf seinem Schoß gesessen und «Ami, go home!» gebrüllt, als sie vor langer Zeit durch West-Berlin gefahren seien. Sie solle Thalbach, «die Kathi», herzlich grüßen, wenn sie mal wieder drüben auftrete, sagte Honecker zu Annekathrin Bürger. Und zum Abschied, nach einer Dreiviertelstunde: «Mädchen, du rauchst zu viel!»

Annekathrin Bürger steckt sich an diesem 6. Oktober noch eine an und kann das, was kommt, kaum erwarten.

Günter Schabowski will am späten Abend schnell runter von der Tribüne, von der das Politbüro dem Fackelzug zugeschaut hat. Es ist nur noch peinlich. Was für ein Tag. Hört ihm eigentlich irgendwer zu? Am Morgen hatte er bei Honecker vorsprechen dürfen. Wegen der Begrüßungsrede vor Gorbatschow. Ob der Genosse Generalsekretär nicht eventuell erwägen wolle, in seiner Ansprache auf die Stimmung in der Bevölkerung zu reagieren, ein wenig nur, vielleicht eine gewisse Bereitschaft zum Dialog zeigen? Keine Regung. Dann fragte Honecker: «Wie ist die Meinung zu dem ADN-Kommentar im ND?» Die Frage allein! Wie ist die Meinung? Die allgemeine? Oder seine, Schabowskis, Meinung? Ja, nun, eine Katastrophe, beschissen, unklug!

Am 29. September war in der Linden-Oper Freundschaftsmeeting zwischen der DDR und der Volksrepublik China. Nach dem offiziellen Teil bekam jedes Politbüro-Mitglied die Order: Noch mal in den Apollo-Saal! Da saß Honecker an einer langen Tafel und präsentierte seinen Plan, der natürlich bereits ein Beschluss war, die Prager Flüchtlinge, die da so unangenehm Rabatz machten, über das Territorium der DDR in die BRD zu verfrachten. Damit kehre Ruhe ein. Hat ja großartig funktioniert, wie man sehen konnte. Am Tag nach der Linden-Oper-Sache stand im *Neuen Deutschland* ein Kommentar der staatlichen Nachrichtenagentur zu Honeckers Order, in dem es über die Abgehauenen hieß: «Sie alle haben durch ihr Verhalten die moralischen Werte mit Füßen getreten und sich selbst aus unserer Gesellschaft ausgegrenzt. Man sollte ihnen deshalb keine Träne nachweinen.» Na, bravo, im Volk ist das seitdem der absolute Empörungs-Ohrwurm geworden, haste schon gehört: Keine Träne! Bessere Werbung für die ganzen Betvereine und Bürgerinitiativen kannst du nicht machen. Effektiver jagst du die Leute nicht nach Prag.

Heute Morgen war Honeckers Blick genauso leer wie der Schreibtisch, vor dem er saß. Schabowski zögerte, dann sagte er dem Generalsekretär, dass viele Genossen wegen des Kommentars verärgert seien, weil er ihre Arbeit erschwere. Honecker wurde schmallippig und meinte nur: «Ich werde sehen, was sich noch machen lässt.» Schabowski hat erst am Nachmittag gehört, dass dieser verdammte Tränen-Satz noch eigenhändig von Honecker neben das Manuskript des Kommentars gekritzelt worden war im Apollo-Saal. Peinlich.

Auf der ersten von vielen Festveranstaltungen zum Staatsbesuch redete Gorbatschow zuerst. Nur von der Sowjetunion, aber jeder verstand, was er meinte. Honeckers Kopf wurde wieder so gefährlich rot. «Demokratisierung, Offenheit, sozialistischer Rechtsstaat, freie Entwicklung aller Völker und ihre gleichberechtigte Mitbestimmung in den Angelegenheiten, die das ganze Land betreffen, würdige Lebensbedingungen für die ganze Bevölkerung und garan-

tierte Rechte für jeden – von diesen Zielen lassen wir uns leiten»,
sagte Gorbatschow und einige aus dem Politbüro hatte Schabowski
noch nie so engagiert klatschen sehen. Die dreißig Schreibmaschinenseiten, die Honecker dann verlas, waren – keine Überraschung –
frei von jedem Selbstzweifel. Es macht keinen Unterschied mehr,
was man dem sagt. Der tut, als sei nichts. «Unsere Probleme allerdings lösen wir selbst mit unseren sozialistischen Mitteln», sprach
Honecker. Gorbatschows Leute schielten ungläubig rüber. Habt ihr
den Schuss nicht gehört?

42   Seit dem Genesungsurlaub Honeckers, Nierenleiden hieß es, ist
alles noch kranker geworden. Die Realität hat draußen vor dem
Zentralkomitee zu bleiben. In den Politbüro-Sitzungen beraten
sie lieber, wie im Jahre 1991 die Pionierleistung Otto Lilienthals
zu würdigen sei. Zwanzig Tagesordnungspunkte in zwei Stunden.
Währenddessen wird das Geld knapp und das Volk auch und in den
Westmedien wird gerätselt, ob nun Modrow oder Krenz oder er,
Schabowski, auf Honecker folgen werden. Aber Schabowski macht
sich keine Illusionen. Modrow ist nicht mal Politbüro-Mitglied. Und
er selbst hat nicht genug Verbündete. Überhaupt: Nicht, dass er sich
alt fühlt, keineswegs, aber er ist sechzig geworden im Januar, es ist
doch bezeichnend, dass er als einer der Jungen gilt in ihrer Runde.
Nee, es muss Krenz werden, nur der kann seinen Ziehvater stürzen.
Krenz ist erst fünfzig, und er ist vielleicht nicht die allerhellste
Leuchte, aber fleißig und anerkannt und wenigstens mit einem gewissen Instinkt gesegnet. Hauptsache nicht Günter Mittag. Der Sekretär für Wirtschaftsfragen. Der wird in zwei Tagen achtzig, hofft
aber ernsthaft, er würde Honecker beerben. Wie alt wollen die denn
alle werden?

Abends dann der FDJ-Fackelzug. Wie am 6. Oktober 1947. Schabowski steht auf der Tribüne in der zweiten Reihe und schaut auf
Gorbatschows gefleckte Platte. Vor vierzig Jahren war er Redakteur
bei der Gewerkschaftszeitung. Er hat die leuchtenden Spuren auf
der Karl-Marx-Allee aus der Ferne angeschaut. Er hat gehört, wie sie
gerufen haben: «SED! FDJ!» Er selbst ist erst 1950 der FDJ beigetre-

ten, zwei Jahre später auch der Partei, er wollte was werden, erst mal nur Chefredakteur. Sie schickten ihn auf die Parteihochschule in Moskau. Das Wichtigste, was er dort kennengelernt hat, war Irina. In der Wohnung ihrer besten Freundin, sie haben die ganze Nacht geredet. Jetzt reden sie nur noch im Auto, weil das Haus in Wandlitz sicher abgehört wird. Kein einziges Mal waren sie bei irgendwem eingeladen da in der Waldsiedlung. Man kann niemandem trauen, und seine Mitarbeiter aus der Bezirksverwaltung in Berlin trauen sich nicht, ihn in Wandlitz zu besuchen. Du drehst da durch. Irina sagt, die Frauen der Politbüro-Mitglieder plaudern beim Einkaufen nur über das Wetter. Finstere Aussichten. Immerhin kriegst du in Wandlitz alles. Er hat den Söhnen so einen Atari aus dem Westen bestellt.

Irgendwas stimmt nicht. Was rufen die? Das gibt es nicht. Die Blauhemden rufen: «Gorbi! Gorbi!» Honecker winkt weiter. Kein Zweifel: «Gorbi! Gorbi!» Gorbatschow lässt sich nichts anmerken. Aber seine Leute grinsen. «Gorbi! Gorbi!» Beim Fackelzug? Honecker verabschiedet sich förmlich und steigt in seinen Citroën. Der geht vor seinem Gast! Was Honecker sich wohl denkt, auf der Paradestrecke zurück nach Wandlitz? Der hat das doch nicht alles auf sich genommen, Zuchthaus, Stalinschule, um am Ende der Depp zu sein. Jeden Morgen, wenn Schabowski dieser Tage im Zwielicht diesen Weg aus Wandlitz in das Zentrum Berlins gefahren wird, laufen im West-Radio die aufgeregten Meldungen von Tausenden, die fliehen, von Kohl, Genscher, Thatcher, und die Stadt vor ihm schläft noch und der Wald hinter ihm auch und es ist so surreal, so trügerisch alles. Mielke hat sich mal bei ihm beschwert, dass an einer Bäckerei am Rande der Paradestrecke die Kacheln abfielen. Das müsse er als Berliner Bezirksleiter richten lassen. Wenigstens zwischen Wandlitz und dem Zentralkomitee soll alles in allerbester Ordnung sein.

Ausgerechnet Günter Mittag versperrt Schabowski den Weg von der Tribüne. Der will wohl auch weg, aber dem wurden beide

Unterschenkel amputiert. Der Mittag kann nicht mit seinen Prothesen aus Japan. Schabowski hilft ihm, mehr schubsend als stützend, die Holzstiege hinunter. Mittag murmelt, das sei doch ein Skandal, was da gerufen wurde, «das hätte man doch anders organisieren müssen!». So ticken die. Mensch, was hier passiert, kann man nicht mehr wegorganisieren!

SAMSTAG, 7. OKTOBER

Um 10 Uhr beginnt die Militärparade auf der Karl-Marx-Allee. Honecker hat noch mehr Besuch bekommen. Aus Rumänien Nicolae Ceausescu, aus Panama Manuel Noriega, auch Jassir Arafat gibt sich die Ehre. Am Nachmittag trifft Honecker erneut Gorbatschow, diesmal im Schloss Schönhausen. Schabowski und das restliche Politbüro warten in einem Saal – da fällt ihnen auf, dass einer aus ihrer Runde Honecker und Gorbatschow ins Hinterzimmer folgen durfte: Günter Mittag. Die Mahnwache für die politischen Gefangenen an der Gethsemanekirche im Prenzlauer Berg dauert an. Abends findet im Palast der Republik das Staatsbankett statt. Auf dem Alexanderplatz, neben dem Volksfest, haben sich Hunderte Demonstranten versammelt, wie an jedem 7. eines Monats seit den Kommunalwahlen vom 7. Mai.

Konrad Elmer steht vor dem Morgengrauen auf, denn er will an diesem Tag die Sozialdemokratische Partei in der DDR gründen, in Schwante, Kreis Oranienburg. In einem versteckten Pfarrhaus, was passt, weil unter ihnen viele Pfarrer sind und sie unentdeckt bleiben wollen. Die Wahrheit ist aber auch, dass sie, auf jeden Fall Konrad Elmer, die SDP nicht zu einer Pfaffenpartei, sondern zu einer Partei für alle machen wollen und deshalb nach einer einfachen Gaststätte für ihren Gründungsparteitag gesucht haben. Doch kein Wirt war dazu bereit. Zu gefährlich. Es war damit zu rechnen, dass die Stasi jederzeit zuschlägt und sie verhaften lässt. Also dieses versteckte Pfarrhaus. Markus Meckel, noch so ein Pfarrer, der Initiator des Ganzen, hat allen eingebläut, in der Nacht vor diesem

Tag woanders zu übernachten, bloß nicht zu Hause, damit die ihnen nicht von der Haustür zum Treffpunkt folgen können. Aber das ging bei Konrad Elmer nicht, seine Frau ist unterwegs, und die beiden Töchter wollte er nicht alleine lassen. Die ältere, Lydia, würde er am liebsten gar nicht mehr alleine lassen, seitdem sie angekündigt hat, im Dezember, wenn sie volljährig ist, einen Ausreiseantrag zu stellen, weil sie nicht ihr halbes Leben auf die Demokratisierung des Sozialismus warten will.

Die Elmers wohnen in einem Fertighäuschen in der Nordendstra-
ße 61b. Das Fertighäuschen kommt von der Firma Genex, Geschenk-dienst- und Kleinexporte GmbH, aus deren Katalog «Geschenke in die DDR» man Westware bestellen kann, wenn man sie dann mit D-Mark bezahlt. Der Genex-Witz geht so: Honecker reist übers Land. In einem Dorf hält er vor dem einzig schmucken Haus. Ein kleiner Junge steht davor und fragt: «Wer bist du denn?» Sagt Honecker lächelnd: «Ich bin der, dem ihr das alles hier zu verdanken habt!» Da rennt der Junge ins Haus und ruft: «Mama, Mama, der Mann von Genex ist da!» Der Mann von Genex war in dem Fall Manfred Stol-pe, der stellvertretende Vorsitzende des Bundes der Evangelischen Kirchen in der DDR, der hier in Berlin-Pankow solche Wohnkästen für seine Leute hat aufstellen lassen, die Stolpe-Siedlung. Konrad

Elmer steigt an diesem Sonnabend vor der Haustür in sein Auto –
und hat prompt die Stasi hintendran, er erkennt das, zwei Kerle in
einem Lada. Elmer holt zuerst Carola Gabler ab, eine Sekretärin der
evangelischen Kirche, die er erst vor ein paar Tagen kennengelernt
und gefragt hat, ob sie dabei sein wolle, weil schon klar war, dass
zu wenige Frauen dabei sein würden. Die hatte überhaupt keine
Bedenken. Am S-Bahnhof Pankow-Heinersdorf steigen noch Sabine
Leger und Thomas Krüger dazu. Dreht euch nicht um, sagt Elmer,
als die Stadt dünner und der Himmel blauer wird, die Stasi folgt uns.
Sie sind sich einig, dass sie so nicht nach Schwante fahren können,
sonst fliegt alles auf. Elmer ist dafür vorgesehen, die Versammlung
zu leiten, und hat die Kopien der Geschäftsordnung und des Status
ihrer neuen Partei in seiner Aktentasche. Er muss dahin.

In Oranienburg hält Elmer an einer Tankstelle. Er lässt sich ein Tele-
fonbuch geben und sucht nach einem Kollegen, nach einem von
der Kirche vor Ort. Er findet die Adresse des Superintendenten, zu
dem sie fahren und dem sie oben in seiner Wohnung die Situation
schildern: Den Lada da hinten müssen wir loswerden, weil wir die
Sozialdemokratische Partei gründen wollen. Nee, ist klar, sagt der
Superintendent, ich habe eine Idee, passt auf, fahrt an der Havel
lang, da ist eine Fußgängerbrücke, ich warte mit meinem Auto auf
der anderen Seite! Konrad Elmer denkt sich: Ist das hier ein Krimi,
oder was? Als sie die Fußgängerbrücke, vom Schilf verdeckt, gefunden haben, sagt Krüger, er warte besser im Auto, damit die Stasi weiter jemanden zum Beobachten hat. Drüben steigen Gabler, Leger
und Elmer ins Auto des Superintendenten, der zur Sicherheit auf
dem Weg nach Schwante noch mal bei einem Gemeindekirchen-
mitglied hält, damit sie die letzte Etappe in dessen Wagen nehmen
können. Sogar Krüger kommt später nach, da haben die zwei Kerle
im Lada verstanden, dass er sie nur ablenken soll, und sind abge-
zischt auf der Suche nach den zu Fuß Geflüchteten. Krüger ist über
die Brücke gerannt und dann lange über Felder, um dabei zu sein an
diesem historischen Tag.

Natürlich hätten sie sich den Krimi sparen können, wenn sie gewusst hätten, dass die Stasi trotzdem mit dabei sein würde in diesem Pfarrhaus in Schwante, Landkreis Oranienburg, aber das wäre
ja schade gewesen.

Hans-Eckart Wenzel und Steffen Mensching werden von einem
örtlichen Kulturfunktionär geweckt. Die Sonne knallt schon durch
die Gardinen im Hotel am Bahnhof in Hoyerswerda. Der Mann teilt
ihnen mit, dass ihr Auftritt heute Abend untersagt worden sei. Keine weitere Begründung. Wenzel und Mensching sind verkatert. Die
Wochen sind wie im Rausch vergangen. Sie touren durchs ganze
Land, Halle, Jena, Erfurt. Und auch durchs andere, gerade haben
sie in Villingen-Schwenningen gespielt, vor so Rentnerschwaben,
und davor ein paar Tage in der UFA-Fabrik in Berlin, vor bekifften
Ökos. Sie schmieren sich die Clowns-Schminke über die Wangen
und zeigen ihr wahres Gesicht. Zuerst verlesen sie die Rockmusi-
ker-Resolution: «Es geht nicht um Reformen, die den Sozialismus
abschaffen, sondern um Reformen, die ihn weiterhin in diesem
Land möglich machen. Denn jene momentane Haltung den existierenden Widersprüchen gegenüber gefährdet ihn.» Dann kommt
eine Frechheit nach der anderen, ihr neues Programm hat es in sich.
An einer Stelle reden sie darüber, wann sie die Revolution machen
sollen. Sie gehen den Terminkalender durch. Nee, da kann ich nicht,
hab einen Zahnarzttermin, und so weiter, sie können sich partout
nicht auf ein Datum einigen. Irgendwann gehen sie hinter die Bühne und rumpeln rum und brüllen und tun so, als hätte jemand auf
sie gelauert und würde sie überwältigen. Manchmal dachten die
Leute, sie wären wirklich im Theater verhaftet worden, es gab Rie-
sentumulte. Lasst sie frei! Im Westen dagegen klatschen die Leute
höflich und fragen nach der Vorstellung, ob es nicht toll sei, endlich mal so frei reden zu können, hier in Villingen-Schwenningen
oder bei den Kiffern. Kommt, esst was, nehmt einen Zug, ihr habt ja

sonst nichts! Im Westen treten vor ihnen irgendwelche nigerianischen Trommler auf und dann Wenzel und Mensching, die frechen Exoten aus'm Fernen Osten. Die Wessis denken, ihr Programm habe mit der Realität in der DDR nichts zu tun. Und die Ossis denken, ihr Programm, zu dem die Verhaftung gehört, sei die Realität! Sie saßen immer zwischen den Stühlen.

Irgendwann mussten die einen Abend verbieten. Es ist in jeder Stadt ein Kulturfunktionär dabei. Das sind nicht immer Schweine. In Erfurt haben sie mit dem Alten lange diskutiert, eine ganze Nacht, vier Schachteln Zigaretten durch. Das war ein überzeugter Arbeiter. Der flehte sie an: Verlest nicht eure Resolution! Wovor hast du Angst?, haben sie ihn gefragt. Um mein Land, hat der geantwortet. Der fand die Lage auch beschissen. Aber was ist die Alternative?, fragte der. Eine zweite Chance für einen sozialistischen Staat kriegen wir niemals. Oder auch Wenzels Freund Eberhard Schmidt. Der war im Spanischen Bürgerkrieg. Der hat Sachsenhausen überlebt. Die DDR, das war für den die Freiheit. Und nun kamen zwei Clowns und wollten dieses Glück kaputthauen? Eberhard spricht kein Wort mehr mit ihnen. Sie verstehen das. Aber man kann so nicht mehr leben. Im Gestern. Dieses Land macht krank.

In Hoyerswerda fahren sie nach der morgendlichen Ansage des Kulturfunktionärs mit Wenzels Wartburg direkt in den «Mfp Club», den der Liedermacher Gerhard Gundermann betreibt und in dem sie hätten auftreten sollen. Gundermann weiß schon Bescheid, dass heute niemand spielen wird. Wat machen wir jetze mit dem anjebrochenen Tag? Sie trinken und essen und trinken. Aus Spaß ruft Mensching bei einem Bekannten in der russischen Kaserne um die Ecke an und fragt, ob sie nicht später dort im Casino auftreten könnten. Sie trinken und klampfen und trinken. Am Nachmittag umstellt die Volkspolizei das Club-Gebäude. Alle raus! Was issen los? Aber von denen spricht keiner. Wenzels Wartburg wird beschlagnahmt. Im Revier wartet ein Stasiheini und redet von Hausfriedensbruch. Der tut so, als wäre Bürgerkrieg. Sie dürfen nicht miteinander sprechen, nicht mal auf Toilette gehen. Erst gegen Mitternacht passiert was. Da werden sie an die Kreisgrenze gefahren. Drei Tage dürfen sie den Kreis Hoyerswerda nicht mehr betreten, wird ihnen erläutert. Wenzels Wartburg steht auf der stockdunklen Landstraße. Ihr nächster Auftritt, morgen gleich, ist in Weimar. Also fahren sie drauflos, weiter schweigend, in die ungewisse Nacht. Bald erreichen sie die Autobahn. Sie müssen nichts sagen. Beide sehen, woran sie da vorbei tuckern. Ein Militärtransport, endlos. Auf den Lastern stehen Panzer.

Steffie Spira kommt an diesem Tag früher als sonst, um 11 Uhr schon, aus dem U-Bahnhof Rosa-Luxemburg-Platz. Gegenüber ihrer Volksbühne sieht sie zwei Panzer mit Besatzung stehen. Kann das Zufall sein? Oder wollen die drohen: Bleibt mit eurer Aufmüpfigkeit an eurem Theater! Sie wundert sich, dass sie keine Angst spürt. Man ist wohl in keinem Land je wahrhaft sicher, vielleicht muss es so sein. Sie betritt das Seitenfoyer, bereits gut gefüllt, bestimmt 250 Leute, Künstler, Kollegen von vielen Häusern. Peter Brasch, der Schriftsteller, Sohn des Ministers, jüngerer Bruder von Thomas Brasch, ergreift gerade das Wort und wirbt für das «Neue Forum». Ihr klingt das schon wieder zu sehr nach der nächsten Partei. Aber selbstverständlich sehr löblich. Am Deutschen Theater, wo das Ensemble schon am 18. September lange diskutiert hat, haben sich viele Schauspieler bekannt, für die Legalisierung des «Neuen Forums» unterschrieben zu haben. Jeder will jetzt reden, an allen Theatern, deswegen wurde diese Versammlung heute einberufen, sie will es mit eigenen Augen sehen, alles hören.

Aus Dresden ist der Regisseur Wolfgang Engel gekommen. Er berichtet von den Knüppeln am Hauptbahnhof, vom Blut, von der Brutalität, Polizei überall. Er sagt, an diesem Nationalfeiertag werde in Dresden wieder protestiert. Jutta Harnisch, die Bühnenbildnerin der Volksbühne, ist gerade in Dresden engagiert, sie verliest eine

Resolution des Ensembles vom Staatsschauspiel dort: «Wir treten aus unseren Rollen heraus. Die Situation in unserem Land zwingt uns dazu. Ein Land, das seine Jugend nicht halten kann, gefährdet seine Zukunft. Eine Parteiführung, die ihre Prinzipien nicht mehr auf Brauchbarkeit untersucht, ist zum Untergang verurteilt. Ein Volk, das zur Sprachlosigkeit gezwungen wurde, fängt an, gewalttätig zu werden. Die Wahrheit muss an den Tag. Unsere Arbeit steckt in dem Land. Wir lassen uns das Land nicht kaputtmachen.» Ja, ja, ja! Auch Spira erhebt kurz das Wort. Die Luft wird schon knapp. Alle sind zusammengerückt. Keiner will, dass diese Premiere endet. Man bejubelt sie. Sie will es nicht überbewerten. Sie weiß, es ist nicht nur ihr Humor, ihre Schlagfertigkeit. Es ist auch, dass die Forderung nach dem Ende der Zustände drastischer klingt von einer, die beteiligt war, diese Zustände zu erschaffen. In ihrem Tagebuch hat Spira notiert: «Wir sind von Berufs wegen geschult im Aussprechen von Ideen, von Glück und Unglück, vielleicht haben wir bessere Nerven und bessere Augen und Ohren und sehen den Menschen genauer zu, ohne kleinspießige Neugier, sondern mit der echten, fruchtbaren Neugier, das Wesentliche zu erfassen.»

Tommy Neumann verliest einen Brief, den ihm jemand zugesteckt hat, wie er sagt. Vertrauensleute des VEB Bergmann-Borsig haben die Zeilen an den Gewerkschafts-Vorsitzenden Harry Tisch geschrieben: «Wir halten es für dringend erforderlich, dass die wahren Gründe, die zum Weggang unserer Bürger führen, sorgfältig und ehrlich untersucht und diskutiert werden.» Es ist gut, dass Arbeiter und Intellektuelle einig sind, war das je der Fall in den vergangenen vierzig Jahren? Man weiß es nicht, man hat sich gegenseitig nie gefragt. Um 14 Uhr ruft der Intendant Rödel, dass später noch Theater gespielt werden muss in diesem Theater, nun sei es mal gut. In der Volksbühne herrscht da längst Konsens, dass man die vielen Gedanken, von denen nicht alle zur Sprache kamen und zu denen jeden Tag neue hinzukommen werden, weiter austauschen muss in dieser Runde, die noch größer werden soll. Wöchentlich. Das nächste Treffen wird am Deutschen Theater stattfinden, kommenden Sonnabend. Johanna Schall wird mit der Vorbereitung beauftragt.

Manche haben an diesem Tag ihre Kinder mitgebracht. Steffie Spira sieht den jungen Liefers mit Kinderwagen, sogar diese Rolle steht ihm. Es geht gar nicht ums Ende, denkt sie. Das ist ein Anfang, endlich wieder!

52 Tobias Langhoff geht nach der Versammlung noch auf den Alexanderplatz. Wohin sonst. Die besten Stunden seines Lebens hat er auf dem Alex verbracht. Er kann sich noch erinnern, wie die Weltzeituhr gebaut wurde. Der Alex, das war sein Spielplatz, er ist in der Alexanderstraße aufgewachsen. Da ist wohl schon einiges los seit dem Nachmittag, hat Langhoff gehört. Er kann jetzt nicht nach Hause, er braucht frische Luft. In diesen Tagen ist er viel draußen, kaum in seiner Wohnung im Prenzlauer Berg. Zwei Zimmer, ein Telefon. Zwei Zimmer kriegt man rasch, wenn man ein paar Leute kennt und die Hinterhöfe abklappert; es stehen so viele Wohnungen leer, weil die Ämter mit der Verteilung überfordert sind. Auf ein Telefon muss man lange warten, selbst wenn man Beziehungen hat und immer wieder nachfragt; es hat kaum einer einen Anschluss. Langhoff weiß gar nicht, wen er anrufen soll. Die Wohnung kostet 37 Mark. Er verdient am Deutschen Theater 480 Mark. Das Geld musst du erst mal loswerden.

Liefers und er sitzen in diesem Herbst fast jeden Abend in der Bierstube unten im Palast der Republik. In dem Stasi-Haus, zwischen den Parteibonzen. Nur da gibt's garantiert Berliner Pilsner Spezial, das Gute. Spezi sagen sie. Endlich mal was anderes als die Plörre in der Kaufhalle. Bei der muss man immer gucken, ob sie schon flockt. Der typische Griff im Laden geht so: Rein in die Kiste, die bauchige 0.33er-Flasche raus und umgedreht, ob die Hefe rumschwimmt. Es gibt grüne und braune Flaschen. Weniger braune als grüne. Die braunen sind besser, darin hält sich das Bier länger. Was sind sie nicht schon durch die Kaufhallen gezogen auf der Suche nach braunem Bier. Wozu der Geiz! Spezi gibt es in den Delikat-Läden. Das kann sich kaum einer leisten. Sie aber spazieren jetzt einfach in diese piefige Bierstube und rufen dem Ober zu: Noch mal zwei! Liefers muss erst mal ein bisschen langsamer machen, wegen der Kleinen, aber auch Papas wollen raus! Also lassen sie sich im Palast die Rübe volllaufen, gucken sich im Gastraum um und lachen die alten Säcke aus. Was für Arschlöcher! Wir haben es gepackt! Was wollt ihr tun? Sie können sich alles erlauben.

Die Abschlussarbeit, die sie zusammen an der Ernst-Busch-Hochschule gemacht haben, war eigentlich unmöglich. «Lenz» von Georg Büchner, sie haben es ins Hier und Jetzt geholt: Die Wahrnehmung löst sich von der Realität. Aber wer bestimmt, wer verrückt ist und wer nicht? Die Gesellschaft? Ist nicht die Gesellschaft verrückt? So schnell, wie Liefers und er Freunde wurden, so schnell ging es für sie auf der Bühne weiter und weiter, immer im Gleichschritt, immer noch ein Spezi für jeden. Als Studenten wurden sie am DT in Goethes «Egmont» besetzt, Nebenrollen, aber Dieter Mann, der Intendant, sah sie und sagte: Die engagier ich! Wenn ihr fertig seid, kommt ihr zu mir! Das ist verrückt! Wenn man als Schauspieler irgendwann am DT landet, hat man alles erreicht, dann ist die Laufbahn quasi beendet. Für sie geht es am DT los. Wo soll das hinführen?

Gerade hat Langhoff seine erste Westreise gemacht mit dem Theater, gleich nach Amsterdam, das volle Programm. Dass die mitgereiste Pressetante an die Stasi berichtet, störte niemanden, nicht in Amsterdam. Als er bei der Armee war, in Perleberg, hatten sie ihn nicht mal nach Hause fahren lassen. Bestimmt wegen der Westkontakte seines Vaters. Und als Strafe, weil er sich geweigert hatte, zu den Grenztruppen zu gehen. Anderthalb Jahre nur Uniform. Die wollen dir alles nehmen, Klamotten, Haltung, Sehnsucht.

Einmal hatte er nach der Armee-Zeit noch Ärger bekommen, 1987, da war er schon an der Schauspielschule. «Die Reue», in der DDR verboten, lief im ZDF. Der Film von Tengis Abuladse, dem Georgier. Ein Meisterwerk. Ein Mann kommt nach Sibirien in den Gulag. Die Frau hört nie wieder von ihm. Es ist die große Liebe, es gibt kein Leben ohne ihn, ohne sie. In Sibirien muss der Mann Bäume fällen und das Holz am Fluss auf die Reise in die Städte schicken. Er fängt an, Nachrichten in die Stämme zu schnitzen, Herzensbotschaften. Sie steht 4000 Kilometer entfernt am Wasser und sieht das Holz vorbeitreiben. Das sind Szenen, die bleiben. Aber im *Neuen Deutschland* stand eine Hetz-Rezension von Hans Joachim Schütt, dem Chefredakteur. Der Film sei ein Machwerk, eine Lüge. Langhoff setzte einen Brief an die Zeitung auf: Es sei ein wichtiger Film. Gedruckt wurde der Brief nicht, dafür wurde Langhoff zum Schulleiter zitiert, zu Hans-Peter Minetti. Was ihn geritten habe, fragte Minetti. Na, die Leidenschaft für den Film. Den Beruf. Die Welt, in der wir leben. Ich will spielen, sagte Langhoff, aber ich will nichts vorspielen müssen, um auf die Bühne zu dürfen. Sie sind großfressig, Liefers und er. Aber nicht, weil sie so weit gekommen sind. Wegen ihrer großen Fressen sind sie überhaupt erst so weit gekommen.

Das ist ein enges Land, aber Tobias Langhoff spürt Freiheit. Es geht etwas zu Ende, aber Langhoff fängt gerade erst an. Alle reden nur noch über Politik, aber Langhoff könnte auch von der Liebe reden. Von dieser Frau. Sie war mit ihrer Schauspielklasse aus Salzburg zu Besuch, zwei Wochen. Schon nach zwei Stunden hatte er sich wahnsinnig verliebt, zwei Jahre hält dieses Gefühl bereits an. Bestimmt hatte ihn «Die Reue» auch deshalb so umgehauen. Eine Westbeziehung! Er kann nicht einfach zu ihr, wann er will – und er will immer. Wenn sie kommt, muss sie um Mitternacht wieder in West-Berlin sein. Er bringt sie zum Übergang. Sie flennen am Tränenpalast, das wäre im Kino zu abgeschmackt. Aus dem Ensemble haben einige ein Dauervisum, das größte Privileg. Leute wie Uli Mühe drehen dauernd drüben. Die Behörden wollen nicht, dass die letzten klugen Köpfe für immer verschwinden. So ein Dauervisum braucht Tobias Langhoff auch. Er macht schon alle verrückt damit. Er ruft jeden Tag an, er geht vorbei. Reisefreiheit sofort! Alle fordern das jetzt, aber keiner sehnt sich so danach wie er.

Als er am Alexanderplatz ankommt, ruft die Menge «Wir bleiben hier», nicht «Wir wollen raus» wie in den letzten Wochen. Irgendwas ist anders. Die Jungs und Mädels hatten sich verabredet, um «auf die Wahlen zu pfeifen», die lächerlich frisierten Kommunalwahlen im Mai, viele haben Trillerpfeifen dabei. Es sind aber auch FDJler gekommen, die rumdiskutieren, und das Westfernsehen filmt eifrig mit. Alle sind wie besoffen, so hibbelig und laut, aber keiner säuft. Unter den Demonstranten herrscht Volksfeststimmung. Zwischen den Buden des offiziellen Volksfestes nebenan dudelt die Schlagermusik durch leere Gassen. Aus dem Schutz der Masse auf dem Alex schlägt immer mal wieder jemand über die Stränge: «Wir woll'n keine Stasi-Schweine!» Fast schüchtern, verschämt. Andere stimmen ein, jeder guckt sich ständig um, in der Erwartung, gleich von 'nem Stasi-Schwein abgeführt zu werden, und weil man es nicht glauben kann. Sollen wir? Dürfen wir? Noch ein Schritt, noch ein Ruf. Es gibt keine erkennbaren Anführer, sie sind nur ein nervöser Haufen von jungen Leuten und es ist Freitagabend und sie haben Bock, dass was geschieht. Plötzlich kommt Bewegung in die Sache. Die Leute rennen immer wieder ein Stück, als würde sie jemand verfolgen oder als verfolgten sie jemand, aber da ist niemand, nur die eigene Lust und die eigene Angst. Und der Sog der Gemeinschaft und der Reiz des Unbekannten. Dann bleiben sie wieder stehen. Hinter ihnen wächst der Zug. Den Nachfolgenden wird zugejubelt und applaudiert, aber jeder klatscht auch sich selbst Beifall, Mut zu. Wo geht's denn überhaupt lang? Weißt du, wo wir hingehen? Schulterzucken. Keine Ahnung, mal sehen. Jemand stimmt die Internationale an. Jetzt singen sie das mal freiwillig: Auf zum letzten Gefecht! In Wahrheit ist doch klar, wohin sie gerade rennen und wieder gehen und rennen, jeder weiß es, keiner traut sich, es auszusprechen. Sie ziehen Richtung Palast der Republik. Dabei hat die Bierstube heute bestimmt geschlossen.

Günter Schabowski will am Abend schnell raus aus dem Großen Saal des Palastes der Republik. Die Internationale hat er noch mitgesungen. Auf zum letzten Gefecht! Aber Schabowski will nicht weiter mit anstoßen. Worauf? Er trifft auf Gerassimow, den Sprecher des sowjetischen Außenministeriums, und gibt ihm kurz zu verstehen, dass er Honeckers Ausführungen auch an diesem Tag wieder unmöglich fand. Nachmittags, im Schloss, hatte Honecker von dem 4-Megabit-Chip geschwärmt, der bald in Serienfertigung gehen werde. Gorbatschow sei eingeladen, bald die Fabrik zu besichtigen. Nach dieser weiteren Ansprache des Genossen Staatsratsvorsitzenden, in der die DDR keine Gegenwart, nur eine Zukunft hatte, hatte Gorbatschow resigniert gelächelt und einen merkwürdigen Schnalzlaut von sich gegeben. Klang nach «War das alles?».

In einem Seitengang des Palastes bleibt Schabowski stehen. Hinter der Glasfront fließt die Spree durch die Dämmerung. An der Uferböschung gegenüber tümmeln sich Leute, ein paar hundert. Sie klatschen und grölen. Dumpf hört er es wieder, ganz nah und doch fern klingend: «GORBI, GORBI!» Und: «Gorbi, hilf uns!» Erst zeigt das Westfernsehen heute, dass fast 15 000 am Alex rumposaunen. Am Alex! Am helllichten Tage! Damit alle wissen, dass hier nichts mehr unter Kontrolle ist. Ihm wurde versichert, dass sich die Demonstranten in den Prenzlauer Berg getrollt hätten. Warum stehen die nun am Palast? Es wird immer wilder, jeden Tag eine neue Unverschämtheit, man glaubt nicht, dass es geschieht, und steht doch schon mittendrin. So wie vor zwei Wochen, als er im Deutschen Theater war. Die Schauspieler versammelten sich da und waren ganz begeistert von dieser Erklärung des Schriftstellerverbandes, an der Christa Wolf gewerkelt hatte, «die Zeit ist reif», pipapo. Er sollte die Mimen auf Linie bringen. Aber die brüllten ihn von Anfang an nieder. Eine, es war wohl Inge Keller, schimpfte auf das *Neue Deutschland* und fragte ihn, voller Furor: «Warum lügen Sie?» Hallo? Dann zitierte eine andere noch Brecht, wen sonst: «Ginge da ein Wind, könnte ich ein Segel stellen, wäre da kein Segel, machte ich eines aus Stecken und Plane.» Wie bitte? Er wurde wütend, ja, er brach seinen Besuch ab, was für ein Theater! Am nächsten Tag ließ er den Intendanten Dieter Mann antanzen. Der entgegnete ihm, für die Stimmung im Land seien die führenden Genossen selbst verantwortlich. Ach, nee! So geht es nicht weiter.

Auf der kleinen Brücke über die Spree haben sich Soldaten aufgereiht. Hinter ihren Rücken halten sie sich bei den Händen, um eine Kette zu bilden. Es sieht aus, als stünden sie da Arm in Arm, brüderlich vereint. Dabei müssen sie die Gesellschaft entzwei halten, die Führenden vor dem Volk schützen. Mitarbeiter in Zivil holen einzelne Querulanten aus der Menge. Tumulte. Ist das da unten etwa schon wieder das Westfernsehen? Schabowski holt Krenz aus dem Saal: Kommst du mal bitte? Sie stehen zu zweit vor der gläsernen Mauer und schauen zu, wie die Demonstranten verscheucht werden, nach und nach. Wie die dunklen Wolken ziehen sie Richtung Fernsehturm. Mielke stürmte an ihnen vorbei hinunter zum Hinterausgang. Sein Sektglas lässt er auf einem Stehtisch zurück. Andere Genossen, die auch zur Rückseite des Palastes geeilt sind, um sich das Schauspiel aus der Ferne anzuschauen, sagen, man müsse sicherstellen, dass die Gäste des Banketts von alldem nichts mitbekommen. Den Festsaal sollen die feinen Damen und Herren nur zur Frontseite des Palastes verlassen, da ist es so schön menschenleer. Schabowski ist das egal. Die demütigenden Bilder sind ohnehin in der Welt. Sie müssen sich jetzt schnell was einfallen lassen. Das wird für sie alle gefährlich.

Marianne Birthler sitzt am Telefon in der Gethsemanekirche. Heute Nacht ist Werner bei ihr, wie so oft in diesen Wochen. Das Kontakttelefon ist mittlerweile ununterbrochen besetzt, immer von zwei Personen. Werner und sie gehörten von Anfang an zu der Gruppe, die diese Idee umsetzen wollte: Eine Nummer, unter der Oppositionelle aus dem ganzen Land anrufen können, um Termine durchzugeben, neugegründete Initiativen zu melden, Kontaktdaten zu hinterlassen, Probleme zu melden, Übergriffe, Bespitzelungen. So kann man in Kontakt treten und bleiben. Eine Schaltzentrale der Machtlosen. Ein Jahr hatten sie nach einem geschützten Raum dafür gesucht. Im Februar, gerade waren in Leipzig einige inhaftiert worden, hatte die Gethsemanegemeinde ihnen ein kleines Büro überlassen, zwei Sessel, ein Tisch, ein Sofa und eben das Telefon, zweimal die Woche, zwischen 18 und 22 Uhr zunächst. Die Nummer hatte sich rasend schnell rumgesprochen: 4 48 42 35. Die Anrufer hielten sich nicht an die Sprechzeiten. Vor den Kommunalwahlen im Mai meldeten sich viele, um sich erklären zu lassen, wie man überhaupt gegen einzelne Kandidaten stimmte, denn auf den Wahlzetteln gab es keine Nein-Felder, man musste, damit die Stimme nicht als ungültig galt, den Namen durchstreichen. Am Wahltag berichteten zahllose Anrufer aus einzelnen Wahllokalen, wo sie die Auszählung der Stimmen dokumentierten. Birthler und die anderen schrieben im Gemeindebüro mit, und als am Abend der Vorsitzende der Wahlkommission, Egon Krenz, das Standardergebnis von 99 Prozent verkündete, hatten sie den Betrug schwarz auf weiß: Zum Teil hatten sie 30 Prozent Gegenstimmen.

Das Gemeindebüro selbst ist kaum noch erreichbar. Immer besetzt. Doch der Gemeindekirchenrat überlässt ihnen das Telefon weiter. Den Anschluss zu kappen, trauen sich die Behörden wohl nicht, das gäbe einen Aufschrei bis in die Westpresse. Und wenn es doch mal ernst werden würde und die ankämen, ist Birthler in wenigen Schritten vom Gemeindehaus in der Gethsemanestraße 9 im Altarraum, im Schutz der Kirche.

Vor nicht mal einer Woche, am 2. Oktober, nach dem Erntedankfest, hat Pfarrer Albani, gleich an seinem ersten Tag im Dienst hier, die Kirchenältesten zusammengerufen. Bürgerrechtler hätten ihn gebeten, in ihrer Kirche eine Mahnwache halten zu dürfen. Das waren Leute vom «Weißenseer Friedenskreis» und von der «Umweltbibliothek» und der «Kirche von unten», darunter so richtig Linke, manche Anarchisten, Punks. Die hörten «Ton, Steine, Scherben», keine Kirchenlieder, und überall krümelte der Tabak von ihren Selbstgedrehten. Die Kirchenältesten stimmten sofort zu. Seitdem hängt vor der Kirche das Transparent: «Freiheit für die zu Unrecht Inhaftierten!» Zwei Tage später kam noch eine Fastengruppe dazu, junge Frauen und Männer um die Theologin Angela Kunze, die in ihrer Freizeit als Clown auftritt. Damit sie unauffällig in die Kirche gelangen konnte, holte Birthler sie mit ihrem Dienst-Trabi ab, Kunze hatte einen Schlafsack dabei, ein großes Tuch, auf das sie ihre Protesterklärung geschrieben hatte, und ein paar Kisten Saft. Die Blumen und Erntegaben am Altar wichen den Luftmatratzen der Fastenden. Da herrscht so eine gute Stille, eine konzentrierte. Die Jungen sitzen den ganzen Tag beieinander, in ihre Decken gehüllt, und reden leise und viel. Ohne Hast. Ohne Druck. Sie sehen so beseelt aus. Sie schweigen auch viel. Die Kirche gibt ihnen den Platz, den sie nirgendwo finden. Die Ruhe, die einem niemand mehr lässt. Die Ruhe vor einem Sturm, von dem alle träumen, jeden Tag mehr. Mit jedem der hunderte von Flugblättern, die von den Mahnwachen-Leuten verteilt werden; die Schreibwarengeschäfte im Kiez haben schon kein Papier mehr. Mit jedem Besucher; tausende Leute sind in dieser Woche vorbeigekommen, haben zugehört, weitergesprochen, gelesen, mitgeschwiegen. Manchmal, während der Fürbitten, wurde der Kanon «Dona nobis pacem» gesungen, Christen und Nichtchristen gemeinsam: Lamm Gottes, Du nimmst hinweg die Sünden der Welt, gib uns Deinen Frieden.

Mit 14 oder 15 hatte Marianne Birthler ihre sehr fromme Phase gehabt, zusammen mit ihrer Freundin Margrit. Es war nicht politisch.

Es war so eine Unbedingtheit, wie sie nur 14- oder 15-Jährige entwickeln können. Außerdem war Birthler in den Pfarrerssohn verliebt. Sie war nicht christlich erzogen worden, sollte aber konfirmiert werden. Sie war in der FDJ, zweifelte aber nun, ob beides zusammen ginge, der Glaube und der Sozialismus. Und dann provozierte sie auch noch der Schuldirektor, indem er ihr sagte, sie solle sich gefälligst entscheiden. Also trat Marianne Birthler mit 15 aus der FDJ aus. Ihre Mutter war wie immer großzügig – aber auch entsetzt. Du verdirbst dir die ganze Zukunft! Mit der lieben Klassenlehrerin zusammen hat sie versucht, ihre Tochter noch abzuhalten. Aber die Mutter selbst hatte doch immer erzählt, dass sie sich schäme, in der Nazizeit nichts gesagt zu haben. Mit diesem Eingeständnis ihrer Schwäche, das fühlt Birthler heute, hat sie ihre Tochter stärker gemacht, weil die Botschaft war: Es ist wichtig, etwas zu wagen.

Nach ihrer Scheidung vor sechs Jahren hat Birthler immer im Prenzlauer Berg gewohnt, am Anfang war das Geld sehr knapp, mittlerweile hat sie eine Dienstwohnung in der Schönhauser Allee. An diesem Abend wollen Werner und sie dort in der Nähe eine Kleinigkeit in einer Kneipe essen. Sie lassen sich am Telefon derweil vertreten. Als sie unter der Hochbahn hindurch zurückwollen, ist die Schönhauser nicht wiederzuerkennen: Geschrei und Gerenne. Die Stargarder Straße, die zur Gethesemanekirche führt, ist abgeriegelt. Überall Polizeiautos, Lastwagen, Wasserwerfer und schwere Fahrzeuge, an die vorne unheimliche Gitter montiert sind. Werner hat eine Aktentasche mit Flugblättern dabei. Sie gehen erst mal einen großen Bogen um die Szenerie, zum Büro des Stadtjugendpfarramts, von wo aus sie beim Kontakttelefon anrufen und wo sie auch die Flugblätter deponieren. Über die Greifenhagener Fußgängerbrücke laufen sie zurück zum Gemeindehaus. Am Friedrichshain wird Feuerwerk geschossen, Werners Gesicht leuchtet in der Grelle der Raketen, es knallt bedrohlich. Birthler hat noch nie eine solche Spannung gespürt, am ganzen Körper, über der ganzen Stadt. Boah, jetzt verändert sich was! Da ist schon Angst, aber noch mehr Angstlust. Wenn sie die Kirche umzingeln, ist das wenigstens eine direkte Konfrontation. Nicht dieser heimliche, subtile Terror. Normalerweise wollen die, dass man weiß, dass sie da sind, aber sind nie da, huschen nur mal vorbei in ihren Stasi-Blousonjacken. Wenn Werner nach Hause kommt, kann es schon mal passieren, dass Dinge woanders liegen als noch am Morgen oder dass alle Uhren in der Wohnung verstellt sind. Das heute ist etwas anderes. Das ist eine Kriegserklärung. Die werden doch nicht?

Vor der Kirche sind viele Demonstranten und noch mehr Polizei. Werner und sie gelangen aber hintenrum in das kleine Gemeindebüro. Das Telefon läutet. Die Leute berichten: Schon auf dem Alex gab es erste Verhaftungen. Vom Palast der Republik wurden sie abgedrängt, immer weiter hoch in den Prenzlauer Berg. Eingekesselt. Niedergeknüppelt. Freundinnen und Freunde, Eltern und Kinder, Frauen und Ehemänner waren auf Lkw geschubst und weggefahren worden. Rund um die Schönhauser hatte es Jagdszenen gegeben. Einer sei gestorben, in seiner Blutlache, hieß es. Später: Der Mann habe wieder aufstehen können. Die treiben alle mit Wasserwerfern zusammen. Die drehen durch. Wir mussten uns ausziehen! Die verbliebenen Demonstranten sind vor der Kirche. Kannst du mir das noch mal genau berichten, sagt Birthler am Telefon, eins nach dem anderen, nicht die Nerven verlieren, wo genau wart ihr, wann hast du deinen Mann das letzte Mal gesehen, kannst du mir das bitte bis morgen aufschreiben, wir brauchen genaue Berichte, ich danke dir, ich wünsche dir viel Glück, pass auf dich auf.

Werner und sie hören von draußen den Lärm. Pfarrer Albani steht auf einer Mauer und ruft: Die Kirche ist offen! Verbringt die Nacht hier! Viele erwidern: Wir bleiben draußen! Sie wollen die Straße nicht verloren geben. Die Nacht schreitet voran, das Telefon hört nicht auf zu klingeln, hunderte Anrufer, es mussten tausende Verhaftungen sein. War es das mit der Hoffnung? Sieht so das Ende aus?

Zwei Sessel, ein Tisch, ein Sofa und das Telefon. Das kleine Gemeindebüro, im Herzen des Aufstands, aber ab sofort sein Gedächtnis, sieht so aus wie immer. Das erste Tageslicht dringt hinein. Das Land da draußen, weiß Marianne Birthler, ist nicht mehr dasselbe.

Christa Wolf erfährt am Abend, dass ihre ältere Tochter Annette festgenommen wurde. Der Dramatiker Lothar Trolle, ein Freund und Nachbar, war Augenzeuge. Annette und ihr Mann Jan, die sich in den letzten Wochen für das «Neue Forum» eingesetzt haben, wollten zur Gethsemanekirche, kamen aber nur bis zur Prenzlauer Allee. Sie wurden auf einem Pritschenwagen weggefahren.

Im März wurde Christa Wolfs Erzählung «Sommerstück», die sie 1983 fertiggestellt und 1987 überarbeitet hatte, veröffentlicht. «Alle Figuren in diesem Buch sind Erfindungen der Erzählerin, keine ist identisch mit einer lebenden oder toten Person», steht zu Beginn des dünnen Buchs. Aber Wolf hat darin viele ihrer Tagebucheinträge verarbeitet. Mehrere Familien, darunter auch die der Erzählerin Ellen, eine Schriftstellerin mit ihrem Mann Jan und zwei Töchtern, ziehen sich, enttäuscht über den Stillstand in der DDR, in ein Dorf in Mecklenburg zurück. Schon 1945, nach der Flucht vor der Roten Armee, kam Christa Wolf, 16-jährig, mit ihrer Familie in Mecklenburg unter. 1975 begannen Gerhard und sie, dort, in Neu-Meteln, ein altes Bauernhaus zu renovieren. Es wurde Christa Wolfs Rückzugsort. Nach der Machtübernahme Erich Honeckers 1971 hatte es kurz so ausgesehen, als bestünde die Chance auf eine gesellschaftliche Liberalisierung, auf mehr Freiheit für die Kunst. Aber diese Hoffnungen wurden spätestens mit der Ausbürgerung Wolf Biermanns 1976 zerschlagen, Christa Wolf begab sich mehr und mehr in die innere Emigration. Viele Vertraute der Wolfs verließen das Land. Darunter auch Christa Wolfs engste Freundin, die Schriftstellerin Sarah Kirsch, die 1977 mit ihrem Sohn nach West-Berlin ging. In den Figuren Bella und ihrem Sohn Jonas sind auch die Kirschs, kaum

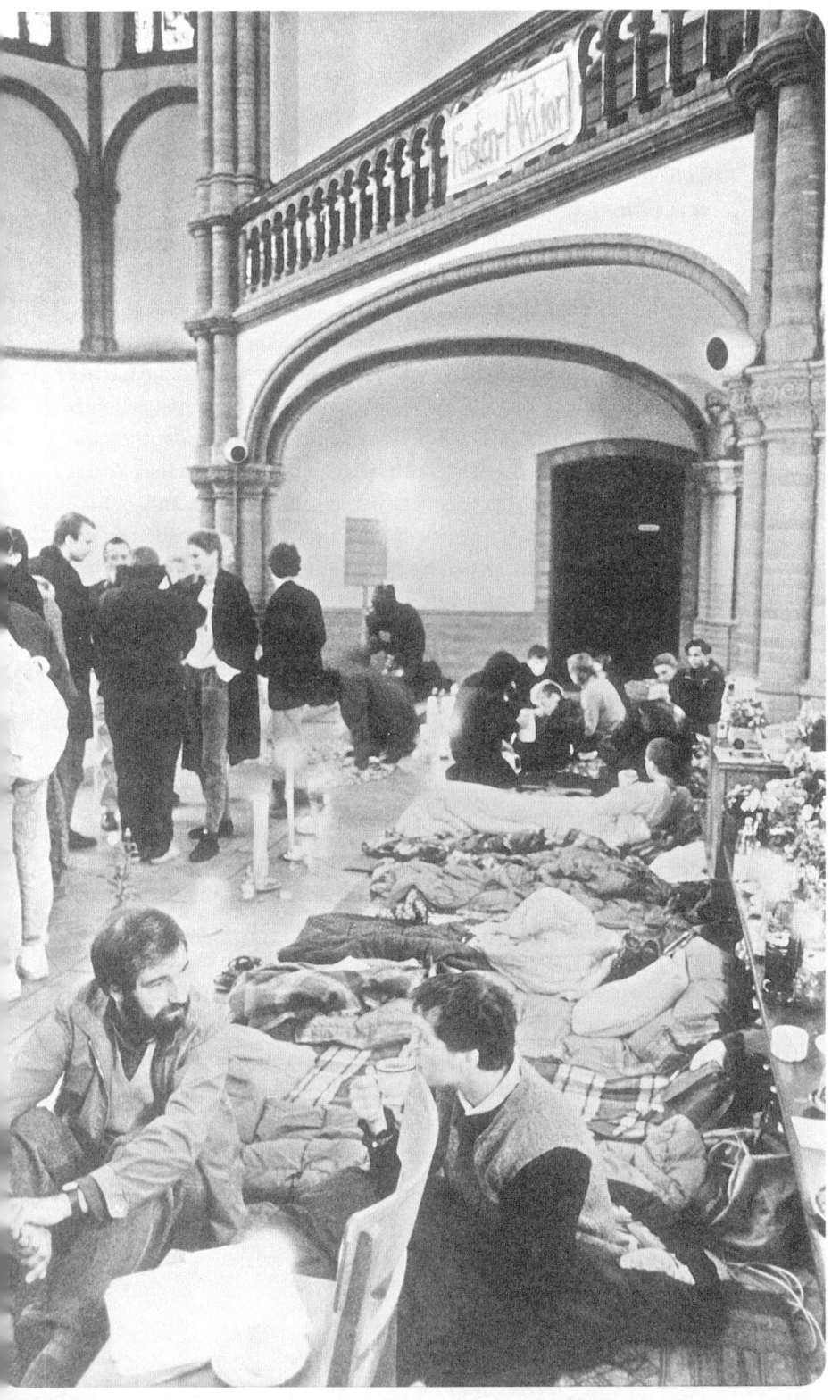

zu überlesen, in «Sommerstück» verewigt. Fast zeitgleich erschien drüben im Westen Sarah Kirschs Buch «Allerlei-Rauh», in dem sie von einem Sommerurlaub im Jahr 1970 in Mecklenburg erzählt, wo sich einige Freunde Höfe hergerichtet haben. In Christa Wolfs neuer Veröffentlichung erleben die Aussteiger-Familien in der Krise zunächst ein großes Glück. An diesem so sinnlichen Fleckchen Erde, vom Meer weht das Salz, aus dem Wald das Moos – bei gutem Wein, Fischsuppe und duftendem Napfkuchen, auf knarzenden Holzstühlen sitzend – finden sie zu sich und zueinander. Doch auch diese Idylle bekommt Risse. Und das Land, vor dem sie aufs Land geflohen sind, und ihr Verhältnis zu ihm lässt sie nie los: «Ganz deutlich, bedrängend sogar, spürten sie doch bei aller Lebensfülle einen Vorrat in sich, der niemals angefordert wurde, ein Zuviel an Fähigkeiten und Eigenschaften, die sie für nützlich und brauchbar hielten, die eine Vergangenheit und, so hofften sie immer noch, eine Zukunft hatten, aber keine Gegenwart.» In der *Zeit* schrieb Fritz J. Raddatz nach der Lektüre von «Sommerstück», Christa Wolf sei des Nobelpreises würdig.

Im Mai 1979 wurde Stefan Heym in Berlin wegen «Verstoßes gegen das Devisengesetz der DDR» zu einer Strafe von 9000 Mark verurteilt. Heym hatte seinen Roman «Collin», eine Abrechnung mit stalinistischen Praktiken und dem Staatssicherheitsdienst, ohne Genehmigung des «Büros für Urheberrecht» in der Bundesrepublik veröffentlichen lassen. Er gehörte bald darauf zu den neun Schriftstellern, die aus dem Schriftstellerverband ausgeschlossen wurden, weil sie einen kritischen Brief an Erich Honecker verfasst hatten, der in Westmedien abgedruckt worden war. Christa Wolf hatte vorher schon nicht in das Präsidium des Verbands gewollt. Sie sah vor ihrem strohgedeckten Bauernhaus die Bäume wachsen, die sie gepflanzt hatte. Hier fand Wolf Ruhe, auch nach den West-Reisen, von denen sie doch immer wieder zurückkehrte, weil sie glaubte, ihre Leser zu Hause bräuchten sie, ihr literarisches Ich, das so vielen ein Wir-Gefühl gab in einsamen Tagen.

1983, als Christa Wolf «Sommerstück» fast abgeschlossen hatte, brannte das Bauernhaus ab, bis auf die Grundmauern. Eine weitere Heimat war verloren. Auch im Buch brennt ein Haus, das von Jan und Ellen, die dazu denkt: «Da wollte irgendwas sich bestätigen. Für irgendwas war das die Quittung.» In «Sommerstück» wird der Hausbrand gerade noch gelöscht, weil alle Dorfleute die Flammen gemeinsam bekämpfen, in einem Akt neu entdeckter Solidarität.

In Woserin, natürlich auch in Mecklenburg, fanden Christa und Gerhard Wolf 1984 ein neues Bauernhaus, das sie renovierten, eine neue Zukunft, an die sie glauben konnten. Im selben Jahr starb ihr Weggefährte, der Schriftsteller Franz Fühmann. Christa Wolf zitierte ihn in ihrer Trauerrede: «Die Sonne ist das, was keiner begräbt.»

Als sie von der Festnahme ihrer Tochter Annette erfahren, rufen Christa und Gerhard Wolf ihren Anwalt Gregor Gysi an. Er will versuchen, etwas rauszukriegen. Annettes Kinder warten zu Hause in Pankow, gleich um die Ecke von der Wohnung ihrer Großeltern Christa und Gerhard Wolf. Es ist eine finstere Nacht.

Jens Reich weiß nicht, wie es seiner Tochter in der Gethsemanekirche geht. Dort sitzt Steffi, 16 Jahre alt, Schülerin, ihr Nesthäkchen, die Jüngste von drei. Die Eltern können nicht zu ihr. Alles ist abgeriegelt. Steffi ist wunderbar bockig in diesen Tagen. Sie will nicht das Leben führen, das auch ihre Eltern zu lange geführt haben, dieses geduckte. Sie scheint gar keine Angst zu haben. Aber Jens Reich und seine Frau haben schreckliche Angst. Reichs Sohn ist bereits 23 Jahre, der hat die Armee hinter sich, der macht begeistert mit beim «Neuen Forum», wo er der Einzige ist, der sich mit Computern auskennt und sich um die Adresslisten und so weiter kümmert. Reich sieht ihn oft, er weiß ihn bei sich, noch. Aber die ältere Tochter ist schon weg, seit zwei Jahren. 22 war sie, als er sie zum letzten Mal sah. Sie studierte und lebte mit ihrem Freund. Das war ein toller Kerl, einer aus der Prenzlauer-Berg-Szene, ein Punk. Als viele besetzte Häuser geräumt und ihre Bewohner mitgenommen wurden, schoben sie ihn mit anderen in den Westen ab. Ihre erste große Liebe: plötzlich weg. Da hatte die Tochter gesagt: Ich will auch gehen.

Natürlich hatten sie auf sie eingeredet. Aber mit welchen Argumenten? Aus der Sicht der Eltern sprach alles dagegen. Aber aus der Sicht des Kindes? Sie hatte versucht, über die Tschechoslowakei rauszukommen, und wurde festgenommen. Reich musste sie bei der Stasi raushauen, protestieren kann er mittlerweile, Angst hat er nur noch um seine Kinder. Er hatte ihr geholfen mit dem Antrag. Sie durfte dann offiziell ausreisen. In der DDR, denkt Reich, muss für jedes Kind nach der Abnabelung von der Mutter die lange Abnabelung von diesem Land beginnen, in das man es geboren hat. Wie soll man damit fertig werden? Seine Tochter ist für immer weg. Und er will glücklich sein für sie. Er würde es seinen anderen beiden Kindern gerne gönnen, den gleichen Weg zu gehen. Aber wie könnte er? Er will nicht aufgeben. Für seine Generation, die mittlere, ist es doch eine Verpflichtung, dieses Land freier zu machen. Eine moderne Pädagogik. Demokratie. Dass man atmen kann. Vor ein paar Tagen saßen sie in der Wohnung von Bärbel Bohley. Ibrahim Böhme, der die SDP gründen wollte, war auch gekommen, und sogar Walter Momper, der Regierende SPD-Bürgermeister von West-Berlin. Momper bezeichnete das Gerede von einer «Wiedervereinigung» in der BRD als «größte Heuchelei». Die SED gibt nicht so schnell auf, sagte Momper. Man muss es mit ihnen hinkriegen.

Sie sind doch verpflichtet, dafür zu sorgen, dass ihre Kinder ein Land bekommen, in dem sie groß werden können und das sie nicht klein hält. Dieses Land gibt es schon, es existiert bloß noch nicht. Sorgen, das hat Jens Reich in den Monaten, die zu dieser Nacht führten, verstanden, machen entschlossen.

Und das ist seine größte Sorge: dass sie, die Eltern, alleine übrig bleiben.

SONNTAG, 8. OKTOBER

Erich Honecker lässt per Fernschreiben allen 15 SED-Bezirkssekretä-
ren mitteilen: «Im Verlauf des gestrigen Tages kam es in verschiede-
nen Bezirken, besonders in Berlin, Leipzig, Dresden, Karl-Marx-Stadt,
Erfurt und Potsdam, zu Demonstrationen, die gegen die verfassungs-
mäßigen Grundlagen unserer sozialistischen Staates gerichtet
waren.» Honeckers Order, von seinem Lieblingsschüler Egon Krenz
überarbeitet: «Weitere Krawalle sind von vornherein zu unterbinden.»
Im ganzen Lande werden Tränengas und scharfe Munition bereitge-
stellt. Vor der Gethsemanekirche brennen hunderte Kerzen. Wieder
demonstrieren dort Tausende. Wieder werden sie eingekesselt und
verprügelt, viele festgenommen. In Dresden versammeln sich 5000
Demonstranten auf dem Theaterplatz. Erst als die Kapläne Andreas
Leuschner und Frank Richter Kontakt mit der Polizeiführung aufnehmen und einen Termin mit dem Oberbürgermeister vereinbaren,
ziehen sich Polizisten und Demonstranten zurück. Im Karl-Marx-
Städter Ernst-Thälmann-Stadion schießt Matthias Sammer vor 15 900
Zuschauern in der 82. Spielminute den Siegtreffer zum 2:1 für die DDR
gegen die UdSSR.

K onrad Elmer will schnell weg. Mit der Schwägerin Geburtstag feiern, in Genthin, Sachsen-Anhalt. Er hat kaum
geschlafen in der Nacht nach der Parteigründung, vor Euphorie und
aus Sorge, dass sie doch noch zuschlagen. Da kommt der Geburtstag
der Schwägerin gerade recht. Ablenkung, für ihn und die Stasi. Seine
Frau packt noch, da sieht Elmer vor dem Haus wieder diesen Lada
stehen, wieder diese zwei Kerle. Es reicht jetzt mal! Er geht raus,

zum offenen Fahrerfenster, und sagt: «Hören Sie zu, Sie können unserem Staat viel Geld sparen, wenn Sie heute zu Hause bleiben. Ich fahre jetzt gleich nach Genthin. Sie können ja Ihren Kollegen dort Bescheid sagen, aber es ist wirklich nicht nötig: Die Gründung ist abgeschlossen! Sparen Sie sich das, mich zu beschatten!» Der eine tut ganz überrascht und sagt: «Das ist ein Missverständnis. Wir beschatten Sie nicht. Wir sind hier, um Sie zu beschützen!» Und Konrad Elmer weiß nicht, ob er denen zur Abwechslung mal glauben soll. Kann das sein? Dass die nur signalisieren wollen: Wir passen auf die kommenden Machthaber auf? Denn so fühlt er sich an diesem Tag. Mächtiger denn je.

Gerhard Schöne will schnell zurück. Er ist auf Westreise mit seiner Band «L'art de Passage». Er hat im Fernsehen gesehen, was gestern passiert ist. Er wäre gerne da, im Prenzlauer Berg, in der Gethsemanekirche. Hier, in Trier, fühlt er sich so machtlos.

Zu Hause singen die Leute in diesen Tagen sein Lied: «Mit dem Gesicht zum Volke». 1987 war Schöne mit einer Gruppe, die das Kulturministerium entsandt hatte, beim Buchfestival in Nicaragua, das unter freiem Himmel auf einem großen Platz stattfand. Ein paar Stände, viele Bücher, keine Absperrungen, alle waren willkommen. Auch Ernesto Cardenal, der große Dichter und nun Kulturminister, schlenderte vorbei. Aber am meisten beeindruckte Schöne eine andere öffentliche Veranstaltung, die sie besuchten. Eine Diskussionsrunde mit Regierungsvertretern namens «De cara el pueblo», «mit dem Volk sprechen», bei der jeder, der wollte, eine Frage an die Politiker richten konnte. So etwas hätte er sich nicht vorstellen können. Danach schrieb er das Lied: «Ich träumte nicht, ich saß dabei in Nicaragua, und die Versammlung hieß: Mit dem Gesicht zum Volke, mit dem Gesicht zum Volke, mit dem Gesicht zum Volke, nicht mit den Füßen in 'ner Wolke, nein, mit dem Gesicht zum Volke, mit dem Gesicht zum Volke, mit dem Gesicht zum Volke, ja, hier las kein Mensch vom Zettel ab, hier sprach man alles aus, oft gab es Zwischenrufe und Gelächter und Applaus, das findet immer wieder statt und jeder darf da rein und keine Frage ist zu heiß und kein Problem zu klein.»

Gerhard Schöne hatte, als er das textete, auch die Fernsehbilder von einem DDR-Besuch Fidel Castros vor Augen. Honecker las an der Festtafel eine Rede ab, während Castro interessiert einen Gummibaum betastete, der hinter seinem Stuhl stand. Danach sprach Castro selbst, frei und gestenreich. Auf dem «Festival des Politischen Liedes» sang Schöne sein Lied zum ersten Mal. Die Vertreter des Zentralrats der FDJ in der ersten Reihe verließen den Saal, bevor er fertig war. Der Rest des Publikums stampfte und klatschte begeistert mit.

Gestern hatten die Regierenden sich endgültig abgewandt. Es würde nun Blut geben oder Veränderungen. Oder beides. Es geschah in seinen Straßen. In den Hauseingängen und Hinterhöfen, die er so oft betreten hatte. Als er vor zehn Jahren aus Coswig in Sachsen zu seiner Frau nach Berlin gezogen war, hatte Gerhard Schöne zunächst als Briefträger gearbeitet. Er musste in dieser Funktion auch die Rundfunkgebühren eintreiben. Die Leute im Prenzlauer Berg öffneten ihm die Türen, und er lernte sie und diesen Bezirk lieben. Er sah die einsamen Omas in ihren uringetränkten Betten, die schwulen Pärchen auf ihren geheimen Sonnenterrassen, die Künstler und die jungen Familien mit ihrer Wut auf das, was sie nicht hatten, und mit ihrer Freude über das, was sie schafften. Er sah hinter die Fassaden dieses Landes, die vielen Gesichter des Volkes.

Schöne hätte schon viel früher nach Berlin ziehen wollen, er hatte einen Studienplatz, war bereits immatrikuliert. Aber das Wehrkreiskommando legte sein Veto ein, weil Schöne den Militärdienst verweigert hatte. Er war von allen Hochschulen des Landes ausgeschlossen. Zum Glück fand er heraus, dass die Einschreibungen an der Fernuni Dresden nicht vom Wehrkreiskommando kontrolliert wurden, und konnte dort Unterhaltungsmusik studieren. Aus der

Ferne mal wieder, so hatte er sich als Pfarrerssohn immer gefühlt: Akzeptiert war man nur zu Hause und weit weg, im Freien – und wenn man sang.

Bevor er schließlich doch nach Berlin zog, leistete Schöne seinen Dienst als Bausoldat in der Offiziershochschule Stralsund. Die Bausoldaten waren die Aussätzigen, die alle Drecksarbeit zu machen hatten, putzen, abwaschen, bedienen, ein Militärdienst ohne Waffe; die einzige Alternative zum Knast für Verweigerer wie ihn. Sie waren zu zehnt: Ein Trupp frommer Christen und schweigsamer Spinner. Die echten Soldaten mieden sie.

Gerhard Schöne suchte sich in diesen zwei Jahren möglichst stupide, möglichst ungestörte Tätigkeiten, am liebsten fegte er große Räume. Dabei kamen ihm die Zeilen. Er hatte immer einen Stift und einen Zettel in der Tasche. Und die Fotografien der Gemälde, die er als Jugendlicher in einer Kunstausstellung in Dresden gesehen hatte. Das Wichtigste: «Unterwegs» von Dieter Weidenbach, auf dem ein riesenhafter Maler durch eine Landschaft geht; links von ihm traumhafte Natur und rechts eine deprimierende Hochhaussiedlung mit genormten Spielplätzen und Schulen. Schöne hatte nur draußen gespielt früher. Er sah, wie die Kinder mittlerweile aufwuchsen. Da waren keine Farben, keine Freiräume.

Nachmittags, nach dem Dienst, saß Schöne in einer fensterlosen Kammer der Kaserne, in der nur Röhrenlampen und Kühlschränke summten, und schrieb sein buntes Kinderprogramm. Weil er beim Versuch, vor Erwachsenen zu singen, zum Beispiel vom Krieg («ein gefräßiges Tier»), gemerkt hatte, dass er den Kleinen besser von den großen Themen erzählen konnte. Schon mit zwölf hatte er mit seiner Ukulele an einem landesweiten Talentwettbewerb teilgenommen, bei dem sonst trocken Johannes R. Becher oder Schubert vorgetragen wurden. Als Schöne seine selbst getexteten Hits sang – «Weine nicht, wenn der Vater sagt: Ins Bett! Ins Bett! Wenn dich Mutter zur Türe jagt: Ins Bett! Das ist wirklich ein großer Mist, immer wenn's am schönsten ist!» –, flippten die Gleichaltrigen aus.

Er sprach ihre Sprache. So war es noch immer. An diesem kargen Ort in der Kaserne, in der er sich weigerte, sein tristes Land zu verteidigen, blühten seine Träume vom phantastischen «Kinderland»: «Wo die Kinder alles dürfen, kippeln, krabbeln, schmatzen, schlürfen, popeln, alle müssen kräftig schreien, es gibt tolle Keilereien, Löcher in den Hosen, kein Erwachsener der gleich zankt, sofort Disziplin verlangt, denn dort gibt's keine Großen.» Auch «Jule wäscht sich nie» fiel ihm da ein: «Ein hübsches Mädchen ist die Jule, sie geht auch gerne in die Schule, nur eines finden alle schlecht: dass Jule sich nicht wäscht, sieht man sie kommen heißt es ‹Hm›, hört man sie reden, heißt es ‹Ah›, doch riecht man sie, dann heißt es ‹Iiiih›, denn Jule wäscht sich nie.»

Mit diesen Liedern wurde Gerhard Schöne bekannt, zum bekanntesten Kinderliedermacher der DDR. Das waren Lieder, die es vorher nicht gegeben hatte; frech, laut, witzig. Seine Konzerte waren voll, die Schallplatten mussten nachgepresst werden. Gerhard Schöne gewann Preise. Und trat im Fernsehen auf, was manche Freunde skeptisch machte: Gehörte er nun dazu? Aber das war es ja: Seine Lieder waren harmlos und doch unerhört anarchisch. Sie stellten die Kinderwelt in Frage. «Nur» die Kinderwelt. Aber erstens: Konnte sich nicht jeder daran erinnern, wie es war, ein Kind zu sein, an das Gefühl, alles zu können? Und zweitens: War nicht auch die Kinderwelt in diesem Land viel zu oft eine des Drills, des Müssens – des Nichtkönnens? Schönes Musik war eine Befreiung, für die Kinder und für die, die mal Kinder gewesen waren. Für ihn selbst sowieso. Er brauchte nicht die Preise. Ignorieren konnten sie ihn nun mal nicht mehr, wahrscheinlich liefen seine Alben auch in den Kinderzimmern der Parteileute. Er brauchte nicht die Westreisen, auch wenn sie aufregend waren. Auf die erste, nach Buxtehude, schickten sie ihm eine ältere Aufpasserin namens Christel Schröder mit, eine schwere Trinkerin. Hinter der Grenze sagte sie ihm gönnerhaft: So, du hast unterschrieben, dass du keine Privatkontakte knüpfen darfst, ich erinnere dich hiermit nochmals daran, aber ich sehe ab sofort nichts, wir gehen bis zur Rückreise getrennte Wege. So eine kaputte Frau. So ein kaputtes Land.

Gerhard Schöne will nicht im Westen bleiben. Seine Tochter, drei Jahre, wartet zu Hause. Und sein Publikum. Das ist es, was Gerhard Schöne braucht: dass er mit seinen Texten jemanden zum Nachdenken bringt, ein Mädchen vor einem Plattenspieler, eine Schulklasse vor seiner Bühne. Vielleicht liegt das an der Prägung durch seinen Vater. Der hat akzeptiert, dass dieses Land ihn nicht will, und trotzdem für die Leute in seinem Dorf gesorgt, die zu seinen Predigten kamen. Wenn sonntags gewählt wurde, ging der Vater nicht hin, obwohl die Partei ihn bearbeitete, weil die Wahlbeteiligung bei hundert Prozent liegen sollte. Aber der Vater blieb in seinem schönen Garten sitzen. Das ist die Pfarrershaltung: Dort, wo man hingestellt wird, versucht man seinen Acker ordentlich zu beackern, egal wie unfruchtbar der Boden ist.

Gerhard Schöne hat dieses Jahr das Lied «Das weiße Band» geschrieben. Weiße Bändchen an der Autoantenne sind das Erkennungszeichen derer geworden, die das Land verlassen wollen. Man sieht sie in der DDR mittlerweile an vielen Wagen wehen. Früher kannte man das nur von frisch verheirateten Paaren. Am Anfang freute sich Schöne noch, als er all die Bändchen sah: Die Liebe siegt! Als er verstand, was wirklich gemeint war, schrieb er dieses Lied: «An manchen Autos weht heute ein schlohweißes Band. Das ist das Zeichen der Leute, die nichts hält mehr im Land. Die uns signalisieren, dass sie kapitulieren, dass sie nun aufgeben hier noch zu leben. Trotzig flattert die Binde, wie ein Vorwurf im Winde. Ich schwöre mir heimlich und leis', nie hisse ich Weiß!»

Mit seinem Wartburg fährt Gerhard Schöne durch Trier, Richtung Grenze. Als er an einer Ampel steht, kurbelt der Beifahrer im Auto links von ihm sein Fenster runter und ruft ihm etwas zu. Schöne kurbelt auch sein Fenster runter. «Hier, für dich», sagt der Mann, «schön, dass du da bist, jetzt kannst du die DDR hinten überkleben!» Der Mann grinst breit und reicht ihm so einen Aufkleber mit dem großen «D» rüber, das Länderkennzeichen der BRD. Schöne nimmt den Aufkleber und antwortet, ganz perplex: «Ich fahre aber zurück!» Das andere Auto braust schon wieder los, da hört Schöne noch, wie der Mann schreit: «Aber warum denn?»

Weil Gerhard Schöne sich um seinen kleinen Acker kümmern muss.

Christa Wolf sucht mit Gerhard nach ihrer Tochter. Sie fahren die Polizeireviere ab. Aber nicht mal im Untersuchungsgefängnis in der Keibelstraße weiß man was. Gegen Mittag kommt Annette endlich nach Hause, auch ihr Mann Jan. In der Wache in der Immanuelkirchstraße wurde am Vorabend auf die Festgenommenen eingeprügelt. Danach trennte man die beiden, Jan wurde als tschechoslowakischer Staatsbürger auf ein anderes Revier gebracht. Annette stand die ganze Nacht in einer Garage. Als ein Vernehmer verstand, dass sie die Tochter von Christa Wolf war, sagte er: Da haben wir ja ganz schön in die Scheiße gegriffen!

Christa Wolf will etwas tun. Das Schweigen brechen. Am Nachmittag fährt sie mit ihrer Tochter Tinka nach West-Berlin. Ihre Reiseerlaubnis macht es möglich. Gerhard Rein, der DDR-Korrespondent des Süddeutschen Rundfunks, lebt in der Hauptstraße in Friedenau. Sie müsse reden, sagt Christa Wolf. Rein holt zwei Mikrophone, sie setzen sich ins Esszimmer. Der Deutschlandfunk ändert sein Programm und sendet das Interview abends um halb acht.

Sie habe große Angst vor Gewalt, sagt Christa Wolf, das sei der Grund, warum sie diesen Weg gehe und sich mit einem westlichen Journalisten unterhalte. Ein Blutbad halte sie nicht mehr für ausgeschlossen, sie wolle vermitteln. Wolf, die im Juni aus der SED ausgetreten ist, fordert die Herrschenden in der DDR auf, die Gesprächsbereitschaft der Oppositionsgruppen anzunehmen. Sie zeigt sich erschüttert über Honeckers Aussage, niemandem, der gehe, eine Träne nachzuweinen. Ihr Ziel sei es, sagt Wolf, aus der

DDR «einen besseren Staat zu machen». Das sei eine schwierige Aufgabe, auch weil «Kreise in der Bundesrepublik das Flüchtlingsthema ausnutzen wollen». Das kapitalistische System werde aber auch nicht «die Probleme dieser Erde lösen.» Deswegen sei das Thema Wiedervereinigung «ganz gefährliches Geschwätz», weder nötig noch möglich, sagt Wolf. Ihr Ziel sei eine DDR, «die nicht als leichter Happen zu schlucken ist», und die dem Westen als Knochen im Halse steckenbleibt.

Thomas Heise will nach Hause. Er hat gestern «Imbiss-Spezial» im Bahnhof Lichtenberg gefilmt, alles ist im Kasten, alles wieder eingepackt. Den Film wollte er schon lange machen. Sein Bruder hat ihm von diesem 24-Stunden-Restaurant im Zwischengeschoss erzählt. Ein Wahnsinnsort. Da trifft alles aufeinander. Widerstand und Mitmacher, Mangel und Übermut. Alle werden da zusammengeschmissen wie die Dosenwürstchen in dem großen Topf, den der Koch dort immer auf dem Herd stehen hat. Das Land in einem Imbiss. Seine Aufpasser in der Akademie der Künste sind natürlich skeptisch. Er filmt einfach nur die Realität, ja, ja, aber nicht die Realität, die sie zeigen wollen. So war das auch, als er – noch auf der Filmhochschule – die Farce um irgendwelche Erfindungen von Arbeitern dokumentierte, mit denen die volkseigenen Betriebe sich schmücken wollten. Im Kabelwerk Schöneweide hatte ein Arbeiterkollektiv um eine junge Frau namens Heiderose Böhlke laut Propagandaprospekt eine neue Werkbank erfunden, damit die Kollegen nicht mehr am Boden hockend schleifen und polieren mussten. Aber die hockten da immer noch auf dem Boden im Dunkeln, und Heiderose Böhlke war in dem Betrieb gar nicht mehr tätig, Heise fand sie stattdessen in Thüringen, da schlachtete sie mit ihrer Familie gerade ein Schwein. Er zeigte in den fünfzehn Minuten Film also die trostlosen Bilder aus der Fabrik, und der Sprecher las als Kontrast dazu die Texte aus dem Propagandaprospekt, «Heiderose Böhlke kam auf den Satz: Nichts ist unmöglich!» Diesen Film durfte keiner sehen. So war das auch, als Heise nach der Filmhochschule mit viel Mühe durchkriegte, die Kamera in einer Amtsstube und später in einem Polizeirevier laufenzulassen. Diese Bilder kann man erst in dreißig Jahren in der DDR zeigen, wenn sie dann sagen können, so sei es nur früher gewesen.

Gerhard Scheumann, der große Dokumentarfilmer und Akademiemitglied, hat ihn, den Meisterschüler der Akademie, gefragt: Was wollen Sie jetzt machen? Machen Sie doch was Richtiges! Warum nicht was zum 40. Jahrestag der Republik? Das war seine Chance. Heise hat gesagt: Es gibt doch auch an Feiertagen Menschen, die arbeiten müssen. Wir machen jetzt ein Lob derer, die arbeiten, damit wir feiern können am 7. Oktober! Das fanden die ganz toll. Er hat gesagt: Ich kenne da einen 24-Stunden-Betrieb im Bahnhof Lichtenberg. Drei Stunden Material haben sie jetzt. Der ganz normale Irrsinn, plus die anormale Spannung, die in der Luft liegt. Es war klar, dass was passiert, gestern, heute.

Die S-Bahn fährt gegen 22 Uhr 30 im Bahnhof Alexanderplatz ein. Heise sieht, dass die Polizei den ganzen Bahnsteig abgeriegelt hat. Er stemmt die Tür auf. Die Polizisten rufen: «Drinbleiben!» Heise zeigt seinen Ausweis, er muss hier aussteigen, weil er hier wohnt. Ein Leutnant kommt auf ihn zu, nimmt den Ausweis, sagt, er solle aussteigen, zeigt nach rechts und sagt: «Gehen Sie, gehen Sie!» Der Mann läuft mit. Er nimmt Heises Ausweis aus der Hülle, sagt: «Das haben Sie alles vorher gewusst», und gibt Heise die leere Hülle zurück. Draußen, an der Treppe zur U-Bahn, stehen zwei Lastwagen. Der Leutnant packt Heise am linken Arm, führt ihn zur Ladefläche und sagt: «Rauf!» Sie fahren zum Polizeirevier in der Albert-Norden-Straße, Hellersdorf.

Heise steht von ein Uhr nachts bis um zehn Uhr morgens mit vielen anderen in einer Garage. Die Köpfe zur Wand. Wird geredet, heißt es: «Ruhe!» Ein Uniformierter brüllt: «Schiffen Sie sich in die Hose oder schwitzen Sie es sich aus den Rippen!»
Man hätte alles filmen müssen.

Erich Honecker trifft im Staatsratsgebäude auf eine chinesische Delegation. In Leipzig ist die Furcht vor einer «chinesischen Lösung» größer denn je: 8000 Sicherheitskräfte werden zusammengezogen, Truppen bewegt, Krankenhäuser in Alarmbereitschaft versetzt, Blutkonserven bestellt, Läden geschlossen. Kurt Masur, dem Chefdirigenten des Gewandhauses, gelingt es, drei Sekretäre der Bezirksleitung der SED zu einem gemeinsamen Aufruf zur Besonnenheit zu bewegen. Nach Friedensgebeten in vier Kirchen versammeln sich etwa 70 000 Menschen in der Innenstadt und setzen sich auf dem Stadtring in Bewegung. In der Berliner Gethsemanekirche dauert die Mahnwache an.

U lrich Mühe wartet auf Heiner Müller.

Sie haben begonnen, den Wahnsinn zu proben: «Hamlet/Maschine», eine Doppelinszenierung, Shakespeare und Müller, die Größten ihrer Zeit ringen mit der Größe ihrer Zeit, viele Stunden lang, wenn sie denn irgendwann einen Anfang und ein Ende finden werden in den Proberäumen des Deutschen Theaters, die man hinter dem Bühneneingang erst nach vielen Stufen und langen Linoleumgängen erreicht, als liege eine Druckschleuse zwischen der Welt und der Welt des Theaters. Es ist ein Privileg, Theater zu machen, Ulrich Mühe weiß das, er spürt es jeden Tag seit dem Studium in Leipzig, seit dem Anfang am Theater Karl-Marx-Stadt, seit Heiner Müller ihn nach Berlin geholt hat als Gast an der Volksbühne, von wo er ein Jahr später, 1983, ans DT wechselte. Seinen Wehrdienst, viel früher, hatte Mühe auch in Berlin geleistet. Bei den Grenztruppen, an der Mauer und darunter, in den alten Katakomben und den verplombten U-Bahn-Schächten, in denen sie sich bereithielten. Über ihnen Göttin Victoria in ihrer Quadriga auf dem Brandenburger Tor. Ursprünglich stand Eirene in diesem Viergespann, die Göttin des Friedens, erst Napoleon hatte nach seinem Triumph aus ihr die Siegesgöttin machen lassen. Welchen Frieden beschützten sie unter diesem zubetonierten Siegestor? Mühe hatte Magengeschwüre bekommen damals, es ging nicht mehr, er wurde aus der Armee entlassen. Er durfte weg von dieser Mauer, an der er stand und sich fragte, was er täte, wollte einer drüber. Er durfte fliehen hinter diese Theatermauern, die dick genug waren, alles abzuhalten. Und die jetzt zu dick sind, alles durchzulassen. Sie hören die Sirenen und Hubschrauber, als klängen sie in einem anderen Land.

In Shakespeares «Kaufmann von Venedig» hatte ihn Thomas Langhoff vor vier Jahren als Diener Lanzelot Gobbo besetzt. Als jener Lanzelot hadert, ob er abhauen soll, zu einem neuen Herrn, legte Mühe einen einzigen Ziegelstein auf die Bühne. Soll er drüberspringen? Er könnte. Alles hinter sich lassen? Diese Knechtschaft. Das Publikum jubelte. Es war nicht nur ein Ziegelstein, jeder sah es: Es war eine Mauer. Es waren ihre Gedanken, die täglichen Zweifel. Der Intendant wurde wegen dieser Szene abgemahnt. Ein Ziegelstein ist politisch in diesem Land, das Ulrich Mühes Land ist, weil ein Schauspieler nur dort zu Hause sein kann, wo sein Publikum sitzt. Dieses ist seines, weil es genauso wach ist wie er, genauso unsicher, genauso suchend. Er haut nicht ab.

Heiner Müller hat ihn zu Hamlet gemacht. Mit «Hamlet» kann man die ganze Welt fassen. Der alte Hamlet ist tot. Der junge Hamlet hört viele Gerüchte und Vermutungen über das Ende seines Vaters. Claudius, des Königs Bruder, heiratet die Witwe, Hamlets Mutter, und nimmt ihm die Thronfolge. Hamlet kommt aus Wittenberg, wo er studiert, nach Dänemark, zu Beerdigung und Trauung. Der Vater erscheint als Geist und verkündet dem Sohn, dass er von Claudius vergiftet wurde. Kann man einem Geist trauen? Hamlet ist ein verwirrter Mann, ein Riss geht durch ihn und ein Riss tut sich auf zwischen der alten und der neuen Zeit, so will es Müller zeigen, das Genie, das immer zwischen den Zeiten nach den Antworten sucht. Hamlets Vater ist nicht der einzige Geist, der durch Dänemark spukt. Das Land hat keine Existenzberechtigung mehr. Es wimmelt vor Depressiven und Untoten, vor Mitmachern und Mundhaltern. Dieser Obrigkeits- und Untertanenstaat liegt in den letzten Atemzügen. Aktueller geht es nicht.

78 Die Proben beginnen jeden Tag um 10 Uhr morgens und enden um 14 Uhr, oft geht es abends weiter. Mühe ist weit vor 10 Uhr da, weil er es nicht mehr aushält, aber mit dem Probieren beginnen sie oft weit nach 10 Uhr, weil sie zunächst über die Nachrichten und das Erlebte sprechen, sie diskutieren über die Staatskrise der Deutschen Demokratischen Republik, bevor sie die Dänemarks rekapitulieren. Mühe wollte immer die Welt verändern mit Theater. Aber in diesen Tagen verändert die Welt das Theater. In einer Szene wird Claudius die Nachricht überbracht, dass das Volk protestiert. Der Bote sagt, die Menge schreie: Wir wählen! Das kann man nicht sprechen in diesen Tagen, ohne zu lachen, ohne zu weinen. Wir wählen! Leben sie in einem Shakespeare-Drama, in einem Müller-Stück?

«Wie schal, wie flach, wie ekel, wie so unnütz scheint mir das Getriebe dieser ganzen Welt!»

«Die Zeit ist aus den Fugen; Fluch der Pein, muss ich sie herzustelln geboren sein!»

An diesem Tag, als er auf Heiner Müller wartet, will Ulrich Mühe aufgeben. Es ist doch schizophren. Sie beschäftigen sich mit Problemen, die ein Mensch vor fast vierhundert Jahren aufgeschrieben hat, und draußen rennen die Leute und schreien so laut, dass sie im Theater verstummen müssten.

Heiner Müller wartet auf Fortinbras.

Der Vater des Prinzen von Norwegen wurde einst von Hamlets Vater getötet. Fortinbras schwört Rache und will gegen Dänemark in den Krieg ziehen. Er hat nur wenige Auftritte. Am Ende, nach dem letzten Kampf, dem großen Gemetzel, das Hamlets Tod bringt, aber auch den seines einstigen Freundes Laertes und seiner Mutter und von Claudius, betritt Fortinbras die Szenerie. Der sterbende Hamlet vermacht ihm den Thron. Fortinbras lässt Hamlet ehrenhaft bestatten, als er von dessen tragischer Geschichte erfährt. Wer wird Heiner Müllers Fortinbras sein? Er weiß es nicht. Weder, wer Fortinbras darstellen wird. Noch, wen Fortinbras darstellen soll.

Bei Hans-Dieter Mäde im Theater von Karl-Marx-Stadt, 1964, war Fortinbras der Vorläufer des Sozialismus. Hamlet war demnach zerstört worden von den politischen Kräften der alten Ordnung – aber seine humanistischen Ideale waren in der sozialistischen Gegenwart umgesetzt worden. Die Moral: Erst die bolschewistische Revolution hatte Hamlets Mission, die aus den Fugen geratene Welt wieder in Lot zu bringen, umgesetzt. Schon Bertolt Brecht hatte in seinem «Kleinen Organon für das Theater» dargelegt, dass Hamlet dem Widerspruch zwischen der Vernunft, die er im Wittenberger Exil gefunden hat, auf der einen und den «feudalen Geschäften», in die er ins Dänische zurückkehrt, auf der anderen Seite zum Opfer fällt. Theorie und Praxis gehen bei Hamlet nicht zusammen, im real existierenden Sozialismus taten sie das aber endlich, deswegen passte Hamlet, achtmal schon inszeniert seit 1949, so gut in den Theaterkanon dieses Landes. Aber das hilft heute alles nicht. Die Frage danach, wer Fortinbras ist, ist auch immer die Frage: Was kommt nach dem Chaos? Allerdings befinden sie sich, geht man mal raus aus dem Theater, derzeit nicht am Ende der Unordnung, sondern mittendrin. Wird die Macht siegen? Oder die Revolte? Und wenn alles zerstört wird, was folgt?

Im vergangenen Jahr, kurz nachdem er wieder in den Schriftstellerverband aufgenommen wurde, hat Heiner Müller sein Drama «Der Lohndrücker» am Deutschen Theater inszeniert, das 1958 uraufgeführt worden war, aber dann wie so vieles von ihm lange ignoriert. Während der Arbeit am DT wurde Müller klar: Das Ensemble hier fliegt bald auseinander. Die Schauspieler waren großartig. Arbeiter darzustellen fiel ihnen leicht, weil sie – aus Intellektuellen- oder Pfarrersfamilien stammend – selbst oft zunächst eine Lehre hatten machen müssen. Sie waren sehr politisiert. Bereit, etwas zu tun.

Aber da draußen tat sich nichts, gar nichts. Viele würden das Land verlassen, dachte Müller, ihnen würde das Hin-und-Her-Wandern nicht genügen wie ihm, wenn es ihnen überhaupt erlaubt würde. Er wolle schnell etwas machen, damit wenigstens ein paar gute Leute zusammenbleiben. Da fiel ihm nur «Hamlet» ein. Er hatte das Gefühl, das sei jetzt das Stück zur DDR: Ein Intellektueller, der zur herrschenden Schicht gehört, aber sie zugleich verachtet, wandelt durch sein Land, in dem das Gestern zu Ende gegangen ist, ohne dass das Morgen begonnen hat. Das Alte ist ihm suspekt, hat durch den Vater, der den Stillstand verantwortet hat, aber zugleich etwas von einem Vermächtnis. Das Neue gefällt Hamlet auch nicht, hat doch die Mutter den neuen König geheiratet und ihn und seinen Vater verraten. Zunehmend blind und wütend steuert dieser brillante, fragile junge Mann durch die Ungewissheit. Das konnte nur Mühe spielen. Schon 1983 hatte Müller zu Thomas Langhoff gesagt, der Ibsens «Gespenster» am DT plante: Nimm dir den Ulrich Mühe. Der spricht leise und mit einem sächsischen Dialekt, am liebsten spricht er gar nicht, aber auf der Bühne gelingt dem alles, manchmal nur mit seiner Stimme.

Während Shakespeare «Hamlet» schrieb, war die Dynastie der Tudors von der Dynastie der Stuarts abgelöst worden. Auf Elisabeth folgte Jakob, der Sohn der Maria Stuart, von der das Gerücht ging, dass sie den Mörder ihres Mannes geheiratet hätte. Das waren sozusagen die Nachrichten, die Shakespeare umgaben, als er 1601 in seiner Stube saß, so wie Heiner Müller nun an seinem Schreibtisch im 14. Stock der Erich-Kurz-Straße 9 in Lichtenberg sitzt, sechs Zimmer, 166 Quadratmeter, 207,85 Mark kalt, «Fickzellen mit Fernheizung» hatte Müller die Plattenbauwohnungen genannt, aber davon konnte bei seinem Penthouse, aus dem seine zweite Frau Ginka Tscholakowa längst ausgezogen war, nicht die Rede sein, Müller residierte im Palast der Arbeiterhütte.

Heiner Müller hat «Hamlet» zum ersten Mal mit 13 Jahren gelesen, ein schwarzer Lederband, auf der Titelseite der Stempel des ehemals großherzoglichen Gymnasiums. Er verstand nicht: «Doch seht der Morgen geht im roten Mantel / Über den Tau des Hügels dort im Osten». 35 Jahre später schrieb Heiner Müller: «Im roten Mantel geht der Morgen durch / den Tau der scheint von seinem Gang wie Blut». In «Die Hamletmaschine», in der DDR nie inszeniert, verarbeitete er die Situation der Intellektuellen nach der Biermann-Ausbürgerung, aber auch den Selbstmord seiner ersten Frau Inge, die er eines Tages fand, als er nach Hause kam. «Sie lag in der Küche auf dem Steinboden, halb auf dem Bauch, halb auf der Seite, ein Bein angewinkelt wie im Schlaf, der Kopf in der Nähe der Tür. Ihr Gesicht war eine Grimasse, die obere Zahnreihe schief in dem aufgeklappten Mund, als ob der Kiefer ausgerenkt wäre.»

Wenn Müller heute dank seiner ständigen Ausreisegenehmigung mit der S-Bahn aus dem Westen in den Osten fährt, weil er ständig wieder einreist, sieht er die Schauplätze traumatischer Ereignisse: Der Landwehrkanal, in den Luxemburg und Liebknecht geworfen wurden. Die Straße des 17. Juni im Westen erinnert ihn an das Kettenklirren der Sowjetpanzer, die im Osten an ihm vorbeifuhren und einen «Kindertraum von einem Sozialismus ohne Panzer» platzen ließen, wie er schrieb, und die für ihn dennoch Symbol der Befreiung von den Nazis bleiben werden. Die Geschichte ist das Aufeinanderfolgen von Revolutionen und Konterrevolutionen. «Die Narben schrein nach Wunden und die Macht / ist über sie gekommen wie ein Schlag», schrieb Müller. Wir sind, denkt er, bei uns nicht angekommen, solange Shakespeare noch immer unsere Stücke schreibt.

Am Anfang taucht der Geist auf, der Vater Hamlets und des bestehenden Systems, das gerade unterzugehen droht. Dieser Geist kann nur noch Stalin sein. Und am Ende? Was wird mit Honecker? Könnten ein Krenz oder ein Schabowski glaubhafte Retter sein? Wer oder was ist das: Demokratischer Sozialismus? Es ist schwer, konzentriert zu arbeiten mit diesen großartigen Schauspielern. Jörg Gudzuhn als Claudius. Margarita Broich als Ophelia. Stephan Suschke als Geist. Dagmar Manzel als Gertrud. Tommy Neumann als Guildenstern. Sie dürfen sich nicht verrückt machen lassen. Sie haben morgens alle schon zu viel Zeitung gelesen. Was drinsteht, verändert ihr Stück. Aber die Kunst muss weiter die Realität verändern.

Müller versteht jeden, der diesem Sozialismus den Rücken kehrt, wie einst sein Vater, der abgehaue. Der Verrat war auch für Müller oft verlockend. Er wollte und hasste diesen Staat. Und dieser Staat wollte und hasste ihn. Müller weiß, wie privilegiert er ist. Was sie hier von ihm verboten, wurde oft genug im Westen aufgeführt. Müller hat den Vergleich. Dieser Staat, seiner, sagt er oft, nimmt die Kunst ungeheuer wichtig, er traut ihr gewaltige Wirkung auf das öffentliche Bewusstsein zu. Und misstraut ihr deshalb, zensiert sie, wo er kann. Im Westen dagegen hat das Theater den Freiraum, nach Belieben zu agieren – gerade weil es nie gesellschaftliche Wirkung entfacht, niemanden bedroht.

Für «Hamlet / Maschine» werden die Wächter des sozialistischen Realismus in diesen Wirren keine Zeit haben. Sie haben damit zu tun, die Straßen zu kontrollieren. Freier war Heiner Müller nie. Und noch nie so sehr Gefangener der Zeit, über die er schreibt.

Die Frage ist nicht nur: Wer ist Fortinbras? Sondern auch: Wer ist Heiner Müller?

Marianne Birthler wartet auf Till Böttcher. Der Jüngste von ihnen, 19 Jahre alt, sitzt am Kontakttelefon. Die Freunde aus Leipzig wollen sich melden. In der Kirche sind 2000 Menschen. Keiner denkt jetzt an die Gewalt von gestern. Keiner denkt an die Polizei, die sie heute wieder belagert. Keiner denkt mehr an den Aufruf, den Bischof Forck am frühen Abend verlesen hat und in dem er darum bat, von ungenehmigten Demonstrationen abzusehen. Das hat viele verwundert. Genauso wie der Aufruf der Mahnwachen-Gruppe, die verkündete, sich «von gesamtdeutschen und rechtsradikalen Bestrebungen» abzugrenzen. Alle sind in Gedanken nur noch in Leipzig. In Marianne Birthlers Kopf blitzen Bilder auf, die sie nur aus fernen Ländern kennt, Panzer, Maschinengewehre, blutüberströmte Menschen. Da kommt Till angerannt. Es wird ganz still. Er hat das Telefongespräch mit einem Diktiergerät aufgezeichnet, das er ans Mikrophon hält: «Der Ring ist geschlossen.» Die Demonstranten umkreisen Leipzig, niemand hindert sie, es sind mehr als je zuvor. Beifall brandet auf. Jemand öffnet die schwere Kirchentür, und: Da ist keine Polizei mehr! Dafür sieht Marianne Birthler nicht nur die Kerzen auf der Kirchentreppe, sondern auch Kerzen in den Fenstern der benachbarten Häuser brennen, in der Stargarder und der Greifenhagener Straße. Werner steigt auf den Kirchturm und lässt die Glocken läuten. Im Sommer, als der Stacheldraht zwischen Ungarn und Österreich zerschnitten wurde, hatten sie im Stadtjugendamt zusammengesessen und überlegt, was das nun bedeutete. Werner hatte gesagt: Wisst ihr was, dann wird es die DDR bald nicht mehr geben! Da guckten sie sich alle ganz erschrocken an und schüttelten die Köpfe. Es war nicht nur unsagbar, es war undenkbar. Aber jetzt denkt Marianne Birthler: Diese DDR von gestern wird es schon morgen nicht mehr geben.

Der Intendant der Volksbühne Dr. Fritz Rödel und Marion van de Kamp schicken eine Erklärung an die Nachrichtenagentur ADN: «Als Gastgeber des Treffens von Theaterschaffenden der Hauptstadt zum 40. Jahrestag der DDR am 7. 10. 89 in der Volksbühne erklären wir: Die Teilnehmer dieses Treffens verständigten sich über ihre Forderungen und Vorschläge zu akuten gesellschaftlichen Problemen unseres Landes. Es wurde verabredet, ein nächstes Treffen durchzuführen. Die Zusammenkunft wurde um 14 Uhr 30 mit Einverständnis aller Beteiligten beendet. Die Behauptung eines Augenzeugen des RIAS, die am 8. 10. mehrfach über den Sender ging, es sei ein Brief an Erich Honecker verabschiedet worden und die Versammlung sei durch die Sicherheitsorgane aufgelöst worden, ist frei erfunden. Wir weisen diese Einmischung in unsere Angelegenheiten entschieden zurück.» Der Schriftsteller Stephan Hermlin sagt im Westfernsehen: «Sie rufen zu Tausenden: Wir bleiben hier! Das ist für mich eine Erklärung für die DDR. Ich halte es für schlimm, wenn solche Menschen niedergeknüppelt werden oder man sie nicht gewähren lässt.» Im *Neuen Deutschland* steht: «Was westliche Medien auch immer gegen die Deutsche Volkspolizei an Verleumdungen übelster Art vorbringen, wird die nicht daran hindern, den Dienst zum Schutz der Bürger, für den sozialistischen Staat jederzeit standhaft zu erfüllen.» Vor der Gethsemanekirche demonstrieren 3000 Menschen. Im Zentralkomitee tagt das Politbüro.

K onrad Elmer glaubt am Morgen, dass es geschafft ist. Nicht nur, dass sie noch immer eine Partei gegründet haben und alle fünfzig in Schwante anwesenden Mitglieder dieser SDP trotzdem in Freiheit sind. Nur von Carola Gabler, der jungen Sekretärin der evangelischen Kirche, die spontan dabei war, hat seit der Rückkehr noch niemand was gehört. Wichtiger: In Leipzig wurde gestern nicht geschossen, die Rote Armee hat nicht eingegriffen. Da dachte er: Jetzt haben wir gewonnen! Er weiß, wie es sich anfühlt, wenn die Freiheit aufgehalten wird. 1968, mitten im Prager Frühling, war Elmer als Student mit seinem besten Freund durch die Tschechoslowakei getrampt. Jeden Tag neue Bekanntschaften, jeder Tag ein neuer Start, alle waren so glücklich, es roch so gut, die Zukunft war jung. Dann kamen die Panzer. Als sie über die Grenze zurück in die DDR fuhren, hing da dieses Plakat: «Plane mit, arbeite mit, regiere mit – das ist sozialistische Demokratie!» Diese alten Zyniker. Den Frühling hatten sie vertrieben, aber dieser Herbst wird bleiben.

Seinen aus dem Westen gespendeten Atari-Computer hat Elmer am Montag wieder aus dem Keller von Bischof Forck geholt, wo er ihn über das Gründungswochenende versteckt hatte. Das Statut der SDP haben sie auf viele Flugblätter gedruckt. Paragraph drei: «Der Einsatz für die Wahrung der Menschen- und Bürgerrechte, wie sie in der Allgemeinen Erklärung der Menschenrechte und den beiden Menschenrechtskonventionen (1966) niedergelegt sind, gehört zu den vornehmsten Aufgaben und unaufgebbaren Prinzipien jedes Mitglieds und der Partei als Ganzes.» Seine Töchter wollen ein paar der Zettel mit in die Schule nehmen und verteilen. Elmer zögert nur kurz. Er will sie nicht bremsen. Die Jugend soll wieder an die Zukunft glauben. Lydia besucht das katholische Mädchengymnasium. Julia geht auf die Schliemannschule. Sie wird bald 15.

An diesem Tag kommt Julia nicht nach Hause. Ein Telefon haben die Elmers nicht. Sie suchen nach ihr. Niemand weiß was. Sie sitzen zu Hause und schweigen vor Angst. Erst kurz bevor die Sonne untergeht, ist Julia zurück. Sie lächelt, als wolle sie ihre Eltern beruhigen. Doch sie ist durcheinander, verheult. Man hat sie aus dem Unterricht geholt. Die Lehrerin hatte die Flugblätter gemeldet. Sechs Stunden wurde Julia verhört; wo, das weiß sie nicht. Ein enger Raum. Wie ihr Vater das alles vorbereitet habe? Wer mit ihm unter einer Decke stecke? Was er plane?

Konrad Elmer glaubt am Abend, dass es noch lange nicht geschafft ist.

Günter Schabowski will schnell auf Toilette. Aber der Tagesordnungspunkt zieht sich. Honecker ist dabei, sie abzukochen. Der Generalsekretär hat den Entwurf für eine Erklärung des Politbüros zu den aktuellen Geschehnissen, die Krenz ihm vorgelegt und an der er, Schabowski, mitgeschrieben hatte, doch noch auf die Agenda gesetzt. Aber ganz sicher bloß, damit niemand Wind bekommt vom Zerwürfnis zwischen ihm und seinem Ziehsohn Krenz wegen dieser Erklärung und damit er so tun kann, als sei diese auf seinem Mist gewachsen. Die Erklärung ist windelweich. Krenz und er saßen am Sonntagmittag zusammen, nachdem sie bei Mielke im Stakkato über die Einsätze am Rande der Feierlichkeiten informiert worden waren. Schabowski wollte, dass sie aufschreiben, dass jede Träne von Eltern, die um einen Sohn oder eine Tochter weinen, die das Land verlassen, sie bedrückt. Aber das war Krenz zu viel. Der ist völlig durch den Wind, weil Honecker ihm noch am Sonntag klargemacht hat, dass nichts aus ihm wird, wenn er diesen Text im Politbüro durchbringen will. So durch den Wind, dass er gestern fast zu spät in Leipzig angerufen hätte, um den Genossen als zuständiger ZK-Sekretär für Sicherheitsfragen zu bestätigen, dass keine Gewalt angewendet werden soll. Schabowski musste Krenz aufbauen. Sie haben Verbündete gesucht im Politbüro. Einige in der Runde haben an diesem Morgen den Vorstoß für die Erklärung, die Honecker auf keinen Fall wollte, begrüßt. Und Honecker tut nun so, als sei man sich einig. Er schlägt vor, eine Kommission zu benennen, die den Text fertig schrubbt. Krenz. Herrmann. Und Günter Mittag, logisch. «Und Günter Schabowski», ruft Krenz. «Meinetwegen auch Schabowski», sagt Honecker. In einer Pause treffen sie sich in Herrmanns Büro. Sie ändern nicht viel an den Formulierungen. Blabla. Sie reden nicht viel. Ist allen klar, was läuft. Die Politbüro-Tagesordnung ist noch lang. Sie werden zum ersten Mal in der Geschichte morgen weitertagen. Bei der Sitzung nächste Woche, da sind sich Krenz und Schabowski einig, ist Honecker fällig.

Steffie Spira irrt über den Sozialistenfriedhof. 1963 wurde Günter hier, auf dem Zentralfriedhof Friedrichsfelde, schon vor dem Ersten Weltkrieg Sozialistenfriedhof getauft, beerdigt. 1988, kurz nach dem Umzug in ihre neue Wohnung, mit dem sie Günter hier draußen alleine gelassen hatte, war Spira zum Friedhofsbüro gegangen, um das Grab nach 25 Jahren weiter zu bezahlen. Doch die Frau im Friedhofsbüro fand das Buch von 1963 nicht und riet ihr, ein anderes Mal wiederzukommen, es habe Zeit, wie ja alles plötzlich Zeit hatte in diesem Land, das mal vorwärts wollte. Spira hat die Angelegenheit vergessen, bis vor ein paar Tagen. Anderthalb Jahre sind vergangen. Sie fürchtet, das Grab gibt es nicht mehr. Braucht sie es überhaupt, um an Günter zu denken? Bevor sie zum Friedhof aufbricht, notiert Spira in ihr Tagebuch: «Für meine Asche reicht Wald, See, Feld. Die Kinder werden und würden sowieso zu einer festen Stelle nie gehen. Was also ist passiert? Meine Eigenliebe hat tiefen Schaden genommen.»

Luxemburg, Liebknecht, Thälmann, Grotewohl. Spira umrundet die Grabsteine, nur Günter findet sie nicht. Dann endlich, nach zwei Stunden: Der längliche Grabstein, 1904 bis 1963. Sie war beim letzten Besuch im falschen Bereich des Friedhofs und im falschen Friedhofsbüro! Der Mitarbeiter sagt ihr an diesem Tag, sie habe Glück. Wenn sie nicht unterbesetzt wären, hätten sie die nicht bezahlten Gräber aufgelöst. Spira denkt: Jetzt, da der 40. Jahrestag vergangen ist und der 50. nur besser werden kann, zahle ich für die kommenden zehn Jahre. Das geht nicht, sagt der Mann. Sie könne nur bis 1993 zahlen. Vier Jahre. So lange glauben sie noch an den Sozialismus auf dem Sozialistenfriedhof?

SAMSTAG, 14. OKTOBER

Im Notaufnahmelager Grafenau bei Passau trifft der fünfzigtausendste Flüchtling aus der DDR seit Öffnung der ungarischen Grenze ein. Die Belegschaft des Berliner DDR-Regierungskrankenhauses, in dem kürzlich Erich Honecker an der Galle operiert worden war, erklärt in einem Brief an Günter Schabowski ihre «volle Übereinstimmung mit der Protestbewegung». Im West-Berliner RIAS-TV sagt Wolf Biermann: «Es geht nicht um den Mangel in der DDR, es geht um den Maulkorb, den die Menschen tragen müssen.» Im DDR-Fernsehen beschimpft Karl-Eduard von Schnitzler, Moderator der berüchtigten Sendung «Der schwarze Kanal», die Kritiker des real existierenden Sozialismus als «impotent und unbefugt».

J ens Reich sitzt neben Bärbel Bohley in einem Raum der «Kirche von Unten», in der sich 120 Menschen zur ersten Landeskonferenz des «Neuen Forums» konspirativ versammelt haben. Einige Bezirksvertreter ärgern sich über die Medienauftritte und die damit einhergehende Meinungsführerschaft der Berliner Initiativgruppe. Bärbel ist das Gesicht des «Neuen Forums» geworden. Die anderen sagen, das widerspreche dem basisdemokratischen Anspruch. Andererseits: 25 000 Unterschriften haben sie für die Zulassung gesammelt.

Da die Montagsdemonstrationen in Leipzig weiter wachsen, fragt jemand, ob man so etwas Eindrucksvolles nicht auch mal in der Hauptstadt organisieren könnte, als Zeichen. Ein paar Leute sagen, sie wüssten, dass die Regierung im Juli ohne großes Aufsehen eine neue Demonstrationsverordnung verabschiedet hätte, die es leichter mache, einen offiziellen Antrag für eine Demo zu stellen. Aber das «Neue Forum» ist eine «staatsfeindliche Vereinigung», man bräuchte einen unverdächtigeren Absender. Jutta Seidel sagt, ihre Nachbarin, die Schauspielerin Jutta Wachowiak, hätte schon mal über eine gemeinsame Aktion von «Neuem Forum» und Künstlern geredet. Eine kreative Demonstration zum Beispiel. Wachowiak kenne eine Menge Leute, die so etwas organisieren und inszenieren könnten. Und nun: Morgen versammeln sich die Theaterleute!

90 Die Berliner Gruppe geht nach der Vollversammlung noch zu Jutta Seidel, die wohnt in der Sophienstraße. Es ist eine gute Nachbarschaft, eine, in der jeder auf den anderen achtet. Sie sitzen in diesen Wochen oft zusammen, bei den Seidels, bei Frau Kleiner, den Hübners oder bei Jutta Wachowiak. Die ist an diesem Abend nicht zu Hause, sie hat Vorstellung. Seidel, Jens Reich und Bärbel Bohley überlegen, wann ein guter Tag für eine Berliner Demonstration wäre. In drei Wochen? Schneller kriegt man das nicht organisiert. Wo könnte man überhaupt langlaufen? Seidel schreibt alle Ideen auf einen Zettel. Sie schreibt auch noch einen Brief: «Liebe Frau Wachowiak, da man Demonstrationen anmelden kann, sollte man selbiges einmal versuchen. Wir haben diesen Vorschlag formuliert, und ich habe die Idee, dass all diejenigen, die eine veränderte Medienpolitik gefordert haben, den Antrag mitunterzeichnen könnten.» Seidel erklärt Wachowiak, dass sie diesen Vorschlag morgen auch dem Verband Bildender Künstler unterbreiten werden und den Unterhaltungskünstlern. Und dass ein Mensch von Bergmann-Borsig seine Teilnahme bereits zugesagt hat. Dann schreibt sie: «Was halten Sie davon, wenn die Theater-Leute und die Akademie gefragt würden – und natürlich die Schriftsteller (da weiß ich nur nicht, an wen ich mich wenden könnte – vielleicht fällt Ihnen wer ein). Ich stelle mir vor, dass immer einer von jeder Gruppierung unterschreibt. Bei Zusage gehe ich dann auf Wanderschaft. Änderungsvorschläge sind willkommen. Ich wünsche einen angenehmen Vormittag und restlichen Sonntag, Jutta Seidel. P. S. Die Bürgerinitiative NEUES FORUM möchte auch gern unterschreiben. J. S.» Den Zettel und den Brief wirft Jutta Seidel in Jutta Wachowiaks Briefkasten, und damit geht es los und Jens Reich nach Hause.

91

SAMSTAG, 14. OKTOBER

Die Herbstferien haben begonnen: Fast 2000 DDR-Bürger kommen an diesem Wochenende in Ungarn an. In Plauen demonstrieren 20 000 Menschen für Reformen. Bei der Verleihung des Friedenspreises des Deutschen Buchhandels an den tschechoslowakischen Schriftsteller Václav Havel in der Frankfurter Paulskirche verliest der Schauspieler Maximilian Schell in Anwesenheit von Bundeskanzler Helmut Kohl die Dankesrede, weil Havel nicht aus Prag ausreisen durfte: «In meiner Heimat ist aus dem Wort Sozialismus schon längst ein ganz gewöhnlicher Gummiknüppel geworden, mit dem irgendwelche reich gewordenen und an nichts glaubenden Bürokraten allen ihren frei denkenden Mitbürgern in den Rücken schlagen, wobei sie sie Feinde des Sozialismus und antisozialistische Kräfte nennen.»

Johanna Schall sagt: «Also, wir fangen jetzt einfach an, ja?» Es ist schon nach 11 Uhr. Der Saal des Deutschen Theaters ist gerammelt voll. Es flirrt.

Dieter Mann hat noch die Kammerspiele nebenan öffnen lassen, dort schallt das, was sie nun hier besprechen werden, aus den Lautsprechern. Bis gerade eben strömten immer noch mehr Kollegen aus anderen Häusern zum Haupteingang rein, und Leute, die Schall noch nie gesehen hat. Dieter Mann wollte ihnen ursprünglich nur die Kammerspiele und das Foyer zur Verfügung stellen, da im Großen Haus am Nachmittag eine Matinee ansteht. Johanna Schall, die Vertrauensfrau der Gewerkschaftsgruppe, mit Tommy Neumann zusammen, hatte einen Zettel an die Wandzeitung hinter dem Bühneneingang gehängt zu diesem «Treffen der Theaterschaffenden»:

«Aus Platz- und feuerpolizeilichen Gründen können höchstens 530 Personen teilnehmen. Da auch Kollegen aus Theatern der Republik und geladene Gäste (Journalisten, Funktionäre, etc.) kommen werden, mussten wir uns darauf einigen, die Zahl der Teilnehmer je Theater zu beschränken. Das DT hat eine Quote von 28 plus Intendant ...» Aber viele aus dem eigenen Haus beschwerten sich, jeder wollte dabei sein, immer mehr aus immer neuen Städten kündigten sich an, auch Betroffene der Polizeigewalt rund um den Republikgeburtstag, sogar die Leute vom VEB Bergmann-Borsig. Der Platz reichte nicht. Also gut, sagte Dieter Mann, dann brauchen wir die große Bühne, er nehme alles auf seine Kappe.

Und Johanna Schall hängte einen neuen Zettel an die Wandzeitung, die man eigentlich erst seit kurzem so nennen kann. Aus dem toten Glaskasten mit den vergilbten Gewerkschaftsmitteilungen, wie es ihn in jedem Betrieb gibt, ist eine Wand für alle geworden. Tommy hat eine Holzplatte da hingehängt, viermal so groß wie der Kasten. Jeder pinnt jetzt dorthin, was ihm wichtig ist. Täglich landen Resolutionen, persönliche Statements, ausgeschnittene Interviews und Artikel, Schmähungen, Witze oder Einladungen zu Veranstaltungen an dieser Wand. Morgens sieht man Grüppchen davorstehen, lesen, reden, streiten, lachen. Diese Wandzeitung macht Johanna Schall glücklich. Sie ist ein Beweis für das, was sie am ganzen Theater und in der ganzen Stadt spürt: Die Leute trauen sich aus ihren Höhlen. Aus dem Nebeneinanderher wird ein Miteinander. Nie traf sie so viele, nie hat sie so viel diskutiert, gelernt. Nie war sie so sehr Teil einer Gemeinschaft. Einer Gemeinschaft aus Ungleichen, Andersdenkenden, Blöden, Großartigen, Schönen, Groben, die etwas eint: die Lust auf Neues.

«Politische Freiheit bedeutet das Recht des Volkes, sich einen Beamten selber zu wählen», beginnt Johanna Schall an diesem Tag auf der Bühne des Deutschen Theaters, «jedwede Zusammenkunft zwecks Erörterung aller Staatsangelegenheiten zu veranstalten, ohne Genehmigung beliebige Bücher und Zeitungen herauszugeben.» Das Zitat stammt von Lenin. Als sie das auflöst, lacht der Saal. Johanna Schall stellt sich vor, begrüßt alle und sagt: «Zu lange haben wir den Dialog nicht kräftig genug eingefordert und so den Monolog zugelassen. Jetzt müssen wir dafür sorgen, dass man uns in dem jetzt zu führenden Dialog nicht zu Stichwortgebern macht.» Tommy Neumann moderiert die Veranstaltung. Er ist sehr aufgeregt, hat zwei Faustan-Beruhigungstabletten genommen und spricht, als sei sein Kiefer gelähmt. Vielleicht ist das ganz gut in der allgemeinen Hektik, es herrscht ein ziemlicher Lärmpegel, viele Wortmeldungen sind notiert. Man kann, sagt Thomas Neumann, nach dem vergangenen Wochenende «nicht einfach so weitermachen und zur Tagesordnung übergehen». Aber er muss den Ablaufplan heute streng einhalten, in drei Stunden müssen sie hier raus.

Einige Kollegen vom Puppentheater berichten zunächst Schreckliches, das ihnen in den Tagen und Nächten nach dem 7. Oktober widerfahren ist. Danach ist der Rechtsanwalt Gregor Gysi dran. Ihn kennt Johanna Schall über seine Schwester Gabriele, mit der sie die Sprechlehrerin teilt. So kam es, dass sie Gysi am Telefon gefragt hat, ob er hier Auskunft zur rechtlichen Situation geben kann. Aber es geht durcheinander im Saal. Wolfgang Holz vom Berliner Ensemble unterbricht Thomas Neumann und spricht vom Erlebnisbericht eines Thomas Heise und davon, dass sie eine weitere Resolution bekanntgeben wollen. Neumann, knallhart, auch auf der Faustan-Wolke, besteht aber auf der Reihenfolge.

Gysi ist ein begnadeter Redner, der mit seinem kleinen Exkurs über das Wesen des Anwaltsdaseins in der DDR gleich für Heiterkeit und Vertrauen sorgt. «Was wir haben in der Bevölkerung», sagt Gysi, der ziemlich erkältet ist, «ist ein Bewusstsein für Anklage, ein Bewusstsein für Verurteilung. Wir haben kein Bewusstsein für Verteidigung!» Es gibt großen Beifall, nicht zum letzten Mal während Gysis Vortrag. «Wer Schutzpolizist wird», sagt Gysi, «weiß, dass er stündlich gerufen werden kann, um in eine Kneipenschlägerei hineinzugehen, die Situation in irgendeiner Form zu klären, selber was abzukriegen und was zu geben. Mit anderen Worten: Wer sich zur Übernahme einer solchen Tätigkeit entscheidet, muss ja auch besonders strukturiert sein. Kurzum, ich will sagen: Es hat ja seine Gründe, dass wir alle nicht Schutzpolizisten sind.» Jetzt hat er wirklich alle zum Lachen gebracht mit seinem Charme. Gysi sagt, dass man auf die Schutzpolizisten trotz allem nicht verzichten könne, dass man sich aber hoffentlich auf weitere Demonstrationen einstellen dürfe und sich auch die Polizei daran und an die Rechtsstaatlichkeit gewöhnen müsse. Es werden ihm dann allerlei Fragen zugerufen von Leuten, die Erlebnisse mit der Polizei hatten, und Gysi sagt, er habe zwar keine Kapazitäten mehr, aber wer Beratung brauche, solle doch morgen gegen 15 Uhr in seine Kanzlei kommen.

Johanna Schall stellt eine Frage: «Inwieweit is'n das überhaupt möglich, wenn man weiterkommen will, wenn man eine friedliche Demonstration anmelden will?» Gysi freut sich richtig über dieses Stichwort: «Ja, das ärgert mich natürlich an den Demonstranten, das möchte ich dazu auch mal sagen! Ich bedanke mich sehr für die Frage, weil, sagen wir mal, die Chance in der Vergangenheit vielleicht nicht so groß gewesen wäre, so etwas zu erreichen. Bloß, gerade auf dieser Strecke haben wir nun wirklich seit dem 1.7.1989 neue Rechtsvorschriften, und ich verstehe eigentlich nicht, dass sich keiner bemüht, mal diesen Rechtsweg zu gehen.» Er habe das ja schon in «Kennzeichen D» gesagt ... da kreischen viele begeistert im Saal, weil es ja nicht normal ist, dass einer aus der Partei vor 800 Zuhörern vom Westfernsehen spricht. Jedenfalls, führt Gysi fort, erlaube die Veranstaltungsordnung auch Veranstaltungen auf öffentlichen Straßen. Im Saal erklingt Gemurmel.

Nach Gysi berichtet Wolfgang Engel aus Dresden von der Situation dort. Dann sprechen die Kollegen von Bergmann-Borsig, die etwas eingeschüchtert sind von der Menge und der Wortgewaltigkeit. Bei ihnen in der Belegschaft rumort es genauso. Dem Genossen Schabowski, den sie «Schabbi» nennen, seien bei seinem Werksbesuch harte Fragen gestellt worden. Sie haben einen Brief an die Parteiführung geschrieben. Tommy Neumann hat diesen Brief letzten Sonnabend in der Volksbühne zugesteckt bekommen. Er sagt jetzt: «Wir müssen immer mit dem stillen Vorwurf leben, dass wir als Künstler doch ein bisschen überdurchschnittlich dünne Haut haben und vielleicht auch übertreiben in der Betrachtung der Dinge. Und jetzt kam ein Text, eben von der Arbeiterklasse, der genau die Sache, und in vielen Punkten sogar deutlicher als wir, formuliert hat!» Der Intendant Dieter Mann wendet sich ebenfalls an die Leute von Bergmann-Borsig: «Jede Theaterkarte in der Deutschen Demokratischen Republik kostet pro Abend, egal auf welchem Platz, 46 Mark 75! An der Kasse aber 2 bis 12 Mark. Das heißt, die Werktätigen dieses Landes, und dazu gehört ihr – ich war früher Dreher von Beruf, ich kenn den Betrieb von vor 25 Jahren –, die Werktätigen dieses Landes bezahlen uns und unsere Theater. Und ich meine, sie haben ein Recht darauf, im Theater – wenigstens im Theater, *nicht* belogen zu werden. Sie müssen das Gefühl haben, da oben – das sind meine Schauspieler oder unsere Schauspieler!»

Kurz nach diesem Schulterschluss ist Heiner Müller dran, er windet sich, die Augen dunkle Schlitze, als würde er mehr in sich hinein als in den Saal schauen. «Ja», nuschelt Müller, «ich sitze hier sehr ungern, wenn ich ehrlich sein will. Ich würde lieber schweigen – nach vierzig Jahren DDR.» Müller erzählt von einem Taxifahrer, der ihn unlängst an einem Kinoplakat eines sowjetischen Films vorbei nach Hause fuhr. Der habe gesagt: «Bin keen Kommunist, aber Gorbatschow is'n juter Mann. Zum ersten Mal sagt'n kommunistischer Staatsmann, was wir seit vierzig Jahren wissen!» Müller erinnert in die Heiterkeit hinein, wie vor 38 Jahren Autoren, auch Brecht, versuchten, den Dialog zwischen Bevölkerung und Staat wieder in Gang zu bringen. Da ging es auch schon, sagt Müller, um Fragen der Meinungsfreiheit, der Pressefreiheit, der Justiz und des Strafvollzugs, «und das erklärt, warum ich ein bisschen müde bin, *jetzt* zu reden.»

Nach Müller ist Herbert Bischoff an der Reihe, der Vorsitzende der Gewerkschaft Kunst im Freien Deutschen Gewerkschaftsbund FDGB, und der macht alle müde. Er wird bald angegriffen dafür, dass die Gewerkschaft sich nicht klar genug äußere und nicht alle vertrete. Als der Zwischenruf kommt, man solle heute Abend um 18 Uhr in die Erlöserkirche gehen, wo aus Solidarität mit allen Inhaftierten Rockergruppen aufträten und geredet werde, kommt die Frage auf: Warum müssen solche Veranstaltungen immer in der Kirche oder im Theater stattfinden und nie im Gewerkschaftshaus?

Die Debatte um die Rolle der Gewerkschaft dauert an und mündet im Vorschlag des Regisseurs Christoph Schroth, am 21. 12., Stalins Geburtstag, im Berliner Ensemble, eine künstlerische Matinee aller Berliner Theater zu veranstalten. Da sagt Tommy Neumann: «Bei dieser Frage, was können wir tun, kann ich vielleicht kurz was dazwischenschieben: Es wir mir ein Antrag reingereicht ...» Aber Jutta Wachowiak, die hinter ihm steht, nimmt ihm den Zettel schon wieder aus der Hand, was für viel Gelächter sorgt. «Es *wurde* mir ein Antrag reingereicht», sagt Neumann, «der ist zurückgezogen worden! Der war nicht schlecht! Das war die Beantragung einer Demonstration.» Es gibt langen Beifall. «Wenn wir jetzt schon vor der Absage zurückziehen», ruft Neumann, plötzlich wie aufgeweckt, «können wir uns nicht wundern!» Und Peter Ensikat, der Kabarettist, ruft von unten: «Also, dann würde ich sagen: Ich stelle den Antrag, die Demonstration zu beantragen!» Viele stehen auf und klatschen lange in die Hände, «jawohl» wird gebrüllt, «mit Bergmann-Borsig!» Jutta Wachowiak steht im Jubel und lächelt verlegen. Sie schlägt den Zettel auf: «Dann will ich es versuchen», sagt sie, sie habe den Durchschlag eines Briefes bekommen.

«Wir beantragen die Genehmigung zur Durchführung einer Demonstration am Sonnabend, dem 4. 11. 1989. Mit dieser Demonstration soll der Forderung nach grundlegenden Veränderungen der Medienpolitik in der DDR Nachdruck verliehen werden. Beginn der Demonstration: 10 Uhr. Weg: Karl-Liebknecht-Straße / Ecke Mollstraße, Karl-Liebknecht-Straße, Marx-Engels-Platz, Französische Straße, Platz der Akademie. Abschlusskundgebung ab 12 Uhr Platz der Akademie. Wir wollen einen friedlichen, gewaltlosen und störungsfreien Demonstrationsverlauf.»

Nun stehen fast alle und applaudieren dieser Idee, die beginnt, durch die Köpfe zu ziehen. Der Beifall scheint nicht zu enden, immer wieder ertönen Bravo-Rufe. Jutta Wachowiak guckt, als überlege sie noch, was sie da getan hat. Thomas Neumann schaut sie aus wachen Augen an, bevor er an den engen Zeitplan erinnert. Und Johanna Schall denkt sich: Na, dann mal los! Das ist der Moment, mit dem die Demonstration beginnt.

Jürgen Eger steht auf der Bühne, mittendrin. Neben Kurt Demmler, Toni Krahl, Silly, Pankow, Dirk Zöllner, Gerlinde Kempendorff, Gina Pietsch und wie sie alle heißen. Mehr als dreißig Künstler und Bands sind in die Erlöserkirche in Berlin-Rummelsburg gekommen, um vor 3000 Zuhörern das «Konzert gegen Gewalt» zu spielen. Die bekanntesten Musiker der DDR setzen ein lautes Zeichen, nachdem zuletzt die vielen Gastspiele von Dylan, Springsteen oder Cocker sie etwas leise wirken ließen. Toni Krahl singt ein Spottlied auf Erich Honecker: «So winkt man, wenn der Zug abfährt». Gerhard Schöne, der verhindert ist, lässt bekanntgeben, dass er die 20 000 Mark, die er für den Nationalpreis erhalten hat, zu gleichen Teilen einer kirchlichen Entwicklungshilfegruppe und den Inhaftierten spendet. In den Lärm hinein ruft ein SED-Abgeordneter aus dem Prenzlauer Berg den Versammelten zu: «Beruhigt euch nicht! Wir haben wahrscheinlich nur diesen einen Versuch!» Und der Schriftsteller Christoph Hein tritt ans Mikrophon und fordert eine Untersuchung der «offenbar gelenkten» Gewalt der Sicherheitskräfte gegen die Demonstranten am 7. und 8. Oktober. Daran soll, sagt Hein, auch die Kirche beteiligt werden, die sich als «verantwortlicher, volksnäher und handlungsfähiger als andere Kräfte» erwiesen habe.

Jürgen Eger wundert sich, dass alle so tun, als hätte man früher nicht frech sein können. Er hat immer gesungen, was er wollte, findet er, und zwar nie in einer Kirche, und deswegen, so sieht er das, gehörte er auch lange nicht zu der Riege, die jetzt hier oben in der Kirche steht und ihn gnädig dazuholt, als hätte nicht er so viele Jahre lang die Vorarbeit gemacht. Jürgen Eger, aber das weiß auf der Bühne in der Erlöserkirche niemand, heißt auch Hanns Sänger. Den Namen hat er sich 1980 als Inoffizieller Mitarbeiter der Stasi selbst ausgesucht. Hanns wegen seines Idols Hanns Eisler. Sänger, das ist sein Beruf. Allerdings: Den auszuüben war für ihn zunächst nicht leicht. Er hatte in dem Berliner Betrieb, in dem er nach einem glänzenden Abitur und einem abgeschlossenen Studium in Elektronik / Technologie beschäftigt war, gekündigt und begonnen, Musik zu studieren, das war immer sein Traum gewesen. Nebenher musste er als Nachhilfelehrer für Mathe und Physik arbeiten, um im Land der Vollbeschäftigung nicht als «asozial» zu gelten. Eines Tages wollte Eger staatlich anerkannter, freischaffender Künstler sein. 1979 hatte er endlich einen Auftritt in einem Berliner FDJ-Musikklub sicher. In der SED-Jugendorganisation war Eger früher selbst aktiv gewesen, der Partei war er allerdings nie beigetreten. Die FDJ-Leitung verlangte von ihm vor dem Konzert eine genaue Programmabfolge und die vollständigen Liedtexte. Eger mochte sich jedoch nicht festlegen, sondern improvisieren. Der Streit landete in der Kulturabteilung der SED-Bezirksleitung. Dort gab man der FDJ recht. Der Auftritt wurde abgesagt.

Nur ein Jahr später wurde Jürgen Eger von der Staatssicherheit angeworben. Die wussten über ihn Bescheid, hatten sie doch bereits 1976 begonnen, Eger zu überwachen, der ihnen als freundlich und hilfsbereit beschrieben worden war. Von Hanns Sänger erhoffte sich die Stasi «Hinweise über Personen, welche im Rahmen einer freiberuflichen Liedermacherarbeit mit politisch negativen bis feindlichen Ausarbeitungen in die Öffentlichkeit traten». 1986 war Eger von seinem Führungsoffizier, Oberfeldwebel Klug, «außerordentliche Zuverlässigkeit» bescheinigt worden: «Der IM wurde zielgerichtet zur Aufklärung von bestimmten klerikalen Veranstaltungen wie Bluesmessen, Friedensdekaden u. ä. eingesetzt. Seine Einsatzbereitschaft ist ohne Tadel, obwohl einschränkend festgestellt werden muss, dass der IHS ‹Hanns Sänger› nicht an allen Veranstaltungen des politischen Untergrundes teilnehmen kann, da seine klare streitbare marxistische Haltung bei einigen Personen bekannt ist.» Eger wurde sogar Reisekader, berichtete auch aus dem Westen, wo er ebenso wie zu Hause nun zahlreiche Auftritte bekam, über andere Künstler, vor allem über einst aus der DDR dorthin geflüchtete. Die neue Nebentätigkeit ermöglichte es Eger, endlich das zu tun, was er immer hatte tun wollen. Was war schon dabei? Er war Sozialist. Er wusste, dass der Sozialismus sich gegen viele Feinde verteidigen musste. Er sprach mit vielen Leuten über das Land, in dem sie lebten. Warum nicht auch mit Leuten vom Ministerium? Und der Stasi ermöglichte Jürgen Eger Einblicke in die eingeschworene Liedermacher-Szene. Ein guter Handel für beide Seiten. Und doch ist es, wie so oft, nicht so einfach, wie es scheint.

Bei der Stasi erkannte man erstaunt, dass Eger mit zunehmendem Erfolg auf der Bühne immer radikaler und unberechenbarer wurde. Er kooperierte mit dem System, begann aber, es anzufeinden. Einem anderen inoffiziellen Mitarbeiter, von dessen Stasi-Kontakt er nichts wusste, berichtete Eger von seiner Sympathie für die Texte von Wolf Biermann. Bei seinen Konzerten, hielt man im Ministerium für Staatssicherheit fest, erhebe Eger regelmäßig «Anklage gegen unsere Gesellschaft», wirke «zynisch böswillig» und zeige einen «feindlichen Grundtenor zur DDR». Eger kritisierte öffentlich das Verbot der liberalen sowjetischen Zeitschrift *Sputnik* in der DDR. Schwärmte von Glasnost und Perestroika. Verurteilte die Sanktionen gegen die Abiturienten der Carl-von-Ossietzky-Schule in Pankow, die gegen die Militärparade am 7. Oktober 1988 Unterschriften gesammelt hatten. Wetterte gegen die Kommunalwahlergebnisse. Verbreitete Aufrufe des «Neuen Forums». Wegen «öffentlicher Herabwürdigung» erstattete die Volkspolizei Potsdam Anzeige gegen Eger. Bei einem anderen Konzert von ihm war zufällig Heinrich Toeplitz, der stellvertretende Vorsitzende der CDU, anwesend und verließ den Saal empört. Sogar bis hoch zu Günter Schabowski, der von Egers Stasi-Tätigkeit nichts weiß, wurde Beschwerde erhoben gegen dessen «provokative Angriffe gegen den realen Sozialismus». Eger wurde zu Ellen Brombacher zitiert, die in Schabowskis Haus für Kultur zuständig ist. Dass Eger trotzdem weiterspielen durfte, lag an der schützenden Hand der Stasi, die diesen Informanten nicht verlieren wollte.

Am Ende singen sie auf der Bühne alle zusammen «Give peace a chance». Vor der Kirchentür, so spricht sich rum, schreibt die Stasi Nummernschilder auf. Regt euch nicht auf, sagt Jürgen Eger, lasst uns weitermachen. Die da draußen sind auch nur verunsichert, findet er, wie sie hier drin. **101**

Laut ZDF-Politbarometer glauben nur 27 Prozent der befragten Westdeutschen an eine Wiedervereinigung in den nächsten Jahren. Erstmals wird im *Neuen Deutschland* die Leipziger Montagsdemonstration erwähnt, am Vortag sollen über 100 000 Menschen auf der Straße gewesen sein. Im Geräte- und Reglerwerk «Wilhelm Pieck» in Teltow ruft der Entwicklungsingenieur Ralf Börger zum Austritt aus der Gewerkschaft FDGB und zur Gründung einer Gegengewerkschaft auf. Der LDPD-Vorsitzende Manfred Gerlach distanziert sich in Berlin von der bisherigen Politik der SED.

G ünter Schabowski hat es nicht für möglich gehalten. Gestern Morgen noch sah es aus, als würde ihr mühsam geschmiedeter Plan, Honecker auf der Sitzung des Politbüros abzusetzen, scheitern. Krenz rief bei Schabowski an. Er klang niedergeschlagen. Willi Stoph, mit dem sie vereinbart hatten, dass er den Antrag auf Absetzung stellt, weil das gleich zeigen würde, dass wirklich keiner mehr hinter Honecker steht, hatte sich bei Krenz gemeldet. Er sei nur bereit für die Aktion, wenn man Honecker in der Funktion des Staatsratsvorsitzenden belasse. So verstand Schabowski jedenfalls Krenz, sie sprachen ja nur noch in Andeutungen, aus Angst, noch aufzufliegen. Aber das ging nicht, Honecker musste ganz weg, die Ära musste beendet werden, damit sie neu anfangen konnten! Krenz sagte am Telefon, er könne Stoph jetzt nicht mehr anrufen. Er müsse seinen W-Tsch-Apparat ab sofort wieder freihalten, falls Honecker anrufe. Das waren die abhörsicheren Telefone der Regierung. Schabowski wollte seinen W-Tsch-Apparat auch nicht belegen in diesen entscheidenden Stunden. Sie konnten über nichts reden, obwohl es jetzt um alles ging. Schabowski ging zum W-Tsch-Apparat seines Ersten Sekretärs, der eingeweiht war. Stoph konnte er nicht anrufen, der mochte ihn nicht. Aber er erinnerte sich, gehört zu haben, der sowjetische Botschafter Kotschemassow sei am Abend zu einer Besprechung bei Stoph. Schabowski rief den Botschafter an, von dem er wusste, dass er das gleiche Interesse hatte, nämlich ohne Honecker weiterzumachen, und bat ihn, Stoph zu überzeugen.

Schabowski ist schon völlig durch, als die Tafelrunde an diesem Dienstag endlich zusammenkommt. Eine Minute vor zehn betritt Honecker den Raum. Sein Büroleiter des Politbüros verliest zunächst die Tagesordnung, dann das Protokoll der letzten Sitzung. Als Honecker den Punkt 1 der Tagesordnung aufruft, meldet sich Willi Stroph zu Wort. «Erich, gestatte ...» Honecker erstarrt. Und Stoph leiert in den Raum, als würde er nur seine krummen Zahlen präsentieren wie eh und je: «Ich stelle den Antrag, den Genossen Honecker von seiner Funktion als Generalsekretär zu entbinden und auch die Genossen Mittag und Herrmann von ihren Funktionen zu entbinden.»

Honecker bleibt ungerührt. Totale Stille. Honecker will zum nächsten Tagungsordnungspunkt übergehen. Aber die Runde protestiert. «Na bitte», krächzt er, «diskutieren wir!» Jeder hält sich an die Absprachen. Keiner stützt ihn mehr. Honecker schweigt. Nur als Mielke droht, er könne ja mal auspacken, entfährt es Honecker: «Dann sag's doch!»

Als 25. ist Schabowski an der Reihe, sich zu äußern. Was soll er noch draufhauen? Honecker hat längst verstanden, dass er keine Macht mehr hat. Am Tag zuvor hatte Honecker ihn noch angerufen und gebeten, dass er einen Betriebsbesuch bei Bergmann-Borsig organisiert. Lustige Vorstellung. Da hätten sie ihn in einen Schlot geworfen. «Erich», hatte Schabowski gesagt, «ich glaube, es hat keinen Sinn, dort hinzugehen. Bei der vorherrschenden Stimmung würdest du nur in eine schlechte Lage kommen.» Honecker antwortete: «Wenn du meinst!» Und legte auf.

18 Jahre war Honecker der erste Mann im Staat. Jetzt ist er nur noch ein alter Kerl, der alleine an einem riesigen Tisch sitzt. Krenz zieht sich mit Honecker zurück, um den Ablauf der Zentralkomitee-Tagung morgen zu besprechen, wo die Abdankung beschlossen werden muss. Schabowski spürt, wie die Anspannung weicht. Jetzt geht es los.

Ronald Freytag hat es nicht für möglich gehalten. Jemand sagt, es seien fast 10 000 Kommilitonen gekommen. Ins Audimax und in den Innenhof der Humboldt-Universität, sie sitzen in den Gängen und in den Vorlesungsräumen auf den Fensterbänken, die Studenten sind überall, sie machen die Universität endlich zu ihrer. Es wird diskutiert über die notwendigen Schritte zur Demokratisierung der Hochschule. Keine Anwesenheitslisten bei Pflichtvorlesungen mehr! Keine Pflichtvorlesungen in Russisch und Marxismus/Leninismus! Schluss mit dem obligatorischen Sportunterricht! Und mit der militärischen Ausbildung im Studium!

Nach den Übergriffen am 7. und 8. Oktober, von denen auch Freunde von Ronald Freytag betroffen waren, verließen viele Studenten Seminare, wenn Professoren die Gewalt der Sicherheitskräfte verteidigten. Freytag und andere organisierten einen stummen Protest vor der Mensa Nord. Der FDJ-Kreisleitung gelang es da noch, das Schweigen zu brechen und so zu tun, als spräche sie für alle, indem sie eine Diskussion zu irgendeinem blöden «Standpunkt-Papier» lostrat. Am nächsten Tag aber kamen Hunderte in den Innenhof, um weiter zu protestieren.

Freytag und seine Mitstreiter haben Dieter Hass, ihren Rektor, aufgefordert, ihnen einen Raum zur Verfügung zu stellen, um politische Strukturen aufzubauen. Hass wehrte sich nicht. Von Hass kam sogar die Idee zu einer Urwahl. Er hat ihnen gesagt: Ihr könnt

nicht einfach ankommen und sagen, ihr seid die neue Studentenvertretung; ihr wollt es doch anders machen, also lasst euch als Studentenrat legitimieren, erst dann seid ihr besser als die FDJ! Spät
am Abend kommen alle im Hof zusammen und bejubeln die be-
schlossenen Maßnahmen. Sie werden eine Urwahl abhalten und die
Studenten fragen, ob sie künftig von der FDJ oder einem unabhängigen Studentenrat vertreten werden wollen. Als er nach Hause aufbricht, wundert sich Ronald Freytag über die viele Polizei vor dem
Haupteingang Unter den Linden. Es sieht aus, als hätten sie die Universität abgeriegelt. Wovor haben die Angst? Es geht doch hier um
innere Angelegenheiten. Es geht jetzt richtig los.

Das Parlament in Budapest beschließt die Änderung der Verfassung in fast hundert Punkten, dazu gehören die Einführung der Marktwirtschaft und das Ende der führenden Rolle der kommunistischen Partei. In Rostock, Halberstadt, Potsdam und Suhl bilden sich neue Arbeitsgruppen des «Neuen Forums», in Anwesenheit von jeweils Tausenden Menschen. In Leipzig wird die 32. «Messe der Meister von Morgen» eröffnet, der nationale Jugendwettbewerb für Technik und Wissenschaft.

G ünter Schabowski sitzt mit den anderen im Zentralkomitee. Draußen scheint die Sonne auf den brüderlichen Handschlag, das Parteilogo. Drinnen geht sie unter im Schein der ziemlich unsolidarischen Halogenröhren. Um kurz nach 14 Uhr verkündet Honecker, die Stimme kippt, infolge seiner Erkrankung und nach überstandener Operation erlaube ihm sein Gesundheitszustand nicht mehr den Einsatz an Kraft und Energie, den die Geschicke der Partei und des Volkes heute verlangen. Er bitte die Anwesenden, ihn von den Funktionen des Generalsekretärs des ZK der SED und von den Ämtern als Staatsratsvorsitzender und als Vorsitzender des Nationalen Verteidigungsrates zu entbinden. Schabowski kann die Worte mitsprechen. Er hat sie geschrieben. Aber Moment! Dann sagt Honecker etwas Außerplanmäßiges. Er schlägt als Nachfolger Egon Krenz vor. Schabowski hatte notiert, dass Honecker dem Politbüro empfiehlt, einen geeigneten Nachfolger zu finden. Er weiß nicht, ob die beiden diese neue Formulierung gestern nach der Politbüro-Sitzung verabredet haben. Aber es ist Mist. Das schadet doch Krenz. Jetzt ist er immer noch der Ziehsohn von Honecker. Es gibt ein bisschen Beifall für Honecker. Nur Hanna Wolf, die ehemalige Direktorin der Parteihochschule Karl Marx, stimmt gegen die «Entbindung» des Genossen Generalsekretär. Und tschüss. Honecker verabschiedet sich gleich vorzeitig, des «angegriffenen Gesundheitszustands» wegen. Er weint fast. Jetzt ist der Applaus kräftiger, einige sind den Tränen nahe, vielleicht vor Scham, den Genossen so zu demütigen, oder auch aus Scham, von so einem so lange gedemütigt worden zu sein. Vor dem Sitzungssaal hat Schabowski Journalisten für Egon Krenz aufgestellt. So macht man das doch heutzutage, offen, direkt. Aber nun läuft zuerst Honecker an denen vorbei. Der kennt das nicht, dass vor dem ZK-Saal Journalisten warten, und die kennen das auch nicht, dass eine Tür aufgeht und sie Erich Honecker im Weg stehen. Alle Beteiligten sind richtig erschrocken. «Na dann, auf Wiedersehen», sagt Honecker. Im Saal wird noch verkündet, dass Günther Mittag und Joachim Herrmann, Honeckers Vasallen, das Politbüro verlassen müssen. Schabowski ist ungeduldig. Er will jetzt keine lange Aussprache. Krenz muss so schnell wie möglich zum Volk sprechen. Das ist wichtiger. Die sollen hören, dass es vorangeht.

Jens Reich sitzt mit den anderen vor dem Fernseher. Im Anschluss an die «Aktuelle Kamera» hält Egon Krenz eine Ansprache: «Wenn man mich fragt, was mich in dieser Stunde besonders bewegt», sagt Krenz vor tiefgrauem Hintergrund, «dann gibt es nur eine Antwort: Das ist der Gedanke an viel gemeinsame Arbeit. Miteinander zu reden und zu streiten ist wichtig. Sich gegenseitig zu verständigen ist notwendig. Miteinander zu arbeiten, unsere Perspektiven zu planen und mit Vernunft zu regieren aber bleibt das Entscheidende.» Aha. Der redet mit ihnen, als seien sie das Zentralkomitee. Krenz behauptet, sie hätten heute «eine Wende» eingeleitet. Was soll das denn sein? Haben sie nicht nur ein «Weiter so» eingeleitet? Krenz war doch für die Wahlen zuständig. Und auch für die Polizeigewalt. Wohin wendet er sich denn? Diese Ansprache hat nur kabarettistischen Wert. Bärbel sagt gleich, sie müsse mit den Zeitungen im Westen telefonieren.

Markus Wolf hat einen neuen Weg eingeschlagen, aber er folgt noch den alten Gewohnheiten. Am nächsten Tag soll er an der Leipziger Universität sein Buch «Die Troika» vorstellen. Als der Termin vereinbart wurde, hatte er beim schönen Gästehaus der Regierung angefragt, ob ein Zimmer für ihn und Andrea frei wäre. Dort war er in Leipzig immer untergekommen. Natürlich war für ihn etwas frei. Dabei reiste er ja nun nur im eigenen Auftrag durchs Land. Das fiel ihm erst ein, als man ihm die Reservierung schon bestätigt hatte.

Fast hundert Lesungen hat Wolf in diesem Jahr absolviert, landauf, landab. Die Besucher stellen viele Fragen. Nach der Überwachung. Der Stalinzeit. Der Umweltverschmutzung. Wolf versucht, ehrlich zu antworten. Es wird viel geschimpft darüber, was aus der Partei geworden ist. Gestern sagte Andrea zu ihm: Mischa, bald holen die uns ab. Andrea weiß, wie es ist. Seine dritte Frau saß vier Monate in Haft der Staatssicherheit. Sie hatte die Republik verlassen wollen. Dann lernten sie sich kennen, auf einer Feier in Karl-Marx-Stadt. Wolf stellte sich mit falschem Namen vor. Aber die Blicke waren echt.

Das *Neue Deutschland* darf «Die Troika» nicht rezensieren. Dafür hat Markus Wolf im September mit der *Süddeutschen Zeitung* gesprochen. Er wollte gerne vor seinen alten Kollegen im Ministerium für Staatssicherheit aus dem Buch lesen. Aber das wurde nicht erlaubt. Mielke war doch froh, dass er, dieser intellektuelle Spinner, endlich weg war. Nur die jüngeren Kollegen wollten Veränderung, auch im Ministerium. Am Jahrestag der Republik, beim Empfang im Palast der Republik, waren viele zu ihm gekommen und hatten gesagt: Das ist gut, dass du nun in die Öffentlichkeit trittst und zeigst, dass wir nicht nur Schatten sind.

Auf der Fahrt nach Leipzig haben Andrea und er im Autoradio gehört, dass Erich Honecker abgesetzt ist. Ein Gorbatschow ist Krenz ja nun wirklich nicht, aber wer hätte sonst folgen sollen aus der alten Riege? Im Gästehaus ist alles wie immer. Andrea und er sind die einzigen Gäste, es wäre Platz für 200. Im leeren Speiseraum stehen zwei Bedienstete nur für sie bereit. Andrea zeigt auf die große Frontwand des Saales. Das Bild Erich Honeckers ist abgehängt worden, nur wenige Stunden seit der Nachricht. Ein heller Abdruck zeugt noch davon. Markus Wolf sagt zu Andrea: Das Bild des neuen Mannes wird hier bestimmt nicht mehr hinkommen.

Die Abordnung des Verbandes der Theaterschaffenden unter Vorsitz des Präsidenten Hans-Peter Minetti ist in Moskau eingetroffen. Der Vorsitzende des Staatsrates der DDR gratuliert Minna Friedrich in Kunitz, Kreis Jena, zur Vollendung ihres 100. Lebensjahres.

G ünter Schabowski meldet sich gegen Ende der großen Sitzung der SED-Parteigruppe der Volkskammerabgeordneten zu Wort. Es geht um die heutige Wahl von Egon Krenz zum Staatsratsvorsitzenden. Es wird eine Menge palavert. Schabowski poltert, dass es in diesen Tagen darum gehe, politisch zu reagieren, also in der Öffentlichkeit so zu tun, als würde man die Kritik ernst nehmen, in Wahrheit aber den bisherigen Kurs weiterzuverfolgen und alles zu verhindern, was Krenz schwäche. Man ist sich in dieser Runde einig, dass man sich dem Druck der Straße nicht beugen darf. Dialog, ja, aber irgendwo muss auch mal Schluss sein.

Markus Wolf sitzt schon wieder in einem Dialog. Gespräche nennt man so was gar nicht mehr. Der Rockmusiker Toni Krahl hat zum heutigen eingeladen. Ins «Haus der jungen Talente» in der Klosterstraße: «Hierbleiber für Hierbleiber». Der Saal ist völlig überfüllt, die Leute hocken in den Gängen, die Luft steht. Das Fernsehen hat große Scheinwerfer aufgebaut, das neue DDR-Jugendprogramm «Elf99» überträgt live. Zu Beginn tritt Gerhard Schöne auf, er singt

«Mit dem Gesicht zum Volke». Markus Wolf hört das Lied zum ersten Mal, er mag es. Neben Markus Wolf sitzen Bärbel Bohley und Jens Reich vom «Neuen Forum» auf dem Podium. Die Schriftsteller Christoph Hein und Stefan Heym. Dietmar Keller und Hartmut König, die Stellvertreter des Kulturministers und ein Stadtrat für Kultur. Gisela Steineckert, die Präsidentin des Komitees für Unterhaltungskunst. Philipp Dyck, der Leiter der Abteilung Kultur beim Zentralrat der FDJ. Die Philosophen Dieter Seegert und Michael Brie von der Humboldt-Universität. Eine vor kurzem noch unvorstellbare Runde aus denen, die zu Feinden des Staates erklärt wurden und denen, die ihn schützen sollten. Markus Wolf schwitzt. Aber er hat keine Angst. Er kann sich einen Tag ohne Diskussionen gar nicht mehr vorstellen. In der Küche bei Andrea und ihm zu Hause am Spreeufer sitzen jeden Tag Studenten und Professoren, junge Leute und alte Freunde, um über die neuesten Entwicklungen zu diskutieren. Markus Wolf lädt jeden ein, den er bei solchen Veranstaltungen kennen und schätzen lernt. «Du kannst doch kein offenes Haus aus unserer Wohnung machen», hat Andrea gesagt, aber sie sieht ja, dass er es kann. An der Haustürklingel steht jetzt «Wolf». Es soll jeder kommen. Es ist, als würde Markus Wolf für jeden Tag der Geheimhaltung in seinem vorigen Leben einen Gast in sein neues holen.

Toni Krahl eröffnet die Diskussion mit dem Hinweis, das Motto solle sein: «Die DDR, wie ich sie träume». Bärbel Bohley sagt, einer ihrer Träume sei bereits damit erfüllt, «dass wir hier sitzen und miteinander reden» und sie nicht im «Stasi-Knast in Hohenschönhausen» gelandet sei. Das Publikum klatscht und raunt und Markus Wolf spürt, dass sie ihn beobachten. Er ist schnell. Er sagt, er wünsche sich Politiker, die ihr Gesicht nicht erst dann dem Volke zuwenden, wenn sie mit dem Rücken zur Wand stehen. Er hat das Lied immer noch im Ohr. Und kein Kind, sagt Wolf, dürfe gezwungen werden, mit zwei Zungen zu sprechen. Es wird immer heißer im Raum. Die Leute sind sprachlos, dass sie sprechen kön-

nen, und was der, den sie «Stasi-General» nennen, hier von sich
gibt.

Stefan Heym sagt: «Nur durch Taten, nicht durch Worte, seien sie
noch so rührend, ist Glaubwürdigkeit zu erwerben.» Das Verhalten
vieler DDR-Bürger in diesem Herbst erinnere ihn an die Zeit nach
1945: Keiner will es gewesen sein.

Christoph Hein spricht von einer DDR als sozialistischem Land,
in dem die stalinistischen Strukturen endlich überwunden werden.
Glaubwürdigkeit reiche ihm als Kriterium der Politik nicht aus, die
Institutionen müssten von Grunde auf verändert werden.

Markus Wolf erinnert sich an Christoph Heins Drama «Die Ritter
der Tafelrunde», im April in Dresden uraufgeführt. Die Ritter sind
alt und desillusioniert, die Sitten und ihre Herrschaft verfallen. Von
Gawein und Lancelot, die noch auf der Suche nach dem Heiligen
Gral sind, ist lange keine Nachricht vernommen worden. Viele verstanden Heins Stück als Anspielung auf das Politbüro. Der Sozialismus als Gral, den man ein Leben lang vergeblich suchen muss. Das
Volk sieht die Ritter der Tafelrunde als Narren und Verbrecher. Lancelot wird mit Steinen beworfen. Artus zweifelt, ob sie alles richtig
gemacht haben. Seine Burg ist ein Totenhaus.

Die Runde an diesem Abend ist das Gegenteil von Christoph
Heins Artusrunde. Nur der Gral, den sie suchen, ist auch hier der
richtige Sozialismus. Die Philosophen von der Universität beklagen,
man hätte in der Führung von ihren Modellen für einen modernen
Sozialismus nichts wissen wollen. Einen Alleinvertretungsanspruch
der Partei sehen sie jedenfalls nicht mehr vor. Das Publikum jubelt.
Immer mehr Fragen kommen, vor allem an Markus Wolf, vor allem
zur Stasi. Was soll er sagen? Dass er mit Mielkes Reich kaum etwas
zu tun haben wollte? Dass er zwar dessen Stellvertreter war, aber
ihn nie vertreten hat? Weil er sich um seine Kundschafter kümmer-
te, die er in die Welt entsandte, die besten Leute, auf der Suche nach
dem Heiligen Gral, in den USA, in England und bei Willy Brandt im
Kanzleramt? Wolf sagt: «Es ist Vertrauen so weit verlorengegangen,
dass wir uns alle Mühe geben müssen. Das, was sich jetzt in unseren

Medien tut, kann zwar etwas Mut geben, aber da sind so viele auf den Zug, der in die andere Richtung fährt, aufgesprungen, dass das nicht dem Vertrauen zuträglich ist.»

Es ist weit nach Mitternacht, als Tamara Danz von der Band «Silly» verkündet, der Generalstaatsanwalt sei leider heute verhindert gewesen, ließe aber ausrichten, alle, die bei den Demonstrationen zum Jahrestag verhaftet oder geschlagen worden seien, sollten sich direkt bei ihm melden. Markus Wolf will gerne Bärbel Bohley die Hand geben. Aber er findet sie nicht im Chaos des Aufbruchs.

113

DIENSTAG, 24. OKTOBER

Helmut Kohl ruft Egon Krenz an: «Also, mein erster Wunsch ist, um es gleich vorwegzusagen, dass wir regelmäßig miteinander telefonieren.» Krenz antwortet: «Das ist eine gute Idee. Miteinander reden ist immer besser als übereinander reden.» Im DDR-Fernsehen spricht Ministerpräsident Willi Stoph von «politischen Korrekturen». In Dresden diskutieren insgesamt Hunderttausende Bürger auf Plätzen und in öffentlichen Einrichtungen mit Funktionären und Volksvertretern.

J ens Reich wird am Morgen im Institut für Molekularbiologie in Buch von Sebastian Pflugbeil angerufen. Der hat das «Neue Forum» mitbegründet und ist Physiker drüben am Zentralinstitut für Herz-Kreislauf-Forschung. Ob bei Reich auch der Anruf aus dem Büro von Schabowski eingegangen sei? Ist er. Der Genosse will sie heute noch empfangen im Zentralkomitee. Ein generelles Einladungsschreiben von Schabowski hatten Reich und Pflugbeil schon vorab erhalten. Genauso wie Bärbel Bohley. Bärbel hat gleich gesagt, das hebt sie sich auf, sie wolle sich nicht zu früh mit der Partei zeigen, sie wolle sich nichts verbauen. Aber irgendjemand vom «Neuen Forum» sollte da schon hin, das ist doch eine Chance: Wen man einlädt, den erkennt man doch gewissermaßen auch an, oder nicht? Pflugbeil und Reich nehmen die S-Bahn ins Zentrum.

Sie werden durch einen Hintereingang reingeführt, lange Gänge, enge Fahrstühle. Schabowski wartet mit anderen Bezirksfunktionären in seinem Büro vor einer riesigen Schrankwand. Er hat so ein überspanntes Lächeln im Gesicht, als wolle er seine Zähne verbergen. Es gibt Kekse und Kaffee und Tee. Schnell ist klar, dass der ausloten will, ob sie mit ihm zusammenarbeiten wollen, als die zwei seriösen Herrschaften an der Seite von dieser Bohley. Aber das Geplauder wird zum höflichen Streit, als Schabowski, der sich so unpassend aufbäumt in seinem Sessel, als wolle er einem seine eloquenten Sätze mit ein paar Backpfeifen eintrichtern, wieder und wieder davon anfängt, dass er Informationen habe, dass es bei den Veranstaltungen des «Neuen Forums» Rädelsführer gebe, die nur auf Krawall aus seien, das sei alles angezettelt; sie sollten sich doch bitte nicht instrumentalisieren lassen. Reich sagt mehrfach: Wir können nur mit Ihnen reden, wenn sie die ganze Gruppe anerkennen, und zwar öffentlich! Aber Schabowski kneift, natürlich: Es geht hin und her, eine halbe, eine ganze Stunde. Sie einigen sich darauf, nach dem Treffen die Presse zu informieren. Ein Foto wird gemacht. Schabowski will sich dringend mit ihnen zeigen, das merken sie. Zu dem Foto schreibt die staatliche Nachrichtenagentur: «Die beiden Gesprächspartner (Prof. Jens Reich und Sebastian Pflugbeil) der Mitglieder des Sekretariats der Bezirksleitung (Schabowski und zwei weitere Sekretäre) stellten sich als Angehörige einer Initiativgruppe vor, die sich ‹Neues Forum› nennt. Sie erklärten, dass sie an dieser Unterredung ohne öffentliches Mandat teilnehmen.» Immerhin: Sie nennen den Namen der Gruppe, die es nicht geben darf.

Pflugbeil und Reich verlassen das Gebäude über den Parkplatz an der Fischerinsel, da kommt Ben Bradshaw angerannt, ein junger Reporter von der BBC, der allen Oppositionellen nachsteigt. Hält Reich ein Mikro unter die Nase und fragt: Was war los? Da stehen sie nun, die zwei seriösen Herren, unerfahren mit den Medien und erfahren genug mit ihren Leuten. Sie wissen aus nie endenden Gesprächsrunden, dass sie keine großen Statements als Einzelpersonen abgeben dürfen, ohne dass die von der gesamten Gruppe abgesegnet sind. Ja, Bärbel, die konnte spontan agieren, es war ihr egal, wenn eine Kamera auftauchte, dann sagte sie selbst den größten Blödsinn mit Feuer und Flamme, als die ostdeutsche Jeanne d'Arc, die sie war, und forderte irgendwas und alle schüttelten den Kopf, aber keiner vergaß ihren Namen und den des «Neuen Forums».

Jens Reich sagt, leise wie immer, in das Mikrophon, er habe schon den Eindruck, Schabowski vertrete «eine neue Politik». Wird es zwischen Opposition und Führung einen echten Dialog geben können? Reich antwortet: «Wir werden sehen. Aber ich kann mit Vorsicht sagen, dass ich einen positiven Eindruck habe.» Jetzt bin ich einer von denen, denkt Reich, die was sagen dürfen, aber nichts Sinnvolles mehr sagen können.

Steffie Spira sitzt beim Polizeipräsidenten. Sie sind zu neunt gekommen. Die «Initiativgruppe 4.11.», die sich nach der Versammlung am DT gebildet hat, besteht aus gut dreißig Leuten, von allen Theatern, aber auch Filmemacher, Dozenten, Mitarbeiter der Ernst-Busch-Hochschule. Die Treffen stehen allen offen, und nicht alle, die dazugehören, sind immer dabei. Spira ist offiziell nicht Teil der Gruppe. Aber Wolfgang Holz vom Berliner Ensemble hat sie gebeten, mitzukommen zu diesem Termin, den sie nach langem Bitten endlich erhalten haben. Er hatte den Brief an die Volkspolizei unterschrieben, sie ist hier die Altersversicherung. Spira sitzt zwischen Marion van de Kamp und Annekathrin Bürger.

Sie hatten sich am Tag nach der Vollversammlung im DT, auf Sonntag, den 19. November als Demonstrationstermin geeinigt. Gregor Gysi hatte ihnen gesagt, dass es sonst nicht fristgemäß wäre. Diesen Termin schrieben sie auch in den Antrag. Doch dann kam raus, dass sich der 4. November längst rumgesprochen hatte. Rasend schnell war dieses Datum aus dem Deutschen Theater gedrungen am 15. Oktober, weitererzählt, gedruckt sogar in manchen Zeitungen, verkündet auf dem «Konzert gegen Gewalt». Wolfgang Holz schrieb am 18. Oktober einen zweiten Brief, diesmal direkt an den Polizeipräsidenten, Generalleutnant Friedhelm Rausch: «Aus diesem Grund wenden wir uns an Sie mit der Bitte, den Termin 4.11.1989 entweder in einem beschleunigten Verfahren zu genehmigen bzw. die an diesem Tage voraussichtlich stattfindende Demonstration mit gleichem Ablauf wie in der Anlage für den 19. 11. vorgesehen, zu akzeptieren und mit der Besonnenheit und Zurückhaltung wie bei den Leipziger Demonstrationen vom 9. und 16. 10. 1989 zu sichern. Wir sind uns der Notwendigkeit einer Sicherheitspartnerschaft zwischen allen Teilen der Bevölkerung in dieser Zeit bewusst.» Das waren kluge Formulierungen, sie hatten lange die Köpfe zusammengesteckt. Der letzte Satz bedeutete: Wenn ihr wollt, dass es ruhig bleibt, braucht ihr uns.

Friedhelm Rausch sieht ein wenig aus wie eine Schildkröte. Er ist aber recht hektisch. Er habe sie eingeladen, weil er wolle, dass man gemeinsam zu «politisch verantwortungsbewussten Entscheidungen» gelange. Wolfgang Holz sagt mit seinem nie verbissenen Ernst: Sie seien als Fordernde gekommen, nicht als Bittende. Sie wollen für die Verfassung demonstrieren, auf deren Boden stünden sie also. Rausch gerät richtig in Fahrt, als er auf Wolf Biermann zu sprechen kommt. Im Deutschlandfunk war ein Telefonat zwischen Biermann und Bärbel Bohley gesendet worden, in dem sie ihn auf «unsere Demo» eingeladen hat. Da schaltet sich Steffie Spira ein: Die Demo sei keine Veranstaltung des «Neuen Forums», also könne Bohley niemanden einladen.

Dieser Rausch scheint ohnehin nur eine Angst zu haben: Dass irgendwer zur Mauer läuft. Schon gestern auf einer Pressekonferenz hatte er behauptet, die Demonstranten am 7. und 8. Oktober hätten die Absicht gehabt, zum Brandenburger Tor zu marschieren und die Grenze zu durchbrechen. Und nun drängt er darauf, die Route der Demonstration zu ändern. Der Abschluss könne nicht auf dem Platz der Akademie stattfinden, viel geeigneter sei doch der Alexanderplatz. Sie sind davon etwas überrumpelt. Scheitern soll es daran jedoch nicht. Rausch mustert sie die ganze Zeit so, als verabscheue er sie dafür, hier mit ihnen sitzen zu müssen, aber als habe er auch eine gewisse Ahnung davon, bald häufiger mit ihnen zusammensitzen zu müssen. Er ist zugleich arrogant und ranschmeißerisch. Als wolle er sich nichts verbauen.

Am 15. Oktober im Deutschen Theater, als diese Idee geboren wurde, bei der Vollversammlung, hatte Steffie Spira auch noch gesprochen, recht spät. «Liebe Freunde!», hatte sie gesagt, «ich möchte hier mitteilen, dass ich seit dem Jahre 1931 Mitglied der Kommunistischen Partei bin und es bleiben werde! Da muss man mich schon rausschmeißen, bevor ich gehe.» Sie hatte für viel Heiterkeit gesorgt und noch mehr Zustimmung bekommen. Konkrete Vorschläge hatte sie auch: Zu den sogenannten Foyergesprächen zwischen Darstellern und Publikum, die seit diesem Herbst nach fast jeder Vorstellung zu den aktuellen Geschehnissen stattfanden, sagte Spira, müsste jeweils auch ein führender Politiker oder Funktionär kommen, dem jeder, der wolle, Fragen stellen dürfte. Nach Steffie Spiras Rede hatte Thomas Neumann einen Aufruf des Deutschen Nationaltheaters in Weimar gereicht bekommen: Die waren dafür, dass am 4.11. nicht nur in Berlin, sondern in allen Städten Demonstrationen beantragt werden. Und Gregor Gysi gab noch den Hinweis – eingeleitet von der Bemerkung «wenn wir jetzt noch lernen, vorher den Spezialisten zu fragen, dann sind wir schon einen ganzen Schritt weiter» –, in den Antrag für eine solche Demonstration einen Satz reinzunehmen, dass es darum gehe, dem «Artikel soundso der Verfassung» auf die Beine zu helfen, das würde vermutlich was bringen. Schließlich hatte Henning Schaller noch ruhig, aber bestimmt, das Wort ergriffen: «Es geht nicht um eine ‹breite Volksaussprache› (...), sondern es geht um Maßnahmen von revolutionärem Charakter, ein konservatives Kontinuum zu beenden und einen Schritt nach vorn in der Entwicklung des Sozialismus zu machen.» Dieser Schaller hatte so durchdacht geredet, dass es kein Wunder war, dass man ihn recht bald zum Moderator dieser Kundgebung machte, wegen der sie heute beim Polizeipräsidenten sitzen.

Friedhelm Rausch erklärt ihnen, Wolfgang Holz müsse einen neuen Antrag ausfüllen, nun mit Alexanderplatz. Art der Veranstaltung: Demonstration mit Abschlussmeeting. Thema: Für die Artikel 27 und 28 der Verfassung. Referenten: Werden noch nachgereicht. Anzahl der Teilnehmer: 20–30 000. Marion van de Kamp fragt: «Oder doch eine Null mehr?» Der Polizeipräsident lächelt. Er erkundigt sich, ob sie schon eine Versicherung abgeschlossen hätten. Am Alexanderplatz stünden doch diese Glasvitrinen. Was, wenn eine zu Bruch ginge? Er nennt ihnen einige weitere Bedingungen für die Durchführung der Demonstration. Auf 1000 Demonstranten müssten 10 Ordner kommen. Für den ordnungsgemäßen An- und Abmarsch hat der Veranstalter zu sorgen. Durch den Veranstalter und seine Ordnungskräfte ist ununterbrochen auf den ordnungsgemäßen, friedlichen Verlauf der Gesamtveranstaltung Einfluss zu nehmen. Das betrifft auch die dem Charakter angepassten inhaltlichen Aussagen von Transparenten. Zum Verlauf des Meetings ist eine feste Ordnung des Auftretens der Redner durchzusetzen.

Genehmigt ist der 4. November 1989 damit noch immer nicht. Im Deutschen Theater an der Wandzeitung werden aber bereits «Losungsvorschläge für unsere Demonstration» gesammelt. Viele haben draufgekritzelt. «Herr Krenz, wann steigen Sie auf Wartburg um?», «Das Gebiet der Berliner Mauer als großer Wanderweg!», «Große alte Männer haben große alte Gedanken!» Steffie Spira hat oft erlebt, wie langsam sich die Dinge verändern und dann ganz schnell nicht mehr zu ändern waren. Die Zeit ist zur Abwechslung auf ihrer Seite.

119

DONNERSTAG, 26. OKTOBER

Konrad Elmer bringt gute Nachrichten zu Ibrahim Böhme, dem Geschäftsführer der SDP. Elmer hat vor ein paar Tagen Wilfried Werz, den Chefbühnenbildner der Deutschen Staatsoper, in Glienicke/Nordbahn an der Stadtgrenze besucht. Werz und seine Frau interessierten sich für die neue sozialdemokratische Partei und wollten mit Elmer über Möglichkeiten reden, sich zu beteiligen. Werz ist aber auch an den Vorbereitungen für die Großdemonstration auf dem Alexanderplatz beteiligt. Elmer fragte ihn: Haben Sie denn unter den Rednern auch einen von der SDP? Werz wurde nachdenklich: Eigentlich haben Sie recht, sagte er, das wäre gut. Zwar wollten sie keine Parteienwerbung auf der Kundgebung, aber wenn Elmer sich als Einzelperson äußern würde und nicht als Sprecher der SDP, dann sehe er, Werz, kein Problem, er wolle das den anderen vorschlagen. Nein, nein, sagte Elmer, ich werde nicht sprechen, das machen andere bei uns, zum Beispiel Ibrahim Böhme, dieser umtriebige, wuselige Strippenzieher.

Werz hatte inzwischen Bescheid gegeben, dass ein Vertreter der SDP eingeplant sei, und Elmer ist stolz, Böhme damit zu überraschen, als er beim ihm klingelt. Böhme ist noch dünner als sonst. Um seinen Hals trägt er einen dicken Schal. Er sei erkältet. Böhme reagiert zurückhaltend auf die Nachricht. Elmer klopft ihm auf die Schulter: Mensch, bis nächste Woche bist du ja wieder auf dem Damm! Böhme zündet noch eine Zigarette an und sagt: Ach, nee, mach du das lieber! Was? Du bist doch der Geschäftsführer, Ibrahim! Nee, du machst das, sagt Böhme, dir ist der Auftritt zu verdanken, und meint, er wolle sich nun wieder hinlegen. Warum, wundert sich Konrad Elmer, lässt sich Ibrahim Böhme diese Chance entgehen?

SAMSTAG, 28. OKTOBER

Der Staatsrat hat am Tag zuvor eine Amnestie für alle wegen «Republikflucht» oder der Teilnahme an nichtgenehmigten Demonstrationen Inhaftierten verabschiedet. In Plauen demonstrieren 30 000 Menschen für freie Wahlen, Pressefreiheit und die Zulassung des «Neuen Forums». Mit Rolf Henrich vom «Neuen Forum» wird im *Morgen*, dem Organ der LDPD, erstmals ein Oppositioneller in einer offiziellen Zeitung der DDR interviewt. In der Berliner Eissporthalle tanzt Katharina Witt «Carmen». Und im Friedrich-Ludwig-Jahn-Stadion sehen am 9. Spieltag der DDR-Oberliga 18 500 Zuschauer, wie Thomas Doll für Erich Mielkes Lieblingsclub BFC Dynamo in der 55. Minute den Ausgleich zum 1:1-Endstand gegen Dynamo Dresden erzielt.

Ulrich Mühe liest im Deutschen Theater aus Walter Jankas Memoiren «Schwierigkeiten mit der Wahrheit». Mühes Intendant Dieter Mann hatte im Herbst die Lesereihe «Texte zur Lage» ins Leben gerufen. Der Dramaturg Hans Nadolny kam zu einer Hamlet-Probe und fragte, welche Texte die Schauspieler gerne lesen würden. Mühe holte sofort dieses Buch aus seiner Tasche, das er gerade las und von dem er fand, dass jeder es kennen sollte. Walter Jankas Bericht war dieses Jahr im Westen erschienen, im Rowohlt Verlag. Eine augenöffnende Abrechnung mit der Zeit des Stalinismus, die es offiziell in der DDR gar nicht gegeben hatte, in der aber Walter Janka eben erst wiederaufgebautes Leben in einem widerlichen Schauprozess zerstört wurde.

Walter Janka war von früh an Kommunist. Er zog in den Spanien-krieg und wurde jüngster Major der spanischen Volksarmee. Nach Francos Sieg floh er nach Frankreich und war dort zwei Jahre im Lager Le Vernet interniert, wie auch Steffie Spiras Mann Günther Ruschin. Janka konnte entkommen und lebte in Marseille in der Illegalität. Hier lernte er seine spätere Frau Lotte kennen, die ihn als Kämpferin einer deutschen Widerstandsgruppe mit Lebensmittel-karten versorgte. Wie Spira und Ruschin konnten Janka und sie 1941 nach Mexiko ausreisen, wo er ein wichtiger Kopf der Exilgruppe war.

In der DDR wurde Walter Janka Chef des Aufbau-Verlags. Er holte die Weltliteratur in die DDR. In dieser Zeit erschienen Werkaus-gaben von Arnold Zweig, Ernst Bloch, Heinrich und Thomas Mann, der ein Vertrauter Jankas war. Als 1956 der ungarische Volksaufstand begann, baten Jankas Autoren Johannes R. Becher, mittlerweile Mi-nister für Kultur, und Anna Seghers, seit der gemeinsamen Zeit in Mexiko eine Freundin, ihn, den Philosophen Georg Lukács in die DDR zu retten. Janka erklärte sich bereit. Becher bat jedoch zeitgleich auch Walter Ulbricht um Erlaubnis, der lehnte ab. Am 6. Dezember 1956 wurde Walter Janka verhaftet. Die Anklage: Konterrevolutionä-re Verschwörung. In seinen Memoiren erinnert sich Janka, der in der dritten Person von sich schreibt, an den Prozess: «Die anwesenden Schriftsteller, von Anna Seghers, Willi Bredel bis Bodo Uhse, hatten sich an der Schreierei nicht beteiligt. Sie blieben stumm.»

Walter Janka kam zuerst ins Zuchthaus Lichtenberg, dann, 1958, nach Bautzen, wie schon mal unter Hitler. In Bautzen wurden ihm am ersten Tag die Haare geschoren, und in seinem Buch erinnert er sich: «Wieder musste Janka an die Jahre der Nazizeit denken. Im-mer beginnt es damit, die Köpfe zu verunstalten.»

Janka wurde schwerkrank, aber erst nach internationalen Protes-ten kam er Ende 1960 vorzeitig frei. Mit seiner Frau Lotte und den Kindern lebte er wieder in Kleinmachnow, arbeitete als Dramaturg für die DEFA, der Name des Gefangenen mit der Nummer 3/58 aber stand nie im Abspann und geriet in Vergessenheit.

Der Lebensbericht von Walter Janka hat Ulrich Mühe umgehauen. In so klaren Worten wurde ihm deutlich gemacht, wie unklar er dieses Land und seine Geschichte gesehen hatte. Heiner Müller fand die Idee, diesen Text zu lesen, großartig, er wollte Janka gleich anrufen. Dieter Mann hatte Bedenken: Sie könnten für diese Lesung ja keine Werbung machen, da das Buch in der DDR nicht veröffentlicht werden durfte. Aber Walter Janka beruhigte den Intendanten am Telefon: «Das Haus wird voll.»

Als Ulrich Mühe heute zum Theater lief, reichte die Schlange der auf Einlass Wartenden und auf Restkarten Hoffenden schon Hunderte Meter, von der Schumannstraße bis zur Friedrichstraße. Es wurde mehr Publikum hineingelassen, als die Feuerwehr erlaubte. Die Requisite musste Stricke bringen, mit denen die schweren Eingangstüren von innen zugebunden wurden, aber die Leute rüttelten noch immer daran. Dieter Mann trat mit einem Megaphon auf den Balkon und rief: Wir stellen gleich Lautsprecher raus! Bevor er die Bühne betrat, sah Mühe noch einmal hinunter auf den Hof des Deutschen Theaters, wo so viele standen und saßen, bereit zu hören, was so lange verschwiegen wurde, und selbst zu sagen, was so lange nur gedacht werden durfte. Dieter Mann war begeistert, aber auch besorgt, diese Spannung da unten könne sich später an diesem Abend entladen. Mühe teilte diese Befürchtung nicht.

Walter Janka war nicht aus Angst stumm geblieben, seit sie ihn vernichten wollten. Er war sogar wieder in die Partei eingetreten. Er hatte aus Stärke geschwiegen und aus Verachtung. Am 1. Mai dieses Jahres wurde ihm «in Würdigung hervorragender Verdienste beim Aufbau und bei der Entwicklung der sozialistischen Gesellschaftsordnung in der Deutschen Demokratischen Republik» der Vaterländische Verdienstorden in Gold verliehen. Kein Wort der Entschuldigung. Keine Rehabilitierung. Dieser Orden sollte ihn weiter stumm halten. Erst da, als die Hoffnung auf Ehrlichkeit wieder mal gestorben war, entschied Janka, dass sein Essay in die Welt gehörte.

Walter Janka sitzt neben seiner Frau in der ersten Reihe. Die Jahrzehnte haben Ringe um seine Augen gefurcht. Er trägt einen Anzug, der geschnitten ist, als habe er ihn vor der Verurteilung gekauft und trage ihn nun weiter, damit jeder sehen kann, dass man ihn mitten aus dem Leben gerissen hatte. Zur Einleitung spricht Mühes Kollege Michael Gwisdek Worte von Christa Wolf: Janka zwinge alle, sich «unseren eigenen Schwierigkeiten mit der Wahrheit» zu stellen, und gebe Anlass «zu Reue und Scham». Das Buch, so Wolf, müsse unbedingt in der DDR publiziert werden. Für Ulrich Mühe steht ein schmaler Holztisch und ein Stuhl bereit. Er will die ersten drei Kapitel lesen. Der Minister. Die Verhaftung. Der Prozess. «Wortlos zeigten sie jetzt ihre Ausweise. Nehmen durfte sie Janka nicht. Sie hielten sie nur so, dass er sie sehen konnte. Kein Zweifel. Die Ausweise waren echt. So echt wie die Mäntel aus gutem Rindsleder. ‹Wo ist der Haftbefehl?›» Was Walter Janka aufgeschrieben hat, klingt nach Kafka.

Ulrich Mühe hat nie zuvor eine solche Stille erlebt. Eine wache Totenstille. Kein Räuspern. Kein Rascheln. Er kann die Konzentration im ganzen Saal spüren. Er kann sehen, wie die Rührung den Zuhörern in die Gesichter schleicht. Auch Walter Janka selbst ist den Tränen nahe. 700 Menschen bezeugen nun, wofür es keine Zeugen gab. Hören etwas wirklich Unerhörtes. Zwei Stunden liest Ulrich Mühe. Fünfzehn Minuten dauert der Applaus. Walter Janka hebt seinen Arm und sagt: «Einigen muss ohne Wenn und Aber das Wort sofort und endgültig entzogen werden, um verlorengegangene Glaubwürdigkeit zurückzugewinnen.» Danach wendet sich Janka vom Balkon noch mal denen zu, die draußen zugehört haben, bittet alle darum, friedlich nach Hause zu gehen, und verspricht, dass es bald noch eine zweite Lesung geben wird. Und Ulrich Mühe ist beeindruckt, dass dieser Mann überhaupt keinen Hass auf diesen falschen Sozialismus und seine miesen Verwalter ausstrahlt, sondern immer noch große Lust auf einen eigenen, richtigen.

Christoph Hein ist am Abend wieder in der Erlöserkirche. Unter dem Motto «Wider den Schlaf der Vernunft» findet ein «öffentliches Nachdenken über die schmerzliche Entwürdigung» statt, eine Aufarbeitung der Ereignisse vom 7. und 8. Oktober. Siebzig prominente Künstler sind da, darunter Christa Wolf, Stefan Heym, Heiner Müller und Stephan Hermlin. Christoph Hein ist der Sohn eines Pfarrers, aber so oft wie in diesen Wochen war er noch nie in der Kirche.

In der Grundschule nannten sie ihn «Pfaffe». Hein versteckte sich in den Büchern. Bald hatte er die Stadtbibliothek von Bad Düben durch. Das Regal seines Vaters auch beinahe, da entdeckte er die Gesamtausgaben von Schiller und eine einbändige Gesamtausgabe von Shakespeare. Inspiriert davon schrieb er erste Stücke. Er war zwölf und wusste, dass er Dramaturg werden wollte.

Wegen «politischer Unzuverlässigkeit» war Hein der Besuch einer DDR-Oberschule verboten. 1958, mit 14 Jahren, haute er nach West-Berlin ab und ging dort auf ein altsprachliches Gymnasium. Nach Hause in die DDR reiste er nicht, aus Angst, man könnte ihn für die Flucht bestrafen. Doch als 1961 die Mauer stand, wollte er in die Nähe seiner Familie, bevor es kein Zurück mehr gab. Eine Schule besuchen durfte der Pfaffensohn in der DDR nun erst recht nicht, sie bestraften ihn doppelt. Das Land, in dem er gefangen war, wollte ihn nicht. Und er wollte noch immer ans Theater.

Der bedeutendste Regisseur, das sah der junge Christoph Hein wie alle Fachleute, war Benno Besson. Also ging er zum Deutschen Theater, wo der Schweizer, der einst in die DDR gewollt hatte, Brechts wegen, als Chefregisseur tätig war, und fing Besson am Bühneneingang ab. Kann ich bei Ihnen arbeiten? Besson schaute ihn überrascht an mit seinen falkenhaften Augen unter den eindrucksvollen Brauen und sagte: Gut, aber auf die französische Art! Französische Art, fand Hein, klang gut, aber er fragte vorsichtshalber nach: Was heißt das? Ohne Geld. So kam Christoph Hein ans Theater, als Bessons Assistent. Er hatte keinen Arbeitsvertrag und ständige Angst, dass er deshalb als Arbeitsscheuer zum Militär geholt würde. Aber er fühlte sich sofort frei. Das Theater war seine Welt in diesem Land.

Um nebenher etwas Geld zu verdienen, stand Hein gelegentlich auch auf der Bühne. Für eine stumme Rolle gab es 15 Mark pro Abend. Mit Text das Doppelte. Und mit Gesang sogar fünfzig. Später, in «Die schöne Helena» von Besson, sang Hein richtig viel mit. Aber zuerst kam «Der Drache», darin trat Hein zum ersten Mal als Kleindarsteller auf. 1965 inszenierte Besson das Märchenspiel, 1943 von Jewgeni Lwowitsch Schwarz verfasst. Es erzählt vom fahrenden Ritter Lanzelot, der in eine Stadt kommt, die seit vierhundert Jahren von einem Drachen unterworfen ist. Alljährlich wird diesem fürchterlichen Gewaltherrscher eine Jungfrau ausgeliefert, als Nächstes Elsa, die Tochter des Archivars. Lanzelot fordert den Drachen zum Kampf. Doch erst als er schon zwei der drei Drachenköpfe abgeschlagen hat, schlägt sich das Volk auf Lanzelots Seite. Der Drache fällt.

Besson verlegte die Handlung in ein expressionistisches Russland. Auf dem Höhepunkt des Dramas füllt der Drache als monströses Wesen aus der Werkstatt von Eddy Fischer die komplette Bühne aus. Der ganze Abend, diese Stadt, dieses Land verschwindet unter seinen Fledermausflügeln. Eberhard Esche gab einen fast spätpubertären Lanzelot in Ledermontur. Es war eine Wucht. Etwas nie Gesehenes. Welttheater. Fünfhundert Mal wurde die Inszenierung gezeigt, immer vor vollem Haus.

Nachdem der Despot mit breiten Flügeln besiegt ist, errichtet der wendige Bürgermeister eine neue Diktatur und nimmt sich Elsa zur Braut. In den ersten zwei Jahren der Inszenierung gab Christoph Hein den Schreiber, der diese Hochzeit zu protokollieren hatte. Ein kurzer Auftritt, aber Hein liebte es, Teil dieser Gruppe, dieses Abenteuers zu sein. Er sog alles auf, vor und hinter und auf der Bühne. Im Programmheft stand, es handele sich um eine Parabel auf den deutschen Nationalsozialismus und auf den Imperialismus. Aber jeder sah ja, dass es nicht nur auch schon immer eine Parabel auf den

Stalinismus gewesen war, nein, sondern dass es vor allem auch ein zeitgeistiges Stück war, das seine scharfen Krallen genau hierhin setzte, ins Berlin der späten sechziger Jahre, in den Mief und die Gewohnheit. Ein Jahr nach dem Triumph über den Drachen muss Lanzelot in das Dorf zurückkehren. Der Drache ist tot. Aber er lebt in jedem, den er geknechtet hatte, weiter, als gefährliche Unterwürfigkeit, als ekelerregendes Untertanentum. Ein noch zäherer Gegner. Den Christoph Hein gut kennt.

In der Erlöserkirche berichtet eine junge Frau namens Susanne Böden, 21 Jahre alt, was ihr und ihrer 12-jährigen Schwester Marianne am 7. Oktober geschehen ist. Morgens um sieben brachten sie kleine Flugblätter in ihrem Wohngebiet an, den Text darauf hatte Susanne geschrieben. Zwei Männer in Zivil hielten die Schwestern auf. Susanne bat noch, dass Marianne nach Hause dürfe oder sie wenigstens der Mutter Bescheid geben könnte, aber man nahm sie gleich mit aufs Polizeirevier, wo man die Schwestern trennte. Was folgte, war kein Verhör, sondern eine Befragung, sie seien nämlich nicht verhaftet, sondern «zugeführt». Susanne wurde fotografiert, ihre Fingerabdrücke wurden genommen und sie musste sich, wie auch ihre kleine Schwester, minutenlang einen Stoffstreifen zwischen die nackten Schenkel klemmen: eine Geruchsprobe. Als die Mutter wenigstens Marianne abholen konnte, kam Susanne in Gewahrsam. In einer Einzelzelle. In der Zelle nebenan brach ein Mann nach der Nacht zusammen. Susanne wurde an einer Kette in einen anderen Raum geführt, im Dauerlauf von Befragung zu Befragung gehetzt.

Die junge Frau lässt ihre Stimme nicht wegbrechen, als sie von den Demütigungen erzählt. Die eingeladenen Künstler und die dichtgedrängten Zuschauer hören betroffen zu. Christoph Hein sagt danach auf der Bühne, dass die Polizisten auch deshalb glaubten, das Mädchen derart demütigen zu können, «weil sie sicher waren, dass wir weiter schweigen. Irgendwie sind wir an diesem Mädchen und an den andren schuldig.»

Egon Krenz besucht Michail Gorbatschow in Moskau. DDR-Bürger können ab heute wieder ohne Visum in die ČSSR reisen. In der bundesdeutschen Botschaft in Prag kommen morgens bereits über 300 Menschen an, die DDR-Botschaft stellt Ausreisepapiere in den Westen aus. In Halle ist ein Kesselwagen mit giftigem Chlor entgleist. Das DDR-Fernsehen berichtet.

H enning Schaller bleibt dabei: Wenn sie ein möglichst breites Spektrum der gesellschaftlichen Kräfte auftreten lassen wollen, müssen auch Vertreter der SED und der Blockparteien dabei sein. Ja, fand er, sie sollten Krenz einladen. Im Kern der Organisationsgruppe können sie offen darüber streiten, mit Johanna Schall, Thomas Neumann und Jutta Wachowiak. Sie haben sich die Themenbereiche, die auf dem Alexanderplatz zur Sprache kommen sollen, gut aufgeteilt, jeder ruft an, wen er kennt. Aber jeder hat einen anderen Blick auf dieses Land, daher auch einen anderen Blick auf diese Rednerliste und eine andere Vorstellung davon, wer zu Wort kommen muss. Und in welcher Reihenfolge gesprochen wird. Sollte Gregor Gysi gleich am Anfang auftreten? Oder als Höhepunkt? Wirkt Stefan Heym zu Beginn stärker oder am Ende? Sie schieben die feststehenden Namen hin und her. Erster Akt, zweiter Akt, dritter Akt. Dann hieß es, kaum, dass die Nachricht, die Demonstration sei genehmigt, in der Zeitung stand und damit nicht mehr aus der Welt zu schaffen war, Walter Janka wolle nicht mitmachen, wenn Markus Wolf dabei ist, den sie wegen seines Buchs und seiner Vergangenheit unbedingt dabeihaben wollten. Was tun?

Einerseits wollten sie keine neuen Redeverbote erteilen. Andererseits nicht auf einen Mann wie Walter Janka, der so lange unter Redeverboten zu leiden hatte, verzichten. Sie entschieden zunächst, Wolf wieder von der Liste zu streichen. Aber dann meldete sich Walter Janka bei Heiner Müller und sagte aus gesundheitlichen Gründen ab. Also beschlossen sie, Wolf doch einzuladen. Annekathrin Bürger sagte, dann werde sie ein Lied für Walter Janka singen. Haben sie auch niemanden vergessen? Johanna Schalls Vater Ekkehard will nun auch noch unbedingt auf die Liste. Auf einmal haben zu viele Menschen eine Meinung in diesem Land. **129**

Markus Wolf trifft in der Kantine des Deutschen Theaters Johanna Schall und Heiner Müller. Er sagt seine Teilnahme an der Demonstration zu. Fünf Minuten soll er reden. Als Schriftsteller, nicht als Geheimdienstler.

FREITAG, 3. NOVEMBER

In der Prager BRD-Botschaft sind in den vergangenen drei Tagen 3000 neue Flüchtlinge angekommen. In Dresden werden drei Jugendliche im Zusammenhang mit den Demonstrationen vor dem Hauptbahnhof Anfang Oktober zu mehrjährigen Haftstrafen verurteilt. In Berlin trifft sich das Politbüro zu einer Sondersitzung.

130

R óbert Juharos kommt früh am Morgen in Berlin an. Sie sind die Nacht durchgefahren, er und vier Kameraden aus Budapest. Er ist der Kopf dieser Gruppe. Die anderen sprechen kaum Deutsch, aber alle wollten dabei sein, mehr als Platz hatten in seinem kleinen Renault. Das morgen könnte etwas Wichtiges werden. Näher kommt man nicht ran an den Westen. Dresden war groß, Leipzig wird immer größer, aber diese Kundgebung in Berlin könnte zeigen, dass der Aufstand mehr ist als eine innere Angelegenheit der DDR. Es geht um Europa. Um die Neuordnung der Welt. Hat Viktor auch gesagt. Mit Viktor Orbáns Auftritt ging es ein Jahr zuvor so richtig los, damit wurde «Fidesz» bekannt, nicht nur zu Hause. Viktor hielt seine Rede anlässlich der Umbettung des Leichnams von Imre Nagy, der nach dem Aufstand 1956 als Ministerpräsident die Mitgliedschaft Ungarns im Warschauer Pakt gekündigt hatte. Woraufhin die sowjetischen Panzer gekommen waren. Der Westen hatte nicht geholfen, nur leere Versprechungen. Fast 3000 Menschen hatten damals ihr Leben gelassen, über 200 000 immerhin fliehen können, weil Nagy, dieser Held, die Route nach Österreich offengehalten hatte. 1958 war er erhängt worden in seiner Zelle und es war wieder dunkel geworden über Ungarn. Bis jetzt. Nun holte man Nagy aus dem Massengrab und brachte ihn auf einen Friedhof, in das Herz der Hauptstadt und des Landes, wo er hingehörte, weil er immer im Herzen der Leute, der wahren Patrioten, geblieben war. Und Viktor fand die richtigen Worte an diesem Tag der späten Gerechtigkeit im Jahr 1988. Was für eine Rede! Raus mit den Russen! Für den Abzug aller in Ungarn stationierten sowjetischen Truppen! Diesen Sommer dann hatte Tamás seinen großen Auftritt, Tamás Deutsch, der aber kein Deutsch spricht und deswegen für Prag vorgesehen war, er sprach dort bei einer Demonstration für Demokratie. Auch Tamás rief: Raus mit den Russen! Die polnische Polizei hatte ihn danach festgenommen, eine Woche saß er. Diesmal gehört die Bühne dir, hatte Viktor gesagt, bevor Róbert Juharos aufgebrochen war nach Berlin, mach was draus!

Juharos war in fast jedem der vergangenen Monate ein paar Tage in der DDR gewesen, bei den Freunden in Dresden und Leipzig, auch in Berlin, um rüber nach West-Berlin zu fahren, wo sein bester deutscher Freund, der Schriftsteller Jürgen Fuchs, lebt, seitdem er 1977, nach 281 Tagen Stasi-Knast, abgeschoben worden war. Der ungarische Pass erlaubt Juharos die Grenzübertritte. Er holpert die 900 Kilometer zwischen Budapest und Berlin hin und her in diesen Tagen, wie ein Besessener, er schläft wenig, trinkt mehr, lacht noch mehr, diskutiert zu viel. Als ihn Jürgen Fuchs einmal fragte, was er denn schon wieder hier mache, sagte Juharos: Ich will dabei sein! Ich will dabei sein, wenn es passiert! Denn dass etwas passiert, spürt man. Und wir Ungarn, denkt Juharos, sind einen Schritt weiter, wir hatten damals schon viele Tote zu beklagen, uns schreckt nichts mehr, wir sind entschlossen. Vielleicht kann er helfen. So wie er den DDR-Urlaubern über die grüne Grenze nach Österreich geholfen hat, in den Sommerferien, als er im Landhaus der Großeltern war. Raus aus dem Zwang! Raus mit den Russen! Raus, raus, raus!

In Dresden hat ihn die Stasi mal mitgenommen. Sie ließen ihn wissen, er habe nun Einreiseverbot in die Deutsche Demokratische Republik. Er hatte es wohl übertrieben mit den Besuchen. Juharos kam trotzdem wieder. Die waren es doch, die lange genug übertrieben hatten. Die Grenzer nickten ihn durch. Wer sollte ihn aufhalten? Das ist sein Grundgefühl. Wer sollte das noch stoppen? Die anderen vier aus der Berlin-Reisegruppe verschwinden zu irgendwelchen Bekannten in den Prenzlauer Berg. Juharos will an diesem Freitag vor seinem großen Auftritt noch mal zu Jürgen in den Westen. Er läuft zum Bahnhof Friedrichstraße, umkurvt routiniert das Transit-Labyrinth und steigt in die U-Bahn-Linie 6 bis zum Platz der Luftbrücke. Jürgen Fuchs wohnt am Tempelhofer Damm, gegenüber dem Flughafen. Fuchs hat Besuch von Wolf Biermann. Beide Männer sind ganz aufgeregt. Sie werden morgen auch zum Alexanderplatz kommen. Alles sei in die Wege geleitet. Das wird die Sensation des Tages! Wenn Biermann zurück darf in die DDR, das ist klar, dann gibt es kein Zurück mehr für die DDR. Sie trinken, bis die U-Bahn nicht mehr fährt und Juharos auf dem Sofa einschläft.

Günter Schabowski kann es nicht mehr hören. Er sitzt in der Sondersitzung des Politbüros. Es steht schlecht. Aber Schabowski fühlt sich gut. Richtig gut. Eine schönere Phase hat er als Politiker nie erlebt. Vorhin im Auto meinte er zu Irina: Weißt du, ich habe jetzt freie Hände! So fühlt es sich an. Je mehr der Partei die Kontrolle entgleitet, desto mehr ist Schabowski Herr der Situation.

Die können nicht, was er kann. Mal ehrlich zu den Leuten sein. Anpacken. Krenz hat alle Politbüromitglieder in die Betriebe geschickt. Aber wenn Wandlitz auf die Realität trifft, das geht nicht! Die arme Inge Lange zum Beispiel, Jahrgang 1927, seit 1973 im Politbüro, frei und verschont von jedem Widerspruch, hörte bei ihrem Besuch von einigen Frauen, dass die hohen Preise sie belasten, zum Beispiel für Strumpfhosen, die sie sich kaum noch leisten könnten. Da sagte die Lange, 2 Mark 70 seien doch erschwinglich. Den Frauen fielen die Kinnladen runter. 2 Mark 70? Mehr als 10 Mark kosten Strumpfhosen derzeit! Tja, blöd, dass Inge Lange schon so lange nicht mehr in einem normalen Geschäft war, die Preise im Konsum in Wandlitz sind unschlagbar – und nicht von dieser Welt. Nun kamen also die Bonzen aus dem Wald und berichteten dem Volke, wie gut, wie viel besser sie dort lebten! Ist das die neue Transparenz? Nee, so wird das nichts. Man muss einen anderen Gang einlegen. Schnell sein. Aber im Politbüro sitzen, bis auf die drei Vertriebenen, noch immer die Alten und verstehen das Neue nicht. Schabowski war mit Krenz am Tag nach der Brutus-Tat gegen Honecker im Berliner Maschinenbaubetrieb «7. Oktober» – ausgerechnet! – und es hatte ihn vorher schon einige Mühen gekostet, Krenz davon zu überzeugen, keine Rede zu halten vor der Belegschaft, sondern eine Diskussionsrunde abzuhalten. Eine was? Der Erste, der was sagte, war ein Bohrwerksdreher, und der fand Krenz' Fernsehansprache am Abend vorher nicht so dolle. Was sei denn nun ganz konkret geplant in Sachen Reiseproblematik? Wie solle denn das Warenangebot verbessert werden? Und wieso bekomme die Gewerkschaft einen neuen Prunkbau, wenn der Staat pleite sei? So ging das weiter: Ganz genau, sehr kritisch. Was sollte denn Krenz sagen? Wir werden uns bemühen! Aber mit welcher Kohle, mit welchem Personal, was will Moskau denn nun eigentlich? Wie viele Tausende sind heute schon wieder abgehauen? Wo fängt man da an? Krenz war wie erschlagen. Schabowski aber fand, das mache auch Hoffnung. Die erwarten noch was von uns. Da muss kein Ende draus werden, das kann ein Anfang sein. Auf, los geht's!

Jeden Tag ist er seitdem in Betrieben gewesen. Schabowski liebt das. Die Leute hören endlich wieder zu, weil er endlich mal was sagt. Was sagen darf. Regeln gibt es keine mehr. Mit Oberbürgermeister Krack hatte er vergangenen Sonntag zu öffentlichen «Rathausgesprächen» eingeladen. Da kamen so viele, dass sie die Versammlung aus dem Abgeordnetensaal unter freien Himmel verlegten. 20 000 Leute vor den Rathaustreppen und Schabowski obenauf. Er hätte kein Mikro gebraucht für seine Ansagen, er brüllte über das Marx-Engels-Forum, die beiden waren kurz davor, ihre Statuenköpfe nach ihm zu recken. Zuerst wurde aber eine Schweigeminute eingelegt, für alle, «die eine individuelle Lösung ihres Problems mit dem Leben bezahlen mussten», die Mauertoten waren wohl gemeint. Das hatten die vom «Neuen Forum» gewollt. Na, sicher, meinetwegen, nehmen wir uns die Zeit, wenn's hilft! Es gab danach viele Fragen zu den Vorkommnissen am 7. Oktober, der nüchterne Polizeipräsident Rausch entschuldigte sich und wurde ausgepfiffen. Schabowski rief der Menge zu, er sei für das Recht auf freie Demonstrationen, in Berlin jedenfalls, und bekam Applaus. Er machte ganz klar: Über den künftigen Weg gibt es in der SED Streit, aber das ist gut! Ein Mann sagte ihm am Ende, nach vier Stunden: Wenn doch alle so wären wie Sie! Wenn alle so wären, dachte sich Schabowski, wäre ich aber wie alle.

Es sind atemberaubende Tage. Eines Nachmittags kam ein Sekretär in Schabowskis Büro und erzählte, in der Liebknechtstraße, zwischen Dom und Volkskammer, hätte sich eine Menschenkette formiert. Nicht schon wieder Ausschreitungen, stöhnte Schabowski, wir gehen da jetzt hin! Das waren junge Leute, wirkten kirchlich. Schabowski versicherte, dass er ihre Demo nicht behindern wolle, aber er erinnerte sie daran, dass die Aktion nicht genehmigt sei. Ein geschützter Ablauf durch die Polizei war nicht garantiert. Aber er, Schabowski, werde dazwischengehen, wenn er einen Knüppel sehen würde. Die blieben stur dort stehen und Schabowski mit ihnen. Es bildete sich eine Traube um ihn. Jemand fragte: «Woher wissen wir, dass das nicht wieder eine Falle ist, was Sie uns versichern?» Schabowski antwortete: «Wir haben uns das Misstrauen selbst eingebrockt. Seien Sie misstrauisch! Schauen Sie uns auf die Finger!» Wenn die allen misstrauen, dann warten die doch nur darauf, dass einer kommt, dem sie wieder Vertrauen schenken können. Klar geht Schabowski überallhin.

Er wird morgen auf dem Alexanderplatz sprechen. Sie können sich von dieser Versammlung da doch nicht in den Wahnsinn treiben lassen. Viele sind in Panik. Hans-Joachim Hoffmann, der Kulturminister, macht seit Wochen einen Aufstand. Die Regierung sei höchst unpopulär, da könne bei dieser Kundgebung auftreten, wer wolle, die würden jeden ausbuhen, die würden uns nicht mehr glauben, sagte Hoffmann. Immer mit der Ruhe. Die Theaterleute hatten ihre Einladung zu dieser Kundgebung an die Berliner Bezirksleitung übermittelt. Einen Namen aus der SED hatten sie nicht genannt. Schabowski informierte das Politbüro. Wer geht von uns? Krenz? Auf keinen Fall. Zu unwägbar für den neuen Generalsekretär, der jetzt keinen Schaden nehmen darf, nicht noch mehr. Hager? Der hatte schon um seine Entlassung aus dem Politbüro gebeten, außerdem würden die Demonstranten den gleich an den Fernsehturm tapezieren. Hoffmann? Der drehte ja schon beim Gedanken an diese Demo durch. Ich wäre bereit, sagte Schabowski. Denn er war mehr als bereit. Die Herren waren sichtlich erleichtert.

Die Berliner Volkspolizei hatte die Demonstration auf keinen Fall genehmigen wollen. Aber damit hätte man alles nur noch schlimmer gemacht, dann wäre es richtig hochgekocht. Polizeipräsident Rausch glaubt wie viele im Politbüro, vor allem Mielke, dass es Versuche geben wird, die Grenze zu durchbrechen. Teile der Opposition wollten die DDR «liquidieren», die würden versuchen, Blut fließen zu lassen, und es «dann uns in die Schuhe schieben!». Es gab die Idee, eine Menschenkette aus zuverlässigen Genossen entlang der Friedrichstraße aufzustellen. Polizeipräsident Rausch sagte, der Marx-Engels-Platz müsse auf jeden Fall ihre «Festung» bleiben. Bis zur Volkskammer und nicht weiter. Der Platz der Akademie, den die Schauspieler für ihre Kundgebung vorgeschlagen hatten: viel zu nah an der Mauer! Krenz hatte bei seinem Besuch in Moskau vor zwei Tagen zu Gorbatschow gesagt, er sei entschlossen, keine Polizei auf die Demonstranten zu hetzen, wenn jedoch «ein Massendurchbruch durch die Mauer versucht werde, müsste die Polizei eingesetzt und müssten gewisse Elemente eines Ausnahmezustands eingeführt werden». Im Umkreis des Brandenburger Tores sollen während der Veranstaltung militärisch ausgerüstete Kräfte stehen, die weiteren Einsatzkräfte werden im Hintergrund gehalten. «Die Anwendung der Schusswaffe im Zusammenhang mit möglichen Demonstrationen ist grundsätzlich verboten», wies Krenz an, mit «körperlicher Gewalt» müsste aber zur Not verhindert werden, dass es zu Grenzdurchbrüchen kommt. Grenzdurchbrüche, Grenzdurchbrüche. Schabowski hatte der anfangs aufgekommene Gedanke ganz gut gefallen, möglichst viele Parteimitglieder zu dieser Demonstration zu schicken. Wenn die halbe SED mitlaufen würde, könnte man das ja schwer eine Protestdemonstration nennen. Aber daraus wurde dann im Politbüro, dass man die Genossen aus den Bezirken zwar zur Demo schicken solle, sie aber nicht mobilisieren dürfe. Grandios. Und der letzte Stand ist: Lieber die Genossen dafür sorgen lassen, dass die Teilnehmerzahlen in ihren Parteibezirken möglichst gering bleiben. Also: andere daran hindern, hinzugehen.

Die Stimmung auf der Sondersitzung des Politbüros ist miserabel. Wenn man ehrlich ist, haben sie es überhaupt nicht geschafft, diese Demonstration angemessen zu beeinflussen. Es ist die Rede davon, dass die «Opposition» sich in der Organisationsgruppe der Theaterleute gegen die «kritisch-loyalen Bürger» durchgesetzt habe. Der Hoffmann hatte zwischenzeitlich gehofft, sie könnten die Intendanten der Theater dazu bewegen, ausschließlich Christa Wolf,

Stefan Heym und Egon Krenz auftreten zu lassen, bei freundlichem Applaus. Aber nun ist heute nur noch die Rede davon, dass morgen mit «sozialismusfeindlichen und militanten Kräften» zu rechnen sei, «mit Randalierern, Rowdys und anderen Kriminellen». Ab dem kommenden Morgen wird sich das Kommando der Landstreitkräfte in einem gedeckten Alarmzustand befinden. Im Palast der Republik wird eine «ideologische Eingreifreserve» bereitstehen. Das Ministerium für Staatssicherheit wird «gesellschaftliche Kräfte» in den Demonstrationszug schicken. Auf der heutigen Sitzung wird außerdem beschlossen: Krenz und Willi Stoph übernehmen die polizeiliche Einsatzleitung im Ministerium des Innern. Der Rest des Politbüros sowie alle Mitarbeiter des Zentralkomitees müssen im ZK-Gebäude warten. Für alle Ministerien gilt Dienstbereitschaft.

Krenz muss an diesem Abend noch eine Fernsehansprache halten. Die Sitzung zieht sich. Gegen 17 Uhr benennt Krenz aufgrund einer Eilmeldung einen weiteren eiligen Tagesordnungspunkt: Der tschechoslowakische Parteichef Jakeš hat vorgeschlagen, die mittlerweile 6000 DDR-Bürger in der Botschaft der Bundesrepublik in Prag direkt aus der ČSSR in die BRD ausreisen zu lassen, ohne dabei DDR-Territorium zu betreten. Es bleibt nicht viel Zeit. Dem Antrag wird zugestimmt. Da es für DDR-Bürger seit 1. November wieder möglich ist, ohne Visum in die ČSSR zu reisen, bedeutet das nichts anderes, als dass der Weg über Prag in die BRD ab sofort frei ist. Aber der Tag, der bevorsteht, erscheint dem Politbüro in diesem Moment bedrohlicher. Man verabschiedet sich, bis morgen, wenn sich alle gemeinsam verbarrikadieren werden. Alle bis auf Günter Schabowski.

Jan Josef Liefers wird von Johanna Schall angerufen. Sie klingt gehetzt. Die Organisation der Demo hat allen Beteiligten viele Nerven gekostet. Liefers hatte Schall in den vergangenen Wochen Arbeit abgenommen und einige der vielen Interviewanfragen aus dem Ausland beantwortet, weil sein Englisch in Ordnung ist. Schall sagt nun, dass sie fürchten, die Regierung könne versuchen, den Tag morgen für ihre Zwecke zu nutzen. Gestern ist in der *Berliner Zeitung* ein «Gemeinsamer Aufruf von Oberbürgermeister Krack, von Kulturminister Hoffmann und vom Vorsitzenden der Gewerkschaft Kunst, Bischoff» gedruckt worden. Die Überschrift lautete: «Friedliche Manifestation muss ihrem Grundanliegen gerecht werden». Die machten aus der Demonstration eine «Volksaussprache» und taten so, als würden sie mit dazu einladen. Die SED kaperte die Demo. Johanna Schall und die anderen protestierten und forderten Bischoffs Rücktritt, weil der nicht mit ihnen über seinen Aufruf gesprochen hatte. Heute hat Bischoff tatsächlich seinen Posten geräumt.

Über die Auftritte von Günter Schabowski, Markus Wolf und Manfred Gerlach war lange gestritten worden, wer weiß, was die sagen werden. Schall sagt, man müsse klarmachen, dass die Theaterleute mit denen nichts zu tun haben. Liefers solle sich doch bitte was überlegen. Er sei als dritter Redner vorgesehen und habe vier Minuten. Und pünktlich soll er sein. Liefers setzt sich an die Schreibmaschine und tippt mit der linken Hand. Die rechte ist eingegipst, weil er sich eine Fraktur des rechten Handgelenks mit seitlichen Absprengungen der Gelenkkapsel zugezogen hat. Nach einer Vorstellung von «Die Festung» hatte Liefers auf der Bühne ein Gedächtnisprotokoll vom 7. Oktober vorgelesen, das gehört jetzt jeden Abend zum Programm. Er machte zwei Schritte nach hinten und fiel rückwärts in eine geöffnete Luke, eine Eisenstiege hinab. Halb so wild. Ausmustern wird man ihn deswegen auch nicht. Liefers will auf keinen Fall zur Armee. Heiner Müller hatte ihn deshalb vor Monaten schon zum Anwalt Gregor Gysi geschickt. Der erklärte, es gebe keine Alternative zum Wehrdienst, höchstens könne Liefers den Dienst an der Waffe ablehnen, Totalverweigerungen jedoch würden mit Gefängnis bestraft. Gysi machte dann noch ein leises, aber deutliches Aber, wie vor zwei Wochen bei der Vollversammlung im Deutschen Theater, als es um das Versammlungsrecht ging: Zuletzt, sagte Gysi, seien nicht mehr alle Verweigerungsfälle hart bestraft worden, viele Verweigerer hätten sowieso ausreisen wollen und seien im Westen gelandet. Liefers wollte aber bleiben. So spannend war es noch nie gewesen in der DDR, fand er. Gut, sagte Gysi, begründen Sie Ihre Wehrdienstverweigerung so persönlich wie möglich. Liefers schrieb einen Brief. Die Antwort kam prompt: Sein Schreiben sei zur Kenntnis genommen worden, stelle aber eine Gesetzesverletzung dar und wäre hiermit abgelehnt. Im November habe Liefers seinem Einberufungsbefehl Folge zu leisten. Nun ist der November schon drei Tage alt, aber Liefers hat noch keine Post von der Armee erhalten. Er ist entschlossen, das Land zu verlassen, bevor er in die Kaserne oder ins Gefängnis muss. Doch er will das Land nicht verlassen. Ob noch ein Wunder geschieht? Viel Zeit bleibt nicht.

Tobias Langhoff erhält an diesem Tag endlich sein Dauervisum. Lange Geschichte: Ein paar Beziehungen, viele Zufälle. Er darf ab sofort zu seiner Freundin. Wann er will. Der 3. November 1989 ist ein Glückstag für Tobias Langhoff. Gleich morgen wird er mal rüber, in den Westen, und bald dann, wenn es sein Spielplan zulässt, zu ihr, in den Süden. Da klingelt am Abend das Telefon, schwarz, mit Wählscheibe, Megalith heißen die Teile. Ringringring. Ein Herr Rösner vom Neuen Forum. Nie gehört. Der druckst erst ein bisschen rum und sagt dann: Langhoff soll morgen bitte auf die Bühne, eine Rede halten! Langhoff weiß gar nicht, wie ihm geschieht, das ist ja das Allerschärfste, jetzt auf einmal! Er fragt diesen Rösner, was er auf der Bühne sagen soll. Und der meint: Ist egal! Was du willst! Deine Meinung! Mach dir eine DIN-A4-Seite, schreib auf, was dir wichtig ist. Hauptsache, nicht zu lang. Also: tschüss, bis morgen!

Er soll sagen, was er will? Langhoff hat sein Leben lang gelernt, in der Öffentlichkeit nur zu sagen, was man darf oder was Regisseure wollen. Überhaupt: Warum laden die ihn jetzt noch ein, so spät? Wahrscheinlich hat irgendwer abgesagt und außer ihm hat fast niemand Telefon. Liefers schon. Der hat ihm vorhin sein Manuskript vorgelesen. Liefers war vor ihm eingeplant für die Kundgebung. Langhoff weiß, wie viel über diese Rednerliste diskutiert wurde, es muss von allem was dabei sein. Ein Jungschauspieler reicht nun mal. Aber ausgerechnet Liefers! Beide oder keiner. Sie haben bis jetzt alles gemeinsam gemacht. Langhoff hat sich echt Mühe gegeben, das zu akzeptieren. Und nun dieser Anruf! Er holt ein Berliner Pilsner aus dem Kühlschrank, eins hat er immer auf Reserve. Was ist denn überhaupt seine Meinung?

Langhoff ruft seinen Vater Thomas an. Der klingt wahnsinnig stolz und sagt, Mutter und er würden morgen auf den Alex kommen. Dieses Jahr stand Tobias Langhoff am Deutschen Theater in einer Inszenierung seines Vaters auf der Bühne, in «Die Geisel» nach Brendan Behan, natürlich mit Liefers. Tobias Langhoff weiß, dass er am DT besonders kritisch beäugt wird. Dass er immer brillieren muss, damit niemand sagen kann, er sei nur im Ensemble, weil er aus dieser brillanten Familie stammt, weil er zum Theateradel gehört. Langhoff. Mit dem Namen verbindet jeder was; eine Erinnerung, ein Stück, eine Legende. Tobias Langhoff ist noch keine, wie auch? Sein Vater jedoch gehört zu den wichtigsten Regisseuren im deutschsprachigen Raum, gefeiert auch im Westen, wo er mittlerweile viel arbeitet. Und sein Großvater Wolfgang, von 1946 bis 1963 DT-Intendant, hat das Theater dieses Landes überhaupt erst begründet.

Als Wilhelm Pieck am 11. Oktober 1949 zum ersten Staatspräsidenten der DDR gewählt wurde, und Otto Grotewohl zum Ministerpräsidenten, stand Wolfgang Langhoff, Mitglied der Volkskammer, im Bezirksvorstand der SED und im Präsidialrat des Kulturbundes, neben beiden in der ersten Reihe. Langhoff war mit seiner Frau Renate und den Söhnen Thomas und Matthias aus dem Schweizer

Exil zurückgekehrt. Als am 8. Mai 1945 in Zürich die Glocken vom Ende des Kriegs läuteten, so erzählt es Tobias Langhoffs Vater, stießen Wolfgang und Renate unter Tränen auf Josef Stalin an, den «Guten in der Welt». Die Nazis hatten Wolfgang Langhoff, den dandyhaften Schauspieler und überzeugten Kommunisten, 1933 verschleppt. Dreizehn Monate saß er in Konzentrationslagern. In der DDR, diesem Vorzeigeland, das er mitaufbauen wollte, machte er das Deutsche Theater rasch zur Vorzeigebühne, weltweit wurden Langhoffs Spielpläne bestaunt.

Die Langhoffs residierten im Arbeiter-und-Bauern-Staat in einer großbürgerlichen Villa in Weißensee, zwei Hausangestellte, Gärtner, Chauffeur. Hier traf sich die Rückkehrer-Elite. Bertolt Brecht und Helene Weigel wohnten nebenan. Wenn Thomas Langhoff baden sollte, entgegnete er seiner Mutter schon mal: «Du solltest mal den Herrn Brecht sehen!» Das schlampige, ungewaschene Genie beeindruckte Tobias Langhoffs Vater von früh an. Doch Thomas und vor allem sein jüngerer Bruder Matthias bemerkten auch das Trügerische an dieser Künstler-Idylle. In das Untergeschoss der Langhoff-Villa wurden zwei einfache Familien einquartiert. Auch deren Väter waren gerade erst heimgekehrt, von der Ostfront. «Die Stimmung im Keller war schwül und böse», sagte Matthias Langhoff später. Dort wurde gehungert und geschimpft auf dieses Land, das die intellektuelle Elite im Obergeschoss glorifizierte. «Sie taten alles, um nicht zu sehen, mit wem sie jetzt lebten», sagte Matthias Langhoff über seine Eltern. Wolfgang Langhoff ignorierte die Widersprüche sogar noch, als sie ihn selbst betrafen. Im Sommerurlaub 1950 an der Ostsee erfuhren die Söhne, dass «irgendetwas Dummes» passiert war.

Wolfgang Langhoff, der sich so enthusiastisch eingereiht hatte, galt der SED plötzlich als Abweichler. Der Kontakt zu einem US-Agenten im Schweizer Exil wurde ihm zum Vorwurf gemacht. Der Stalinverehrer wurde Opfer der stalinistischen Schauprozesse, die auch die

DDR erreichten, im paranoiden Wahn. Man hatte gegen Langhoff nichts in der Hand, nahm ihm aber alle Parteiämter. Die Intendanz des Deutschen Theaters durfte er behalten: «Einen KZler restlos zu vernichten, das trauten sie sich nicht», erinnerte sich Thomas Langhoff.

Und doch, das schmerzte seinen Sohn Thomas sehr, blieb Wolfgang Langhoff stets loyal. Suchte den Fehler bei sich. Es wurde still in der einst lebhaften Villa. Keine Diskussionen mehr. Thomas Langhoff schloss sich einer Jugendbande an, die in Lauben einbrach. Sein Vater musste ihn bei der Polizei abholen. «Mach, was du willst, aber sag es mir nicht», sagte Wolfgang Langhoff und schwieg, machte weiter: großartiges Theater. Das, wie alles Theater in der DDR, immer mehr in Opposition zu diesem System stand – ohne dass Wolfgang Langhoff das intendiert hätte. Nicht das Theater wurde radikaler. Aber das System.

Am 10. März 1962 zeigte Wolfgang Langhoff «Wilhelm Tell». Er wurde gewarnt, dass Walter Ulbricht das Stück nicht mag. Ulbricht besuchte die Premiere, so auch die restliche SED-Spitze, die für den Bau der Mauer, kein Jahr zuvor, verantwortlich war. Von der Bühne schallte ihnen der Rütlischwur entgegen. Noch dreizehn Jahre zuvor hätte man ihn als Hymne auf dieses neue Land verstehen können. Nun nur noch als Anklage: «Wir wollen sein ein einig Volk von Brüdern, in keiner Not uns trennen und Gefahr. Wir wollen frei sein, wie die Väter waren, eher den Tod, als in der Knechtschaft leben.»

Damit begann der letzte, tragische Akt im Leben von Wolfgang Langhoff. Ein Jahr später diffamierte die SED seine Inszenierung von Peter Hacks' «Die Sorgen der Macht» als «Angriff auf die führende Rolle der Partei». Langhoff war bereits vom Krebs geschwächt. Er musste eine entwürdigende Befragung vor dem Politbüro über sich ergehen lassen. Er trat zurück als Intendant des Deutschen Theaters. Mehr Opfer konnte es nicht geben für ihn, der für die Sache schon so viel geopfert hatte. Am Ende dieses dunklen

Jahres 1963 starb Wolfgang Langhoffs Frau Renate. Helene Weigel, die Brecht-Witwe, führte den Witwer Langhoff und die beiden Söhne vom Dorotheenstädtischen Friedhof schnell in ihre nahe Wohnung, damit sie die Beileidserklärungen der gekommenen SED-Granden nicht über sich ergehen lassen mussten. «Das müsst ihr jetzt nicht», sagte sie. Drei Jahre später war auch Wolfgang Langhoff tot, und das Zentralkomitee ließ mitteilen: «Die Sozialistische Einheitspartei Deutschlands hat einen ihrer treuesten Kämpfer verloren.»

Tobias Langhoff hat die Dunkelheit in seiner leuchtenden Familiengeschichte immer gespürt. Geredet wurde darüber nicht. Er beschließt, das morgen zu ändern. Wenn man ein Haus renovieren will, muss man auch den Keller ausräumen. Er wird von diesem Unrecht sprechen auf seinem Alexanderplatz. Tobias Langhoff will aus dem Schatten treten.

Jens Reich sitzt am Abend in der Rosa-Luxemburg-Straße mit der Gründergruppe zusammen. Erst jetzt erfährt er von Bärbel Bohley, dass Jutta Wachowiak auch das «Neue Forum» eingeladen hat, zur Kundgebung morgen jemanden zu schicken, der eine kurze Rede hält. Also, wer geht da hin? Alle gucken natürlich zu Bärbel. Aber die sagt: Nein, ich will das auf keinen Fall! Wie gegen so vieles hat sie auch gegen die Demonstration diverse Einwände. Sie will nicht jetzt schon, bevor irgendjemand davongejagt ist, derart brav auftreten. Sie fürchtet, dass die Bürgerbewegungen von der SED einverleibt werden, dass ihre konstruktiven Vorschläge von der Führung begrüßt und dann höflich ignoriert werden – dass das Politbüro den 4. November als wertlosen Schmuck benutzt! Also, halten wir uns da raus?, fragt Jens Reich. Nein, nein, sagt Bärbel Bohley, das geht nicht, wir haben zu dieser Demonstration ja sogar mit aufgerufen! Jens, du gehst dahin! Reich will da nicht hin. Er hat kein Mandat! Für wen soll er sprechen? Die anderen sagen: Wenn er nicht geht, dann geht keiner vom «Neuen Forum». Die anderen Initiativen, sagen sie, werden alle sprechen, das geht doch nicht. Es gibt viel Eifersucht in diesen Tagen. Komm schon, Jens! Na gut. Jens Reich fährt mit seinem Trabant nach Hause in die Kavalierstraße 10 und schreibt einen Zettel.

Friedrich Schorlemmer liegt auf einer Isomatte und hat immer noch keine Rede. Er ist bei seiner Tochter untergekommen, der er ein Zimmer in der Wohnung einer Vikarin besorgt hat. Uta ist dieses Jahr von Wittenberg nach Berlin gezogen. Sie hat im Berliner Ensemble Arbeit gefunden, beim Maskenbildner Eddy Fischer, der schon 1965 den «Drachen» von Benno Besson erschaffen hat. Studieren darf Uta nicht, trotz Abitur. Ende 1987, mit 17 Jahren, hat sie eine Hausarbeit geschrieben: «Demokratie und Sozialismus bei Rosa Luxemburg», die die Lehrerin «nach oben» weitergegeben hatte mit dem Ergebnis, dass an die Universität nun nicht mehr zu denken war. Uta war nicht verbittert. Sie sagte zu Friedrich Schorlemmer: Vati, ich bin nicht an den Lehrern gescheitert, sondern an den Mitschülern. Wir hätten viel mehr bewegen können, es hat bloß keiner mitgemacht!

Wilfried Werz hatte Schorlemmer im Namen der Theaterschaffenden eingeladen, auf dem Alexanderplatz zu sprechen. Vier Minuten zum Thema Solidarität und Toleranz. Die Interviews im Westfernsehen hatten Schorlemmer noch bekannter gemacht. Im September hatte er von einer Implosion des Systems gesprochen. Die Redner, die schon feststanden für den 4. November, überzeugten Schorlemmer. Für ihn unbescholtene Leute wie Christa Wolf oder Stefan Heym oder Christoph Hein. Und Gregor Gysi. Er hatte seiner Tochter mal zwei Telefonnummern gegeben, die sie anrufen könnte, sollte er plötzlich verschwinden. Die des Rechtsanwalts Lothar de Maizière und die von dessen Kollegen Gysi, obwohl er den gar nicht persönlich kannte, nur aus den Medien. Schorlemmer hatte keine Bedenken, den Berlinern zuzusagen, zumal es so klang, als wäre er der einzige Nichtberliner, der dort reden würde, und es sollte doch eine Veranstaltung für das ganze Land werden, fand er. Allerdings musste Schorlemmer zunächst Reinhard Höppner um Erlaubnis fragen, den Präses der sächsischen Synode, die ausgerechnet an den Tagen rund um den 4. November in Magdeburg stattfinden sollte. Höppner fand es auch wichtig, dass Schorlemmer auf dem Alexanderplatz auftritt und erlaubte ihm, an diesem Freitag abzureisen. Wie alles in diesen Tagen war auch die Synode aufwühlend, zum ersten Mal sprachen sie über die Staatssicherheit, mit der sie alle Erfahrung hatten und die sie auch in diesem Kreis unter sich ahnten. Einer sprach das Unrecht an, das den Menschen angetan wurde, die im heutigen Todesstreifen lebten, an der Mauer, und die bei deren Bau umgesiedelt worden waren. Endlich reden wir mal über die Dinge, die tabuisiert sind, dachte Schorlemmer. Er kam nicht dazu, seine Rede für den Alexanderplatz zu schreiben.

Gestern, in der Nacht vor seiner Abreise, zog Schorlemmer mit seinem alten Freund Jochen Jäger los, auf ein paar Bier und ein paar Gedanken, über die Schorlemmer in Berlin sprechen könnte. Aber jede der wenigen Kneipen, die sie fanden, war rappelvoll. Schorlemmer wurde immer wütender auf dieses Land. Nicht mal genug Kneipen gab es, um ein Bier zu trinken. Die DDR würde eines Tages am Klopapier und den fehlenden Gaststätten scheitern. Und daran, dass es keine anständigen Fahrradluftpumpen gab. Sie gingen zurück zum Tagungshaus und setzten sich in den leeren Konferenzraum. Jemand brachte ihnen ein schales Bier. Also, sagte Jochen, woran denkst du bei Solidarität? Und Friedrich Schorlemmer dachte an: Jochen. Wie sie 1976 zusammen mit dem Auto nach Berlin fuhren. Es waren dramatische Zeiten. Der Pfarrer Oskar Brüsewitz hatte sich vor der Michaeliskirche in Zeitz mit Benzin übergossen und angezündet. Auf seinem Auto hatte er zuvor zwei Plakate aufgestellt: «Funkspruch an alle, Funkspruch an alle: Wir klagen den

Kommunismus an wegen Unterdrückung der Kirchen in Schulen an Kindern und Jugendlichen!» Schorlemmer veranstaltete damals die ersten Friedensseminare. «Und wenn ich wüsste, dass morgen die Welt unterginge, so würde ich heute noch ein Apfelbäumchen pflanzen», hatte Martin Luther gesagt. Die Schlinge zog sich zu damals, als er mit Jochen im Auto saß und der zu ihm sagte, aus dem Nichts: «Wenn sie dich wegholen, gehe ich auf die Straße!» Dass es solche Menschen gibt in diesem Land, das hat Friedrich Schorlemmer die Kraft gegeben.

Am Ostbahnhof in Berlin wird Schorlemmer von Wilfried Werz abgeholt. Sie gehen in eine Kneipe im Prenzlauer Berg, die Schorlemmer sehr gefällt, er wusste gar nicht, dass es solche Kneipen in der DDR gibt, viele Schwule feiern dort. Ein Mann erzählt ihnen, die Demo morgen solle von Skinheads aufgemischt werden, die von der Stasi engagiert wurden.

Als Schorlemmer später auf der Isomatte bei Uta in Friedrichshain liegt, den karierten Block vor sich, auf dem vieles, aber noch nicht das Richtige gekritzelt ist, ist er viel zu verängstigt, um einzuschlafen, aber er hört das gleichmäßige Atmen seiner Tochter und erinnert sich an ihre Worte, als sie ihre Luxemburg-Arbeit begann und er sie warnte: Man kann es doch versuchen!

Christa Wolf ist abends zu einem Empfang in der französischen Botschaft eingeladen. Es gibt nur ein Gesprächsthema: die Demonstration morgen. Wilde Gerüchte kursieren. Voll besetzte Züge mit als Arbeiter verkleideten Stasi-Mitarbeitern seien aus allen Landesteilen in Berlin angekommen. Ihr Auftrag: die Protestierenden aufzumischen und den bewaffneten Truppen, die wohl rund um das Brandenburger Tor und in den Gebäuden gegenüber der sowjetischen Botschaft postiert würden, einen Grund zu liefern, einzugreifen.

Zu Hause ruft Christa Wolf ihre Tochter Annette an, die sich mittlerweile wieder raus traut. Wolf sagt ihr, sie dürfe die Kinder auf keinen Fall mitnehmen am nächsten Tag. Das Ganze könnte eine Falle sein. Aber die Kinder haben schon so schöne Plakate gemalt, sagt Annette.

Wolf setzt sich noch mal an ihre Rede. Als sie vor einer Woche angerufen wurde, hatten die Schauspieler ihr den Auftrag erteilt, über die «Sprache der Wende» zu reden. Wolf muss an den jungen Kollegen denken, der vor einigen Tagen im «Haus der jungen Talente», bei der Schriftstellerveranstaltung «Wider den Schlaf der Vernunft» ganz nüchtern aus «Brehms Tierleben» den Eintrag zum Vogel namens Wendehals vorgetragen hatte. Seinen Kopf kann der um mehr als 180 Grad drehen. Die Tiere sind außerdem sehr gut getarnt. Mehr musste er nicht sagen. Jeder wusste, was gemeint war.

Doch in dieser Nacht, in großer Angst, glaubt Wolf, dass es nicht reicht, nur von der Sprache zu sprechen. Wort für Wort geht sie durch. Es darf kein falsches fallen. Keine Provokation. Kein Schuss. Christa Wolf hat mit ihrer Sprache schon viele aufgewühlt. Morgen, denkt sie, muss sie beruhigen.

Stefan Heym geht ans Telefon. Ein Schauspieler, vom Theater. Er klingt aufgeregt. Sie seien sich mittlerweile sicher, dass es morgen zu Zusammenstößen kommen wird. Die Staatsmacht werde provozieren. Jeder bringe bitte eine Kamera mit, um alles zu dokumentieren! Für die Sicherheit der Heyms werde gesorgt, sie sollen unbedingt kommen. Man wolle sie nur informieren, dass mit allem zu rechnen sei. Was war das denn, fragt Inge Heym, wollen die uns Angst machen? Sie liegen die ganze Nacht wach. Nun wird es also krachen.

ZWEITER TEIL:
DER 4. NOVEMBER 1989

10 Uhr 59: **Hans-Eckardt Wenzel und Steffen Mensching** singen «Berliner Lied», «Dankchoral» und «Große Fische – Kleine Fische», **Gerhard Schöne** singt «Mit dem Gesicht zum Volke» und «Zu früh aufgestandene Wahrheit», **Jürgen Eger** singt «Rübergeh'n» **151**

11 Uhr 24: **Henning Schaller**, Bühnenbildner, eröffnet die Kundgebung, der Dokumentarfilmer **Thomas Heise** stellt sich neben das Mikrophon, um die Reden zu filmen

11 Uhr 25: **Marion van de Kamp**, Schauspielerin

11 Uhr 26: **Johanna Schall**, Schauspielerin

11 Uhr 30: **Ulrich Mühe**, Schauspieler

11 Uhr 36: **Jan Josef Liefers**, Schauspieler

11 Uhr 42: **Gregor Gysi**, Anwalt

11 Uhr 55: **Marianne Birthler**, Stadtjugendpfarramt

12 Uhr 05: **Kurt Demmler** singt «Irgendwer ist immer dabei»

12 Uhr 10: **Markus Wolf**, Generaloberst a. D.

12 Uhr 24: **Jens Reich**, Molekularbiologe

12 Uhr 36: **Manfred Gerlach**, stellvertretender Staatsratsvorsitzender, LDPD

12 Uhr 44: **Ekkehard Schall**, Schauspieler

12 Uhr 48: **Günter Schabowski**, Mitglied des Politbüros des ZK der SED

SAMSTAG, 4. NOVEMBER

12 Uhr 54: **Stefan Heym**, Schriftsteller

13 Uhr 02: **Friedrich Schorlemmer**, Pfarrer

13 Uhr 12: **Christa Wolf**, Schriftstellerin

13 Uhr 21: **Tobias Langhoff**, Schauspieler

13 Uhr 24: **Annekathrin Bürger** singt «Worte eines politischen Gefangenen an Stalin»

13 Uhr 28: **Joachim Tschirner**, Dokumentarfilmregisseur

13 Uhr 33: **Klaus Baschleben**, Journalist

13 Uhr 43: **Heiner Müller**, Dramatiker

13 Uhr 48: **Klaus Bisky**, Rektor der Hochschule für Film und Fernsehen

13 Uhr 55: **Ronald Freytag**, Student

13 Uhr 57: **Christoph Hein**, Schriftsteller

14 Uhr 05: **Róbert Juharos**, Student

14 Uhr 10: **Konrad Elmer**, Pfarrer

14 Uhr 14: **Steffie Spira**, Schauspielerin

H enning Schaller betritt den Alexanderplatz noch bevor der neue Tag durch den Beton bricht. Der Platz ist fast menschenleer. All der Aufwand. Der Streit. All die Genehmigungen. Damit sich ein paar Theaterheinis auf dem Alex treffen? Das wird die Blamage des Jahrhunderts.

Die Techniker von der Volksbühne hämmern die kleine Holzbühne auf den Tieflader vor dem «Haus des Reisens». Am Berliner Ensemble war diese Konstruktion Lenins Rednertribüne gewesen. In «Lenins Tod» von Volker Braun, vergangenes Jahr inszeniert von Christoph Schroth. Dort wird die Hoffnung viel zu früh begraben, hier soll sie heute wieder ausgebuddelt werden.

Henning Schaller, seit 1977 am Maxim-Gorki-Theater, hat schon viele Bühnenbilder entworfen. Das heutige gefällt ihm besonders. Ein Transparent hängt an dem Lastwagen: «Die Straße ist die Tribüne des Volkes». Ein wackliges, provisorisches Gebilde auf einem Gefährt, das plötzlich da war und jederzeit wieder weg sein könnte. Ein denkbar kleines Podium für denkbar große Worte. Im Hintergrund Hochhäuser. Leere Protzbauten. Symbole der Macht und der Ungleichheit. Hier also versammelt sich ein Volk aus Sorge um sein Land, um zu beraten, wie es weitergeht. Das ist richtig gut, vorausgesetzt, das Volk kommt! Im Theater wirken Schallers Bühnenbilder auch vor leeren Rängen. Auf dem Alexanderplatz ist es ohne die Zuschauer nicht komplett, weil die Zuschauer zugleich die Auftretenden sein sollen. Die eigentliche Bühne ist an diesem Sonnabend das, was man von der Holztribüne aus sieht. Die Redner werden nur die Souffleure der Handlung sein. Entscheidend ist, was auf dem Alexanderplatz geschieht.

Um die Weltzeituhr tigern Stasi-Typen, Schaller erkennt sie gleich mit ihren Herrenhandtaschen. Sie quatschen Menschen an, irgendwelche Passanten, die interessiert stehen bleiben, um zu gucken, was da vorne aufgebaut wird und warum da Kameras sind. «Geht lieber nach Hause, das hat wirklich keinen Zweck hier», sagt einer der Handtaschen-Typen. Schaller, in dessen Kopf es immer lauter ist als er spricht, kriegt schon wieder so einen Hals. Diese stinkdoofen Leute! Bei den Auslandsgastspielen sind solche Typen auch dabei. Offiziell sind die von der Künstleragentur. Dieser miesen Agentur muss Schaller 15 Prozent Vermittlungsgebühr zahlen von den fünftausend Mark, die er verhandelt, obwohl nur er den Kontakt nach München oder Paris hat und den ganzen Transport organisiert. Weil das für die sogenannte Künstleragentur ein lukratives Geschäft ist, sind sie angehalten, möglichst häufig im Ausland zu gastieren, aber dann ist es denen doch unheimlich und sie schicken Spione mit. Die jagen dich weg und halten dich fest. Wie oft sie ihn gefragt haben, ob er nicht doch in die Partei eintreten will. Der Parteisekretär am Gorki-Theater zeichnet sich durch besonders grobe Dummheit aus. Der ist stolz, dass er in «Einer flog über das Kuckucksnest» mitgespielt hat. In einer kurzen Szene torkelt und wackelt dieser arme, kleine Typ völlig geistesgestört durch die Gegend. Ob Schaller nicht wenigstens in die Gewerkschaft will? Oder in die Gesellschaft für Deutsch-Sowjetische-Freundschaft? Nein! Er sucht sich seine Freunde immer noch selbst aus.

Henning Schaller sieht Peter über den Alexanderplatz kommen. Peter Pragal, von 1974 bis 1979 DDR-Korrespondent der *Süddeutschen Zeitung*, seit 1983 für den *Stern*. Pragal war der erste akkreditierte Journalist aus dem Westen, der mit seiner Familie nach Ost-Berlin gezogen ist. Zuerst haben sich Karin und Rena kennengelernt, dann wurden auch die Ehemänner miteinbezogen. Schaller und Pragal haben sich gleich angefreundet, ohne viele Worte. Sie suchen und sehen dasselbe, dieselben Freiheiten, dieselben Theaterstücke. Manchmal bringt Pragal für Schaller in seinem Volvo mit Korrespondentenkennzeichen was rüber in den Westen. Einmal gab Schaller Pragal den gesamten Text eines Stücks, das nicht aufgeführt werden durfte. Pragal schrieb im Feuilleton der *Süddeutschen* darüber. Schaller und Pragal erzählen sich die besten Witze der DDR, die Klassiker und die neuen. Was misst die physikalische Größe «Ulb»? Den Strom, der gespart wird, wenn Ulbricht im Fernsehen eine Rede hält. Vor einem Schrank mit dreiteiligem Spiegel steht ein nacktes Paar. Was ist das? Gruppensex in der DDR: Keine Leute, keine Leute! Was passiert, wenn in der Sahara der Sozialismus eingeführt wird? Dann wird dort der Sand knapp! Auch die Kinder verbringen viel Zeit miteinander, bei den Schallers in der Sredzkistraße oder bei den Münchnern, die nun in der Ho-Chi-Minh-Straße leben. Die Schallers und die Pragals sind eine ost-westdeutsche Großfamilie geworden.

Peter Pragal merkt, dass es Henning Schaller nicht gutgeht. Er will ihn aufmuntern: Er habe gehört, dass viele unterwegs sind aus den anderen Bezirken. Presse aus der ganzen Welt wird heute kommen. Das könnte was Großes werden. Das können die nicht mehr abblasen, Henning, dafür wird schon zu viel darüber berichtet! Es dauert tatsächlich nicht mehr lange und der Alex wird aus den U-Bahn-Ausgängen und vom S-Bahnhof geflutet, die Menschen strömen rüber zum Startpunkt der Demonstration. Namenlose Statisten, die endlich Hauptdarsteller sein wollen. Schaller weist manchen den Weg, als sei er der Gastgeber dieser Feier. Fast jeder hat ein Transparent dabei. Schaller bleibt stehen und liest. «Es hat keinen Zweck, das Vertrauen ist weg», «Mit Gefängnisaufsehern kann man nicht über Freiheit diskutieren», «SED – nee!», «40 Jahre Qualen – wir fordern freie Wahlen!», «Stasi! Statt gucken und gaffen – lieber hucken und schaffen», «Kein Artenschutz für Wendehälse!», «Vorwärts zu neuen Rücktritten!», «Ohne Visa von Berlin nach Pisa!», «Die Macht geht vom Volke aus. Wo geht sie hin?» Einer trägt einen Besenstiel, daran sind zwei Bananen befestigt und ein Schild: «Die Heimat hat sich schön gemacht!»

Henning Schaller weiß nicht, warum er Teil der Gruppe wurde, die diesen Tag organisiert hat, mit Tommy Neumann, Jutta Wachowiak, der Schall und den anderen. In der Kantine vom Berliner Ensemble hieß es plötzlich: «Der Schaller macht's!» Vielleicht, weil die alle wissen, dass er eine neue Welt schaffen kann mit seiner Phantasie. Vielleicht, weil er vor einer Weile mit zwei Kolleginnen zu seinem Intendanten gegangen ist, um dem ins Gesicht zu sagen, dass sie beim «Neuen Forum» mitmachen, bevor der das von der Stasi hört. Albert Hetterle, der Intendant, saß unter seiner Pergola im Gorki, zuckte mit den Schultern und sagte: Ich beneide euch! Henning Schaller, dieser hagere Mann mit dem spitzen, stoppeligen Kopf ist geradeaus und hartnäckig, seine Gedanken strukturiert er so gewissenhaft wie die Skizzen für seine Bühnenbauten. An diesem Tag ist er noch blasser als sonst, die Augen sind tief und dunkel umrandet. Er hat darauf bestanden, dass sie Schabowski sprechen lassen. Und auch jemanden von einer Blockpartei, am Ende wurde es Manfred Gerlach. Schaller wollte einen politischen Querschnitt auf diesem Rednerpodium. Dazu gehören für ihn Leute, die nicht zu ihnen passen. Und andere, die zu ihnen gehören, passen eben nicht dazu. Bärbel Bohley ist immer noch sauer, dass niemand begeistert war von ihrer Idee, Wolf Biermann rüberzuholen. Sie, die anderen, waren sich einig: Wenn Biermann kommt, verliert die Veranstaltung ihren friedlichen Charakter. Das ist nur noch Provokation.

Im Erdgeschoss des «Haus des Reisens», direkt hinter der Bühne, liegt das Café Espresso. Das ist ihre Garderobe und ihre Kantine, hier kommen nach und nach die Redner an. Schaller will jeden begrüßen und einweisen, aber draußen gibt es auch viel zu regeln. Er ist jetzt schon außer Atem. Im Café sieht Schaller Heiner Müller, der an einer Zigarre nagt und nach Cognac verlangt. Ständig kommt jemand an Müllers Tisch, um ihm zuzuhören, obwohl er kaum verständlich spricht. Markus Wolf schleicht in den Raum. Christa Wolf unterhält sich mit ihm. Sowieso scheinen sich alle zu kennen. Die DDR, denkt Schaller, ist kein kleingeistiges, aber ein kleines Land. Auf einmal steht auch Günter Schabowski neben Schaller, mit zwei Begleitern zwar, aber als wäre es das Normalste, als Politbüromitglied Sonnabendvormittag in einem verqualmten Bistro mit Künstlern darauf zu warten, von einem Bühnenbildner mitgeteilt zu bekommen, wann man auftreten müsse. «Die Reihenfolge ist noch nicht endgültig, maximale Redezeit 5 Minuten», hatten sie auf den Aushang der Rednerliste an der Wandzeitung des Deutschen Theaters geschrieben. Johanna Schall kommt zu Henning Schaller: Vielleicht sei es doch besser, Kurt Demmler direkt vor Markus Wolf singen zu lassen? Und wenn Stefan Heym nach dem Schabowski redet? Stefan Heym will etwas fragen, seine Frau Inge gestikuliert Schaller herbei. Hier treffen sich nun also alle. Die alten Verbündeten und die neuen Alliierten, die seit vielen Jahre Verfeindeten und die neuerdings Verqueren. Jeder hat seine eigene Geschichte in diesen vierzig Jahren Sozialismus. Aber nun sitzen sie bei Kaffee und Kuchen, um zusammen das nächste Kapitel zu schreiben. Was ist das für eine Szene, denkt Henning Schaller, was haben wir da Unwahrscheinliches inszeniert?

Es ist an ihm, den Vorhang fallen zu lassen.

Thomas Heise bindet sich mit einem langen roten Tuch an der Holzbühne fest, als der Platz voll ist. So kann er beim Filmen nicht fallen. Er zwängt seine Beine zwischen die Bühne und das Führerhäuschen-Dach des graugrünen Lastwagens, auf dem sie steht. Mit der linken Hand hält er sich von außen an der Balustrade fest, rechts schultert Heise seine Kamera. Hier wird er stehen bleiben, die kommenden zwei Stunden. Diesen Blick braucht er. Ganz nah dran.

Bei der Demonstration ist Heise vorhin mitgelaufen. Aber solche Massen kann man nicht filmen. Das ist nicht übersetzbar. Natürlich hat er draufgehalten, als die Pantomimen am Streckenrand das Politbüro imitierten. Und als einige Demonstranten auf das Vordach des Palastes der Republik kletterten, mit dem Banner «Demokratie

Jetzt». Aber das waren nicht seine Bilder. Heise filmte dann abseits der Demonstration. Eine gesperrte Kreuzung. Ein Polizist, verloren neben seinem Auto. Die S-Bahn, die weiter Richtung Friedrichstraße fährt wie jeden Sonnabend um kurz vor zehn. Die Momente der Irritation. Was wird jetzt? Was ist das? Sind das noch wir? Heise war gegen die «Keine Gewalt»-Schärpen. Natürlich braucht man Gewalt, als letztes Mittel. Wenn man bereit sein will, muss man doch zu allem bereit sein. Denn die Gegenseite ist zu allem bereit, sogar zu einer «Sicherheitspartnerschaft» mit ihnen, den Oppositionellen. Wessen Sicherheit dienen diese Schärpen? Vor allem der Sicherheit des Politbüros! Im August lag Thomas Heise eine Weile im Krankenhaus. Er hat dort Tonaufnahmen gemacht von Lokalnachrichten im Radio. Über die Bezirksbriefmarkenausstellung zum 40. Jahrestag der DDR und so. Er hatte diese stumpfen Erfolgsmeldungen im Kopf, als er heute über den Alexanderplatz lief. Diese Banalität, die aufrechterhalten wird. Zu Beginn seiner Aufnahmen von diesem Tag sagte Thomas Heise von hinter der Kamera: «Heute ist der 4. November 1989, heute ist der 4. November 1989!» Zweimal. Es ist nur irgendein Datum, aber er weiß schon, dass es nachhallen wird.

Heise ging dann in das Café, in dem sich alle trafen. Auf dem Tresen stand ein Gepard aus Pappmaché. Heiner Müller wurde von irgendeiner Österreicherin genervt. Johanna Schall kritzelte auf Zetteln rum. Es war so eng dadrin, so neblig. Wer im Publikum stehen würde, war ein Mysterium, wer sich hier drinnen warmsoff, war das Ergebnis mühseliger Arbeit. Unendlicher Debatten. Für Heise war es leichter, er kam von außen, er war nicht in der Partei, nicht in der Gewerkschaft, kein langjähriger Kollege, kein Genosse, kein Geliebter, er musste keine Rücksicht nehmen beim Zusammenstellen der Rednerinnen und Redner. Thomas Heise war so reingeraten in diese Vorbereitungsgruppe, weil er eben immer dabei gewesen war am Berliner Ensemble und bei den ersten Treffen. Heiner Müller, den Heise schon seit Kindertagen kennt, weil er bei Heises ein und aus ging, hatte ihn ans Theater geholt. Als Assistent erst, als jemanden, der genau hinsah. Heise arbeitete mit Fritz Marquardt, dem großen Regisseur. Das Berliner Ensemble wurde ihm, der immer raus in die Realität wollte, ein Paralleluniversum zum Film, wo ihm das Abbilden der Realität untersagt wurde. Das Theater war ein geschützter Raum. Ein Refugium für Zweifelnde, wie auch die Kirchen, bloß weniger rücksichtsvoll. Seine Eltern, passionierte Theatergänger, hatten Heise früher oft zu Proben mitgenommen. Benno Bessons «Der Drache» hatte ihn fasziniert. Die großen Flügel! Nun half ihm das Theater in diesen Jahren, in denen die Stasi seine Filme loswerden und ihn trotzdem als Spitzel anwerben wollte.

Er verstand sie sogar. Sie wollten ihn nicht zerstören. Sie wollten verhindern, dass er der DDR schadet, und sie hatten recht. Natürlich hätte er seine Alltagsaufnahmen, die oft eine Groteske waren, in den Westen geben können, das war pures Gold. Das haben viele gemacht. Die waren drei Tage berühmt und verschwanden in der Versenkung. Heise wollte sich nicht benutzen lassen, nicht hier und nicht da. Als Thomas Brasch, 1976 ausgereist, 1982 von Franz Josef Strauß den Bayerischen Filmpreis überreicht bekam, wusste der doch, dass das nicht für seinen Film, sondern für seinen Seitenwechsel war. Als er in seiner Rede der Filmhochschule der DDR dankte, brüllten ihn die bayerischen Ehrengäste nieder. Heise wollte lieber eine kleine Nudel bleiben, die nur ab und an abgekocht wird und die sonst durch die Gegend läuft und einfach sammelt.

Auf dem Weg vom Café zur Bühne stand Schabowski, recht einsam. Neben Heise lief Michael Kind, der Schauspieler. Schabowski schob sich ihnen in den Weg: «Jetzt muss ich mal fragen ... ihr seid: Schauspieler?» Kind nannte seinen Namen. «Ach, SIE sind Michael Kind», sagte Schabowski, als träfe er auf irgendeiner Gartenparty jemanden, von dem er schon mal gehört habe und als sei das aus seinem großen Munde nicht etwas Beunruhigendes. Thomas Heise zoomte ganz nah ran an diesen Schabowski-Mund. Im Sucher sah er nur noch diesen Mund, etwas unscharf, die untere Zahnreihe schaute hervor. Schabowski malmte, die Falten um seinen Mund konnten von einem Lächeln stammen oder von unterdrücktem

Hass. «Und Sie?» Der Mund meinte Heise. Er hielt weiter drauf und murmelte «Thomas Heise!». Der Schabowski-Mund malmte weiter und sagte, als Heise schwieg: «Thomas filmt, deswegen kann er nicht sprechen, er hat die Linse im Mund!» Heise zoomt raus: Schabowski dreht sich weg. Es scheint, als wisse er nicht, wohin mit sich, sein Blick ist ganz leer. Dass der Kerl mit der Kamera ihn angreift, ohne ihn anzugreifen, nur mit seinen Blicken, mit seinem Objektiv, scheint Schabowski fuchsig zu machen. Keine Gewalt? Heise tut Schabowski nichts. Er filmt nur, wie es ist, wer Schabowski ist. Die Kamera ist seine Waffe.

Es sind die Gesichter, weiß Heise jetzt. Er hängt dort oben auf der Bühne und beginnt, bevor die Kundgebung losgeht, einzelne Gesichter aus der Masse zu filmen. Die blasse Frau, die ein Schild hochhält, auf dem steht, dass ihr Vater, ein Rotfrontkämpfer einst, im Stalin-Lager starb. Der dicke Mann. Die Rauchende mit der Kurzhaarfrisur. Das Staunen in den Augen des Jungen. Thomas Heise sieht endlich, wie sich der Tag anfühlt. Die nervöse Erleichterung, die heitere Anspannung. Schimpfende Mütter. Verliebte Paare. Verschämte Spießer. Überdrehte Punks und schweigsame Alte. Die aus dem Hinterhof, die nie grüßt. Der aus dem Betrieb, den man nie gefragt hätte, ob er mitkommt. Es ist keine Masse gekommen. Sondern Menschen. In ihren Gesichtern sieht man die alten und künftigen Geschichten.

Sein Vater, Wolfgang Heise, der wohl wichtigste Philosoph dieses Landes, war bis zuletzt überzeugter Marxist. Seinen Lehrstuhl an der Humboldt-Universität hatte Wolfgang Heise, zu dessen Schülern Heiner Müller, Volker Braun oder Rudolf Bahro gehört hatten, verloren, als er gegen die SED-Weisung seinen Studenten Wolf Biermann Prüfungen ablegen ließ. Wie Biermann stammte Heise aus einer jüdischen, kommunistischen Familie. Als Wolfgang Heise 18 war, steckten ihn die Nazis in ein Arbeitslager. Nach der Ausbürgerung Biermanns schrieb Wolfgang Heise an den DDR-Chefideologen Kurt Hager: damit sei alles Vertrauen zerstört. «Ich sehe ein Zunehmen der Kluft zwischen Oben und Unten», schrieb Wolfgang Heise, «zunehmenden Widerspruch zwischen Ideologie und Wirklichkeit, öffentlichem Rollenspiel und privatem Verhalten.» Vor einem Jahr ist Thomas Heises Vater gestorben. Heise sieht von oben auf der Bühne, wie dort unten die privaten Gedanken endlich öffentlich werden, und bedauert, dass sein Vater das, was er mit der Kamera festhält, nie wird sehen können.

Wenn Heise auf dieser kleinen Bühne nicht nur die Zuhörer, sondern auch die Redner filmen will, wird er sich zurücklehnen müssen, um nicht nur ihr Manuskript oder ihre linke Wange im Bild zu haben. Er probiert es aus, lässt die Bühne los, dreht mit der linken Hand das Bild scharf. Das rote Band hält ihn. Egal, was heute passiert, Thomas Heise bleibt und filmt alles.

Hans-Eckardt Wenzel und Steffen Mensching sind mal wieder verkatert. Sie haben am Abend zuvor in der Weinstube im Palast der Republik den Abschied einer Freundin gefeiert, die in die Schweiz heiratet, und nun schleppen sie sich und Wenzels Gitarrenkoffer aus der Wohnung in der Metzer Straße im Kollwitz-Kiez die Prenzlauer Allee hinunter zum Alex. Wenzel und Mensching staunen, wie viele Leute unterwegs sind – und wie wenig Polizei. Alles leuchtet; die Gesichter, sogar die Kugel des Fernsehturms, obwohl die Sonne noch mit den Wolken kämpft.

Halb elf sind sie endlich da. Zwischen dieser Brettertribüne auf dem Lastwagen und dem «Haus des Reisens» wurde ein hüfthoher Zaun errichtet. Ein Schutzwall. «Reisebüro» steht auf diesem Hochhaus hinter der Bühne. Irgendwie merkwürdig, denkt Mensching: Wir mit unseren temporären und dauerhaften Reisegenehmigungen verbarrikadieren uns im Hauptquartier des Reisebüros der Deutschen Demokratischen Republik, um zu all den Reisewilligen zu sprechen. Sie gehen kurz ins Café Espresso, in dem die Redner sich versammelt haben, lungern aber bloß am Eingang rum, als sei das eine Feier, auf der sie niemanden richtig kennen. Ah, da hinten, Christa Wolf! Ekkehard Schall winkt ihnen zu. Manche Löwen, denkt Mensching, brüllen spät. Der Mann im grauen Trenchcoat muss Markus Wolf sein, sie glotzen ein bisschen, einem Stasi-General läuft man ja nicht jeden Tag über den Weg.

Henning Schaller ruft sie zur Bühne. Er ist ziemlich nervös und wedelt mit einem vollgeschmierten Papier rum. Von fern dudelt die Kapelle, die bei der Demo mitgelaufen ist. Johanna Schall spricht ins Mikrophon: «In Anbetracht dieser Massen, die noch hinter euch kommen, verteilt euch doch ein bisschen!» Henning Schaller will, dass Wenzel und Mensching die Leute bei Laune halten, bis alle angekommen sind und die Kundgebung beginnen kann: Fangt doch schon mal an! Er macht nun auch eine Ansage: «Wir bitten um Geduld, der Zug läuft immer noch da hinten los, wir müssen noch ein bisschen warten!» Vom Alex johlt es zurück, mehr ungläubig als ungeduldig.

Günter Schabowski läuft an ihnen vorbei. Dieses zynische Groß-
maul, das noch vor drei Monaten im Schriftstellerverband auf die
Konterrevolution geschimpft hat. Schabowski blafft Wenzel an:
«Na, Genosse Wenzel, keine Zeit mehr zum Rasieren? Nur noch
als Revolutionär unterwegs?» Hinter Schabowski blinzelt Markus
Wolf, als werde er geblendet von all den Köpfen, dann nimmt er für
einen kurzen Moment sein Gebiss aus dem Mund. Manche Löwen
haben gar keine Zähne mehr.

Mittlerweile hat Schaller auch Gerhard Schöne dazugeholt,
einen Hut auf dem Kopf, ein irritiertes Lächeln im Gesicht. Eigentlich wollte Jürgen Eger das erste Lied spielen, aber der ist noch nicht
da. Eger nennt sich «Dichtersänger», worüber sich Mensching und
Wenzel gerne lustig machen. Das ist einer, der von sich selbst ein-
genommen, aber wenig wahrgenommen ist. So jemand ist immer
anfällig, sie trauen ihm nicht. Was soll's.

Mensching, der Kurze mit dem kahlen Kopf, nimmt das eine Mikro in die Hand, Wenzel, der Lange mit dem haarigen Haupt, stellt
sich mit seiner Gitarre rechts neben ihn an den Mikrophonständer. Von unten: Rufe, Freudenpfiffe. Wenzel sagt, sich einzupfend:
«Schön guten Tach allerseits, bevor das losgeht und damit die Zeit
bissel überbrückt wird, äh, noch ein bisschen Kulturprogramm vor-
neweg. Ick hoffe, dass es euch nicht allzu sehr stört ... Berliner Lied
... Berliner Lied!»

*Een neuer Tag, dit Licht geht an, da oben über allen Dächern.
Ick steh uff, ick muss jetzt ran, meine Stimme klingt ganz
blechern. Ick schüttel meine Träume ab und werde wach und
immer wächer, ick mach ganz weit das Fenster uff ... ahhh! ...
und ich jenieß die frische Luft, mir blinzelt satt die Sonne zu,
ick spür in mir 'ne starke Ruh. Ick könnt ma wirklich dran
jewöhn' – dit Leben is schön!*

Gerhard Schöne hat am Vortag entschieden, was er singen wird. Aber da wusste er nicht, dass er das vor einer unüberschaubaren Menge tun wird. Die Leute lachen viel. Zur Bühne weht Freigeist, aber Gerhard Schöne fühlt sich bleiern. Normalerweise wird er von seiner Band begleitet, von Bass und Schlagzeug, seine Lieder haben diesen Reggae-Rhythmus, der das Publikum vom ersten Takt an wippen und jauchzen lässt. Aber alleine mit seiner Klampfe vor Tausenden, oder sind es Hunderttausende? Er sieht vorne links ein Plakat, das Egon Krenz im Bett liegend zeigt, mit riesigem Maul und Oma-Haube auf dem Kopf, unter der Bettdecke schaut eine Wolfstatze hervor. Dazu steht: «Großmutter, warum hast du so große Zähne?» Schöne ertappt sich dabei, wie ungehörig er das findet. Man gewöhnt sich daran, gehorsam zu sein. Die Erwartungen dort unten sind noch größer als die Transparente, wie soll er dem gerecht werden? Ein paar haben ihn nach einem Autogramm gefragt, als er sich über den Platz drängelte. Aber Schöne kommt sich unbedeutend vor. Er war froh, dass Henning Schaller ihn abfing an der Bühne und er gar nicht erst in das Café musste, wo die großen Namen sitzen und mit ihren Hufen scharren. Oder mit den Tatzen.

Im Bus hat Gerhard Schöne an diesem Morgen Friedrich Schorlemmer und dessen Tochter getroffen, die kamen aus dem Friedrichshain. Schorlemmer sagte zu Schöne, er wolle heute auf jeden Fall was zum Thema Stasi sagen, aber er wisse noch nicht genau, wie und was. Man merkte, dass es im Schorlemmer brodelte, da war gewohnheitsmäßiges Zögern, aber noch mehr neues Drängen. Schöne kommt sich im Angesicht dieses vollen Platzes dagegen ganz leer vor. Er vermisst die Kinder, die sonst vor seiner Bühne hocken. Taugen seine versteckten Botschaften etwas, wenn sein Gesicht von Hunderten Kameras eingefangen wird?

Wenzel und Mensching sind fertig. Henning Schaller zieht an Gerhard Schönes Ärmel. Rauf jetzt! Schöne flüstert ein paar einleitende Worte, von denen er gar nicht weiß, woher sie auf einmal kommen. Er sagt, er habe die Liedzeile «Mit dem Gesicht zum Volke» in den letzten Tagen oft gelesen. Aber sie sei manchmal vereinnahmend benutzt worden, zum Beispiel von der Berliner SED, die so tun wolle, als sei diese Demonstration auf ihrem Mist gewachsen. «Ich würde diesem Satz noch etwas zufügen», sagt Schöne, «mit dem gewaschenen Gesicht zum Volke! Gewaschen von DDR-Stalinismus, Zensur, Stasi, äh, Willkür und vieles liest man auf den Transparenten, wovon dieses Gesicht noch gewaschen sein sollte.» Der Mann, der bekannt wurde mit dem Lied über ein Mädchen, das sich nicht wäscht, fordert eine Gesichtsreinigung, und die Leute hören nicht auf zu klatschen. In den Applaus hinein tut Schöne einfach das, was er immer getan hat, wenn er nicht wusste, was man noch tun soll: Er singt.

Ich saß in einem weiten Saal, ein bisschen eingezwängt, zu viele Menschen hatten sich noch durch die Tür gedrängt, das Podium vorn noch menschenleer, von Neonlicht erhellt, mit Tischen, Stühlen und mit Mikrophonen vollgestellt. Und ohne Zeremonienkram, vom Beifall kurz begrüßt, betrat nun der Regierungsstab das Podiumsgerüst ...

Jürgen Eger wartet, mit dem Rücken zum Volke, auf den Stufen der Holzbühne und hört, wie das Volk Gerhard Schönes Lied mitklatscht, das als Mantra endet: mit dem Gesicht zum Volke, mit dem Gesicht zum Volke, mit dem Gesicht zum Volke, mit dem Gesicht zum Volke. Danach sind wieder Wenzel und Mensching dran, die Revolutionsnarren. Eger sitzt und wartet. Die geben mehr Lieder zum Besten als er. Dabei hat er dafür gesorgt, dass Wenzel und Mensching eingeladen werden. Eger war von den Theaterleuten beauftragt worden, das Musikprogramm zu gestalten. Eigentlich sollte auch Tamara Danz auftreten. Aber die winkte ab, als klar war, dass der Strom nicht für Verstärker und Rockmusik ausreichen würde. Anders als Wenzel und Mensching ist Jürgen Eger bei der Demonstration eben mitgelaufen, in der zweiten Reihe. Er hat gar keine Kraft mehr, sich aufzuregen oder aufgeregt zu sein. Seit zwei Jahren steht er unter permanentem Stress, die vielen Auftritte, die Sehnsucht nach Veränderung. Er ist total knülle an diesem Tag. Er hatte gesagt, dass er das erste Lied spielt. Er findet, dass er ein solidarischer Typ ist. Er hätte die Unkonzentriertheit und die Stille am Anfang in Kauf genommen für die anderen, die ihm diesen Auftritt hier zu verdanken haben, wie er denkt. Aber jetzt hat Henning Schaller die anderen vorgezogen, während Jürgen Eger noch mitmarschiert ist. Er musste immer lange warten, bis er auftreten durfte. Wenzel und

Mensching hören gar nicht mehr auf.

*Was er will, weiß man noch nicht genau, leider ist er wieder
keine Frau, aber er studierte in Moskau, lange war sein Hemd
sehr blau, aber seine Haare sind schon grau,
wer weiß, wer weiß ...*

Das ist ihr «Krenz-Lied». Die Menschen freuen sich, jetzt schon heiser vor Häme, die sie zu lange zurückgehalten haben, in diesem Land, über das Wenzel schließlich trällert: «Einmal, irgendwann kommt es auf uns alle an!» Jürgen Eger fand schon immer, dass es alle braucht im Sozialismus, auch die Sperrigen wie ihn, gerade die. Das könnte ein guter Tag werden, trotz allem. Wenzel und Mensching machen gleich weiter, mit ihrem fies-fröhlichen «Dankchoral»:

*Dank all den geheimen Männern, den guten Seelen-
Kennern, die stets im Dunkeln bleiben, pünktlich die
Berichte schreiben ...*

Noch zwei Wochen vor der heutigen Kundgebung informierte Jürgen Eger alias Hanns Sänger seinen Führungsoffizier über Streitigkeiten zwischen dem «Neuen Forum» und der «Initiative für Frieden und Menschenrechte», bei denen es um die Ausrichtung des 4. November ging. Jürgen Eger hat die Stasi auf dem Laufenden gehalten über diesen Tag, an dem er seinen größten Auftritt haben wird, auf den er so lange gewartet hat. Eger trägt einen wollenen Rollkragenpullover unter seiner Jeansjacke. Seine ersten Akkorde klingen nach der Ausgelassenheit von Wenzel und Mensching melancholisch, düster fast.

> *Woll'n wir nicht mal rübergehen und nach unseren*
> *Mädchen sehen, ob sie noch, ob sie noch unsre sind.*
> *Wir woll'n uns im Kreise drehn und uns in die Augen sehn,*
> *tanzen woll'n wir, tanzen, tanzen, tanzen.*
> *Wie sie prusten, wie sie kreischen, fasst sie in die festen*
> *Weichen, lasst euch fassen, Brüder, Schwestern,*
> *seid gefasst!*
> *Trotzig rote Fahnen weh'n, woll'n wir nicht vielleicht doch*
> *mal bleiben, weil es doch die unsern, bleiben,*
> *weil es doch die unsern!*

Der Applaus kommt zögernd. Sie verstehen ihn nicht. Er versteht es doch selbst nicht mehr. Henning Schaller tritt ans Mikrophon: «Wir machen mit dem Musikprogramm weiter, ich bitte trotzdem, dass Sie in die Karl-Marx-Allee rücken, damit Platz geschaffen wird für die, die noch kommen. Da hinten wird immer noch gelaufen, bitte: Schafft Platz, rückt in die Karl-Marx-Allee!» Und dann raunt Schaller noch zu Gerhard Schöne, der wieder bereitsteht: «Sagt eure Namen!» Gerhard Schöne ruft: «Wir sollen unsere Namen sagen. Eben sang Jürgen Eger, davor Wenzel/Mensching, jetzt singt Gerhard Schöne ein Lied, dass er so seine Erfahrung mit der Zensur gemacht hat, mit der eigenen im Kopf und mit der alltäglichen, vom Kulturhaus bis zum Fernsehen ...»

Als Schöne mit seinem Lied von der «zu früh aufgestandenen Wahrheit» fertig ist, kommen erneut Wenzel und Mensching, diesmal mit «Große Fische, kleine Fische». So ein Klamauk, findet Eger. Er stellt sich an den Zaun neben der Bühne und sieht auf einmal seinen alten Kumpel Peter Waschinsky, den Puppenspieler. Waschinsky hat ein selbstgemaltes Plakat in der Hand: der SED-Händedruck, und darunter steht «tschüss». Eger erschrickt. Ihm war gar nicht klar, dass Waschinsky so einen Groll hegt. Nach Wenzel und Menschings Lied spricht Henning Schaller: «Liebe Demonstranten, ich begrüße Sie zum Beginn unseres Meetings und übergebe das Mikrophon Marion van de Kamp.» Aber Jürgen Eger hat noch immer Schallers Worte im Kopf, die gar nicht durch das Mikrophon drangen vor wenigen Minuten. Sagt eure Namen! Er ist Jürgen Eger, hier und heute mehr denn je. Aber dafür musste er Hanns Sänger werden.

168

Marion van de Kamp denkt, als sie vor die zwei Sennheiser-Mikrophone tritt, daran, was der Polizeipräsident ihr gesagt hat: Wer das Mikrophon hat, hat die Macht. Marion van de Kamp hätte gerne mitdemonstriert. Aber sie saß die ganze Zeit vor dem Haus des Reisens und hielt die Mikrophone, die jetzt im Mikrophonständer stecken, fest umklammert, damit ihnen die niemand mehr entreißen konnte. Als sie Henning Schaller die Mikrophone schließlich überreichte, war aus dem Pritschenwagen mit einem Holzgerüst vor einem großen, leeren Platz längst eine Tribüne im Herzen des Landes geworden.

Eigentlich hätte Marion van de Kamp gar nicht sprechen sollen. Aber die junge Kollegin Claudia Michelsen, die Heiner Müller, der Experte für junge Kolleginnen, vorgeschlagen hatte, war zu nervös und fürchtete, sie würde dem hier nicht gerecht werden. Also muss van de Kamp mal wieder ran.

Die grün-gelbe Schärpe trägt sie über dem schwarzen Mantel, das blonde Haar ist nach hinten geweht, als sei sie in einen Orkan geraten. Van de Kamp sieht durch ihre Brille mit dem breiten, weißen Gestell: die ganze Republik. Und als sie beginnt zu reden, langsam und deutlich, als könnten ihre Worte auf den letzten Metern noch kaputtgehen, spürt sie: Jedes hallt nach, einmal, zweimal, dreimal, viermal, als werde es von einer gewaltigen Stärke weitergetragen, über den Marx-Engels-Platz und den Palast der Republik, bis zum Brandenburger Tor und weit über die Mauer, einmal um die Welt, bis es wieder bei ihr ist und ihr die Kraft gibt für das nächste.

Liebe Kollegen und Freunde, Mitdenker und Hierbleiber! Wir, die Mitarbeiter der Berliner Theater, heißen Sie herzlich willkommen. Die Straße ist die Tribüne des Volkes überall dort, wo es von den anderen Tribünen ausgeschlossen wird. Hier findet keine Manifestation statt, sondern eine sozialistische Protestdemonstration. In diesem Sinne!

Marion van de Kamp nickt dem Alexanderplatz ermutigend zu, als sie vom Mikrophonständer wegtritt und denkt, dass es nicht das Mikro ist, dass einem die Macht gibt, sondern die Sätze, die man hineinspricht.

Johanna Schall und Ulrich Mühe betreten um 11 Uhr 26 gemeinsam die Bühne. Schall, die Haare kurz, der helle Mantel weit, die Brille breit und das Gesicht schmal, geht zum Mikrophon. Mühe, in einer Lederjacke, einen großen schlammgelben Schal um den Hals gebunden, steht rechts von ihr, nur ein Fuß auf dem Podium, den anderen auf einer Stufe darunter. So sind sie gleich groß. Zwillingshafte Boten dieser Revolution. Sie müssten nichts sagen und jeder wüsste, dass sie in großer Sorge erschienen sind auf diesem großen Platz, vor dem sie mit jedem Moment kleiner erscheinen. Beide haben ihre Stirn in tiefe Falten gelegt, und doch sehen Schall und Mühe noch jünger aus, als sie sind.

Zwei Jahre zuvor haben sie zusammen im DEFA-Film «Die erste Reihe» gespielt, nach dem gleichnamigen Buch von Stephan

Hermlin. Es geht um junge Menschen im Berlin des Jahres 1933, die nicht länger tatenlos zusehen wollen, wie nach der Machtergreifung Adolf Hitlers Kommunisten und Sozialdemokraten verfolgt, Juden geächtet und Bücher verbrannt werden. Der Film von Peter Vogel beginnt damit, dass im Jetzt eine Gruppe Jugendlicher gut gelaunt über den Alexanderplatz spaziert und weiter, vorbei an der Staatsoper Unter den Linden, bis zum Mahnmal für die Opfer des Faschismus und Militarismus, in dem die ewige Flamme brennt. Dort treten ihnen sechs Helden aus der Vergangenheit entgegen, **170** fünf davon gab es wirklich. Sie alle sind Protagonisten des frühen Widerstands gegen die Nazis, aus der «ersten Reihe» eben, und stellen sich vor. Zuerst der Schlosser Rudolf Schwarz – gespielt von Ulrich Mühe. Dann die Studentin Lilo Herrmann – gespielt von Johanna Schall.

Lilo und Rudolf, in einer frühen Szene noch tanzend, lachend, trotz der SA-Gestalten, die eine Feier aufmischen wollen, sehen ihr Berlin immer tiefer in die Diktatur, den Terror, in das Böse, Dunkle stürzen, während sie sich immer näher kommen, Aufbruch, Frühling und Liebe spüren. Ulrich Mühe und Johanna Schall bringen dieses junge Paar in der Darstellung mit einer erschütterten und erschütternden Vehemenz und Fragilität durch die mitunter didaktischen Dialoge, die es führen muss. Eines Nachts, auf der Straße, sagt Lilo zu Rudolf: «Wir haben keine Waffen, nur Argumente! Siegt die Unvernunft?» Rudolf nimmt sie in den Arm: «Lilo, wir müssen das verhindern!»

Lilo erfährt dann, dass Rudolf mit einigen Genossen verhaftet wurde. «Der Faschismus ist so», spricht sie, «er tritt uns mit Faust und Knüppel in den Weg!» Doch Lilo verlässt Berlin nicht. Sie ist schwanger. Rudolf wird von der SA heimtückisch am Waldrand erschossen, sein Blut färbt den Schnee rot. Jahre später landet Lilo, in ihrem Kampf umso vehementer, im Gefängnis, in Plötzensee. Der sadistische Gestapo-Mann, der sie verhört, verspricht, dass ihr Todesurteil zurückgenommen wird, sie sogar in Freiheit kommen könnte, wenn sie ihre Kameradinnen und Kameraden verrät. Lilo bleibt standhaft. Sogar, als aus dem Nebenzimmer das Weinen ihres Sohnes zu hören ist: «Ich will zu meiner Mutti!» Der Gestapo-Mann fragt: «Fräulein Herrmann, sterben Sie wirklich für Ihre Ideale?» Und Johanna Schall, blass und mager, blickt voller Verzweiflung und Überzeugung in die Kamera.

Da stehen nun die Schauspielerin und der Schauspieler der Stunde auf dem Alexanderplatz, in einem Jahr, in dem nicht länger zu ignorieren war, zu welch grauer Diktatur ihr Land verkommen ist, und wirken wie zeitlose Figuren. Man sieht Lilo und Rudolf. Man sieht Johanna Schall und Ulrich Mühe in ihren bisher schwersten Rollen, die Last der Geschichte, deren Protagonisten sie nun selbst geworden sind, wiegt schwer auf ihren Schultern. Johanna Schall ergreift das Wort, die Stimme klar und scharf.

Die Regierung ist eingesetzt, um dem Allgemeinwillen zur Anerkennung zu verhelfen, aber die Regierenden haben einen Individualwillen, und jeder Wille drängt zur Herrschaft. Bedienen sie, das heißt die Regierenden, sich zu diesem Zwecke der in ihren Händen liegenden öffentlichen Gewalt, dann wird die Regierung zur Geißel für die Freiheit. Daraus könnt ihr schließen, dass jede Verfassung den Schutz der öffentlichen und der individuellen Freiheit vor der Regierung selbst zum obersten Ziele haben muss.

Aus dem Vorschlag zur Verfassung der französischen Republik, 1793.

Ulrich Mühe geht ans Mikrophon und verliest die Paragraphen 27 und 28 der Verfassung dieses Landes, dessen Mauer er dort hinten am Horizont einst ganz alleine mit dem Gewehr verteidigen sollte, weswegen er schlimme Bauchschmerzen bekam. Heute hat er auch Bauchschmerzen, aber es sind schöne Bauchschmerzen, weil er mit allen gemeinsam etwas verteidigt, das es wert ist. Jeder Bürger hat

171

SAMSTAG, 4. NOVEMBER

das Recht, den Grundsätzen dieser Verfassung gemäß, seine Meinung frei und öffentlich zu äußern. Die Freiheit der Presse, des Rundfunks und des Fernsehens sind gewährleistet. Alle Bürger haben das Recht, sich im Rahmen der Grundsätze und Ziele der Verfassung friedlich zu versammeln. Danach tragen Johanna Schall und er abwechselnd, «einschränkende Paragraphen» aus der Verfassung vor, deren ersatzlose Streichung sie fordern. Es wird gepfiffen, wenn sie die drohenden Strafen, etwa für laut Paragraph 99 «landesverräterische Nachrichten», ablesen. Als Schall bei Paragraph 217 angekommen ist, «Zusammenrottung», lächelt sie scheu zu Mühe und fährt fort: «Wer eine Zusammenrottung organisiert oder anführt ... in Klammern ... RÄDELSFÜHRER, wird mit Freiheitsstrafe von einem bis zu acht Jahren bestraft.» Als sie «Rädelsführer» sagt und stockt, weil die Zuhörer wissend und belustigt raunen, huscht ein Lachen über Johanna Schalls strenge Miene. Wieder blickt sie zu Mühe. Und auch der muss nun lächeln, zum ersten Mal an diesem Tag weicht die Hamlet'sche Gram von ihm, dieser Ausdruck eines Mannes, der den Geschehnissen ausgeliefert ist. Denn das sind ja sie, Lilo und Rudolf, Johanna Schall und Ulrich Mühe: die Rädelsführer.

174

Mein Name ist Liefers. Ich bin Schauspieler. Ich möchte drei Überlegungen mitteilen. In den letzten Wochen haben Hunderttausende Menschen auf den Straßen unseres Landes das Gespräch eingefordert. Wir alle führen es seit kurzer Zeit. Natürlich hat jeder das Recht, Partner in diesem Gespräch zu sein. Aber ich meine, wir sollten darauf achten und uns verwahren gegen mögliche Versuche von Partei- und Staatsfunktionären, jetzt oder zukünftig Demonstrationen und Proteste von Menschen unseres Landes für ihre Selbstdarstellung zu benutzen, Initiatoren und Führer des begonnenen gesellschaftlichen und politischen Reformprozesses zu sein.

Der zweite Gedanke: Zur ganzen Frage der führenden Rolle überhaupt meine ich schon, dass sie zur Disposition gestellt werden muss. Zur Demokratie gehört für mich, dass keine gesellschaftliche Kraft allein dieses Recht okkupieren noch sich um sie bewerben, sondern sie bestenfalls erringen kann. Und zwar in täglicher Arbeit, demokratisch und eindeutig durchschaubar organisierter Arbeit und entsprechender Resultate. Solange die Spitze der SED nur auf unser aller Druck reagiert, kann meiner Meinung nach von führender Rolle nicht die Rede sein.

Außerdem haben, denke ich, allein die in diesem Land verbliebenen und verbleibenden Menschen darüber zu entscheiden, wen sie mit der Führung beauftragen. Und der dritte Gedanke: Es ist richtig, jeden Menschen zu ermutigen, die durch die Politik von Partei und Regierung entstandene Krise in unserem Land durchzustehen. Ich glaube allerdings nicht, dass in vierzig Jahren DDR-Geschichte nur einzelne Personen immer wieder in Krisen führten, sondern auch die von ihnen geschaffenen und zentrierten Strukturen.

Die vorhandenen Strukturen, die immer wieder übernommenen prinzipiellen Strukturen lassen Erneuerung nicht zu. Deshalb müssen sie zerstört werden. Neue Strukturen müssen wir entwickeln, für einen demokratischen Sozialismus. Und das heißt für mich unter anderem auch Aufteilung der Macht zwischen der Mehrheit und den Minderheiten.

Jan Josef Liefers erlebt seine Rede wie in Zeitlupe, alles läuft verzögert ab, das Echo seiner Worte, der Applaus, der ihn unterbricht. Als er mit dem in eine Klarsichthülle gesteckten Zettel in der Gipshand die Bühne verlässt, kommt ihm Gregor Gysi entgegen, der nächste Redner. Liefers will Gysi gerne hören, aber er braucht erst mal einen Kaffee. Das Café Espresso ist verwaist, die Gitarren der Musiker liegen herum, Taschen, Mäntel. Liefers will sich an einen Tisch setzen, kurz durchatmen, da hört er eine freundliche Stimme: «Möchten Sie auch ein Stück Pflaumenkuchen?» Der schlanke

Mann mit dem kurzen, grau melierten Haar sieht ein bisschen aus wie Paul Newman. Er trägt unter dem grauen Trenchcoat einen Strickpullover mit V-Ausschnitt, weißes Hemd, rote Krawatte. Es ist Markus Wolf. Liefers sagt: «Au ja, gute Idee, danke», da stellt dieser Mythos ihm schon einen Teller vor die Nase. Nach ein bisschen Geplauder, zu dem Liefers, als könne er nur zeitversetzt reagieren, nicht viel beiträgt, muss Wolf zur Bühne. Liefers bleibt sitzen. Der meistgesuchte Spion der Welt hat ihm gerade Pflaumenkuchen serviert. Das muss, denkt Liefers, das Ende der DDR sein. Oder der Beginn eines Experiments, das er nicht verpassen möchte.

Gregor Gysi war noch nie so aufgeregt. Er bricht früh auf aus der Neubauwohnung, die er mit seinem Sohn bewohnt. Das ist seine erste Kundgebung. Seine erste Rede vor großem Publikum. Und da ist diese schier unerträgliche Spannung: Wohin wird diese Demonstration führen?

Die Gerichte mussten, anders als die Betriebe, nicht schließen und mitjubeln, wenn irgendwelche Parteiköpfe und Staatsgäste die Straßen rauf- und runtergefahren wurden. Nur ein Mal, daran erinnert Gysi sich, 1978, als Sigmund Jähn aus dem Weltall zurück war, wurden auch die Richter und Staatsanwälte und Anwälte aufgefordert, vor die schwere Eisentür zu kommen, um dem Helden zu winken, den Honecker, der andere Außerirdische, den dieses Land hervorgebracht hatte, seinem Volk präsentierte. Die Sekretärin des Gerichtsdirektors hatte damals zu Gysi gesagt: Du weißt, dass wir heute Abend alle hinter Gittern sitzen! Warum denn, fragte Gysi. Na, weil wir gleich rufen werden: «Honecker jehn! Honecker jehn!» Vergangenes Jahr hat Gysi Mandanten vertreten, die bei der Luxemburg-Liebknecht-Demonstration am 17. Januar, am Rande des offiziellen Marschs, Plakate mit Zitaten Rosa Luxemburgs entrollt haben: «Die Freiheit ist immer die Freiheit des Andersdenkenden», «Der einzige Weg zur Wiedergeburt: breiteste Demokratie», «Wer sich nicht bewegt, spürt die Fesseln nicht». Einige kamen in Haft. Manchen wurde dort das Angebot unterbreitet, für einige Zeit nach England oder Italien oder so auszureisen und danach wieder zurückzukommen. Wenn ihr dem zustimmt, entlassen wir euch aus der Untersuchungshaft. Andere sollten in den Westen abgeschoben werden. Man wollte sie alle aus der Welt haben. Gysi konnte es nicht glauben. Neunzig Prozent der Bevölkerung träumten von Reisen in diese Länder, von Westbesuchen oder der Übersiedlung dorthin ganz zu schweigen, durften aber nicht. Doch plötzlich lautete die Moral: Man muss sich so benehmen, dass man in Untersuchungshaft genommen wird, um rauszukommen. Im Kollegium schimpfte Gysi: Ein Staat hat immer zwei Möglichkeiten. Er kann etwas verbieten, dann muss er es unterbinden. Oder er erlaubt es. Wenn er es nicht mehr unterbinden kann und es nicht erlauben will, dann geht er zu Ende. Da wurde er mal wieder zur Bezirksleitung der Partei bestellt. Das ist ja eine Unverschämtheit, hieß es da, was gehe hier zu Ende? Gysi fragte: Könnt ihr sie einsperren? Nein, das heizt die Stimmung weiter an. Könnt ihr ihnen erlauben, mit solchen Plakaten rumzulaufen? Nein, das wollt ihr nicht. Ihm war klar: Ein neues Reiserecht wird kommen. Es musste kommen.

Vor dem Café Espresso trifft Gysi auf Bärbel Bohley und Jens Reich vom «Neuen Forum», für die er gerade eine «Eingabe» gegen die Nichtzulassung beim Innenministerium gemacht hat. Drinnen sitzen viele Schauspieler, die er kennt, darunter Johanna Schall, und sein Freund Heiner Müller. Gysi sieht zum ersten Mal Lothar Bisky, den Rektor der Hochschule für Film und Fernsehen in Potsdam. Erstmals begegnet Gysi auch Markus Wolf. Gysi war beeindruckt von Wolfs Buch «Die Troika», in dem Wolf mit dem Stalinismus, den er im russischen Exil erlebte, hart ins Gericht geht und zwischen den Zeilen auch mit dem Stalinismus, der später bis in die DDR reichte. Gysi fragt sich, wie ein so intellektueller Mann so lange mit Erich Mielke arbeiten konnte.

Günter Schabowski hat Gysi zuvor auch noch nicht kennengelernt. Schabowski steckt ihm seine Dienstnummer zu. Könnte bald ein guter Draht sein, denkt Gysi, das ist schon ein Ausnahmetyp, kommt hierher und repräsentiert alleine diesen Staat, der sich versteckt. Fast wie ein Verteidiger vor Gericht. Der Einzige aus dem Politbüro, zu dem Gysi bisher Kontakt hatte, war Egon Krenz. Im Juni, als Gysi Vorsitzender des Berliner Rechtsanwaltskollegiums wurde, war er bei Krenz, zuständig für Rechtsfragen, eingeladen. Er betrat zum ersten Mal die zweite Etage des ZK-Gebäudes, wo die SED-Führung ihre Büros hat. Das Gespräch mit Krenz dauerte über eine Stunde. Gysi hatte den Eindruck, Krenz wolle sich auf die Rolle des Generalsekretärs, der zu der Zeit noch Honecker hieß, vorbereiten. Gysi berichtete ihm von Mandanten in Untersuchungshaft, die an Heizungen gekettet worden waren. Er verdeutlichte, dass die Paragraphen zu oppositionellen Aktionen in der Verfassung abgeschwächt werden mussten. Denn sonst müssten sie bald sehr viele Menschen an Heizungen ketten. Krenz hörte durchaus interessiert zu, notierte ab und an was in ein Notizbuch. Es war nach 20 Uhr, als Gysi das Büro verließ. Er wollte schauen, ob im ersten Stock bei der Abteilung «Staat und Recht» noch einer von seinen Bekannten war. Die saßen alle an ihren Schreibtischen, als hätten sie auf ihn gewartet. Sie sagten: So, jetzt erzähl mal, was los ist bei Krenz! Und Gysi fragte: Wieso icke? Ihr könnt doch morgen euren Krenz fragen, was los ist! Nee, sagten die, so läuft dit hier nicht, du hast ja keine Ahnung, wir haben kein Recht, ihn irgendwas zu fragen! Der erzählt uns gar nichts, wenn er nicht will, und er will nie! Ach, du Scheiße, dachte Gysi, hier herrscht ja Grabesruhe.

Henning Schaller kündigt an: «Es sprich zu Ihnen der Rechtsanwalt Gregor Gysi!» Als Gysi die Bühne betritt, bricht die Sonne durch die Wolken. Er hat sich genau überlegt, was er sagen wird. Plädoyers, das kann er.

Liebe Freunde, ich spreche eigentlich frei, ich habe mir diesmal
etwas aufgeschrieben, damit ich auch danach noch weiß, was
ich gesagt habe.

Ich möchte Sie zunächst begrüßen und beglückwünschen und
nicht nur Sie, sondern auch das Präsidium der Volkspolizei zu
dieser größten Demonstration in der Geschichte der DDR, die
als erste nicht von oben, sondern von unten organisiert, aber auf
dem Rechtsweg beantragt und genehmigt worden ist. Ich hoffe
sehr, dass diese Demonstration gewaltfrei bleibt und dadurch
ein Stück gewonnene Kultur wird.

Mit dem Stasi-Witz hat er sie gleich gewonnen. Als sie ihm zwi-
schendurch applaudieren, sagt Gysi: «Sie nehmen mir ja meine
kostbare Redezeit!» Gysi, mit den Mikrophonen fast auf Augenhöhe, sorgt für große Erleichterung auf dem Platz, er gibt den Leuten
das Gefühl, einer von ihnen zu sein und trotzdem die andere Seite
zu kennen. Es wird schon nicht schiefgehen heute.

Vor wenigen Wochen im Deutschen Theater sagte ich, unser Ziel
muss sein, dass die Polizei friedliche Demonstranten schützt
und damit den Namen Volkspolizei rechtfertigt. Heute zeigte
sich, in welch kurzer Zeit hier ein erheblicher Fortschritt möglich
war. Die ungenehmigten Demonstrationen der letzten Wochen
haben sicherlich ihren Beitrag zur Wende in unserm Land ge-
leistet. Und wir werden uns hoffentlich an rechtlich genehmigte
und geschützte Demonstrationen als Ausdruck politischer Kul-
tur gewöhnen müssen. Aber wir wissen, dass jetzt andere For-
men noch wichtiger werden; neue, auch politische Strukturen,
wirksame Parlamentsarbeit, neues, ökonomisches Denken und
vor allem der Ausbau der Rechtsordnung.

Der Applaus bleibt groß. Gysi redet schon über drei Minuten. Er wird
mit seinen fünf Minuten nicht auskommen, er hatte es geahnt. Er
erklärt, dass die Rechtsanwälte schon lange eine Überarbeitung des

Strafrechts fordern, gerade in den Kapiteln «Staatsverbrechen» und «Straftaten gegen die staatliche Sicherheit». Gysi ruft, es sei doch klar, dass die beste Staatssicherheit die Rechtssicherheit ist. Auch dieser zweiter Stasi-Verweis wird bejubelt. Wenig später sagt Gysi: «Wenn ich versuchen würde, Forderungen nach Dienstleistungen und Rechtsstaatlichkeit in einem Satz zusammenzufassen, dann würde ich sagen, jeder Haushalt soll über ein Telefon verfügen, und die Bemerkung ‹Das möchte ich dir lieber nicht am Telefon sagen› sollte für immer der Geschichte angehören!» Das Pfeifen und Klatschen dauert eine halbe Minute, und in Gysis Gesicht steht kaum noch zu verbergender Stolz.

Als Gysi später Egon Krenz' Äußerungen zum Massaker auf dem Platz des Himmlischen Friedens erwähnt, wird zum ersten Mal während seiner Rede gepfiffen. Doch Gysi entspannt die Situation schnell, indem er betont, dass er diese Einlassungen ebenfalls falsch fand und mit der Bemerkung, dass er – typisch Anwalt – immer etwas mehr wisse als der Rest. So wisse er, dass Egon Krenz am 9. Oktober die Hauptverantwortung dafür getragen habe, dass es in Leipzig nicht zu einer *chinesischen Lösung* kam. So beschert Gysi sogar dem neuen SED-Generalsekretär etwas Beifall an diesem Tag. Krenz habe damit einen Beitrag zur Rettung des Landes geleistet und verdiene eine Chance – und als ein lautes, einzelnes «Nee!» über den Alexanderplatz schallt, schiebt Gysi ein «allerdings» nach: «Keinen ersten Mann der Partei und des Staates mehr ohne demokratische Kontrolle oder mit absolutistischen Herrschaftsformen und nie wieder mit Zügen von Personenkult!» Damit bringt er die Zwischenrufer zum Verstummen, und sein Hinweis, er sei anders als die meisten hier «für die führende Rolle der Partei, aber ganz und gar gegen ihre Alleinherrschaft», wird ihm auch nicht mehr übelgenommen. Gysi, das SED-Mitglied, das so viele SED-Geplagte vertreten hat, ist wieder allen gerecht geworden und diesmal vor aller Augen, nicht hinter verschlossenen Türen. Gysi steht im Mittelpunkt. Er mag das Gefühl.

Die außerordentliche Zeit verlangt außerordentliche Maßnahmen. Noch einen Satz zu unserer Sprache. Wir haben inzwischen viele Anglizismen aufgenommen, wogegen ich nichts habe. Aber von der russischen Sprache haben wir nur das Wort Datscha übernommen. Ich finde, es ist Zeit, zwei weitere Worte zu übernehmen: nämlich Perestroika und Glasnost. Und wenn wir dies auch inhaltlich vollziehen, wird es uns gelingen, die Begriffe DDR, Sozialismus, Humanismus, Demokratie und Rechtsstaatlichkeit zu einer untrennbaren Einheit zu verschmelzen. Vielen Dank!

Als er unter warmem Beifall im Sonnenlicht von der Bühne geht, sieht Gregor Gysi im Schatten vor dem «Haus des Reisens» Markus Wolf und Günter Schabowski unruhig auf ihren Auftritt warten. Es hat ihn als Anwalt immer gereizt, die zu vertreten, die keine Chance hatten. Und er ahnt in diesem Moment, wessen Mandat er bald erteilt bekommt.

Marianne Birthler hat sich Werners Parka geliehen. Ein dicker Parka, ganz schwer von dem Erlebten, das sich in das Futter geheftet hat. Es ist nicht die Novemberfrische, sie hat sich diesen Parka übergeworfen, weil sie dachte, dann wäre der wichtigste Mensch, der sie durch die revolutionären Monate begleitet hat, weiter bei ihr, wenn sie vor all den Demonstranten spricht, für die jene Revolution heute erst beginnt. In der Nacht hat Birthler ihre Rede geschrieben, auf A5-Karteikarten. Als sie Werner vorlas, was sie sagen würde, war es schon früher Morgen. Sie hatten nicht geschlafen, als sie zum Alexanderplatz liefen. Eine Stunde vor der Kundgebung waren sie da. Birthler wollte sich umschauen, das Lampenfieber weglaufen, Boden unter die Füße bekommen. Sie las die Plakate, «Dieser Demo bester Lohn: Stasi in die Produktion», «Wider den Schlaf der Vernunft», «Straffreiheit für Honecker», und dachte: Boah, das habe ich euch nicht mehr zugetraut! Diese Explosion von Lust und Kreativität und Mut. Hatte sie ihre Mitbürger unterschätzt? Marianne Birthler entschuldigte sich in Gedanken bei den Menschen, in deren Mitte sie nun stand.

Wenn Birthler auf den Alexanderplatz geht, ist sie gleich wieder das kleine Mädchen, das sie hier war, als sie noch Radtke hieß. Auf diesem räudigen, hässlichen Platz, der zu ihrem Leben gehört. Sie spürt den Steinfußboden im Laden ihrer Eltern, in der alten Markthalle, lange bevor der Turm gebaut wurde und sich dieser windige **182** Ort mit ihm in die Moderne zu recken versuchte. An den Ständen gab es kein fließendes Wasser. Für alle Händler nur zwei Toiletten hinten in der Ecke. Durch den Keller, aus dem man die Ware holte, rannten die Ratten. Birthlers Vater war dort so glücklich wie nirgendwo sonst, höchstens noch auf dem Segelboot, das er sich auch bald nach seiner Rückkehr aus dem Krieg zugelegt hatte. Das Wasser liebte der Vater wie die Mutter, die schon als Jugendliche gerudert war. Der Stand jedoch war allein seine Leidenschaft. Ein langgehegter Traum: das eigene Geschäft. Davon hatte er in den Briefen an die Mutter aus Litauen und Serbien viel geschrieben. Von der Zukunft, die er sah. «Andreas Radtke – Weine und Spirituosen». Der Stand war immer voll, egal wie leer viele der Regale waren. Das wenige, was der Vater verkaufte, tat seinen Zweck. Und der Rosenthaler Kadarka war sogar trocken. Marianne Birthler half ihrem Vater gerne, verdiente sich ihr Taschengeld beim Einräumen der Flaschen, während er mit den anderen Ladenbesitzern und den Kunden plauderte oder Waren tauschte, die man nur schwer kaufen konnte. Es war ein lebendiger Ort.

Vom Grauen, das noch nicht lange vergangen war, wurde nicht geredet zu Hause in der Zweieinhalbzimmerwohnung in der Warschauer Straße, wo Birthler mit den Eltern, der sechs Jahre älteren Schwester Monika und ihrer Großmutter lebte. Die Eltern waren «noch einmal davongekommen». Sie wollten ihre Ruhe oder eben endlich schönen Lärm. Der Vater ließ keine Feier aus. Wenn er mal

frei hatte und nicht zum Alex musste, sprangen Marianne und Monika zu ihm auf das Klappsofa im Wohnzimmer, auf dem er schlief, weil die Mutter getrennte Betten für die wichtigste Regel einer Ehe hielt, und tobten stundenlang mit ihm. Die Mutter schüttelte grinsend ihren Kopf.

Sie war 1944 aus dieser Wohnung vor den Bomben geflohen, schwanger, mit ihrer Mutter und der zweijährigen Monika. In der Nähe von Frankfurt an der Oder gebar Birthlers Mutter ihre zweite Tochter: Marianne. Im Juni rückte die Rote Armee an und vertrieb alle Deutschen. In einem langen Treck ging es blind voran, acht Wochen lang. Sie schliefen auf der Straße, in Scheunen und Ställen. In einem Dorf namens Schönow konnten sie schließlich bleiben. Am 16. April 1945, als die sowjetischen Flugzeuge für Stunden über sie hinweg nach Westen donnerten, starb Marianne, kein Jahr alt, an Brechdurchfall. Die Mutter hatte ihr nicht mal Tee geben können. In diesen schweren letzten Kriegswochen, vor der Rückkehr nach Berlin, wurde die Mutter von einem russischen Soldaten vergewaltigt. Später sagte sie ihren Töchtern: «Wenn ihr hört, was die Russen in Deutschland gemacht haben, denkt immer daran, was deutsche Soldaten vorher in Russland angerichtet haben!»

Die Wohnung in der Warschauer stand noch, kaum zu glauben, und wenige Wochen später kehrte auch der Vater, von dem die Mutter so lange nichts gehört hatte, heim. Sein zweites Kind hatte er nie gesehen. Ein Foto gab es nicht. Zweieinhalb Jahre später wurde wieder eine Tochter geboren, die sie wieder Marianne nannten und die lange denken sollte, dass es sie nicht gegeben hätte, wäre ihre gleichnamige Schwester nicht gestorben.

Am 13. Januar 1956, neun Tage vor ihrem achten Geburtstag, kam Marianne Birthler von der Schule nach Hause. Ihre Großmutter öffnete die Tür mit verweinten Augen: «Dein Vater ist nicht mehr.» Die Tuberkulose, die er aus dem Krieg mitgebracht hatte, war wieder akut geworden. Der wichtigste Mensch in Marianne Birthlers Leben: verschwunden. Nur noch ein Geruch auf dem Sofa, das nun zugeklappt blieb. Die Mutter führte den Schnapsladen weiter, der die Familie ernährte, bis die alte Markthalle abgerissen wurde. Der kalte, modrige Stand war kein Ort des Glücks mehr. Der Alexanderplatz erinnerte nun an den Verlust.

Wer hier alles zusammenkommt. Hinter der Bühne wuselten vorhin die Retter des Gestern und die Propheten des Morgen um Birthler. Günter Schabowski, angsteinflößend. Gregor Gysi, der ihr immer suspekt war und nach dem sie sprechen soll. Markus Wolf, der Mysteriöse, der auf sie folgen wird. Eingeklemmt zwischen einem SED-Anwalt und dem Spionagechef, wo ist sie hier nur gelandet? Im Café saß Birthler zufällig am selben Tisch wie Markus Wolf und Christa Wolf, bloß am anderen Ende. Die tuschelten miteinander, ganz vertraut. Und sie fragte sich: Was soll denn das jetzt? Sie schätzt Christa Wolfs Bücher sehr. Was hat die denn mit dem zu schaffen? Draußen beäugt Bärbel Bohley sie skeptisch. Birthler zieht den Kragen von Werners Parka hoch. «In einer halben Stunde sind Sie dran», ruft ihr dieser Schaller zu. Als die Theaterleute sie einige Tage zuvor im Stadtjugendpfarramt besuchten und baten, als Vertreterin des Kontakttelefons und als diejenige, die die Gedächtnisprotokolle gesammelt hatte, auf der Kundgebung zu sprechen, hat Birthler gezögert. Sie eierte rum. Es gebe doch noch andere. Aber die Theaterleute sagten: Frau Birthler, Sie dürfen nicht absagen, es war so schwer, Sie durchzusetzen! Ihr Name steht nun für die Gewalt, die sie dokumentiert hat, mit Werner, in dem kleinen Büro. Es sind aus diesen Oktobertagen noch viele in Haft. Es wird noch immer so vieles geleugnet.

Marianne Birthler atmet noch einmal den Geruch von Werners Parka ein. Das bin ich nicht, die jetzt ans Mikro geht, denkt sie, das kann ich gar nicht sein, ich doch nicht! Sie hört nicht, was Henning Schaller sagt. Sie hört nur ihre eigenen Regieanweisungen. Jetzt geh nach vorn! Schau nicht nur auf deinen Text, sondern auch in die Gesichter! Sprich langsam! Birthler sieht den Alexanderplatz, wie sie ihn noch nie gesehen hat, und doch ist sie zu Hause. Auch eine Heimat, die einen quält, merkt sie an diesem 4. November, fühlt sich wie Heimat an.

Wir sind hier, weil wir Hoffnung haben. Auf diesem Platz ist hun-
derttausendfache Hoffnung versammelt. Hoffnung, Phantasie,
Frechheit und Humor. Diese Hoffnung, die seit ein paar Wochen
endlich in der DDR wächst, sollte, bevor sie so groß wurde wie
heute, am Abend des 7. Oktober und in den Tagen und Nächten
danach niedergeknüppelt werden. Ich arbeite in der Berliner
Kontakttelefon-Gruppe mit. Wir haben über zweihundert Be-
richte gelesen, in denen davon die Rede ist, wie Menschen gejagt,
geschlagen, gedemütigt und verurteilt wurden. Alle, die diese

Berichte kennen, haben begriffen, hier handelte es sich nicht um
Übergriffe Einzelner, nicht nur um kleine Büttel, die künstlich in
Stress versetzt wurden, drauflos knüppelten und grinsend Men-
schen befahlen, sich auszuziehen und Kniebeugen zu machen.
Nein, das Unrecht ist auf Befehl geschehen. Es ist geplant, vor-
bereitet und befohlen worden. Es geschah auf einen Schlag, auf
den Straßen, in Rummelsburg, in Blankenburg, in den Garagen
und auf den Höfen der Polizeireviere, in den Kasernen der Be-
reitschaftspolizei, in Berlin ebenso wie in anderen Städten der
DDR. Wer sich von den Polizisten solidarisch verhielt, musste
dies heimlich tun. Wer sich weigerte, musste mit Strafe rechnen.

Bis heute ist nicht beantwortet: Wer hat die Befehle gegeben,
wer hatte die politische Verantwortung, wer hat befohlen, dass
Polizisten aufgehetzt wurden und Angst vor der Bevölkerung
hatten. Wer hat ihnen gesagt, dass man sie auf dem Alexan-
derplatz aufhängen würde. Der vom Berliner Magistrat ges-
tern Vormittag auf öffentlichen Druck hin eingesetzte Unter-
suchungsausschuss befriedigt noch nicht, weder in Hinblick auf
seine Zusammensetzung noch auf seine Zielsetzung. Offenbar
wurde in einer eiligen Aktion versucht, der Entstehung einer
wirklich unabhängigen Untersuchungskommission zuvorzu-
kommen, die gestern Nachmittag gebildet wurde.

Kurt Demmler ist froh, dass er nicht am Anfang aufgetreten ist. Dass er sich die Bühne nicht mit dem Schöne teilen musste. Als Gerhard Schöne mal in der Nähe von Berlin ein Konzert gab, rief Demmler da an, bestellte zwei Karten und schickte seinen Gitarristen vor, dem er Geld mitgab. Der sollte die Karten abholen und einen Platz freihalten. Erst nach dem zweiten Lied, als es dunkel war im Saal, kam Demmler dazu. Er wollte nicht gesehen werden. Aber er wollte verstehen, was daran sein sollte. Warum der Schöne für seine Kinderlieder mehr Aufmerksamkeit bekam als er selbst für seine «Lieder des kleinen Prinzen», die fast zeitgleich erschienen waren, 1985. Demmler war da noch nicht lange über vierzig. Er nannte es «Midlife-Crisis». Er machte sich Gedanken. Auch über seinen Vater, den er nie kennengelernt hatte, weil der als Aufklärungsflieger im Krieg verschollen war. Im selben Jahr, im selben Monat sogar wie sein Vater, fand Demmler heraus, war auch Antoine de Saint-Exupéry als Aufklärungsflieger verschollen, nur eben für die andere Seite. Demmler las «Der kleine Prinz» noch mal und erkannte eine Seelenverwandtschaft. Menschen, die nur mit sich beschäftigt sind und die Werte vergessen haben, hat er auch viele kennengelernt. Auf und hinter den Bühnen dieses Landes.

Kurt Demmler hat sich neu erfunden in den vergangenen Jahren. 1986 geriet er auf einer Veranstaltung im Berliner Funkhaus mit Gisela Steineckert aneinander, der Leiterin des Rundfunklektorats, der Frau, die jeden Songtext verbieten oder erlauben konnte. Als Steineckert noch eine junge Lyrikerin war und Teil des «Oktoberklubs», der politischen Liedgruppe, bei der Demmler mitmachte, war sie seine größte Förderin. Sie gehörte zu den Künstlerinnen, deren politische Überzeugung und Kreativität Kurt Demmler, dem Staat gegenüber von Hause aus kritisch, beeindruckten und veränderten. Er suchte die Gründe für die Missstände, die er sah, nun nicht immer im System. Er verstand, wie schwer es der Westen der DDR machte. Er glaubte, dass sie es schaffen würden. Er sang: «Ja, das, das haben wir selber heut nun an unserm Vaterland? Wir haben endlich ein Gesicht, und endlich auch die Zuversicht: Dies Land ist von Bestand.»

Doch es waren nicht die eigenen Lieder, die Kurt Demmler früh legendär machten, es waren die, die er für andere schrieb. «Du hast den Farbfilm vergessen» für die 17-jährige Nina Hagen, unzählige Hits für die Puhdys, Karat, Silly oder City. Er liebte es, nicht nur Texte, sondern ganze Ideen, Identitäten «aus Lehm zu erzeugen», wie er es nannte. Jeder wollte mit ihm arbeiten. Jeder musste mit ihm arbeiten. Egal wie schroff und abweisend und schräg er wirkte. Demmler schrieb den Soundtrack zur DDR, und je einflussreicher er wurde in diesem Land, desto kritischer sah er es wieder. Nachdem er die Protestresolution gegen die Ausbürgerung von Wolf Biermann unterschrieben hatte, bekam er zwei Jahre Auftrittsverbot. Demmler textete weiter, nahm weiter auf mit all denen, die noch auftreten durften, es scherte ihn nicht. Doch dann, nach diesem Streit mit Gisela Steineckert, ging es ans Eingemachte, er bekam Hausverbot für den Rundfunk. Und wer nicht mit dem Rundfunk arbeiten darf, der kann keine Musik produzieren. Demmler verkündete öffentlich seinen Rückzug aus der Pop- und Rockmusik. Er hatte doch alles erreicht. Die Kritiker fingen ohnehin bereits an, ihn «Vielschreiber» oder «Volvofahrer» zu schimpfen.

Kurt Demmler ist verheiratet, er hat zwei Kinder. Auf Tournee sieht man ihn jedoch meist in Begleitung sehr junger Frauen, aber nicht jung im heinermüllerschen Sinne, nein, eigentlich sind es noch Mädchen. Manche dieser Mädchen lässt er auf der Bühne mitsingen. Es wird viel getuschelt über Kurt Demmler. Er sagt, er sei ein streichelbedürftiger Mensch. Niemand traut sich, genauer zu fragen. Es ist immerhin Kurt Demmler. Mit erwachsenen Frauen dagegen ist er anders, schüchtern, verdruckst. Wenn er einer wie Annekathrin Bürger begegnet, kann er ihr gar nicht in die Augen schauen.

Nach den Kinderkonzerten spricht Demmler oft zum Publikum: Er suche noch junge Sängerinnen, Stimmen für den kleinen Prinzen, weil seine, auch wenn er so wunderbar ins Kieksende abdriften kann, doch zu tief sei. Manchmal kommen Eltern oder Großeltern,

Fans von Demmler, gleich mit Kindern und Enkelkindern nach vorne. Es wäre eine Ehre, wenn Demmler die Mädchen unterrichte.

Kurt Demmler ist groß geworden in diesem Land, das ihn klein halten wollte. Während seines Medizinstudiums – bis 1976 arbeitete Demmler als Arzt in einer Leipziger Poliklinik – kam nach einem Auftritt mit dem Uni-Ensemble, bei dem Demmler ein Lied gegen die tramperverfolgende Polizei gesungen hatte, die Stasi zu ihm nach Hause. Den ganzen Tag verhörten sie ihn. Das kam danach noch häufiger vor. Sie zeigten ihm eine dicke Akte, die seine sein sollte. Viel hätten sie gegen ihn in der Hand. Aber am Ende wollten sie doch nur, dass er mitmacht. Und Demmler lehnte ab, mit Berufung auf den hippokratischen Eid. Was er zu berichten hatte, konnten sie später im Radio hören. Er hat durchgehalten. Er erkennt sie doch da unten in der Menge, die Herren mit dem Spannerblick. Aber er steht oben und singt sein Lied:

Irgendeiiiiiner ist immer dabei
Von der ganz leisen Polizei
Irgendeiner macht immer ein' Strich
Und wenn's du nich' bist, bin's ich!
So macht uns keiner unser'n Sozialismus kaputt:
Wir halten ihn geheim bei Tag und bei Nacht,
sonst hätt' uns ihn der Westen längst nachgemacht!

Markus Wolf läuft mit Andrea vom Spreeufer zum Alexanderplatz. Auf dem Weg begegnen ihnen nur fröhliche Gesichter. Wolf lächelt jeden an. Er weiß nicht, wie viele ihn erkennen. Man kannte ihn ja nicht. Doch das Konspirative, das ihm seit der Komintern-Schule in Moskau in Fleisch und Blut übergegangen war, ist in den letzten Monaten endgültig gewichen. Er fühlt sich frei. Am Abend war Wolf noch aufgekratzt nach Hause gekommen von einer Veranstaltung der LDPD mit Manfred Gerlach. Er hatte die Krenz-Rede im Autoradio gehört. Das war schlecht. Zu wenig. Wolf sagte zu Andrea: Wir müssen meine Rede für morgen doch noch mal umschreiben, ich muss konkreter werden. Andrea konnte ihn beruhigen. Was du hast, sagte sie, ist gut. Alles wird gut.

Sie gehen vorbei an den Künstlern, die sich am Startpunkt der Demonstration versammelt haben. Die Schauspielerin Käthe Reichel, wie viele andere hier eine neue Bekannte von Markus Wolf, ruft ihm überschwänglich zu: «Kümmert euch um Robert!» Sie meint

Robert Havemann, den Chemiker, der wegen seiner kritischen Sicht aus der Partei ausgeschlossen wurde und im Hausarrest starb. Viele fordern, dass er posthum rehabilitiert wird. Zwischen der Bühne und dem «Espresso» dirigieren Johanna Schall und Henning Schaller die Massen. Wolf ist beeindruckt. Er sagt zu Johanna Schall: «Sie könnten einen guten Innenminister abgeben!» Die vielen Journalisten und Fernsehkameras stören. Wolf muss ein Interview nach dem nächsten geben. Er kann der Rede von Gregor Gysi, den er davor zum ersten Mal begrüßt hatte, nur mit viel Mühe folgen. Dieser Kurt Demmler singt seine spitzen Verse, die Stimmung ist bestens. Der Schlussakkord: «... deshalb braucht's Sicherheit auch vor der Sicherheit!» Markus Wolf tritt ins Licht. In die gespannte Stille hinein ruft einer: «Stasi raus!»

Nicht ohne zu zögern, nutze ich die Möglichkeit, an dieses Mikrophon zu treten. Aus mehreren Gründen. Es war nicht meine Partei, die Sozialistische Einheitspartei, die mit der Macht der Medien zu dieser Demonstration aufgerufen hätte, es war die fast leise Stimme Berliner Künstler mit der Forderung nach Freiheit des Worts und der Versammlung. Trotz zunehmend mahnender Stimmen in unseren eigenen Reihen konnten wir nicht verhindern, dass unsere Führung bis zum 7. Oktober in einer Scheinwelt lebte und selbst dann noch versagte, als die Menschen anfingen, mit den Füßen abzustimmen. Das war bitter für uns Kommunisten.

Die ersten vereinzelten Pfiffe. Markus Wolf, die linke Hand in der Hosentasche, in der rechten die Karteikarten, am grauen Mantel ein großer Aufkleber «4. 11.», derselbe, den auch Marianne Birthler am Parka hat, lässt sich nicht beirren. «Der Fackelzug am 6. Oktober und die Militärparade am Morgen des 7.», fährt er fort, da wird aus den Pfiffen ein Pfeifkonzert, und ein gönnerhaftes Lächeln streift über Wolfs Mund: «...wirken heute schon wie ein Abschied von einer längst vergangenen Zeit. Und doch liegt diese Zeit erst vier Wochen zurück. Wir dürfen ihre Rückkehr nie wieder zulassen!» Nun gibt es auch großen Applaus, der noch größer wird, als Wolf vom Zentralkomitee ein Bekenntnis zur Verantwortung und personelle Konsequenzen fordert. Als Wolf jedoch zum zweiten Mal «Kommunisten» sagt – Hunderttausende davon hätten «ehrlich und aktiv» gearbeitet, viele schon lange um Lösungen gekämpft –, wird er doch wieder niedergepfiffen. «Aufhör'n, aufhör'n», schallt es über den Platz. Wolf nimmt die Hand aus der Tasche und hebt sie beschwichtigend. Er weiß, dass die wirkliche Empörung noch folgen wird.

Nun zum zweiten Punkt meines Zögerns, hier zu sprechen, und da erwarte ich noch viel weniger Beifall. Ich habe ein Buch geschrieben, in dem ich mich für offenes Aussprechen der Wahrheit, für Zivilcourage, für menschliches Umgehen miteinander, auch mit Andersdenkenden ausspreche. So, nun wird der Beifall gleich aufhören, denn ich kann und will natürlich nicht verschweigen, dass ich davor dreiunddreißig Jahre General im Ministerium für Staatssicherheit war ...

Man versteht kein Wort mehr. Dem Mann ohne Gesicht entgleitet das Gesicht, der Mund bleibt offen stehen, die Augen starr. Von unten beobachtet Andrea Wolf, wie ihr Mann beginnt, mit seinen Zetteln in die Luft zu schlagen. Sie kennt ihn. Sie weiß, dass er nicht nachgeben wird. Sie fürchtet, nun gehen sie ihm an den Kragen. Aus «Aufhör'n!» ist vereinzelt «Aufhängen!» geworden.

... und ich bekenne mich zu meiner Verantwortung für diese Tä-
tigkeit bis zu meinem Ausscheiden vor drei Jahren aus diesem
Dienst!

Manche klatschen. Doch es kehrt keine Ruhe ein, erst recht nicht, als Markus Wolf davor warnt, die Mitarbeiter des Ministeriums zu «Prügelknaben» zu machen. Er sei für die Untersuchung jedes Unrechts, aber: «Die Aufgaben dieses Ministeriums entsprachen stets der Politik dieses Landes!» Verantwortliche des Ministeriums sollten sich der Öffentlichkeit stellen, «um damit auch den Dunst des Geheimnisvollen zu beseitigen, das bei vielen Menschen Angst verbreitet».

Zum Abschluss seiner Rede erklärt Markus Wolf, der dritte Grund, aus dem er gezögert habe, hier zu reden, liege in den «Erfahrungen der Geschichte». Immer wenn es in sozialistischen Ländern nach dem Krieg einen Kurs- und Führungswechsel gegeben habe und die Menschen emotionsgeladen mit ihren Forderungen auf die Straßen und Plätze gegangen seien, sei Blut geflossen, oft mit vielen Toten. Danach sagt er, er ziehe vor der Besonnenheit am heutigen Tage seinen Hut. Wolf plädiert für Vernunft und für Glasnost und Perestroika, aber das geht in den wütenden Reaktionen der Zuhörer unter, von denen viele die Worte jenes Mannes, der gerade aus dem Dunst des Geheimnisvollen getreten ist, als Drohung aufzufassen scheinen.

Als Markus Wolf nach diesen vierzehn Minuten, in denen er weniger zu Wort kam als Gregor Gysi in seinen zwölf, vom Pritschenwagen steigt, bedrängt von Kameras und Mikrophonen, hat er einen so trockenen Mund, dass er kein Wort herausbekommt. Ihm ist wirklich die Spucke weggeblieben. Christa Wolf umarmt ihn wortlos. Stephan Hermlin sagt: Du standest wie ein Fels in der Brandung. Doch so fühlt sich Wolf nicht. Er ahnt erstmals in diesen Wochen, in denen er die Vergangenheit hinter sich ließ, dass sie ihn wieder einholen wird. Er war als Autor auf die Bühne gestiegen. Als Stasi-General kommt er runter.

Jens Reich wartet auf Bärbel Bohley. Er hat sie gebeten, ihn zu begleiten. Vielleicht, denkt er, eskaliert dieser Tag und sie wird von den Veranstaltern doch noch hochgebeten auf die Bühne, um die Leute zu besänftigen. Bärbel ist das Gesicht dieser Revolution, die Populärste vom Neuen Forum, sie regt viele auf, aber nur sie könnte die vielen auch wieder abregen. Reich hatte keine Ahnung, wer hier noch alles reden wird, die Liste war wohl bis zuletzt hart umkämpft, hat Bärbel gesagt. Markus Wolf? Schabowski? Heiner Müller sitzt in einer Ecke, übel gelaunt, er hat sich schon einen angesoffen. Der fühlt sich wohl auch wie im falschen Film.

Christa Wolf stiert in den Raum, gedankenverloren, trinkt einen Kaffee. Andere streifen umher, treffen irgendwelche Absprachen, stecken die Köpfe zusammen, der Gysi ist stets dabei. Dazwischen Henning Schaller, der raus und rein und wieder raus rennt, um hinter den Vorhang zu schauen, auf das Proszenium des Alex, wo sich die Massen, die sie gerufen haben, ohne zu wissen, ob die sie hören, längst verselbständigt haben. Schaller nimmt Reich zur Seite und zischt ihm zu, er werde jeden von der Bühne zerren, der anfängt, eine lange Proklamation zu verlesen. Es ist makaber im Café Espresso, findet Reich. Viele wirken verlegen, dass sie überhaupt hier sind. Es herrscht eine unmögliche, eine miserable Stimmung, wie in einem Käfig, in den einander fremde Raubtiere gesetzt wurden. Als Bärbel kommt, gehen sie gleich raus. Frische Luft schnappen. Um das Haus des Reisens wurde eine komische Absperrung befestigt, eine richtige Knastmauer. Die ersten Redner werden hochgeführt. Dieser Bereich zwischen Publikum und Café-Käfig erinnert Reich an historische Szenen, in denen Verurteilte ausgestellt werden am Pranger.

Markus Wolf kommt auf Bärbel und ihn zu und sagt, das sei doch ein großartiger Tag heute, dass sie jetzt nicht mehr gegeneinander, sondern miteinander sind. Seine Augen leuchten. Bärbel guckt Wolf kurz von oben nach unten an, diesen Mann im grauen Mantel eines Spions, und raunt Reich zu: «Jetzt geht die Scheiße wieder von vorne los!» Dann läuft sie davon. Reich steht vor dem Stasi-General und fühlt sich, als sei er mit seiner Ehefrau gerade auf seine

Geliebte getroffen und müsse sich nun entscheiden. Er wäre bereit, irgendwas zu quasseln, ein bisschen Geplänkel. Die Situation ist ihm peinlich. Er lächelt Wolf zu und folgt Bärbel.

Jens Reich hätte nicht gedacht, dass er von der Bühne so viele Gesichter erkennt, keine zusammenfließende Menge, sondern lauter Gefühle. Er sieht Unsicherheit, die Befreiung weicht. Er sieht den treffsicheren Witz auf den Plakaten; er kann sich nicht erklären, wovon das auf einmal ausgelöst wurde, alle wurden erfasst, wie durch einen Kettenbrief, auch seine Familie und seine Freunde dachten sich nächtelang Losungen aus und krakelten sie auf olle Bettlaken oder Pappen. Reich sieht die verstopften Einmündungen zum Alex, die Liebknechtstraße, die Rathausstraße, Karl-Marx-Allee und Grunerstraße. Und er sieht die erste Reihe. Die Stasi, glaubt Reich zu erkennen, hat sich vor der Bühne postiert und glotzt ihn an, als Schaller ihn am Rockzipfel hochführt.

Liebe Berlinerinnen und Berliner, ein herzliches Willkommen auch an die Nicht-Berlinerinnen und Nicht-Berliner! Ich stehe hier auf dieser Lastwagenpritsche, weil ich für das «Neue Forum» sprechen soll. Wir kennen alle die alte Spruchweisheit: «Tapeziert der Nachbar sein Haus, dann tapezieren wir noch lange nicht.» Dagegen setzen wir: Renoviert der Nachbar seinen Roten Platz, dann tapezieren wir unsern Alex! Und außerdem: Tapeziert der Nachbar den Kreml, dann gründen wir ein Neues Forum! Und das «Neue Forum» darf nicht nur miesepetrig geduldet werden, es braucht die offenherzige, volle Anerkennung. Und das gilt auch für die anderen neuen Bürgerinitiativen. Tapeten haben wir heute genug beschrieben, wir brauchen nunmehr eine richtige Zeitung.

Jens Reich sagt sehr langsam: «Zeitunck». Er hat den Mistreitern vom «Neuen Forum» seine Rede natürlich vorgetragen am frühen Morgen. Sie waren zufrieden. Aber jetzt spürt er sofort, dass sie zu gewunden ist. Obwohl die Menschen beim Stichwort «Neues Forum» jubeln. Reich hat das Gefühl, an diesem Platz zu scheitern. An der Technik. Er weiß gar nicht, wie er sprechen soll: Die Worte kommen von allen Seiten als Echo zurück und hauen auf ihn ein. Muss er Pausen machen? Noch langsamer werden? Er ist ganz durcheinander.

Und wir brauchen den Zugang zu den elektronischen Medien. Das «Neue Forum» brennt darauf, das gähnende Loch aufzufüllen, das der «Schwarze Kanal» hinterlassen hat.

Sie applaudieren an den Stellen, die sich Reich gedacht hat. Als er den «Schwarzen Kanal» erwähnt, toben sie regelrecht. Aber Schaller nickt ihm dauernd so nervös von der Seite zu. Soll er etwa noch langsamer reden?

Wir müssen Druck erzeugen, damit es endlich vorwärtsgeht in unserem Lande. Unsere Bürgerbewegungen haben Kontrollaufgaben. Sie müssen verhindern, dass es je wieder zu Sprachverlust und Aneinandervorbeireden und -handeln kommt. Nicht jeder von uns wird regieren wollen, aber jeder muss aufpassen können, dass nichts mehr unter den Teppich kommt, auch nicht Privilegien, auch nicht politische Blöcke. Für unsere Volksvertretung wollen wir Frauen und Männer wählen, die dem Volk Rede und Antwort zu stehen imstande sind. Leute unseres Vertrauens, nicht solche, die sich einen Bezugsschein für ihre führende Rolle abholen wollen. Und dazu brauchen wir eine Wahl, die diesen Namen verdient ...

Was brüllt dieser Stasi-Mann da vorne? Reich klammert sich ans Manuskript.

Freiheit ist immer auch die Freiheit der Andersdenkenden. Freiheit ist Befreiung, und wir alle müssen uns frei machen von Angst, von der Angst, es könnte alles aufgezeichnet und später gegen mich verwendet werden, – von feiger Vorsicht, nur nicht den Kopf aus dem Salat stecken, sonst gibt's einen drauf, – von Kleinmütigkeit, es hat ja doch keinen Sinn, nichts wird sich ändern, alles bleibt beim Alten. Nein, wir müssen unser Verfassungsrecht wahrnehmen, nicht nur hier auf der Demo, sondern vor dem Chef, vor den Kollegen, vor dem Lehrer, vor der Behörde, überall. Und wir müssen jedem beistehen, der dies Recht ausübt, nicht abwarten, ob er sich den Hals bricht. Wir sollen zuletzt auch Solidarität nicht vergessen. Das Wort wird so leicht zur **196** *Phrase, sozusagen zum Soli-Aufkommen. Wir wollen zum Beispiel an die Prager Einwohner denken. An die blauen Flecken auf ihren Rücken. An ihre Verhafteten. Seit wann darf man politische Konflikte mit dem Knüppel austragen? Wir wollen auch die Alten nicht vergessen, die dieses Land aus den Trümmern geholt haben ...*

Diese Stasi-Typen zappeln feindlich herum bei jedem freundlichen Applaus. «Das alte Arschloch soll aufhören», hört Jens Reich.

Und zum Schluss denken wir an Südafrika. Auch dort gab es in diesen Tagen die erste große Freiheitsdemonstration. Wir mussten nur die Sprache wiederentdecken, unser Schweigen brechen. Die Menschen dort in Südafrika mussten sich den Stickknebel aus den Rachen reißen. Sie beweisen Todesmut, lasst uns wenigstens Zivilcourage zeigen. Und ein letztes freundliches Wort, vielleicht können wir bei einer anderen Veranstaltung Erich Loest oder Wolf Biermann dabeihaben ...

Die Stasi-Leute in der ersten Reihe sind jetzt richtig böse. «Halt's Maul», brüllt einer hoch, «geh weg mit Biermann! Mit dem nicht!» Obwohl er kilometerweiten Applaus spürt, kaufen die Drecksäcke ihm den Schneid ab. Noch dazu ruft Henning Schaller von der Seite: «Es reicht!» Und meint damit nicht die, sondern Reich.

... vielleicht können wir die Leute dabeihaben, die nicht mehr
bei uns sind, weggegangen sind und wiederkommen möchten.
Danke!

Manfred Gerlach ist mit dem Lada gekommen, nicht mit dem Volvo. Eine Staatslimousine kommt heute vielleicht nicht so gut an. Gestern war Gerlach bei der Gratulation des Diplomatischen Corps zur Wahl von Egon Krenz als Staatsoberhaupt. Dort traf er auf Willi Stoph, den Vorsitzenden des Ministerrats. Am 2. November hatte Gerlach in einem Papier, das der LDPD-Zentralvorstand verabschiedet hatte, den Rücktritt der Regierung Stoph gefordert. Als Gerlach 1960 der Stellvertreter des Staatsratsvorsitzenden wurde, war Stoph stellvertretender Ministerpräsident geworden. Dass gerade Stophs Nazi-Vergangenheit öffentlich geworden war, hatte ihm nicht viel geschadet. «Du willst also, dass ich zurücktrete», fragte Stoph ihn gestern, «und ich dachte, wir hätten gut zusammengearbeitet?» Gerlach antwortete: «Ja, es wäre das Beste. Wir brauchen eine neue Politik; das geht nicht mit der alten Regierung!» Stoph verzog keine Miene. Und Gerlach überlegte während der Zeremonie, ob die von Stoph genannte gute Zusammenarbeit noch als ein Kompliment durchginge.

Johanna Schall hatte Manfred Gerlach am 25. Oktober gefragt, ob er auf der Kundgebung reden wolle. Gerlach fühlte sich geehrt. Er war als einziger Vertreter einer Partei eingeladen. Jedenfalls bis die SED Schabowski schickte, den neuen Medienzar, der bestimmt dafür gesorgt hat, dass hier so viele Kameras aufgebaut sind. Egon Krenz hatte Gerlach vorher zu verstehen gegeben, er sei gegen diese Demonstration. Sie ändern schnell ihre Meinung.

Schalls Anfrage hatte Gerlach auch deshalb gefreut, weil er seine Liberaldemokraten als Geburtshelfer dieser heutigen Mutprobe sieht, hatten sie doch am 19. Oktober in der Parteizeitung *Der Morgen* alle Journalisten und alle Berliner aufgerufen, Anfang November für eine demokratische Informations- und Medienpolitik zu demonstrieren. Damals hatte die Agitationskommission des Zentralkomitees prompt mit Konsequenzen gedroht. Gerlachs Zusage, so hat er gehört, sei ein Grund gewesen, dass die heutige Veranstaltung einen Tag danach genehmigt wurde. Man konnte ja schlecht eine Kundgebung verbieten, auf der ein Stellvertreter Erich Honeckers sprechen würde, beziehungsweise, aber daran musste er sich erst gewöhnen: ein Stellvertreter von Egon Krenz. Ausgerechnet die Künstler, denkt Gerlach, verändern dieses

Land. Die Honecker so oft als «intellektuelle Spinner» oder «wildgewordene Intellektuelle» beschimpft hat. Er beginnt seine Rede mit einem Dank.

Mündige Bürgerinnen und Bürger! Diese bewegende Willensbekundung ist auf Vorschlag der Berliner Künstler zustande gekommen. Lassen Sie mich deshalb zunächst unmissverständlich sagen: Das Ansehen unserer Republik in der Welt gründet sich wesentlich auf die schöpferischen Leistungen ihrer Künstler. Deshalb auch haben die Künstler, die heute mit vielen anderen Bürgern dieses Landes hier versammelt sind, das Recht, für ihr Schaffen gute, vernünftige, zuträgliche Bedingungen zu fordern. Bedingungen also, die sie nicht behindern, sondern ihnen im Gegenteil alles abfordern, alles, das sie nur zu geben in der Lage sind. Kein Talent darf uns verlorengehen, schon gar nicht über die Grenze.

Das ist ein guter Start. Die Leute sind einverstanden. Wahrscheinlich kennen ihn ohnehin nicht allzu viele. Staatsratsvorsitzender, schön und gut, aber nun zahlt es sich mal aus, immer in der zweiten Reihe mitgelaufen zu sein. Die Stimmung kippt erst, als Gerlach auf die Rolle seiner Partei zu sprechen kommt.

Wir, die LDPD, haben die Tür zur Erneuerungspolitik aufgestoßen, deshalb habe ich gern das Angebot angenommen, hier zu

sprechen, auch um zu zeigen, dass es keine Phrase ist, auf die Unverzichtbarkeit der Künste in unserem Alltag hinzuweisen.

Vielleicht war das zu anmaßend. Das klingt, als wolle er sich über das Volk erheben, ihm den Aufstand wegnehmen. Aber er ist nun mal wütend, dass Krenz gestern in der Fernsehansprache, die er – so wie Honecker all die Jahrzehnte – eben nicht mit Gerlach, seinem Stellvertreter, abgesprochen hatte, sagte, «die Wende» sei ein historisches Verdienst der SED. Krenz informierte außerdem über ein SED-Aktionsprogramm, das in weiten Teilen exakt den von der LDPD schon lange erhobenen Forderungen entsprach. Manfred Gerlach will das Spiel nicht länger mitspielen. Er will endlich eine eigene Stimme haben. Aber den Leuten ist es egal, ob er heute mit dem Lada oder dem Volvo kommt. Sie wissen ja, in welcher Kolonne er bis gestern mitgerollt ist, weit hinten zwar, aber immer dabei. Die Menschen applaudieren dem steifen Herrn in dem gestreiften Mantel so gleichgültig, als habe der seine Abschiedsrede gehalten.

Ekkehard Schall braucht nur zwei Schritte, um die Bühne einzunehmen. Das ist sein Talent: Überall fremd zu sein und doch Wurzeln schlagen zu können, aus eigener Kraft, der Boden ist scheißegal. Er steht, ganz in Schwarz, stammfest, und doch leicht nach hinten geneigt, als würde er ausholen. Kopf und Bauch sind in Stellung gebracht. Über dem Stoppelbart, auf der spitzen Nase sitzend, verdeckt die schmale Lesebrille die noch schmaleren Augen und klemmt den kahlen Schädel ein, als könnte nur so all das Wissen aus all den Büchern und all den Begegnungen zusammengehalten werden. Jeden Tag trainiert Schall eine Stunde lang seinen stämmigen Körper und eine weitere Stunde lang seine kehlige Stimme. Schall ist eine ständige Explosion, wild sein will er auf den Brettern, die ihm mehr als die Welt bedeuten, niemals leise. Er ist ein Choleriker, das gehört in der Familie dazu. Sie sei zu faul, hatte er seiner Tochter Johanna gesagt, als sie ihm gestand, auch Schauspielerin werden zu wollen. Oft hat er sie des Frühstückstisches verwiesen, als Klassenfeindin, weil sie über die Zustände schimpfte, das war vielleicht übertrieben von ihm, aber so war er, ein bisschen Streit gab es nicht.

Es drängt mich, heute hier an dieser Stelle vor den Teilnehmern einer genehmigten Demonstration ein lautes Lob auszusprechen den vielen Tausenden, die in den sogenannten ungesetzlichen Demonstrationen der letzten Wochen der Partei die Möglichkeit einer Veränderung und eines Neubeginns abgetrotzt, ja abgezwungen haben.

Schall hämmert seine Worte mit der linken Hand in die Luft, als hätten sie nicht schon genug Wucht. Er hat in so vielen Klassikern mitgespielt, dass er selbst zum Klassiker geworden ist. Schall sieht aus wie der Abgesandte einer vergangenen Epoche, als würde er eine Rede vor den Arbeitern des Spartakusaufstands halten. Brechtdarsteller nennen sie ihn. Das reicht nicht. Schall ist ein Brechtübersetzer. Ein Brechtverrückter. Brechts Schwiegersohn. Als er erstmals mit Barbara, die sich als Schauspielerin lange den Nachnamen Berg gab, um dem Brecht zu entkommen, alleine war, auf dem Familiensitz in Buckow, stand Bertolt Brecht unten vor dem Fenster und rief: «Lassen Sie sofort meine Tochter raus!» Die Kollegen am Theater zwinkerten Schall damals zu: *Na, hast du dich ins gemachte Nest gesetzt!* Daran hatte er nie gedacht. Er liebte diese Frau. Und er liebte ihre Eltern. Er liebte diese Familie und die Kunst, die sie machte. Und er verstand sie wie keiner. Viele haben Schall arrogant genannt, aber Arroganz, das weiß er, der nur an Irdisches glaubt, aber auch alles Übersinnliche gelesen hat, heißt im Katechismus der römisch-katholischen Kirche: Stolz. Stolz war er immer. Darauf, Bertolt Brecht und dessen Frau Helene Weigel oder auch Hanns Eisler erlebt zu haben. Mit diesen Leuten angefangen zu haben. So wie sie, wusste Ekkehard Schall, würde er nie werden. So großartig. Und so verwundet. Während Ekkehard Schall mit den Besten anfing zu arbeiten, fingen diese überhaupt erst an – von den Nazis nach Amerika gejagt und von den Amerikanern als Kommunisten verjagt –, endlich zu Hause zu sein und immer besser zu werden, hier, im gelobten Land.

Nicht die vielen Protestschreiben, Beschwerden und Vorschläge haben etwas erreicht, sondern ausschließlich der Druck der Straße, der selbstverständlich verboten war, wie schon die Aktionen der revolutionären Sozialdemokraten im vorigen Jahrhundert. Nur der Druck der Straße hat die verhärteten Strukturen der Partei- und Staatsführung aufgebrochen und den Anfang einer Veränderung möglich gemacht. Meinen Dank all diesen mutigen und friedlichen, ich betone das, friedlichen Demonstranten in vielen Städten der DDR. Ohne Sie hätte sich nichts verändert. Dass es friedliche Demonstranten gegeben hat, ebenso wie unfriedliche Polizisten, Rowdys auf beiden Seiten, ist unbestritten. Aber ich muss feststellen, dass die Brutalität von Sicherheitskräften schwerer wiegt und schlimme Erinnerungen weckt.

Ekkehard Schall hätte in diesen Monaten gerne endlich mal Shakespeares «Timon von Athen» gespielt, dieses Stück über die Macht des Geldes. Aber Manfred Wekwerth, der Leiter des Berliner Ensembles, das für immer Brechts Theater sein würde, lehnte ab: Wer interessiere sich denn heute für Geld? Schall ist nicht sicher, wie ausgeprägt das Interesse der Leute auf diesem Platz an Geld ist. Nicht unwesentlich, glaubt er, das ist nicht anders als überall auf der Welt. Als sie 1960 «Mutter Courage und ihre Kinder» in Paris zeigten, johlte die eine Hälfte des Publikums beim «Lob des Kommunismus» und die andere buhte. Helene Weigel, für die Brecht dieses Stück geschrieben hatte, schaute vor den Vorhang, sah die Brillanten und die Colliers und Nerze im Parkett und wienerte: «No, die Ausgebeuteten, ihr Hornochsen, die sitzen wo? Auf der Empore, wo die billigsten Plötze san! Denn hier in Frankreich hammer zurzeit noch die klassischen Ausbeiterverhältnisse, studiert sie, ihr Hammeln!»

Wir alle müssen jetzt lernen, neu miteinander umzugehen. Und neben dem neuen Umgang miteinander sollten wir eines nie wieder vergessen, was wir jetzt bitter schlucken mussten: Es gibt keine Einheit mehr, international nicht und national nicht, weder in den Klassen, noch in den Parteien. Streichen wir dieses Wort Einheit aus unserem Vokabular. Es geht nur noch um Mehrheiten, die sind allerdings schwerer zu gewinnen als eine nur behauptete Einheit, eine abverlangte, eine verlogene Einheit. Sorgen wir dafür, dass die DDR ein wirkliches sozialistisches Gemeinwesen wird, was mehr ist als ein sozialistischer Staat.

202

Ein auf den Hund gekommener Sozialismus-Versuch ist Ekkehard Schall lieber als ein schlechter Kapitalismus. Was ja eine Tautologie ist. Er ist für Meinungsfreiheit, aber wenn jeder das Recht auf Öffentlichkeit hat, das sieht man heute auf dieser Bühne, dann hat auch jeder Idiot das Recht auf Öffentlichkeit.

Günter Schabowski will schnell rauf auf diese klapprige Bühne, aber die machen hier ein Bohei, es dauert und dauert. Leute, bringen wir es hinter uns! Mielke schrieb vorgestern an seine Bediensteten: «Jeder eingesetzte Genosse hat davon auszugehen, dass viele Teilnehmer der Demonstration eine starke Abneigung und evtl. Hassgefühle gegen die Mitarbeiter der Staatssicherheit haben.» Aber: «Mit dem Ziel, die Dialogpolitik der Partei mit allen Bürgern der DDR auf der Grundlage der Verfassung voranzubringen, erfordert der Einsatz aller Mitarbeiter der Schutz- und Sicherheitsorgane in diesen schweren Tagen ein außerordentlich hohes Maß an Besonnenheit, Selbstbeherrschung und Zurückhaltung.» Ja, das kennt Schabowski, geht ihm jeden Tag so. Den auf dem Alex anwesenden Stasi-Leuten ist das Tragen der Dienstwaffe untersagt, aber angewiesen wurde «die kompromisslose Sicherung der Staatsgrenze der DDR zu Berlin (West) gemeinsam mit den bewaffneten Organen, durch die konsequente Unterbindung einer möglichen Ausweitung der Demonstration von einigen Gruppen in Richtung Staatsgrenze in provokativer Absicht». Denn gewiss sei: «Unter den Demonstranten werden sich auch feindliche Kräfte befinden, die für sie günstige Umstände suchen werden, um unter dem Schutz der Massendemonstration politische Provokationen gegen die DDR, die SED und das MfS sowie Konfrontationen mit den Schutz- und Sicherheitsorganen hervorzurufen.» Weiter hieß es: «Besondere Gefahren für die staatliche Sicherheit und Ordnung können eintreten, wenn diese Kräfte durch psychologische Beeinflussung der Demonstranten (z. B. Hysterie) schwere Provokationen auslösen (z. B. Marsch in Richtung Staatsgrenze, Angriffe auf Gebäude von Partei und Regierung).» Mielke und Krenz sitzen jetzt verschanzt in ihren Büros und harren der Dinge, die Schabowski verhindern soll. Die haben Angst. Aber was Schabowski bisher sieht, ist Volksfest. Heitere Obrigkeitsbeschimpfung. Sollen sie. Kann er ab.

Schabowski setzte sich neben Heiner Müller, als er ankam. Der war der Einzige, der nicht wegguckte in dem Café. Müller war gut dabei, er witzelte rum. Mit der SED sei es erst mal aus. Die sei jetzt dreißig Jahre weg vom Fenster und könne sich sachlich und moralisch regenerieren. Müller zeigte ihm so einen Aufruf für freie Gewerkschaften, den wolle er vorlesen. Schabowski ging zu Markus Wolf, der am Buffet lauerte. Der lauert überall dieser Tage. Schabowski weiß, dass Wolf Krenz getroffen hat. Schabowski weiß auch um die Freundschaft von Wolf zu Hans Modrow, der, wenn alles glattgeht, bald den alten Stoph als Vorsitzender des Ministerrats beerbt. Also: Ob Wolf nicht im Kabinett Modrow mitmachen wolle, fragte Schabowski vor dem Pflaumenkuchen stehend. «Als was denn?», entgegnete Wolf mit dieser ihm eigenen Intellektuellenhochnäsigkeit. Der sieht sich wohl mehr als Kulturminister denn im Innenministerium. Mit seiner früheren Branche wolle er nichts zu tun haben, sagte Wolf. «So wie ich», sagte Schabowski, aber Wolf guckte nicht so, als verstehe er, dass er nur Spaß machte.

Dieser Henning Schaller zog Schabowski irgendwann zur Bühne.

Auf dem Weg kam ihnen der Pastor Schorlemmer entgegen, den Schabowski vorhin schon kennengelernt und für überaus aufrichtig befunden hatte. Schorlemmer hatte zur Begrüßung gesagt, das Land werde in diesem neuen Abschnitt seiner Entwicklung jeden brauchen, der ehrlich und fähig ist. Als wollte er Schabowski Mut machen. Als hätte der schon das Sagen. Nun schlägt Schorlemmer Schabowski auf die Schulter, als Zeichen des Beistands. Schabowski ist gerührt, hebt aber abwehrend die Hände. Er klettert ja nicht aufs Schafott. Vor der Bühne wartet schon Stefan Heym, der nach ihm auftreten soll. Alle sind so fassungslos ob der vielen Leute, die gekommen sind. Ganz erschüttert wirken die. Mensch, hätten sie mal gefragt, Schabowski hätte ihnen sagen können, dass es richtig voll wird heute. Stand vorgestern alles in Mielkes Bericht: «Die Teilnehmerzahlen werden zwischen 100 000 und 500 000 Personen vermutet.» Man ist eben besser informiert mit der Stasi.

Schabowski ist noch gar nicht auf der Bühne, da wird schon gebuht und gepfiffen. «Es spricht Günter Schabowski», sagt dieser Schaller.

Liebe Berlinerinnen und Berliner!

Aus dem Pfeifen wird ein Tosen. Es ist, als kämen seine Worte nicht über die erste Reihe hinaus. Schabowski schließt die Augen und reißt den Mund auf.

Billigen wir einander die Kultur des Dialogs zu!

Da vorne klatschen welche. Sind das Mielkes Jungs?

Was bewegt einen Kommunisten in dieser Stunde, im Angesicht und im Blickfeld von Hunderttausenden? Bitteres ist hier gesagt worden. Es geht an unsere, auch an meine Adresse. Nur wer die Mahnung hört und versteht, ist fähig zu neuem Anfang. Wir alle wollen eine DDR, von der jeder sagt: Das ist

unser Land! Aus Prag erreichen uns indes wieder bedrückende
Nachrichten und Bilder. Viel Mühe wird es kosten, vertanes Ver-
trauen zurückzugewinnen. Und dennoch, stimmen nicht wir,
die wir hier stehen, stimmt nicht das Volk letztlich im Ziel der
Erneuerung überein, wenngleich von unterschiedlichen Aus-
gangspositionen? Auch zwischen Andersdenkenden müssen die
Hürden nicht unüberwindlich sein. Die SED bekennt sich zur
Umgestaltung. Das kam spät, aber es ist unwiderruflich. Wir
sind gewillt und lernen unverdrossen, mit Widerspruch, mit
Pfeffer und Salz zu leben. Und wir werden die Produktivität des
Widerspruchs nutzen.

Jetzt toben sie. «Aufhör'n, aufhör'n», schreit der ganze Platz. Dieser
Schaller drängelt sich plötzlich ans Mikrophon und schreit: «Ich
bitte, ich bitte die Versammelten: Hört zu und reagiert dann, hört
zu!» Es wirkt. Fast still ist es. Dass die Chose im Fernsehen gezeigt
wird, verhindert vielleicht, dass hier gleich die Fetzen fliegen, aber
nun ist auch für immer festgehalten, dass an diesem Sonnabend
um 12 Uhr und 50 Minuten ein Bühnenbildner dem SED-Chef von
Berlin auf einem Bretterverschlag das Wort erteilt und gerettet hat.

Ich will es noch einmal deutlich sagen: Wir sind gewillt, und wir
lernen unverdrossen, mit Widerspruch, mit Pfeffer und Salz zu
leben. Und wir werden die Produktivität des Widerspruchs nut-
zen. Das Zentralkomitee der SED, das am Mittwoch zusammen-
tritt ...

«Zentralkomitee» war das falsche Stichwort. Man versteht wieder
nichts vor Widerrede und Wut dort unten.

... wird das mit seinem angekündigten Aktionsprogramm mess-
bar machen. Die Dynamik des Aufbruchs zum Neuen lässt steri-
len politischen Nachlassverwaltern keine Chance. Das ist sicher.

Schabowski gibt noch mal alles, einen hat er noch: Er spricht sich gegen «die schnellen Scheiterhaufen» aus, «auf denen manche alles brennen sehen wollen, was an unbestreitbaren Leistungen in vergangenen Jahrzehnten vom Volk vollbracht wurde». Er zitiert die Uraltlosung: Vorwärts im festen Bund mit unseren sowjetischen Freunden. Der Schulterschluss zwischen Krenz und Schabowski mache doch hoffnungsvoll. Denn das wollen die Leute doch nun! Die Nähe zu Moskau? «Das Begonnene ist unumkehrbar», brüllt Schabowski, «regen wir heute die Hände für unser Land, für einen Sozialismus, der stark macht, weil die Menschen ihn wollen!» «Ja, aber ohne dich», brüllt ein Typ zurück. «Krenz» war vielleicht auch kein gutes Stichwort, hätte er sich denken können. Aber es ging halbwegs. Er ist noch da. Es sind nur sechs Minuten vergangen, und doch ist die Zeit eine andere. «Wir schaffen das nicht. Die machen uns fertig», murmelt Günter Schabowski. «Freiheit ist immer die Freiheit der Andersdenkenden», hat Rosa Luxemburg gesagt, und als Stefan Heym ihn von unten anblitzt, versteht Günter Schabowski, der ihn oft zitiert hat, dass sich dieser Satz leichter sagt, wenn man damit nicht gemeint ist.

Stefan Heym fühlt sich, seit er auf der Bühne steht, sicher. Das kam nicht oft vor in seinem Leben. Und wenn, dann war es schnell wieder vorbei.

1935 saß er im Zug, der ihn auf dem Weg nach Amerika von Prag nach Paris bringen sollte. Doch in Österreich kam die Nachricht: Wegen einer Lawine werden wir durch Deutschland umgeleitet. In diesen Stunden war er wieder sicher, dass er nie entkommen würde.

1944 bekam er ein Gewehr überreicht. Heym, mittlerweile amerikanischer Staatsbürger, hatte feuchte Augen. Endlich konnte er zurückschießen, mit scharfen Worten durch Schreibmaschine und Mikrophon – und mit scharfer Munition. Der Emigrant Hans Habe hatte ihn in seiner Spezialeinheit für Psychologische Kriegsführung, den Ritchie Boys, ausgebildet, sie landeten in der Normandie, verfassten Flugblätter, sprachen Radionachrichten ein, verhörten Gefangene, schossen, wenn nötig. Schließlich, als Hitler endlich tot war, ging der US-Soldat Stefan Heym über die Elbe und umarmte die Russen auf der anderen Seite. Er glaubte an ein Bündnis Roosevelt-Stalin. Er baute mit Hans Habe in München die *Neue Zeitung* auf, zuständig für Außenpolitik, als Kollege seines Jugendidols Erich Kästner. Heym berichtete vom Bergen-Belsen-Prozess in Lüneburg, wo er erst verstand, wie unvorstellbar das Unvorstellbare war, dem er entkommen war. Doch dann begann Habe, ihm zu unterstellen, seine Berichte seien zu prosowjetisch, am 4. November 1945 – etwas muss sein mit diesem Datum – eskalierte der Streit, als Heym sich weigerte, einen bestellten Leitartikel zu schreiben. Er ging zurück in die USA, wo bald die Jagd auf alles, was rot war, begann.

1953, nachdem er Präsident Eisenhower seine Militärauszeichnung zurückgeschickt hatte, kam er in die DDR. Ja, er hatte eine Heilserwartung an den Sozialismus, er hat sie bis heute. Er glaubte, dass der Kommunismus die Welt besser machte. Doch dann erlebte er den 17. Juni 1953, die russischen Panzer.

1971 kündigte das Zentralkomitee «Keine Tabus» in der Kunst an. Ein Ende des starren Konzepts vom «sozialistischen Realismus». Seit 1965 galt für Heym ein Veröffentlichungsverbot, sie hatten ihm nie verziehen, dass er den 17. Juni in «Der Tag X» verarbeitet hatte. Seine Bücher wurden nun wieder verlegt. Doch das war von kurzer Dauer: Nach dem Biermann-Eklat stand im *Neuen Deutschland*, Heym sei ein «kaputter Typ», ein Kollaborateur des Klassenfeinds.

Heute tritt ihm eine junge Schauspielerin entgegen und sagt, sie sei es gewesen, die ihn vor vier Tagen angerufen habe, um ihn zu dieser Kundgebung einzuladen. Die Frau sagt, sie habe vor Angst kaum geschlafen in der vergangenen Nacht. Heym sagt, ihm sei es genauso gegangen, ob sie auch so einen warnenden Anruf bekommen hatte? Nein, sagt sie verwundert, sie habe Angst gehabt, dass niemand zur Demonstration komme, und nun seien es eine Million Menschen. Heym hatte der Sache bis zuletzt nicht getraut. Warum genehmigten die Machthaber ihn als Redner? Sie wussten, was er sagen würde: Sozialismus, ja, nach wie vor! Aber ein wirtschaftlich vernünftiger und einer, in dem die Menschen das Sagen hatten! Wollte die SED, der er nie beigetreten war, diesen Tag nutzen, um sich einen neuen Anstrich zu verpassen? Aber er sieht hier keine SED. Nur Schabowski, sich windend. Und Markus Wolf, den Sohn von Friedrich. Friedrich Wolf war Botschafter in Warschau, wohin Stefan Heym mit seiner ersten Frau 1951 aus Amerika zurückkehrte. Heym hatte dort oder generell in Polen eine neue Heimat finden wollen; Deutschland, aus dem er zweimal hatte verschwinden müssen, schreckte ihn ab. Aber Friedrich Wolf machte ihm Mut. Und schrieb dem DDR-Präsidenten Wilhelm Pieck, den er um Asyl für Heym bat, um Sicherheit. Als Heym neben Markus Wolf steht, denkt er, dass es nicht mehr lange dauern kann, bis sein Roman «Collin» auch in der DDR veröffentlicht wird. Darin liegen in einer Berliner Prominentenklinik sterbenskrank Wilhelm Urack, Chef der Staatssicherheit, und Hans Collin, berühmter Schriftsteller, Nationalpreisträger. Beide haben es am Herzen. Es beginnt ein Kampf ums Überleben zwischen den beiden Altgenossen. Ein Kampf um die Wahrheit, die bleibt. Collin ist es leid, alles zu schlucken, er will auspacken, abrechnen, sagen, was er denkt.

Markus Wolfs Vater Friedrich hatte mit seinem Drama «Cyankali», das am Lessing-Theater aufgeführt wurde, 1929 eine große Debatte zum Abtreibungsparagraphen 218 losgetreten. Der nationalsozialistische *Völkische Beobachter* denunzierte ihn als «gemeingefährlichsten Vertreter des ostjüdischen Bolschewismus». Er kam in Haft. Da war Markus Wolf sechs Jahre alt. Die Wolfs verließen Deutschland im selben Jahr wie Stefan Heym. Als junger Mann war Markus Wolf dann in die Unsichtbarkeit der Geheimdienste gegangen, um seinen Traum von einem richtigen Land wahr werden zu lassen. Erst jetzt ist er wiederaufgetaucht mit seinem Buch, in dem er mit dem Stalinismus abrechnete. Stefan Heym hatte immer gesehen und gelesen und gehört werden wollen, um seinen Traum von einem richtigen Land wahr werden zu lassen, war aber oft genug zur Unsichtbarkeit verdammt worden. Und ist erst jetzt wiederaufgetaucht, nicht nur im Westfernsehen und in den Büchern, die heimlich gelesen werden mussten, sondern auf dem größten Platz der größten Stadt. Vor aller Augen stehen sie. Der Schriftsteller und der General.

Unmöglich. Das trifft diesen Tag. Stefan und Inge Heym sind ständig von Mikrophonen umringt, aber er weiß gar nicht, was er sagen soll. Heym ist froh, seine Rede aufgeschrieben zu haben. Der westdeutsche Kollege Rolf Hochhuth ist auch gekommen und steht mit Heym und Christa Wolf hinter der Bühne. Warum redet denn keiner von der Einheit, fragt Hochhuth. Christa Wolf antwortet: Das steht doch gar nicht auf der Tagesordnung! Günter Schabowski prallt an einer Mauer der Verachtung ab und schreit immer verächtlicher. Danach sagt Henning Schaller, sichtlich verunsichert: «Es spricht zu Ihnen der Nestor unserer Bewegung!» Auf Stefan Heym, der sich methusalemhaft die Stufen hochzieht, die schweren Augen hinter einer getönten Brille, die weißen Haarbüschel über den Ohren elektrisiert, der große Hemdkragen verrutscht, prasselt Applaus. Er hebt die Hand und drückt sein Kreuz durch.

Liebe Freunde, Mitbürger!

Es ist, als habe einer die Fenster aufgestoßen nach all den Jahren der Stagnation, der geistigen, wirtschaftlichen, politischen, den Jahren von Dumpfheit und Mief, von Phrasengewäsch und bürokratischer Willkür, von amtlicher Blindheit und Taubheit. Welche Wandlung! Vor noch nicht vier Wochen: die schön gezimmerte Tribüne hier um die Ecke, mit dem Vorbeimarsch, dem bestellten, vor den Erhabenen! Und heute? Heute ihr! Die ihr euch aus eigenem freien Willen versammelt habt, für Freiheit und Demokratie und für einen Sozialismus, der des Namens wert ist.

In der Zeit, die hoffentlich jetzt zu Ende ist, wie oft kamen da die
Menschen zu mir mit ihren Klagen. Dem war Unrecht gesche-
hen, und der war unterdrückt und geschurigelt worden. Und al-
lesamt waren sie frustriert. Und ich sagte: «So tut doch etwas!»
Und sie sagten resigniert: «Wir können doch nichts tun.» Und
das ging so in dieser Republik, bis es nicht mehr ging. Bis sich so
viel Unwilligkeit angehäuft hatte im Staate und so viel Unmut
im Leben der Menschen, dass ein Teil von ihnen weglief. Die
anderen aber, die Mehrzahl, erklärten, und zwar auf der Straße,
öffentlich: «Schluss! Ändern! Wir sind das Volk!»*

Stefan Heym empfindet eine völlig unbekannte Euphorie. Er berichtet dem Platz von einem Mann, der ihm schrieb: «Wir haben
in diesen letzten Wochen unsere Sprachlosigkeit überwunden und
sind jetzt dabei, den aufrechten Gang zu erlernen.» Das ist es. In
einem Land, in dem bisher sämtliche Revolutionen danebengegan-
gen sind, wo die Leute immer gekuscht haben, unter dem Kaiser,
unter den Nazis, und später auch. Wie Markus Wolf hat Stefan Heym
gerade auch ein Buch geschrieben, mit dem er zurückblickt. Es ist
in der DDR noch nicht veröffentlicht. In «Nachruf» erzählt er seine
Geschichte, von der er einst glaubte, sie habe ihr gutes Ende bereits
gefunden. So ging es auch Markus Wolf. Heym ist 76 Jahre alt. Wolf
65. Sie verließen ein Land im selben Jahr und kehrten im selben Jahr
in ein anderes zurück. Heute glaubt Stefan Heym, dass sie einfach
nicht verstanden haben, dass ihre Suche nie aufhören kann.

Der Sozialismus – nicht der Stalin'sche, der richtige –, den wir
endlich erbauen wollen, zu unserem Nutzen und zum Nutzen
ganz Deutschlands, dieser Sozialismus ist nicht denkbar ohne
Demokratie. Demokratie aber, ein griechisches Wort, heißt
Herrschaft des Volkes.
Freunde, Mitbürger! Üben wir sie aus, diese Herrschaft.

Friedrich Schorlemmer notiert alles, was er an diesem Tag sieht und hört und denkt, in sein kleines rotes Büchlein, mit einem roten Kugelschreiber. Das Büchlein hat er mal von Freunden im Haus der Sowjetischen Kultur und Wissenschaften in der Friedrichstraße geschenkt bekommen, vorne drauf sind Hammer und Sichel. Er läuft durch die Straßen rund um den Alexanderplatz und schreibt auf, was er auf den Transparenten liest, die all die Menschen, die niemand dazu aufgefordert hatte, an ihm vorbeitragen. Schorlemmer will sich später erinnern an diesen Morgen, an dem er verstand, dass am Abend alles anders sein würde. «Recht auf Arbeit für Stasi verwirklichen», «Egons Rechenheft: 100 − 20 = 98,8», «Entsesselt die Ärsche». Es ist wunderbar. Frieden und Freiheit und Gerechtigkeit oszillieren.

Im Café Espresso geht Schorlemmer auf Schabowski zu. Der steht da so alleine. Noch vor kurzem scharten sich die Künstler um so einen, weil sie wussten, von dem hängt es ab, ob unsere Kunst öffentlich wird. Schorlemmer sagt zu Schabowski: Wir können dieses Land nicht alleine umbauen, wir brauchen Fachleute, auch aus der SED. Als Schabowski später draußen zur Bühne schreitet, bleibt er noch mal bei Schorlemmer stehen und sagt auf seine schnoddrige Art: Geben Sie mir mal Ihren Segen, Herr Pfarrer! Schorlemmer entgegnet: Herr Schabowski, mit dem Segen spaßt man nicht, aber Sie kommen sicher gut wieder runter vom Rednerpult! So gut altert Schabowski dann aber nicht vor dem Alexanderplatz. Danach stößt Stefan Heym das Fenster weit auf, Schorlemmer merkt, wie sehr Heym diesen Tag genießt, er macht lange Pausen zwischen seinen Sätzen und atmet die frische Luft. Wie soll es noch besser werden? Henning Schaller sagt: «Jetzt spricht Pfarrer Friedrich Schorlemmer!»

Es ist wahr, unser Land ist kaputt. Ziemlich kaputt. Es ist wahr, dumpf, geduckt, bevormundet haben wir gelebt, so viele Jahre. Heute sind wir hierhergekommen, offener, aufrechter, selbstbewusster. Wir finden zu uns selbst. Wir werden aus Objekten zu Subjekten des politischen Handelns. Wir können stolz sein. Lebten wir gestern noch in der stickigen Luft der Stagnation, die atemberaubend war, so erleben wir jetzt Veränderungen, die atemberaubend sind.

Die vielen Predigten, die er schon gehalten hat, helfen. Wenn er seine Augen schließt, fühlt er die Geborgenheit, die er auf seiner Kanzel spürt, egal wie grenzenlos die Welt von dieser Bühne aussieht. Im Beifall kann Schorlemmer in seinem Gekrakel den nächsten Gedanken suchen. Er stutzt. Ist es doch zu gewagt, die Stasi zu erwähnen? Kaum einer der Redner hat das Thema an diesem Tag angesprochen. Aber es muss doch Schluss sein mit dem Schweigen.

Eine Atmosphäre des Vertrauens in unserem Lande entwickelt sich erst, wenn das größte innenpolitische Sicherheitsrisiko, die Staatssicherheit, radikal abgebaut und vom Volk kontrolliert wird. Vierzig Jahre haben wir das erduldet, jetzt wollen und können wir diesen riesigen Angstapparat weder weiter tolerieren noch bezahlen.

Ein kollektiver erleichterter Aufschrei geht über den Platz. Schorlemmer, der große Lockenkopf im grünen Parka, grinst schüchtern, behält die Augen aber stur auf seinen Zetteln.

Wir werden noch durch ein Tal hindurchgehen, wir werden uns nicht durch besonderen Wohlstand auszeichnen können, aber vielleicht durch mehr Freundlichkeit und Wärme. Aus Wittenberg kommend, erinnere ich Regierende und Regierte – also uns alle – an ein Wort Martin Luthers: Lasset die Geister aufeinanderprallen, aber die Fäuste haltet stille.

Als Friedrich Schorlemmer von der Bühne steigt, fragt Marianne Birthler ihn unvermittelt: Warum hast du nicht gesagt, dass du vom «Demokratischen Aufbruch» kommst? Aber Schorlemmer hätte es unangebracht gefunden, sich hier parteipolitisch zu verorten. Geht es nicht um einen viel größeren demokratischen Prozess? Später, als die Menschen als neue Bürger nach Hause gehen, schlendert Schorlemmer beseelt gegen den Strom und schreibt in sein rotes Büchlein, was er gerade erlebt hat: «Ich bin ganz Ohr, ich habe keinen trockenen Mund. Muss zwischen Heym und Wolf reden. Schabowski hat Angst, aber auch Mut. Er will meinen seelsorgerischen Trost, bevor er nach oben geht. Ich spreche ihn an im Café. Er ist isoliert, kaum jemand will reden mit ihm. Ich erkenne Ulrich Mühe wieder. Markus Wolf bleibt wach, redet klar. Er steht zu seiner Biographie.»

Da stößt Schorlemmer gegen einen Mann, der ihn anbrüllt: «Schluss mit der Stasi! Ab sofort wird nicht mehr mitgeschrieben, Genosse! Hast du nicht zugehört?»

Christa Wolf sieht ihre Enkel. Auf den Schildern, die sie hochhalten, steht «Gorbi, hilf uns!» und «Schule werde spannender!» und «Neues Forum vor, noch ein Tor!» Wolf bestaunt die Transparente auf dem Alexanderplatz. Die Sprache der Wende ist die Sprache der Leute, eine Sprache, die sie beherrschten, ohne sie benutzen zu dürfen. Sie war so erleichtert, als Gerd und sie die Ordner mit den «Keine Gewalt»-Schärpen sahen. Die Menschen hatten offene, staunende Gesichter. Aber alle bewegten sich vorsichtig, besonnen, als wüssten sie, dass man heute auf den anderen achtgeben müsse, weil jeder auf wackligen Beinen steht.

Gerhard und sie lachten, für sich und vertraut, weil viele der Redner, die in dem Café saßen, auch auf ihrer Liste für die künftige Regierung standen. Ende September waren Otl Aicher, der große Gestalter, und seine Frau Inge aus dem Allgäu zu ihnen nach Mecklenburg gereist. Wolf hatte sich für die kaputten Fassaden und Straßen geschämt, als sie den Besuch vom Bahnhof abholten. Immer, wenn sie ihr Leben von außen sah, kam es ihr klein vor. Sie fragte sich, wie ihre Ehe verlaufen wäre, hätten sie im Westen gelebt und hätten sie nicht so viel in der Abgeschiedenheit, in der Zweisamkeit und zwischen sich finden müssen. Es wurde ein schönes Wochenende. Otl Aicher war ganz begeistert von dem, was in der DDR geschah. Er hoffte, eine bessere DDR würde auch die BRD, zu seinem Leidwesen getrieben von Konsum und Profitgier, besser machen. Er mahnte die Wolfs zur Geduld. Radikales Umdenken brauche Zeit. Sie dürften die Führung nicht in die Enge treiben. Und die Bevölkerung nicht verlieren. Die Menschen strömten ja vor allem aus dem Land, weil sie mehr wollten. Ein Umbau der DDR würde aber kurzfristig zu noch mehr Verzicht führen. Das müsse man moderieren.

214

Das sei es auch wert, denn, so Otl Aicher, es tue sich die historische Möglichkeit auf, diese Revolution in einen Staat münden zu lassen, in dem echter Humanismus und eine wirkliche Vernunftidee herrsche und die arbeitende Bevölkerung sich keinem übergeordneten Prinzip unterwerfe, sondern ein Gemeinwesen schaffe, das diesen Namen verdient habe. Fangen wir an, eine Übergangsregierung zu bilden, sagte Aicher bei der nächsten Flasche Rotwein. Honecker bleibe natürlich vorläufig an der Spitze, aber sonst wird munter ausgewechselt. Jetzt, gut einen Monat später, war Honecker weg. Aber viele, die sie auf die Liste geschrieben hatten an jenem Abend, warteten heute darauf, die Bühne zu betreten. Jens Reich. Friedrich Schorlemmer. Manfred Gerlach. Die wussten noch nichts von ihrem Glück, für den Staatsrat der Aicher-Wolfs nominiert zu sein. «Ich bitte Christa Wolf», sagt Henning Schaller.

Mit dem Wort «Wende» habe ich meine Schwierigkeiten. Ich sehe da ein Segelboot, der Kapitän ruft: «Klar zur Wende!», weil der Wind sich gedreht hat, und die Mannschaft duckt sich, wenn der Segelbaum über das Boot fegt. Stimmt dieses Bild? Stimmt es noch in dieser täglich vorwärtstreibenden Lage? Ich würde von revolutionärer Erneuerung sprechen.

Christa Wolf sieht blass aus. Ihren Zettel hat sie aus der grünen Plastikhülle genommen und trägt sehr bedacht davon vor. Der Ap-

plaus, der schon vor dem ersten Wort erwartungsvoll war, schwillt
mit jedem weiteren Satz an.

Wir wissen, wir müssen die Kunst üben, den Zwiespalt nicht in
Konfrontation ausarten zu lassen: Diese Wochen, diese Möglich-
keiten werden uns nur ein Mal gegeben – durch uns selbst.

So ein Hochgefühl wie auf dieser kleinen Bühne hat Wolf noch nie
empfunden. Und doch fühlt sie sich kraftlos. Sie ahnt nichts Gutes.
Sie muss ruhig bleiben. Das zu Ende bringen. Sie spürt die Verantwortung wie die große Handtasche, die noch immer von ihrer linken Schulter hängt.

Ja: Die Sprache springt aus dem Ämter- und Zeitungsdeutsch
heraus, in das sie eingewickelt war, und erinnert sich ihrer
Gefühlswörter. Eines davon ist «Traum». Also träumen wir mit
hellwacher Vernunft: Stell dir vor, es ist Sozialismus, und keiner
geht weg!

Christa Wolf weiß – wie bei manchem Satz, den sie schon zu Papier gebracht hat –, dass dieser ein guter ist, einer, mit dem sie zu
greifen bekommt, was in der Luft liegt. Und sie hört das an den Reaktionen. Es ist die Zeit der Dichter, denkt Christa Wolf, vieles, was
die Leute bejubeln, stammt ja gar nicht von ihr, es sind Losungen,
die sie auf den Transparenten auf dieser Kundgebung gesehen hat.
Die Sprache ist schon befreit, nun ist der Rest dran. Christa Wolf
kennt dieses Flimmern, das Atmen fällt ihr schon schwerer, sie hat
es gleich geschafft.

Dieses ist eine Demo, genehmigt, gewaltlos. Wenn sie so bleibt,
bis zum Schluss, wissen wir wieder mehr über das, was wir kön-
nen, und darauf bestehen wir dann! Vorschlag für den Ersten
Mai: Die Führung zieht am Volk vorbei.

Die Herzrhythmusstörungen, sagen die Ärzte, haben nicht mit psychischen Erlebnissen zu tun. Aber warum kommen sie dann immer in solchen Momenten der Aufregung, der Panik? Ihr Herz rast. Es ist außer Kontrolle. Es droht ihre Gedanken zu überholen. Tachykardie heißt das Fachwort. Sie braucht ihre Medikamente.

Und dies ist für mich der wichtigste Satz dieser letzten Wochen, der tausendfache Ruf: Wir – sind – das – Volk! Eine schlichte Feststellung. Die wollen wir nicht vergessen.

Gerd sieht, was mit ihr ist. Er führt sie vorbei an Schabowski, der Einzige, der ihr wirklich unheimlich war, schon lange. Mit seiner Härte und dem Zynismus. Neben dem «Haus des Reisens» stehen Krankenwagen bereit. Man fährt Christa Wolf ins Krankenhaus am Friedrichshain, wo sie in der Notaufnahme eine Spritze bekommt. Die Ärzte und Schwestern können es kaum glauben. Sie hier? Eben haben sie Christa Wolf noch im Fernsehen gesehen. Es ist so ungewöhnlich viel Personal im Dienst. Überall stehen leere Pritschen und Betten. Ist heute irgendwas Besonderes? Der Arzt guckt betreten zu Boden. Die Wirkung der Spritze setzt langsam ein, als Christa Wolf versteht, dass man darauf eingestellt war, viele Patienten vom Alexanderplatz eingeliefert zu bekommen. Christa Wolf ist bisher das einzige Opfer dieser Kundgebung. Sie legt sich auf eine Liege und hofft, dass der Tag schnell vergeht und nie vergessen wird.

Tobias Langhoff hat lange überlegt, was er anzieht. Eine Lederjacke. Die alte, ein edles Stück. Er will der Rebell sein auf dieser Bühne. Bloß keinen Anzug, bloß keinen Funktionärslook. Langhoff hat überhaupt nicht geschlafen, er ist gegen acht Uhr morgens einfach losgelaufen, wie auf Droge, und hat sich auf dem Weg gefragt, ob das normal ist, an einem Sonnabendmorgen so vielen Menschen zu begegnen.
Das Café ist total verraucht. Langhoff raucht einfach mit. Da sit-

zen seine ganzen Helden. Heiner Müller in so einer Regenpelerine, umringt von Leuten, die an seinen Lippen hängen. In der anderen Ecke des Raumes ist auch Christa Wolf. Steffie Spira. Volker Braun, der Schriftsteller, der gar nicht reden wird, auch Dieter Mann, Langhoffs Intendant. Stefan Heym. Die vereinte Intelligenz des Landes, aufgereiht wie im Wartezimmer, als würden sie gleich aufgerufen. Aber der Patient sind ja nicht die, sondern das Land. Oder? Die Alten trauen der Sache nicht, das macht Langhoff, den Jüngsten, noch nervöser. Alle haben ihre Mäntel angelassen und jetzt schon ordentlich einen sitzen. Sie trinken Kaffee-Weinbrand, Blitzgespräch heißt das. Langhoff trinkt nichts. Wovor haben die Angst? Wird die Armee geschickt? Bläst die Stasi noch alles ab? Er traut sich nicht, irgendjemanden anzusprechen. Er hat Ehrfurcht vor diesen Größen, aber diese Größen, er sieht es, haben Ehrfrucht vor der Größe dieses Tages. Vor ihren eigenen Worten. Vor diesem Raum, in dem sie zusammenkommen nach all den Jahren, in denen jeder für sich versucht hatte, durchzukommen. Wenn die schon Muffensausen haben, was soll er denn da sagen?

Langhoff will, dass jemand von den Organisatoren seine Rede absegnet. Man muss doch gucken, ob er das vor aller Welt sagen kann. Er gibt sich einen Ruck und fängt Henning Schaller ab, der durch den Raum fackelt. Er drückt Schaller seinen Zettel in die Hand, der guckt gar nicht richtig drauf und sagt: Ja, ja, in Ordnung, du kommst nach Christa Wolf! Langhoff würde lieber nach einer Nulpe sprechen, was soll er denn Christa Wolf noch hinzufügen? Es gibt Pflaumenkuchen, sagt jemand. Markus Wolf steht neben dem Blech. Hat Wolf den Kuchen mitgebracht, fragt sich Langhoff. Neben Wolf steht Schabowski, irgendwas stimmt mit dem nicht, der hat so was Lethargisches, auch wenn er seinen Mund immer so proletarisch aufreißt, viele sehen in dem auch einen Hoffnungsträger. Aber wofür? Lauten Sozialismus? Einer erzählt, dass alle Grenzen dicht sind, Biermann kommt wohl doch nicht. Alle Grenzen dicht? Dann kann Langhoff mit seinem schönen Visum heute gar nichts mehr anfangen, er hatte gedacht, nach der Veranstaltung hier mal rüberzuschauen. Da kommt Liefers, lässig spät. Er trägt Jeansjacke, aber nicht irgendeine, sondern eine, die so aussieht, als gäbe es die hier gar nicht. Der hat sich auch was dabei gedacht, keine Frage. Er ist natürlich gleich im Gespräch mit den Herren in den Mänteln. Draußen, hinter der Bühne, sieht Langhoff gar nichts von seinem Alex. Man sieht nur ein Meer aus Laken. Aus bemalten Bettlaken. Passt bloß auf, dass ihr langsam redet, sagt Schaller. Es wurden Sowjet-Armeelautsprecher aufgestellt, einer nach dem anderen, bis zum Bahnhof. Wenn man keine langen Pausen macht, überholen sich die Worte wie die Ereignisse in diesem Herbst. Langhoff nimmt Christa Wolfs Rede gar nicht wahr. Im Jubel wird er hochgeführt. Er sagt sich: Es ist egal, ob 500 oder 500 000 zuhören, such dir einen Fixpunkt, denk an die alte Theaterregel: Immer in den zweiten Rang spielen. Er starrt auf das Rote Rathaus und irgendeiner der Köpfe dazwischen ist Tobias Langhoffs Vater Thomas, dem Bertolt Brecht aus der amerikanischen Emigration einst seine erste Jeans mitbrachte. Damals, als diese Geschichte begann.

Zum Nachdenken über den künftigen Staat DDR gehört die Offenlegung seiner politischen Biographie. Verschwiegene Vorgänge, vergessene Namen, Verfälschtes und Unterdrücktes werden auftauchen, und man wird nicht wissen, wie viel noch. Damit dies als Lektion der Geschichte verstanden wird, fordern wir: die Einsetzung einer unabhängigen Kommission aus Historikern, Rechtswissenschaftlern und interessierten Bürgern zur Untersuchung aller in der DDR eingeleiteten Verfahren, die sich auf angebliche Straftaten gegen den Staat und die öffentliche Ordnung berufen. Der Kommission sind sämtliche Prozess- und Untersuchungsakten von Ermittlungs-, Justiz- und Strafvollzugsorganen zugänglich zu machen. Wir fordern Wiedergutmachung an den Opfern des Stalinismus, an den Opfern politischer Prozesse und anderer ungerechtfertigter Zwangsmaßnahmen.

Annekathrin Bürger wird plötzlich ganz ruhig, als ihr Blick über die vielen Köpfe streift. Ihre Beine fühlen sich nicht mehr an, als seien sie aus Watte. Dass sie Wenzel heute erst gefragt hat, ob er sie auf der Gitarre begleiten kann, obwohl sie bisher immer nur zum Klavier gesungen hat, und dass er sich nur hastig die Noten anschauen konnte, macht ihr nichts mehr aus. Was soll passieren? Sie nimmt ein Mikrophon in die eine Hand und legt die andere auf dem Geländer der Bühne ab. Die «Keine Gewalt»-Schärpe fällt über ihren großen lilafarbenen Schal. Bürger spielt auf die Zeit an, von der Tobias Langhoff zuvor gesprochen hat, als sie sagt: «Aus dieser Vergangenheit ein Lied von Okudschawa: Worte eines politischen Gefangenen an Stalin. Auch für Walter Janka.»

Wir gaben alles zu, was sie behaupten,
Die fremden Sünden auch und überhaupt,
Genosse Stalin, wie wir Ihnen glaubten,
So haben wir nicht mal an uns selbst geglaubt.

Bürgers Stimme färbt den Alexanderplatz in ein tiefes Grau. Wenzels Gitarre treibt die Traurigkeit mit einem polkahaften Rhythmus vor sich her wie eine Gefangenenbrigade. Annekathrin Bürger schließt die Augen. Sie ist es leid, Abschiede zu feiern. Jedes Abendessen bei Rolf und ihr war in den vergangenen Jahren eine Abschiedsfeier: Wer würde beim nächsten Mal fehlen? Wer wäre dann im Westen? Ihr lautes Haus wurde immer leiser. Vor zwei Jahren lud Bürger zu ihrem Fünfzigsten ein. Sie fragte beim Kulturministerium, ob Manfred Krug sie aus West-Berlin besuchen und mit ihr anstoßen dürfe. Ihr guter Freund Manne, so vermisst. Das sei ausgeschlossen, hieß es beim Ministerium, Minister Hager könne Krug nicht leiden. Es war alles nicht nur böse, sondern auch blöde geworden. Schlimm genug, dass sie nun 50 war. Nach der kleinen Feier bedankte sich ihre Freundin Inge Heym, die mit Stefan gekommen war: Der Abend sei wunderbar erholsam gewesen, wie eine Art Waffenruhe, ein tiefes Atemholen inmitten von Katastrophen.

1981, sechs Jahre nachdem Rolf und sie bei Honecker waren, hatte Annekathrin Bürger dem Generalsekretär einen Brief geschrieben. «Bleiben Sie, wie Sie sind», hatte Honecker 1976 zum Abschied zu ihr gesagt, also blieb sie, wie sie war: ehrlich. In Dresden sollte Anfang 1982 ein wunderschönes Bürgerpalais gesprengt werden, eines der letzten fünf der DDR, in der Großen Meißner Straße 15. In dem Brief bat sie Honecker, das zu verhindern. Unerwartet schnell kam eine unerwartete Antwort. Honecker ließ Bürger wissen, dass bei der Abrissentscheidung Fehler gemacht worden seien, er werde die

220
Sprengung stoppen und bedankte sich: «Es ist also, liebe Annekathrin, dein Verdienst, dass eine große Dummheit verhindert wurde.» Heute kam es ihr absurd vor. Sie stellte ein Gnadengesuch für ein Haus. Und vor ihrem eigenen Haus, draußen im Garten – den Rolf nie umzäunen wollte, egal, wie viele Wildschweine kamen, weil er Grenzen hasste – schnitt ihr Mann die Hecken und grub die Beete um, weil er nicht mehr arbeiten durfte, obwohl oder gerade weil er genial war. Rolfs «Polizeiruf 110: Schuldig», in dem sie 1978 mitspielen durfte, war vielleicht das Beste, was im DDR-Fernsehen je zu sehen war. Die Ästhetik. Die sexuelle Spannung. Die Abgründe der Charaktere. Der Freitod. Danach hatten die Idioten endgültig Zweifel an Rolfs Klassenstandpunkt. Vielleicht sprengten sie das barocke Haus nicht. Aber eine weitere Biographie hatten sie längst in die Luft gejagt. Die ihres Geliebten.

In diesen Wochen wurde ein Traum war: Mit dem Regisseur Bodo Fürneisen darf Bürger ab Dezember endlich den Film drehen, für den sie so lange und lange vergeblich gekämpft hatten: «Der Rest, der bleibt». Bürger soll Marianne spielen, eine fast fünfzigjährige Chansonsängerin, die sich als verheiratete Frau in Robert verliebt, einen 24 Jahre jüngeren Mann. Ein Leben lang hat Marianne von der Liebe gesungen und begreift nun, dass sie gar nicht wusste, was das war. Das zwischen Robert und ihr ist pure Ekstase. Aber es kann nicht gut ausgehen, denn eigentlich ist auch Robert, der Junge, von der Welt und ihrem Lauf bereits so resigniert wie sie, die Alte.

Zwei Stufen unter Annekathrin Bürger sitzt Hans-Eckardt Wenzel, 18 Jahre jünger, und sie erinnern zusammen an eine Zeit, die nie überwunden wurde, und sehen Menschen unter sich, die in geteilter Ekstase sind, überwältigt von der Erkenntnis, dass sie in all den Jahrzehnten gar nicht wussten, was das bedeuten kann: Liebe für ein Land. Hoffentlich ist die Verliebtheit stärker als die Resignation.

Begruben gestern gerade zwei Marxisten,
In roten Fahnen hüllten wir sie ein,
Der eine war, sagt man, nach rechts hin abgewichen,
Der andre, stellt sich raus, soll schuldlos sein.

Joachim Tschirner hat seine Rede im Auto geschrieben, in der Nacht, auf der Rückreise aus Bayern. Donkdonkdonkdonk, die Asphaltplatten der Transitautobahn unter ihm gaben den Takt vor. Im Auffanglager Grafenau bei Passau, wo bisher 12 000 DDR-Bürger eingetroffen sind, durften Lew Hohmann und er in den vergangenen Tagen endlich filmen. Davon berichtet Tschirner nun. Sein schwarzes Haar ist noch aufgewühlt von der Kopfstütze des Autositzes, sein Bart ist voll, die getönte Brille hat die lilabraune Farbe seines Ledermantels angenommen. Tschirner erzählt vom Misstrauen, das ihnen von den Geflüchteten entgegenschlug und das ihn so verletzte, obwohl er es nachvollziehen konnte. Warum sollten diese Menschen Vertretern der DDR-Medien vertrauen? Da waren nicht nur die Jungen. Da waren alle Gesellschaftsschichten und Altersklassen. Bauarbeiter. Ärzte. Menschen in allen Lebenslagen. Frauen in Brautkleidern. Hochschwangere. Schwerkranke. «Sie hatten sich vor der Wende entschlossen zu gehen und sind nach der verkündeten Wende entschlossen gegangen», sagt Tschirner, der Sorge hatte, nach zwei Stunden Reden könnte er die Leute auf dem Alexanderplatz nicht mehr aufrütteln, aber er merkt, dass sie noch immer aufmerksam sind. Er richtet eine wütende Frage an die Entscheider in Funk und Fernsehen, an die Chefredakteure und Leitartikler: «Habt ihr mit alldem nichts zu tun?» Eine Wende, sagt Tschirner, sei nicht möglich, solange die in den Redaktionen sitzen, die lediglich ihren Sessel um 180 Grad gedreht haben. Er, seit 22 Jahren in der Partei, wehrt sich auch dagegen, dass das Politbüro die Wende für sich reklamiert: «Viele im Lande, die politische Verantwortung trugen, fühlen, dass sie immer noch nichts zu bereuen haben!» Man muss sich jetzt schon daran erinnern, wer die Macht hatte und immer noch hat. Tschirner sagt, er wolle, dass diese Demonstration eine gegen das «Vergessen» ist. Neben ihm, an den Pfahl gebunden, filmt und filmt Thomas Heise.

Beim Verbandskongress der Film- und Fernsehschaffenden 1988 in einer Riesenhalle, in Anwesenheit von Politbüromitgliedern, hatte sich Tschirner auf die Rednerliste geschrieben. Am zweiten Tag hatte er immer noch nicht das Wort erteilt bekommen. Am dritten Tag stellte Tschirner einen Geschäftsordnungsantrag, so bekam er das Mikrophon. Er sagte: Wir sitzen hier als Medienleute drei Tage zusammen und nicht einmal sind die Wörter Glasnost oder Perestroika gefallen! Ich dachte, wir interessieren uns qua Beruf für die Realität? Stattdessen verstecken wir uns in dieser Halle! Lasst uns mal rübergehen ins Transformatorenwerk, wo die Arbeiter sind, und denen sagen, wir kommen vom Fernsehen, da kriegen wir alle aufs Maul, Mensch! Es gab Standing Ovations und danach hörte Tschirner, dass einer aus dem Politbüro gefragt hatte: Wer war dieser Idiot? Nicht mal ein Jahr später war dieser Idiot Vorsitzender des Verbandes. Das Präsidium war zurückgetreten. Irgendjemand hatte Tschirner vorgeschlagen. Seine Frau hatte ihn ausgelacht, als er nach Hause kam. Alles war nun möglich. Bei der DEFA konnte man sich einfach eine 35-Millimeter-Kamera nehmen, wenn man eine brauchte, und damit aufnehmen, was man wollte. Tschirner war in die Gethsemanekirche gegangen. Erst als ein Freund ihn darauf aufmerksam machte, hatte er verstanden, dass Marianne Birthler die Marianne Radtke war, die er aus der Schule kannte. Grüß dich,

Marianne, erinnerst du dich? Woher kommt ihr denn, fragte Marianne. Von der DEFA, sagte Tschirner. Spät kommt ihr, sagte sie. Aber wir kommen, sagte er.

Weil sich seine Rede auf dem Kongress rumgesprochen hatte, kam Tschirner gleich auf die Rednerliste für den Alexanderplatz. Er schlug in der Vorbereitungsrunde noch Lothar Bisky vor, den Direktor der Filmhochschule. Jutta Wachowiak stand auf bei diesem ersten Treffen zur heutigen Demo, das Tschirner erlebte, und rief: Aber Freunde, dit is een Sonnabend. Auf'm Alex sind die Geschäfte offen. Da glotzen nur ein paar Einkäufer zu! Irgendwo da unten muss Tschirners Frau mit den Kindern stehen, die Tochter ist acht, der Sohn 19.

Der war bei den Redskins, also den guten Glatzen, die jagten niemanden, aber das erkannte man nur, wenn man genau hinsah, an den roten Schnürsenkeln in den Stiefeln. Vor einem Jahr saß der Sohn mit seinen Freunden vor einer Kaufhalle und ging schließlich doch rein. Er wollte im Laden einen Büchsenöffner ausleihen. Eine Verkäuferin bezichtigte ihn, klauen zu wollen. Der Verkaufsstellenleiter war ein freiwilliger Helfer der Volkspolizei und überwältigte den Sohn prompt, fixierte ihn schmerzhaft. Der Sohn befreite sich und verpasste dem Mann eine Ohrfeige. Dabei riss ein kleines Löchlein in dessen Trommelfell. Die Anklage lautete auf schwere Körperverletzung. Sechs Monate saß der Sohn in Stasi-Untersuchungshaft in der Lindenstraße. In seinem Schlusswort vor Gericht sagte er: Ich trinke nie wieder Alkohol in meinem Leben! Das fand sogar der Richter übertrieben. Als der Sohn nach der Verhandlung endlich freikam, ließ er sich vor dem Gebäude ins Gras fallen und sagte: Wenn das heute anders gelaufen wäre ... ich hätte dem selber ein Ende gesetzt! Das waren fortan alles Stasi-Schweine für ihn.

Tschirner hat den Leuten vom Ministerium gesagt, wie krank das ist. Er hat bei denen nie um den heißen Brei rumgeredet. Er war noch Student an der Humboldt-Universität, als zwei Herren vom Ministerium für Staatssicherheit zu ihm gekommen waren. Sie wüssten von seinen kritischen Einstellungen, von den Freunden im westlichen Ausland. Sie seien auf Menschen wie Tschirner angewiesen, um die Lage im Land realistisch zu bewerten. Das leuchtete Tschirner ein. Dieses, sein Land lag auf der Nahtstelle zwischen Ost und West. Berlin war voll von Geheimdienstlern aus aller Welt, natürlich holten die Genossen Informationen ein. Tschirner wollte keine Berichte verfassen. Aber mit Treffen war er nach einer Bedenkzeit einverstanden. Vielleicht war es naiv, vielleicht überheblich, aber er dachte, vielleicht könne er etwas bewegen, wenn er denen erzählte, was schieflief. Im Filmbereich und in der ganzen Gesellschaft. Aufrichtige Einschätzungen, dachte Tschirner, könnten die politische Entwicklung vielleicht positiv beeinflussen. Er machte keinen Unterschied zwischen dem, was er öffentlich und privat sagte. Mit den zwei, drei Ansprechpartnern entstand so etwas wie ein Vertrauensverhältnis, sie gaben ihm das Gefühl, dass sie die Dinge ähnlich sahen, auch verärgert waren. Doch nach und nach hatte sich die Stimmung verändert. Sie stritten häufiger. Wegen der Sache mit seinem Sohn. Wegen China, aber auch wegen den Fälschungen bei der Volkskammerwahl. Zuletzt gab es am 2. Oktober Kontakt, den einzigen in diesem Jahr. Tschirner kommt es vor, als nerve er die Stasileute. Wenn er da anruft, sagt die Sekretärin manchmal, dass es gerade ungünstig sei.

Es gab Millionen, natürlich auch Mitglieder der SED, die die Fehlentwicklung in unserem Land sahen und darüber sprachen. Nur, sie hatten keine Öffentlichkeit und deshalb musste man ihnen auch nicht zuhören. Auch nicht die Führung ihrer Partei!

Joachim Tschirner merkt, wie gut er bei den Leuten ankommt. Wie seine Worte bei ihnen ankommen. Er braucht den Stasi-Mann nicht mehr anrufen. Hier sind die offenen Ohren für die Wahrheit. Endlich wird ihm zugehört.

Klaus Baschleben liebt die Bühne, aber er steht sonst dahinter oder davor. Baschleben war Bühnenarbeiter in Gera, studierte Theaterwissenschaften in Leipzig, arbeitete als Regieassistent in Potsdam und als Oberspielleiter in Frankfurt / Oder. Das Theater, über das er heute als Kritiker schreibt, war ihm immer die liebste Wirklichkeit. Baschleben ist ein runder Mann mit kurzem Haar und Vollbart, er klingt schüchtern, als er zu Beginn sagt:

Nach diesem Beitrag eben fällt es mir doppelt schwer, jetzt hier zu sprechen. Aber ich will es trotzdem versuchen.

Baschleben sagt, das «Volk» wolle «die Sprache seiner neugewonnenen Identität auch in der Presse wiederfinden» – «alle politischen Tageszeitungen der DDR jedoch sind jeweils nur an eine Partei oder Organisation gebunden». Er fordert eine unparteiische, überregionale Tages- oder Wochenzeitung. Dabei zeichnet sich in diesen Tagen schon ab, dass Baschleben von den Mitarbeitern der *Nationalzeitung* zum Chefredakteur gemacht wird. Die *Nationalzeitung* ist das Zentralorgan der NDPD, der National-Demokratischen Partei Deutschlands, deren Mitglied Baschleben ist. Auf Empfehlung Stalins hatte die SED 1948 eine Partei als Auffangbecken für ehemalige NSDAP-Mitglieder und Wehrmachtsoffiziere gründen lassen. Für all jene mit NS-Akte, die in der SED selbst, wo trotzdem viele landeten, nicht integrierbar waren, die aber mit ihrer eigenen, national gesinnten Blockpartei der SED-Linie folgen sollte. Ein konservatives Feigenblatt, für die SED-Führung und für die NDPD-Mitglieder.

Klaus Baschlebens Vater Harry war in der Hitlerjugend. 1940 trat er der Waffen-SS bei, 1943 wurde er SS-Rottenführer, 1944 SS-Unterscharführer. Erst im selben Jahr, am 1. April, trat er der NSDAP bei. Nach dem Krieg wurde Harry Baschleben Mitarbeiter im Potsdamer Bezirksvorstand der NDPD. Seit 1972 ist er der NDPD-Sekretär in Gera. Im Hause Baschleben verlief die Geschichte schnell, Zeit, darüber zu reden, blieb nicht. Schuld gab es keine, weder damals noch heute, es gab nur die Überzeugung, das Richtige für das Vaterland zu wollen. Die Partei seines Vaters, in die auch er eintrat, erwähnt Baschleben auf dem Alexanderplatz mit keinem Wort. Klaus Baschleben verehrt Brecht und Kleist. Das Theater kann manchmal mehr über das Vergangene erzählen als die Menschen, die es erlebt haben. Die Bühne kann ein Ventil sein. Aber nicht jeder Bühnenliebhaber ist für die Bühne gemacht.

Heiner Müller hat ein ungutes Gefühl. Das ist doch ein Theater hier. Eines, das von der Wirklichkeit längst überholt wurde. Das von der Befreiung von einem Staat erzählt, der gar nicht mehr existiert. Was soll er denn sagen? Er hat Brechts Text «FATZER KOMM» in der Tasche: «Lass dir die Ordnung gefallen, Ordner / Der Staat braucht dich nicht mehr / Gib ihn heraus!» Fand er gestern noch gut: Die Staatsmänner aufzufordern, den Staat herauszurücken. Heute erscheint es ihm wohlfeil. Gegen wen so viele Menschen auf die Straße gehen, der hat den Staat nicht mehr im Griff. Müller trinkt jetzt Wodka.

Ellen Brombacher, die Kulturverantwortliche der Berliner Bezirksleitung, will mit ihm über irgendeinen seiner Sätze aus irgendeinem dieser Interviews diskutieren. Die Trennung der Kommunisten von der Macht sei die einzige Chance für den Kommunismus. Hat er das gesagt? Will er wissen, was diese Frau davon hält? Die Luft wird knapp im Café. Müller tränen die Augen. Er ist einer von vier Nationalpreisträgern in diesem Raum. Er hat das dringende Bedürfnis, seinen Auftritt abzusagen. Der Widerstand der Intellektuellen wird doch wenig ausrichten gegen den drohenden Ausverkauf dieses Landes, wenn ein echter Dialog mit der schweigenden Mehrheit nicht zustande kommt. Ihm geht es doch gut. Als sie ihm 1986 den Nationalpreis gaben, war offenkundig, dass es ein Handel ist. Ein Waffenstillstand. Er brauchte keine Privilegien, davon hatte er genug, er reiste in den Westen, er schottete sich ab in seiner Dachgeschosswohnung, wenn der Dumpfsinn zu dumpf wurde. Alles, was ihm fehlte, war: gespielt zu werden. Kein verbrannter Name mehr zu sein. Die Sachen sollen zur Wirkung kommen. Dafür braucht er die und ihre Medaillen. Ein Jahr nach dem Nationalpreis war er der meistgespielte Autor in der DDR. Müller könnte kotzen. Was soll er sagen?

Eine Frau und ein Mann kommen zu ihm an den Tisch, mit einem Flugblatt, das sie verfasst haben. Es ist ein Aufruf zur Gründung unabhängiger Gewerkschaften. Sie fragen, ob Müller das vorlesen kann, sie bekämen nämlich keine Redezeit. Sie heißen Renate und Joachim Hürtgen. Sie sagen, sie hätten Henning Schaller schon vor Tagen angerufen, aber der habe am Telefon gesagt, es könne niemand mehr zugelassen werden. Früh am Morgen sind sie deshalb zum Alexanderplatz gekommen, sie waren die Ersten am Café Espresso, der Pförtner ließ sie rein, er hielt sie für Redner. Sie beobachteten, wie sich der Raum füllte, keiner beachtete sie. Als sich rumsprach, wer noch alles kommen würde, sagte Renate zu Joachim: Heiner Müller oder Stefan Heym können wir fragen, ob sie unsere Botschaft verkünden. Heiner Müller kam dann zuerst. Großartig! Zwei einfache Bürger schmuggeln sich zu den Adligen ins Schloss! Sie suchen einen, der gütig genug ist, von ihrer Sache zu sprechen! Müller gefällt das. Warum nicht? Vielleicht ist das genau die richtige Idee. Das sind die Themen, die hier nicht zur Sprache kommen. Die Lage der Arbeiter, die viele Jahrzehnte verarscht wurden vom FDGB, der ihre Interessen nie vertreten hat. Und die bald am meisten leiden werden in den sozialen Kämpfen, die kommen. Es ist doch Quatsch, wenn die Intellektuellen sich zu den Sprechern der Nation ernennen und mal wieder für die Sprachlosen sprechen. Die Sprachlosen sollten sprechen. Heiner Müller nimmt das Flugblatt an sich. Die Hürtgens wirken verunsichert, als er damit zu Schabowski läuft und es ihm zeigt. Aber der denkt nur noch an sein eigenes Schicksal. Ja, Heiner Müller wird das vorlesen. Das ist seine Rolle. Er ist ein Sprachrohr.

Müller muss lange warten. Er steht hinter der Bühne und hört, soweit es geht, zu. Schabowski imponiert ihm, wie er in den Buh-

rufen steht. Das ist der Einzige mit Grips im Politbüro, das merkt
Müller gleich, jedenfalls nicht dumm und sehr wendig. Schabowski
wollte ihn unbedingt kennenlernen heute. Der hat so eine spät-
römische Ausstrahlung, sein Gesicht ist brutal, aber weich, eine
Sentimentalität geht von Schabowski aus.

Heiner Müller fühlt, wie sehr er, Müller, Massen verabscheut. Die
Menge auf dem Alexanderplatz erinnert ihn an ein riesiges Tier, das
atmet. Dieser Journalist ist fertig. Heiner Müller schwankt hoch.
Am verdutzten Henning Schaller vorbei, der ihn gar nicht mehr
ankündigen kann, bevor Müller am Mikro steht. Müller trägt einen
dunkelgrauen Mantel und seine schmale Sonnenbrille. Man könnte ihn für einen Mafia-Boss halten oder einen Funktionär, was aufs
selbe hinausläuft. Den meisten Zuhörern ist er sicher ein Fremder.
Seine Stimme reicht kaum über den Platz. Müller ist natürlich kein
Redner für Kundgebungen, auf denen gejubelt, sondern einer für
kleine Runde, in denen nachgedacht wird. Hier klingt es, als rede er
durch die Nase, gedrückt und abgehackt. Die entscheidenden Worte
nuschelt Müller in die Wolken.

*Ein Ergebnis bisheriger DDR-Politik ist die Trennung der Künst-
ler von der Bevölkerung durch Privilegien. Wir brauchen Solidarität statt Privilegien. Ich lese einen Aufruf der Initiative für
unabhängige Gewerkschaften.*

Niemand versteht, was das soll. Es gibt pflichtbewussten Applaus
für die Forderung nach besseren Löhnen und der 40-Stunden-Wo-
che. Doch Müller versteht gleich, dass ihnen dieser Bote unpassend
erscheint und dass die Botschaft zu kompliziert ist, die Leute wollen
sich gut fühlen an diesem Tag, sie wollen nichts von sozialer Härte
hören. Er ist fast erleichtert, als sie pfeifen und buhen. Das ist nicht
sein Volk. «Aufhören, Demagoge!», ruft einer. «Geh arbeiten!», ein
anderer. Aber das scheint Müller aus dem Block der Gewerkschaft
zu kommen, deren bisherige Existenz er mit dem Aufruf gerade für
sinnlos erklärt. Am Schluss faltet Heiner Müller das Flugblatt zu-

sammen und sagt, unterbrochen von wütenden Rufen: «Darf ich noch einen persönlichen Satz sagen: Wenn in der nächsten Woche die Regierung zurücktreten sollte, darf auf Demonstrationen getanzt werden.»

Das ist der einzige Satz, den Heiner Müller an diesem Tag in seiner Rolle als Heiner Müller spricht. Ein echter Heiner-Müller-Satz. Er steigt vom Podium. Henning Schaller sagt: «Ich danke Heiner Müller ...» Ein älterer Ordner zischt Müller zu: «Das war billig!» Und Stefan Heym schaut richtig wütend. Es ist doch ein Tag der Befreiung, findet der, nicht der neuen Gräben. Heym träumt von einem demokratischen Sozialismus. Was auch immer das heißen soll. *Freie Wahlen* klingt auch fein, findet Heiner Müller, bloß kam auch Hitler durch freie Wahlen an die Macht, im Jahr, in dem Heiner Müller auf diese Welt kam. Hinter der Bühne steht Renate Hürtgen, die Heiner Müllers Rede geschrieben hat. Sie schaut ihn bedauernd an, sagt: «Tut mir leid» und will einen Schritt auf ihn zu machen, aber Müller winkt ab. Er murmelt: «Ja, da habe ich wohl die Büchse der Pandora geöffnet!» Was auch immer das hier wird, Heiner Müller weiß, dass er ein Außenseiter bleiben wird.

Lothar Bisky ist zu Beginn seiner Rede der Rektor der Hochschule für Film und Fernsehen in Babelsberg. Er spricht viel zu leise, dieser kantige Mann in der grau und dunkelgrau gestreiften Wildlederjacke und der Jeanshose: «Wenn die Veranstalter mich als Amtsinhaber hier sprechen lassen ...» – «Lauter!», ruft es vom Alexanderplatz und Bisky räuspert sich – «so vermutlich deshalb, weil ich den Studenten am 9.10. die Vertrauensfrage gestellt habe. Die Studenten haben mir ihr Vertrauen ausgesprochen, dafür habe ich viel Kritik erhalten. Ich fordere die Amtsinhaber auf, sich zu fragen, ob sie sich nicht auch demokratisch legitimieren lassen.»

In der Studentenvollversammlung hatte Bisky gesagt, dass er die Schule ohne den Rückhalt seiner Schüler nicht durch solch bewegte Zeiten führen könne. Seine Studenten wollten zeigen, was geschah im Land, jetzt erst recht. Und Bisky wollte sie dabei weiter bestärken und beschützen, mehr denn je. Das konnte gefährlich werden. Vielleicht würde man die Schule sogar schließen. Er wollte diesen Weg nur mit allen gemeinsam gehen. Bisky verließ den Raum für die Abstimmung.

230 *Wenn in den Filmen von Studenten Widersprüche unseres Landes gestaltet werden, auch unangenehme Tatbestände, dann ist zu berücksichtigen: Nicht der Überbringer schlechter Nachrichten ist zur Verantwortung zu ziehen, sondern der Verursacher der Zustände.*

Als Lothar Bisky den Raum wieder betrat, hatte es keine einzige Gegenstimme gegeben. Andreas Dresen, einer seiner Studenten, war zu Tränen gerührt. Im Januar musste Bisky diesen Dresen zu sich bestellen, um ihm zu verkünden, dass sein Dokumentarfilm über einen jungen Mann, der seinen Wehrdienst in einer Kaserne antritt, erst mal nicht mehr gezeigt werden dürfe. Es hatte von Anfang an Ärger gegeben. Von Wehrkraftzersetzung war die Rede. Sogar das ZK schaltete sich ein. Bisky nahm das auf seine Kappe, schirmte seine Studenten ab, damit sie sich ganz auf ihre Arbeit konzentrieren konnten. Als Dresen bei ihm im Büro saß, verband Bisky mit der schlechten Nachricht auch eine Aufforderung an ihn: Dresen solle unbedingt so weitermachen!

Am Morgen hat Lothar Bisky die S-Bahn aus Oberschöneweide zum Alexanderplatz genommen. Er war froh, dort Christa Wolf und Stefan Heym und Christoph Hein zu treffen. Den Sohn von Klaus Gysi erkannte er sofort. Aber seine Knie waren vor dem Auftritt schon zu weich, um auf ihn zuzugehen. Gegen Mitternacht hatte Bisky die Angst gepackt und er hatte begonnen, seine Rede zu formulieren.

Almut ist heute mit dem jüngsten Sohn Stephan zu Hause geblieben. Norbert hat gerade seinen Wehrdienst angetreten, während Jens, der Älteste, der irgendwo dort unten stehen muss, seinen verlängerten Wehrdienst als «Offizier auf Zeit» im August abgeschlossen hat und nun beim Jugendrundfunksender DT64 arbeitet. Die Zeit in der Armee hat Jens deprimiert, das Vulgäre, Verkommene, Unterdrückerische, die Angst, aber auch der Unwille vieler, das noch mitzumachen. Lothar Bisky hat mit seinem Sohn telefoniert vor diesem Sonnabend. Was soll er den Leuten mitgeben? Jens meinte, er finde es wichtig, auf die unheilvolle Kopplung zwischen Wohlverhalten und Lebenschancen in der DDR hinzuweisen. Du darfst studieren – aber nur wenn du soundso lange zur Armee gehst und davor bei der FDJ warst. Du kannst was werden und Ansagen machen – aber nur, wenn du bis dahin die Klappe hältst. An Biskys Hochschule galt dieses Prinzip nicht mehr, ebenso wenig an den Theatern, wo die Protestveranstaltung nicht ohne Grund ihren Anfang genommen hatte. Es gibt auch Inseln der Freiheit in diesem Land, aber es fehlt das Meer dazwischen, fanden Vater und Sohn während ihres Telefonats, eine Öffentlichkeit, in der die sehr unterschiedlichen Lebensrealitäten der Bürger zusammenfließen. Es gibt viele DDRs in dieser Zeit, aber in keiner fühlt sich das Leben richtig an.

In fünf Tagen wird «Coming Out» Premiere feiern im Kino International nicht weit vom Alexanderplatz, der erste Schwulenfilm der DDR, für dessen Genehmigung Regisseur Heiner Carow sieben Jahre kämpfen musste. Matthias Freihof spielt den jungen Lehrer Philipp, der seiner Jugendliebe Jakob wiederbegegnet und sich seiner sexuellen Orientierung stellen muss. Seine Freundin Tanja, eine Kollegin, gespielt von Dagmar Manzel, ist derweil schwanger. Heiner Carow, der mit «Die Legende von Paul und Paula» berühmt wurde, und der Drehbuchautor Wolfram Witt zeichnen nicht nur eine einfühlsame Liebesgeschichte, sondern auch ein sehr realistisches Bild der stumpfen Skepsis vonseiten der Schulleitung, die Philipp bald begegnet, und der Berliner Schwulenszene, die er zaghaft betritt. Die Bar «Zum Burgfrieden» in der Wichertstraße. Die Cruising-Area im Volkspark Friedrichshain. In einer Szene erzählt ein älterer Mann, dargestellt von Joachim Pape, dem verzweifelten Philipp spätnachts bei vielen Schnäpsen, wie er als Homosexueller von den Nazis verfolgt und überwacht und schließlich nach Sachsenhausen verschleppt wurde. Der Mann sagt: «Heute ist es egal, ob einer, der neben dir arbeitet, Jude ist oder sonst was. Bloß die Schwulen, die haben wir vergessen.» In der DDR ist der Paragraph 175, der Sex zwischen Männern unter Strafe stellt, seit 1969 abgeschafft, anders als in der Bundesrepublik. Doch eine schwule Normalität gibt es auch hierzulande nicht. Die Stasi observiert die wenigen Rückzugsorte. In «Coming Out» geht es jedoch weniger um die staatliche Repression als um die Selbstverleugnung des Einzelnen, es ist ein schmerzvoller Weg, bis Philipp, wie man so sagt, zu sich selbst gefunden hat. Der Film ist ein gewaltiges Plädoyer für einen Sozialismus, in dem jeder so leben darf, wie er es für richtig hält.

Jens Bisky hat diesen Film seit drei Jahren eng begleitet. Er war 1986, damals noch in NVA-Uniform, gemeinsam mit seinem Vater zum Spielfilmfestival nach Karl-Marx-Stadt gereist und hatte dort Heiner Carow und Wolfram Witt kennengelernt. Wie sein jüngerer Bruder Norbert ist auch Jens Bisky schwul, er hat sein Outing bereits hinter sich. Die Wohnungsszenen in «Coming Out» wurden bei den Biskys zu Hause in Oberschöneweide aufgenommen.

Lothar Bisky lernt durch die Filme seiner Studenten sein Land anders zu sehen – und seine Söhne besser zu verstehen. Seine Generation erlebte Aufbruch. Diese Generation erlebt Agonie. Das erste Gemälde von Norbert, das Lothar Bisky auffiel, vergangenes Jahr, zeigt einen knallroten Mann, der von einem fahrenden Zug springt. Lothar Bisky sagt seinen Studenten, dass es auf ihren Blick auf dieses Land ankäme, auf jeden Einzelnen. Ihn selbst überkommt in diesen Wochen auch das vergessene Gefühl: Es macht wieder einen Unterschied, was man tut. Die Propaganda lautete immer: Was du tust, rettet den Weltfrieden! Es fühlte sich aber schon lange nicht mehr so an. In diesem Herbst jedoch glaubt Lothar Bisky daran, dass er etwas bewirken kann, nicht nur an seiner Hochschule. Dass er die Zukunft selbst in der Hand hat. Die große Wucht dieser kleinen Abstimmung, die Bisky in der Hochschule abhalten ließ, liegt auch in der langen Geschichte des Misstrauens in diesem Staat, der aufgebaut wurde von Menschen, die sich aus gutem Grund verfolgt fühlten nach den Jahren in den Lagern und im Untergrund. Die nicht nur den Feinden misstrauten, sondern auch den Genossen, die statt nach Russland nach England geflohen waren. Oder den einfachen Leuten, die gar nicht geflohen waren. Auch deshalb entwickelte sich dieses krankhafte, systematische Sicherheitsbedürfnis, das nur für mehr Angst und Unsicherheit sorgt. Biskys Vertrauensfrage war ein Votum gegen das ständige Misstrauen.

Im Mai ist Lothar Bisky mit seinen Studenten nach Paris gefahren. Wer von der Welt erzählen will, hat er gesagt, muss sie kennen. Er hat ihnen alles gezeigt, die Bistros, die Museen, die Parks, das Licht, er war schon da gewesen. Danach sind ihm alle wieder zurück in die DDR gefolgt.

Wer die Meinung und die Vorschläge der Jungen fürchtet, hat Angst vor seinen eigenen Kindern!

Das Plakat mit Krenz als Wolf im Großmutter-Kostüm wird vor der Bühne, auf der Bisky steht, in die Höhe gereckt, der Alexanderplatz lacht. Lothar Bisky auch. Er ruft: «Ja!» Er spricht nun laut und entschlossen. Am Ende seiner Rede, aber das weiß er noch nicht, ist Lothar Bisky ein Politiker.

Ronald Freytag wird auf der Bühne von Henning Schaller als «Roland Freytag» angekündigt. Ihm ist das schon oft passiert, Roland statt Ronald. Aber nicht vor so vielen Menschen. Er hatte sich bereits unbedeutend gefühlt, als er im Café ankam. Lauter Prominente. Dass es sich bei Gysi um Gregor handelte und nicht wie von ihm erwartet um den Vater Klaus, den ehemaligen Kulturminister, enttäuschte Freytag, denn Gregor Gysi sagt ihm nichts, mit Anwälten hat er keine Erfahrung. Es herrschte konzentrierte Stille im Café. Viele schrieben an ihren Manuskripten. Freytag hatte gedacht: Ich kriege meine Rede schon irgendwie gewuppt! Ich erzähle im lockeren Plauderton von unserem Engagement an der Hochschule, mal sehen. Aber im Café verstand er sofort: So wird das nichts! Das hier ist eine andere Dimension!

Ein Kommilitone mit Kontakten zu den Organisatoren hatte dafür gesorgt, dass Freytag am Tag zuvor überhaupt noch auf die Rednerliste gerutscht war. Der Kommilitone hatte die Theaterleute überzeugt, dass sie noch einen Studenten brauchten. Als Freytag nun mit dem Kommilitonen zu Henning Schaller ging und sich vorstellte, sagte der, er wisse von nichts. Das sei aber abgesprochen, rief der Kommilitone, und Schaller stimmte zähneknirschend zu: Na gut, ganz kurz, keine fünf Minuten! «Worüber willst du überhaupt sprechen?», fragte Schaller. Freytag erzählte von der unabhängigen Studentenvertretung jenseits der FDJ. Nächste Woche wird es darüber eine Urabstimmung geben. Schaller bemerkte, dass Freytag gar keine Notizen für seine Rede dabeihatte. Er sagte freundlich, aber direkt: «Das wird eine wichtige Veranstaltung! Schreib mal bitte auf, was du sagen willst!» Freytag verstand sofort: Schaller hatte Angst, dass dieser herbeigelaufene Studi mit einem peinlichen Auftritt die Bedeutung dieses Tages schwächte. Auf der Rückseite eines der Flugblätter, die sie in der Mensa verteilt haben, notierte er hektisch einige Sätze.

An der Humboldt-Universität hatte Ronald Freytag, als er vor drei Jahren mit dem Psychologie-Studium begann, eine natürliche Autorität. Mit 26 Jahren war er der Älteste der Erstsemester. Zweimal war Freytag abgelehnt worden für diesen Elitestudiengang mit nur zwanzig Plätzen pro Jahr. Nach der ersten Absage war er Krankenpfleger auf einer neurologischen Station geworden, um etwas zu machen, das mit Psychologie zu tun hat. Und nach der zweiten Absage war er doch noch in die FDJ eingetreten. Was soll's, sagten seine Eltern, beide Lehrer. Sie hatten ihm und den Geschwistern zu Hause in Thüringen, wo natürlich nur Westfernsehen lief, beigebracht: Sagt Ja und Amen und denkt euch euren Teil!

Ronald Freytag war zur See gefahren. Er wuchs fernab des Meers auf, und keiner in seiner Familie hatte je ein Boot besessen. Vielleicht deshalb. Im Wehrkreiskommando, da war Freytag 16, sagte man ihm: Wenn du Matrose werden willst, musst du erst mal was für dein Land tun. Beweisen, dass du für den Sozialismus bist! Also verpflichtete er sich, drei Jahre zur Armee zu gehen. Freytag war in Stralsund und Rostock-Warnemünde stationiert. Die Willkür in der Kaserne war schlimm, die Unterdrückung durch Idioten. Noch schlimmer war, dass Freytag verstand, dass diese Idiotie zugelassen, sogar gewünscht, ja gefördert war in diesem ineffizienten, inhumanen System. Er rettete sich mit letzter Kraft durch diese Zeit und bis auf das erste Schiff, auf dem er anheuern konnte. Am längsten fuhr er auf dem Handelsschiff «Gerhart Hauptmann». Ein Bananendampfer. Freytag kam nach Mittel- und Südamerika, nach West- und Osteuropa. Er sah in vielen Ländern, auch den westlichen, Armut, die er aus der DDR nicht kannte, brutalste Armut. Oft war Freytag in Argentinien, zu Zeiten der Militärdiktatur. In den Kneipen raunten die Leute: Du bist Kommunist? Großartig! Das darfst du hier nicht laut sagen, aber du bist ein Genosse! Das tat Freytag gut. Es bestärkte ihn in der alten Hoffnung, vielleicht doch auf der richtigen Seite der Geschichte zu stehen. Doch dann fuhren sie wieder durch den Nord-Ostsee-Kanal, von Kiel nach Hamburg und an den Schleusen standen Spaziergänger und winkten ihnen zu. Und Freytag durfte nicht zurückwinken, das war oberste Order für DDR-Seemänner.

Das Studentenleben in Berlin war toll. Die Neubau-Bude in der thüringischen Heimat, die ihm absurderweise zugewiesen worden war, obwohl er einen Studienplatz in Berlin hatte, konnte er gegen eine Einraumwohnung in der Raumer Straße tauschen. Mit einem windigen Kellner, der wohl irgendwelchen Ärger hatte und wegwollte, sogar nach Sondershausen. Freytag lernte an der Uni seine Freundin kennen. Das Studium begeisterte ihn. Die Dozenten waren fordernd. Und die Kommilitonen waren schlau, aber nicht so schlau, wie Freytag, der schon eine Weile aus der Schule raus war, befürchtet hatte. Freytag bekommt ein Stipendium von 450 Mark, er kann besser leben als viele Arbeiter. Und doch kann es so nicht weitergehen, das wird ihm jeden Tag klarer. Ronald Freytag weiß zwar, dass er eines Tages einen Arbeitsplatz haben wird als Psychologe. Aber wird er dann eine Wohnung haben, in die es nicht reinregnet, falls es überhaupt noch ausreichend Wohnungen geben wird? Alles wird maroder und der Mangel offensichtlicher. Freytag hat zunehmend das Gefühl, doch auf der falschen Seite der Mauer geboren zu sein. Die Gegenwart macht ihn glücklich, aber die Zukunft macht ihm Angst. Wenn er Freunde in Leipzig, Karl-Marx-Stadt oder Chemnitz besucht, sieht er, wie die Stadtkerne zerfallen. Aus Rostock hört er, dass die Ärzte knapp werden, weil so viele rübermachen. Der Nachschub mit Medikamenten gerät ins Stocken. Aus solchen Geschichten fügt sich für ihn noch kein scharfes Bild zusammen, aber ein diffuses Unwohlsein. Eine wachsende Panik über die große Welt und die kleine Rolle, die er darin spielt.

Natürlich hofft Freytag auch auf Gorbatschow, auf wen sonst? Bloß: Er war als Seemann oft in Russland. Er hat gesehen, wie kaputt es ist. Auch als Student ist er nach Russland gereist. Die Studenten dort sind keine Gorbi-Freunde, die finden alles furchtbar und verlogen. Was bleibt also? Die Freundin spricht vom Westen. Aber das will Freytag nicht. Er hat nun mal die komplette Rotlichtbestrahlung erhalten, Marxismus, Leninismus, da macht ihm sogar der Kapitalismus Angst. Alles macht Angst. Wenn ich jetzt offen protestiere, denkt er, schmeißen die mich wieder aus dem Studium, auf das ich so lange gewartet habe! Und wenn ich gar nicht protestiere, werde ich mein Leben lang bereuen, mein Maul nicht aufgekriegt zu haben!

Ronald Freytag würde Schaller gerne korrigieren oben auf der Bühne. Ich heiße Ronald, verdammt! Aber er hat zu viel Respekt. Schaller hat ihn nach Lothar Bisky, den Freytag hinter der Bühne kennenlernt, als «Student» nach dem «Rektor» angekündigt. Freytag sagt ins Mikrophon, dass er von der Humboldt-Uni kommt. Er trägt eine Baskenmütze und hat sich ein rotes Tuch locker um den Hals gebunden. In seinem eher schlecht versteckten Thüringisch sagt Freytag: «Ich halte die bisherige Form der studentischen Interessenvertretung allein über die FDJ für unzureichend!» Dafür gibt es hübschen Beifall. Freytag atmet ruhiger. Das funktioniert, denkt er. Ich bin kein Totalausfall. Ihm wird bewusst: Wir sind ganz schön mutig! Keine Helden, aber Vorreiter. Am 10. November, in nicht mal einer Woche, würden sie die Stimmen der Urwahl zur künftigen Studentenvertretung auszählen. Dieter Hass, ihr Rektor, der ihnen erst zu dieser Urwahl geraten hatte, als sie gleich die FDJ stürzen wollten, hatte in der Zwischenzeit einen Rückzieher gemacht. Er würde doch nicht auf eine Urwahl bestehen, meinte er, womöglich sei das übertrieben. Sie sollten einfach still und leise die Geschäfte übernehmen. Vielleicht hatte Hass Bammel vor seinem eigenen Vorschlag bekommen. Welche Wirkung das haben würde, wenn an der größten und wichtigsten Universität des Landes die FDJ aus der Macht gekippt wird. Darüber hatte auch Ronald Freytag gar nicht weiter nachgedacht. So wie ihm auch erst heute klar wird, dass die Polizei am 17. Oktober den Uni-Eingang bewachte, damit die 10 000 Studenten nicht auf die Straße gingen, woran niemand dachte, vielleicht sogar bis zum Zentralkomitee, wo man gerade schön reibungslos Erich Honecker beerdigen wollte. Sollten sie erfolgreich sein mit der Urwahl nächste Woche, wäre das ein wichtiges Signal.

Heute auf dem Alexanderplatz wird so viel über das notwendige Ende des Alleinvertretungsanspruchs der Partei gesprochen. An Ronald Freytags Uni ist es damit bald vorbei. Im Kleinen haben sie es vorgemacht. Und das Große kommt Ronald Freytag gar nicht mehr so groß vor als er sich an seinem vollgekritzelten Flugblatt festhält und eine Brise schmeckt, als würde er endlich wieder ablegen.

Christoph Hein ist müde. Todmüde. Sein schmales Gesicht ist so verknittert wie der hellgraue Trenchcoat, den er trägt. Jeden Tag in diesen Wochen hatte er drei, vier Termine, von der Erlöserkirche in das «Haus der jungen Talente» und weiter nach Leipzig. Hein 238 kommt gar nicht zum Schreiben vor lauter Reden. Der *New York Times* hat er ein Tagebuch versprochen.

Sehr früh war Hein an diesem Tag aus Weißensee gekommen. Je mehr sich der Alexanderplatz füllte, desto mehr wich seine Angst, es könnten wie von Heiner Müller prognostiziert nur ein paar hundert kommen, und desto mehr wuchs eine andere Angst, die Gerüchte könnten stimmen und auf den Dächern und in den Gassen stünden Soldaten bereit, diese Utopie hier niederzuschlagen. Der Französischen Revolution war ein Vierteljahr der Wut über steigende Brotpreise vorangegangen, bis es vor der Bastille blutig wurde. Nur wirkte hier niemand gewalttätig, alle waren stattdessen gewaltig kreativ. Die Menschen kamen mit zusammengerollten Transparenten, und als sie sahen, dass die anderen auch Frechheiten aufgemalt und die Ersten diese sogar schon gezeigt hatten, enthüllten sie die eigenen. Aus der individuellen Wut wurde hier ein kollektiver Witz. Einen Witz metzelt man doch nicht nieder?

Im Café lernte Hein Markus Wolf kennen. Wolf sagte ihm, dass er ein großer Leser seiner Bücher sei. Nee, das glaube ich Ihnen nicht, sagte Hein. Und da sagte einer der beiden Begleiter von Wolf, so ein kurzer, wahrscheinlich ein Personenschützer, der dem ehemaligen General noch zustand: Doch, doch, wir lesen sie alle! Es ist trügerisch. Sie dürfen nicht glauben, dies sei eine Abschlussfeier der Revolution, denn die Revolution ist ja noch gar nicht beendet. Krenz ist im Amt. Die Partei hat die Macht. Die Soldaten stehen bereit. Für ein Kaffeekränzchen mit Ex-Funktionären ist es zu früh, denn diese

Funktionäre sind im Geiste noch keine ehemaligen, selbst wenn sie Bücher schreiben und lesen. Dieser Gedanke treibt Christoph Hein auf die Bühne. Er redet hastig, wie gehetzt von den Tagen, die hinter ihm liegen, wie im Vorbeihasten zu den Tagen, die noch kommen.

Liebe mündig gewordene Mitbürger! Es gibt für uns alle sehr viel zu tun, und wir haben wenig Zeit für diese Arbeit. Die Strukturen dieser Gesellschaft müssen verändert werden, wenn sie demokratisch und sozialistisch werden sollen. Und dazu gibt es keine Alternative. Es ist auch von den schmutzigen Händen, von den schmutzigen Westen zu sprechen. Verfilzung, Korruption, Amtsmissbrauch, Diebstahl von Volkseigentum, das muss aufgeklärt werden, und diese Aufklärung muss auch bei den Spitzen des Staates erfolgen. Sie muss dort beginnen. Hüten wir uns davor, die Euphorie dieser Tage mit den noch zu leistenden Veränderungen zu verwechseln. Die Begeisterung und die Demonstrationen waren und sind hilfreich und erforderlich, aber sie ersetzen nicht die Arbeit. Lassen wir uns nicht von unserer eigenen Begeisterung täuschen! Wir haben es noch nicht geschafft. Die Kuh ist noch nicht vom Mist. Und es gibt noch genügend Kräfte, die keine Veränderungen wünschen, die eine neue Gesellschaft fürchten und auch zu fürchten haben.

Hein schaut etwas länger auf sein Manuskript. Er weiß, dass diese nächste Stelle nach hinten losgehen kann. Er will an «einen alten und wahrscheinlich jetzt sehr einsamen Mann» erinnern. An Erich Honecker. Der hatte auch mal einen Traum. Und war bereit, für diesen Traum ins Zuchthaus zu gehen. Bis er die Chance bekam, diesen Traum Wirklichkeit werden zu lassen.

Und ich glaube, auch für diesen alten Mann ist unsere Gesellschaft keinesfalls die Erfüllung seiner Träume. Selbst er, an der Spitze dieses Staates stehend und für ihn, für seine Erfolge, aber auch für seine Fehler, Versäumnisse und Verbrechen besonders

verantwortlich, selbst er war den verkrusteten Strukturen ge-
genüber fast ohnmächtig. Ich erinnere an diesen alten Mann
nur deshalb, um uns zu warnen, dass nicht auch wir jetzt Struk-
turen schaffen, denen wir eines Tages hilflos ausgeliefert sind.

Keiner hat gepfiffen, als Christoph Hein Erich Honecker erwähnt
hat. Es arbeitet in den Leuten. Jeder Albtraum beginnt als Traum.
Auferstanden aus Ruinen. Die Trümmer, vor denen sie heute stehen, waren mal neue Bauten. Sie müssen daraus etwas errichten,
das nicht bald wieder zu Schutt und Asche wird. Christoph Hein ist
jetzt noch müder. Aber er will nicht schlafen.

Róbert Juharos ist zu allem bereit. Das weiße Fidesz-Banner weht
um seine Schultern, die roten Locken lodern auf seinem Kopf. Aber
Henning Schaller macht dem Alexanderplatz zuerst eine Ansage:
«Was Menschliches: Hier wird ein Kind gesucht!» Robert, drei Jah-
re, blauer Anorak, weiße Tennisschuhe. Róbert, 22 Jahre, schwarze
Lederjacke, schwarze Lederschuhe, steht derweil auf den Stufen zur
Bühne wie nicht abgeholt, bis Schaller über den Alex schallt: «Als
Nächster spricht ein ungarischer Student!» Er muss seinen Namen
selbst nennen. Die sind hier sehr mit sich beschäftigt.

Juharos ist müde und schmeckt das Bier, weil er die Zahnbürste
im Auto nicht gefunden hat. Nach seiner Rückkehr aus dem Westen hat er noch eine Stunde auf dem Fahrersitz geschlafen. Als die
vielen Leute am Auto vorbeiliefen und lachten, war Juharos schlagartig wach. Er hat in den vergangenen Monaten viele Demos erlebt,
doch das ist die größte. Berlin blüht plötzlich. So etwas hätte er in
der DDR nicht erwartet. Die Stimmung schwankt zwischen Volksfest und Vorlesung. Gelöst und hochkonzentriert. Ausgelassen, aber
auch ängstlich. Hier passiert etwas Einmaliges! Er wollte Viktor anrufen, fand aber keine Telefonzelle. Ungarn ist überall! Róbert Juharos umarmte jeden, den er greifen konnte.

Dann das Café hinter der Kundgebung. Was für ein Kontrast! Die Elite des Landes, das gerade erwachte, versank in Lethargie. Die alten Herren und Damen schauten ihn streng und skeptisch an, er war ihnen wohl zu aufgedreht. Die steckten die Köpfe zusammen und flüsterten und schrieben und soffen, was er noch nicht wieder konnte. Wovor schreckten sie zurück? Bringen wir es zu Ende! Es sprach sich herum, dass Wolf Biermann nicht ins Land gelassen wurde. Das nahmen die meisten schulterzuckend hin, fast erleichtert. Juharos gab Henning Schaller sein Manuskript. Schaller bat ihn, darauf zu verzichten, RUSSEN RAUS zu fordern. Das stand da: RUSSEN RAUS! Darauf lief es doch hinaus. RUSSEN RAUS! Das würde den friedlichen Charakter der Veranstaltung stören, sagte Schaller. Das geht nicht, sagten auch andere. Sie verordneten sich zur Beruhigung selbst die alten Regeln, die nicht mehr galten. Die Deutschen sind viel vorsichtiger als die Ungarn, vielleicht, denkt Juharos, ging es ihnen in der DDR immer ein bisschen besser, sie haben mehr zu verlieren.

Juharos stellt sich vor: «Isch heiße Róbert Juharos, isch komme aus Ungarn von dem Verband der jungen Demokraten!» Auf dem Platz ist es unruhig geworden, hinten ziehen schon manche Richtung S-Bahn. Sie sehen nicht, wie sich weit vorne auf der kleinen Tribüne ein kleiner Mann mit jungenhaften Gesichtszügen an zwei Seiten Papier festkrallt, als wisse er nicht, wohin mit seiner Kraft. Jürgen Fuchs hat zu Juharos gesagt: Ich weiß, ihr seid stark, aber lasst die Fäuste in der Tasche, sonst könnt ihr nur verlieren. Juharos sieht den Alexanderplatz und glaubt, dass man mit dieser Stärke nur gewinnen kann. Er erinnert die «Völker Ost- und Mitteleuropas» an die «einmalige Chance, Demokratisierungen durchzuführen». Es gebe kein bisschen Pluralismus, kein bisschen Rechtssicherheit, entweder – oder, jetzt oder nie! Ein «gemeinsames europäisches Haus» sei nur mit demokratisierten Staaten möglich, es brauche jetzt radikale Formen. Juharos schlägt die Gründung eines «internationalen Forums der Opposition» vor und ruft: «Seid euch unserer Solidarität bei eurem gewaltfreien Kampf für Demokratie sicher!» Als er «gewaltfrei» sagt, betont er das Wort, indem er seinen linken Zeigefinger in den Himmel stößt.

«Das Kind hat sich angefunden», sagt Henning Schaller ins Mikrophon, als Juharos fertig ist. Robert ist wiederaufgetaucht. Aber Róbert fühlt sich verloren.

Konrad Elmer hat eigentlich gar keine Zeit. Morgen wollen sie in
242 der Sophienkirche die Berliner SDP gründen, da gibt es viel vorzubereiten. Elmer denkt mit Hannah Arendt: Nach der Zeit des Totalitarismus gibt es Hoffnung für die Welt durch jeden Menschen, der geboren wird und einen Neuanfang machen kann. Man muss die Sozialdemokratie in diesem Land einfach gründen, in jeder Stadt, an jedem Ort. Man kann doch nicht darauf warten, dass die Herrschenden einen genehmigen, wie die Leute vom «Neuen Forum». Jens Reich ist der Erste, den Elmer in diesem aufgeregten Hühnerhaufen im Café sieht. Er gehörte zu der informellen Gruppe, die sich einmal im Monat bei Reich zu Hause traf. Reich sagte zu Elmer: Na, ihr werdet von eurer West-SPD jetzt sicher mit Computern und Geld zugeschüttet! Nach dem Motto: Ihr fallt ins warme Nest. Aber nur mit Gesprächsrunden hebelt man die SED nicht aus!

Den Schorlemmer kennt Elmer auch schon lange. Der war sein Inspektor in Halle, als Elmer dort studierte, sozusagen der Theologiestudentenwohnheimleiter. Er hat von Schorlemmer viel gelernt, Theologisches, aber ihre Wege trennten sich dann. Als ein neuer Studentenpfarrer in Halle gewählt wurde, gehörte Elmer zu der Mehrheit, die Rolf Krötke in diesem Amt wollten. Und nicht Schorlemmer, der nicht ganz mithalten konnte in ihren Augen. Kaum war die Verehrung für Schorlemmer nicht mehr so groß, war auch die Freundschaft hin, was weniger an Elmer lag, aber das ist lange her. Weil Schorlemmer immer viel an seinem Renommee lag, hatte Elmer gedacht, der würde sich melden, nun, da so viele Pfarrer die Sozialdemokratie zum Leben erweckten und es Posten zu verteilen gab. Aber da kam nichts, Schorlemmer beteiligte sich beim «Demokratischen Aufbruch». Es gab für jeden was.

Hinter der Bühne, wo Elmer gemeinsam mit Ulrike Poppe von «Demokratie jetzt!» den Reden lauscht, beobachtet er, wie Gregor Gysi zu Friedrich Schorlemmer sagt: Na, nun werden Sie mal seelsorgerisch an mir tätig. Das soll wohl ein Witz sein, aber man sieht doch selbst Gysi an, dass er Bammel hat. Gysis Rede ist brillant, vor allem taktisch klug, er ist der Einzige, der hier mit allen kann. Birthler rührt vorher zu Tränen. Markus Wolf scheitert kläglich mit seinem Versuch, sich reinzuwaschen. Es gibt kein Zurück mehr, denkt Konrad Elmer, der in Gedanken schon beim nächsten Tag ist und bei seinen Töchtern unten in der Menge.

Elmer weiß, dass Henning Schaller ihn und Poppe weit am Ende eingeplant hat. Auf einmal kommt Schaller zu ihnen gewuselt und meint: Alle haben überzogen. Tut mir leid. Die Zeit ist gleich um. Ihr beide könnt nicht mehr reden! Poppe, vielleicht sogar froh, gibt gleich klein bei. Aber Elmer ist doch nicht ins hinterletzte Schwante geschlichen, um diese Partei zu gründen, nur damit er jetzt schon wieder an den Rand gedrängt wird. Hör mal, sagt er zu Schaller, wisst ihr, ich lege gerne mein ganzes Manuskript beiseite, aber da steht ein Gedanke drauf, den muss ich hier aussprechen! Wir können doch diesen Tag nicht beschließen, ohne wenigstens einmal an den Prager Frühling erinnert zu haben! Wir sind doch nicht alleine auf dieser Welt! Das ist doch keine reine DDR-Angelegenheit, Mensch! Das leuchtet Schaller ein. Geh hoch, sagt er, aber ganz kurz! Gut, denkt Elmer, aber wenn ich schon da oben bin, werde ich auch die Sozialdemokraten erwähnen; so ist das, wenn man eine Partei gegründet hat.

Liebe Bürgerinnen und Bürger, vieles wurde schon gesagt. Nur eines, denke ich, müssen wir noch sagen, wenn wir nun aufbrechen in das Zeitalter der Demokratie. Wir müssen eine Schuld bekennen.

Elmer erzählt von seiner Studententour durch die Tschechoslowakei im Jahr 1968, von der Aufbruchstimmung, die nicht zuletzt
von der DDR beendet wurde. «Darum möchte ich hier im Namen
aller, dass wir uns vor diesem Volk entschuldigen», sagt Elmer. Bei
Markus Wolf, sagt Elmer noch, habe er vorhin kein echtes Schuldbe-
kenntnis gehört. Dabei seien es doch diese Herren gewesen, die das
Volk wie Vieh regiert haben. Elmer sagt aber auch: «Freilich, dass
wir uns das gefallen lassen haben, das ist unsere Schuld!»

Steffie Spira fängt am Ende ganz vorne an. Sie hat zweieinhalb
Stunden auf diesen Auftritt gewartet und ein Leben lang. 81 Jahre
und 155 Tage sind seit ihrer Geburt vergangen. Vor 56 Jahren ging
sie ins Exil. Seit 42 Jahren ist sie zurück und doch nicht zur Ruhe
gekommen. Sie hat viel gehört und braucht nur wenige Worte.

1933 ging ich allein in ein fremdes Land. Ich nahm nichts mit,
aber im Kopf hatte ich einige Zeilen eines Gedichts von Bertolt
Brecht: Lob der Dialektik.
So wie es ist, bleibt es nicht.
Wer lebt, sage nie Niemals.
Wer seine Lage erkannt hat, wie soll der aufzuhalten sein.
Und aus Niemals wird Heute noch!

Ihre Augen sind weit aufgerissen hinter der großen Brille. Die kleine, runde Dame ist in einen schwarzen Mantel gehüllt. Links neben
der Bühne hält jemand ein Schild hoch, auf dem steht: «Dass ich das
noch erleben darf!» Nach der vorletzten Zeile des Gedichts lächelt
Spira in die Ferne und doch mehr in sich hinein, als verstehe sie erst
in diesem Moment, wie sie hier gelandet ist. Als sie die letzte Zeile
gesprochen hat, schwingt Spira ihr akkurat hochgestecktes weißes
Haar so vehement zur Seite, als könne nichts und niemand sie mehr
aufhalten, so schwer ihr auch die Stufen hier hoch gefallen sind. Das

Schweigen von Hunderttausenden ist ein gewaltiges Schweigen. Und ein Applaus ist nur so mächtig wie die Stille, die er durchbricht. Spira hebt abwehrend die Hand. Es ist noch nicht vorbei. Es endet nicht mit Brecht. Damit begann es nur.

Ich wünsche für meine Urenkel, dass sie aufwachsen ohne Fahnenappell, ohne Staatsbürgerkunde und dass keine Blauhemden mit Fackeln an den hohen Leuten vorübergehen.

Der Alexanderplatz tobt vor Freude wie nie an diesem Tag. Erneut hebt Spira abwehrend ihre Hand. Sie geht doch nicht ohne einen Witz.

Ich habe noch einen Vorschlag: Aus Wandlitz machen wir ein Altersheim! Die über 60- und 65-Jährigen können jetzt schon dort wohnen bleiben, wenn sie das tun, was ich jetzt tue – abtreten!

Eine Frau in der ersten Reihe dreht sich begeistert um die eigene Achse und hält sich noch immer beide Hände vor ihr Gesicht, als Steffie Spira die Bühne schon gestützt verlassen hat. Über eine Minute wird geklatscht, sogar ganz hinten am Fernsehturm. In diesen 2 Minuten und 48 Sekunden, die Steffie Spira sprach, war viel mehr Stolz zu hören als Verbitterung. Jeder sah, dass diese Frau ein ganzes Jahrhundert ist und dass dieses bald zu Ende geht und trotzdem viel davon bleiben wird. Dass nicht alles falsch war und jetzt alles richtiger ist. Dass es etwas gibt, das mächtiger ist als jedes Land und wichtiger als jedes System. Die Zuversicht.

Henning Schaller fordert die Menge auf, sich nun ebenso friedlich wie bisher in die Heimatbezirke aufzumachen. Aber die Menschen sollen sich bitte verteilen, nicht alle zum S-Bahnhof Alexanderplatz eilen. Schaller, sichtlich erschöpft, trifft das Gefühl der meisten, als er es so ausdrückt: «Entwirren Sie sich!»

DRITTER TEIL:
DANACH

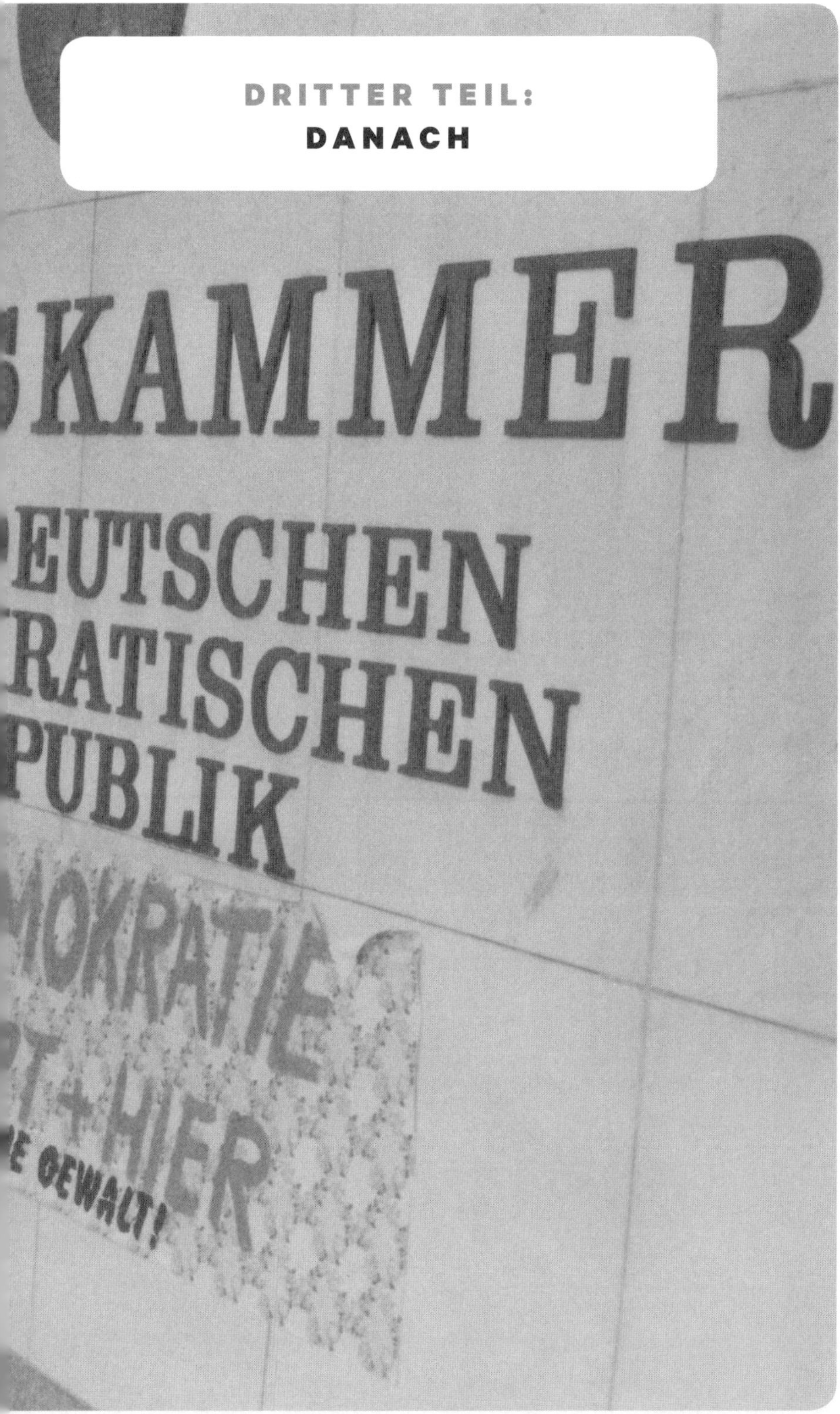

Aus dem Bericht des Führungsstabs zum Sicherungseinsatz am 4. November 1989:

«Die Kundgebung wurde um 14.20 Uhr von den Organisatoren beendet, nachdem bereits ab 13.15 Uhr eine
stärker werdende Personenabwanderung feststellbar
war. (...)

Die akkreditierten 221 Korrespondenten und weitere
Journalistenteams, die ohne spezielle Akkreditierung
für die Demonstration wirksam wurden, traten mit
einer Vielzahl journalistischer Aktivitäten in Erscheinung, ohne dass es dabei zu Vorkommnissen kam.

Nach Abschluss der Kundgebung bildeten sich im Bereich des Alexanderplatzes 5 Diskussionsgruppen von
durchschnittlich 50 Personen, auf deren Auflösung
durch die Organisatoren versucht wurde, Einfluss zu
nehmen. (...)

Im Verlauf des Sicherungseinsatzes kam es im Bereich
der Staatsgrenze sowie in deren westlichem Vorfeld zu
mehreren provokatorischen Handlungen.

Darunter von 09.00 Uhr bis 10.00 Uhr eine Ansammlung
von ca. 50 Personen mit gegen die DDR gerichteten
Plakaten vor der Grenzübergangsstelle Heinrich-Heine-
Straße sowie das Besteigen der Panzermauer durch eine

männliche Person aus West-Berlin im Bereich Brandenburger Tor. (…)

Um 16.00 Uhr noch festzustellende Diskussionsgruppen
unter anderem von Mitgliedern der CDU und LDPD mit
Anhängern der sogenannten SDP auf dem Alexanderplatz
sowie weitere kleinere Personenansammlungen stehen
weiterhin unter operativer Kontrolle.

250 Die im Rahmen des gesamten Sicherungseinsatzes ange-
wiesenen politisch-operativen Maßnahmen werden plan-
mäßig fortgesetzt.»

Nach der Kundgebung sitzt Marianne Birthler mit Werner im Wartehäuschen einer Bushaltestelle. Werner hat Bier besorgt. Sie gucken schweigend über den Alexanderplatz und versuchen zu verstehen, was gerade passiert ist. Sie gucken noch, als der Platz leer ist und die Kehrmaschinen nasse Spuren hinter sich herziehen. Wie bringt man jetzt Ordnung in all die Gedanken?

Friedrich Schorlemmer schiebt sich mit der Menge die Treppen hoch zum S-Bahn-Gleis. Er muss zwei Stationen fahren, zum Ostbahnhof, von wo er den Zug nach Hause nimmt. Für ihn fühlt es sich, Schulter an Schulter mit den Menschen, an, als fühlten für einen kurzen Moment alle dasselbe. Jeder redet mit dem anderen, egal ob bekannt oder unbekannt, es gibt keine Unterschiede mehr. In der S-Bahn steht neben Schorlemmer ein NVA-Offizier in voller Montur. «Na, wie haben Sie das heute erlebt, so in Uniform?», fragt Schorlemmer. Der Mann sagt, dieser Tag sei für ihn einerseits ein Grund zur Freude und andererseits einer zur Sorge. Was wird denn nun aus Leuten wie ihm? Als dieser Pfarrer auftrat, sagt der Offizier noch, habe er gedacht, jetzt gehe es los, jetzt koche die Stimmung über, aber als dann dieses Luther-Zitat zur Gewaltfreiheit fiel, sei er sicher gewesen, dass es heute friedlich bleibt. Der Offizier stand so weit hinten, er hat wohl gar nicht gesehen, dass Friedrich Schorlemmer dieser Pfarrer war.

Róbert Juharos fährt mit seinem Renault nach West-Berlin, via Checkpoint Charlie. Er findet, er sollte Jürgen Fuchs und Wolf Biermann besuchen nach diesem Ereignis. Bei Jürgen in der Wohnung sind alle versammelt. Biermann hatte am Morgen, begleitet von Kamerateams, versucht, am S-Bahnhof Friedrichstraße rüberzukommen. Die Bilder zeigen, wie Biermann unter dem Schild «Einreise in die DDR» steht, seinen grünen Reisepass in der einen und die Gitarre in der anderen Hand. Sie ließen ihn nicht rein. Biermann sagte in die Kameras, der Reformprozess in der DDR könne erst beginnen, wenn seine Freunde und er zurückkönnten, um sich zu beteiligen. In Biermanns neuestem Lied heißt es: «Bloß lernt es ertragen, wenn wir noch leise an eurer Wende zweifeln. Es glaubt kein Aas, wenn ihr schöne Worte drechselt, wir geben euch einen Rat: Der Worte sind nun genug gewechselt, was zählt, ist nur die gute Tat!»

Jürgen Fuchs und Wolf Biermann sind erstaunt, Juharos zu sehen. Eben war er doch noch im Fernsehen. Er sagt, er sei gekommen, um seine Solidarität auszudrücken. Beide sind ganz gerührt. Biermann weint sogar ein bisschen. Dieser junge Mann aus Ungarn, der nun mit anstößt und vom Alexanderplatz erzählt, gibt ihnen wohl das Gefühl, den Tag auf beiden Seiten miterlebt zu haben. Und Juharos hat nach ein paar Bier das Gefühl, diese Helden an diesem heldenhaften Tag ein wenig mit jenem Land zu versöhnen, das ohne sie nie so weit gekommen wäre, wie er meint.

Henning Schaller trifft sich mit einigen, die dabei waren, am Abend in der Kantine des Berliner Ensembles. Auch die angereisten Wessis sind noch ganz beglückt. Antje Vollmer, die grüne Bundestagsabgeordnete, lobt Schallers Moderation. Und Klaus Pierwoß, der Intendant des Kölner Schauspielhauses, erzählt davon, wie Günter Wallraff sich 1974 aus Protest gegen die Militärdiktatur in Griechenland auf dem Athener Syntagmaplatz an einen Lichtmast kettete und von Geheimdienstlern zusammenschlagen ließ. Aus dem Foto davon gestaltete Klaus Staeck ein Plakat mit dem Titel «Die Kunst der 70er Jahre findet nicht im Saale statt». Aber so was wie ihr heute, sagt Pierwoß, haben wir nie geschafft. Mit wir, glaubt Henning Schaller, meint er wohl die 68er. Oder die Westdeutschen.

Johanna Schall muss Jan Josef Liefers anschmachten. Es ist Vorstellung: «Ein Monat auf dem Lande», Regie: Thomas Langhoff. Liefers spielt den attraktiven, mittellosen Studenten Beljajew, der als Erzieher beim Gutsbesitzer Islajew angestellt ist. Michael Gwisdek ist dieser Islajew. Jutta Wachowiak seine Frau, die sich in den jungen Kerl verguckt. Wie auch das verhuschte Diensmädchen Tanja, das Johanna Schall spielt. So viele geheime Gefühle schwingen durch dieses sonnige Stück, aber heute, vor fast leeren Rängen, zwinkern und kichern sie sich leblos an, weil alle mit dem Herzen ganz woanders sind.

Tobias Langhoff läuft zu seinen Eltern, die am Gendarmenmarkt wohnen. Hier dröhnten oft die Diskussionen zwischen Familientisch und Küche, wo Vater Thomas kochte. Als heute die Tagesschau durch die Wohnung schallt, sitzt Langhoff noch immer auf dem Sofa. Die Kundgebung ist die erste Meldung im West-Fernsehen: «In der DDR sind heute so viele Menschen wie nie zuvor für demokratische Reformen auf die Straße gegangen. Während der Kundgebung in Ost-Berlin forderten sie ein Ende des Machtmonopols der SED – zugleich verließen Tausende das Land über die Tschechoslowakei. Die DDR-Führung hatte diesen Weg gestern freigegeben. Für die Ausreise ist nur noch der Personalausweis erforderlich.» Sie zeigen Bilder der Demonstration, der Sprecher sagt, ein neues Zeitalter habe begonnen: Glasnost in der DDR. Es kommen Ausschnitte aus Stefan Heyms Rede, dann Steffie Spiras Schlussappell. Man sieht Günter Schabowski, den der Sprecher nur «Bezirkschef der SED» nennt, wie er seine Ansprache mit «Liebe Berlinerinnen und Berliner» beginnt, aber erst mal nicht weitersprechen kann, aus der Menge ruft es: «Sach nicht liebe!» Und: «Freie Wahlen, freie Wahlen!» Markus Wolf wird dagegen als Vermittler bezeichnet, als Vertrauter Gorbatschows. Die Tagesschau meint, es seien bis zu einer Million Menschen am Alexanderplatz gewesen. Das DDR-Fernsehen, sagt Langhoffs Mutter, hat live gesendet vorhin. Heute hätte es sich zum ersten Mal in der Geschichte des Landes gelohnt, das einzuschalten.

Markus Wolf ruft nach Andrea, weil im Anschluss an die Tagesschau sogar eine Sondersendung zur Kundgebung läuft. Sie haben lange gebraucht für den Weg zurück zum Spreeufer. Passanten hielten sie an, bedankten sich, wollten reden, als hätten sie Angst, dass dieser Dialog abreißen könnte, wenn jeder wieder nach Hause geht. Seine Rede wird ausführlich gezeigt. Als Markus Wolf vor Wochen von einem russischen Freund erfuhr, dass er zu Hause abgehört wird, sagte er zu Andrea: Damit habe ich immer gerechnet. Es ist nicht schlimm: Was du nicht sagen willst, sagst du eben draußen. Markus Wolfs Sohn hat die ganze Live-Übertragung des DDR-Fernsehens mit dem Videorekorder aufgezeichnet. Nun hallen Wolfs Worte, die dort draußen noch vor einem Jahr nicht hätten gesagt werden können, durch das Wohnzimmer und in die Abhörwanzen und in die Ohren der ehemaligen Kollegen, die Dienst haben.

Mehr als 10 000 Menschen reisen am Wochenende über die ČSSR aus. Der SPD-Vize Oskar Lafontaine fordert in der *Bunten* eine «Begrenzung des Zuzugs deutschstämmiger Aussiedler aus dem Osten».

G regor Gysi erhält am Morgen einen Anruf von seinem Kollegen Lothar de Maizière. Die sitzen an einem Entwurf für ein neues Reisegesetz, sagt de Maizière, morgen soll er veröffentlicht werden. Na endlich, sagt Gysi. Ja, sagt de Maizière, aber das wird viel zu halbherzig. Na dann, sagt Gysi, du bist doch jetzt der Vorsitzende der Christlich-Demokratischen Union Deutschlands, ruf doch deinen Blockfreund Egon Krenz an. De Maizière sagt: Ach, so läuft das hier nicht! Da fällt Gysi das Kärtchen ein, das Günter Schabowski ihm gestern gegeben hat und das noch in seiner Jackentasche steckt: die Dienstnummer. Also ruft Gregor Gysi Günter Schabowski an. Die Sekretärin stellt ihn gleich durch. Als Gysi von de Maizières Anruf berichtet und von den Bedenken bezüglich des Reisegesetzes, sagt Schabowski: Dann komm doch her und schau dir den Entwurf an! Soll ich dir ein Auto schicken? Gysi fährt lieber selbst zur Bezirksleitung der Berliner SED im Nebentrakt des ZK-Gebäudes. Schabowski sitzt zerknirscht an seinem Schreibtisch und kommt zu gar nichts, weil ständig eines seiner zwei Telefone läutet, mal das rote, mal das schwarze. Also Saatgut braucht ihr? Wie viele Tonnen? Aha. Welche Sorte? Die ganze Zeit. So kann man doch kein Land regieren.

Der Entwurf für das Reisegesetz ist nicht schlüssig und noch immer viel zu einschränkend, findet Gysi: 30 Tage Auslandsurlaub, 15 Mark Reisedevisen. Es braucht doch jetzt vollständige Reisefreiheit und klare Regeln dafür. Gysi bittet Schabowski um Stift und Papier und setzt sich an einen vollgestellten Tisch in dessen Büro, er räumt sich einen Platz frei im realsozialistischen Chaos. Gysi schreibt einiges auf, sogar Regelungen für Impfpflichten. Schabowski schaut irritiert, als Gysi ihm den Zettel überreicht. Er werde Gysis Ideen am Abend in Wandlitz Egon Krenz vorstellen und sich melden. Gysi nennt ihm die Telefonnummer seiner Lebensgefährtin. Spätabends ruft Schabowski an. Der Reisegesetz-Entwurf werde morgen wie gehabt vorgestellt. Krenz habe sich für Gysis Zettel nicht interessiert.

Róbert Juharos hat wieder zu viel getrunken und zu wenig geschlafen bei Jürgen Fuchs im Westen, sie haben den 4. November lange gefeiert. Juharos tuckert mit seinem Renault am Checkpoint Charlie zurück in den Osten. Auf dem Beifahrersitz liegt sein Notizbuch, mit all den Namen und Kontakten. Juharos reicht seinen Pass aus dem Autofenster. Es dauert lange, bis der Grenzer damit zurückkommt. Es gebe ein Problem. Sie bitten ihn in einen Raum. Sie sagen ihm, er habe Einreiseverbot in die DDR. Das hatte die doch bisher nicht gekümmert? Sie bringen ihn in eine Polizeiwache. Drei Stunden darf er nur stehen, die Arme zur Seite ausgestreckt. «Waren Sie nicht gestern noch im Fernsehen?», schreit einer ihn an. Na klar, die Einsicht pocht durch Róbert Juharos' Kopf wie das Bier von gestern: Es wissen jetzt zu viele von mir. Er dachte, es sei schon zu Ende. Juharos denkt an sein Adressbuch auf dem Beifahrersitz. Er war unvorsichtig. Beim nächsten Verhör sagte er ihnen, dass er Wolf Biermann kennt. «Ich habe gestern noch mit Biermann getrunken! Wenn ihr mich nicht freilasst, wird er morgen ein Lied für mich schreiben!» Am Abend ist Róbert Juharos frei.

Auf dem Sendeplatz, der früher dem «Schwarzen Kanal» gehörte, läuft zum ersten Mal die Sendung «Klartext». In Leipzig demonstrieren 300 000 Menschen. Viele Redner werden ausgepfiffen.

J ohanna Schall liest an der Wandzeitung einen schreibmaschinengeschriebenen Zettel von Thomas Neumann: «Noch ein Wort zum 4. November AN ALLE und ganz besonders an Johanna Schall: DANKE».

Günter Schabowski hat beim Verlassen des Empfangs zum 72. Jahrestag der Oktoberrevolution in der sowjetischen Botschaft eine unangenehme Begegnung. Er geht an Markus Wolf vorbei und reicht ihm die Hand. Aber der tut so, als bemerke er das gar nicht. Hallo, Genosse, kannst du mir die Hand geben? Sein Buch scheint dem zu Kopf gestiegen zu sein. Schabowski hat es auch zu Hause rumliegen in Wandlitz. Seine Frau hat gescherzt: Da sind ja mehr Fotos als Text! In ihrer russischen Heimat würde man so was einen Bildband nennen.

Markus Wolf hat beim Verlassen des Empfangs zum 72. Jahrestag der Oktoberrevolution in der sowjetischen Botschaft eine unangenehme Begegnung. Egon Krenz geht an ihm vorbei. Krenz fasst ihm an die Schulter: «Hast du gut gemacht!» Wolf antwortet: «Mach es besser!» Krenz: «Ich sagte: Hast du gut gemacht!» Wolf: «Ich sagte: Mach es besser!» Krenz: «Wenn ich das vor zwei, drei Wochen gewusst hätte, hätte ich das nicht gemacht.» Allen schwirrt hier noch der 4. November durch den Kopf. Zu Hause wird Wolf angerufen und von einem jungen Parteisekretär gefragt, ob er in zwei Tagen anlässlich der Tagung des Zentralkomitees vor dem ZK-Gebäude sprechen wolle. Sie möchten demonstrieren. Eine Pause täte allen mal gut, denkt Wolf.

100 000 Mitglieder sind aus der SED ausgetreten. 7000 Mitarbeiter des Gesundheitswesens haben das Land verlassen; um die medizinische Versorgung aufrechtzuerhalten, werden Polizei- und Armeekräfte angefordert.

G regor Gysi erfährt, dass sein Antrag auf Zulassung des «Neuen Forums» als politische Vereinigung vom Innenministerium endlich angenommen wurde. Noch gibt es keine Anerkennungsurkunde, aber das ist nur eine Frage der Zeit. Bärbel Bohley fragt Gysi, ob er nun nicht auch Mitglied werden wolle und Teil der Führung des «Neuen Forums». Gysi lehnt dankend ab: Nö! Warum denn nicht, fragt Bohley. Gysi sagt: Weil ich zwar weiß, *wogegen* ihr seid, und dagegen bin ich auch, aber ich weiß gar nicht, *wofür* ihr eigentlich seid. Das, sagt Bohley, wüssten sie selbst noch nicht, aber das könne Gysi als Teil der Gruppe ja mitbestimmen. Da sagt Gysi: Leute, euch passiert nichts mehr! Ihr braucht mich nicht. Aber dem Verein, dem ich seit 1967 angehöre, geht es jetzt an den Kragen.

Markus Wolf sieht Christa Wolf in der «Aktuellen Kamera». Sie richtet einen Appell an die Menschen, der auch von anderen Intellektuellen unterzeichnet wurde, von Stefan Heym, Christoph Hein und Volker Braun: «Wir sind uns der Ohnmacht der Worte gegenüber Massenbewegungen bewusst, aber wir haben kein anderes

Mittel als unsere Worte. Die jetzt noch weggehen, mindern unsere Hoffnung. Wir bitten Sie, bleiben Sie doch in Ihrer Heimat, bleiben Sie bei uns!» 150 000 haben das Land seit dem Sommer verlassen. Christa Wolf wohnt nicht weit weg. Markus Wolf hat das Bedürfnis, ihr die Hand zu schütteln. Mit Andrea läuft er hin. Christa Wolf und ihr Mann Gerhard haben Besuch, bitten sie aber hinein. Sie sitzen in der Küche, und Markus Wolf bedankt sich bei Christa Wolf für ihre Worte. Ab morgen wird jeder zweimal überlegen, ob er im Westen mehr erreichen kann.

Thomas Heise filmt die Gesichter. Suchende. Fragende. Fassungslose. Viele SED-Mitglieder strömen im Dämmerlicht vor das ZK-Gebäude, in dem das Zentralkomitee tagt, zehntausend sind es bald. Das Politbüro ist zurückgetreten und wurde neu gewählt. Die Ergebnisse werden über Lautsprecher verkündet. Sechs Alte sind wieder dabei. Andere, darunter Hager und Mielke und Stoph, sind ausgeschieden. Jubel brandet auf. Am lautesten, als bekannt wird, dass der Dresdner SED-Chef Hans Modrow, der mit den Demonstranten in seiner Stadt sprach, als andere in der Partei noch weghörten, neu dabei ist. Modrow soll auch als Ministerpräsident vorgeschlagen werden. Während drinnen weiter getagt wird, werden draußen Reden gehalten, von einfachen Mitgliedern, viele Forderungen, viele Beschwerden. Eine Rednerin wird vom Publikum aufgefordert, langsamer zu sprechen. Sie entschuldigt sich: «Die Zeit ist so schnell!»

Zu später Stunde kommt Egon Krenz raus, Schabowski, der heute zum ZK-Sekretär für Medien gewählt wurde, im Gefolge. Krenz hat ein starres Grinsen im Gesicht. Er sagt, er verstehe diesen ungewöhnlichen Auflauf hier vor dem Gebäude als Zeichen, dass die Genossen «den Kurs der Erneuerung» voll unterstützen. Der Applaus ist zögerlich. Von hinten, wo Thomas Heise steht und filmt, sieht es aus, als würde Schabowski Krenz die Sätze soufflieren. Dabei guckt er in die Ferne, als sei nichts. Krenz sagt, er sei außerordentlich bewegt an diesem Abend. Als ihm zugerufen wird, er solle doch mal seine eigene Haltung zur Lage kundtun, bittet Krenz um Verständnis, dass er die nicht in zwei Sätze packen wolle. Außerdem dürfe er die Beschlüsse zur neuen Politik des Zentralkomitees, das morgen, vielleicht auch noch übermorgen weiter tagt, nicht vorwegnehmen. «Lest morgen meine Rede», ruft Krenz. Da wird gebuht. Die Leute wollen was Konkretes hören. Stattdessen sagt Krenz nur: «Euch alles Gute!» Es klingt, als sei nun jeder auf sich allein gestellt. Krenz ist schon im Gebäude verschwunden, da wendet sich Schabowski noch mal um, sein Mund, auf den Heise zoomt, ist ein Strich: «Die Frage der Parteikonferenz ist nicht vom Tisch!» Er weiß, dass die Genossen, die hier unten stehen, genau das wollen, einen großen Dialog. Und wenn morgen nicht etwas wirklich Neues passiert, ein Wunder geschieht, denkt Thomas Heise in der rumorenden Masse, dann werden die Parteimitglieder wieder hierher marschieren und dann vielleicht auch hinein in das ZK-Gebäude, dessen schwere Tür nun zufällt.

Als Egon Krenz das Zentralkomitee über die neue Reiseregelung informiert, ist Schabowski nicht im Saal, sondern bei Journalisten vor der Tür. Gegen 18 Uhr muss Schabowski ins Internationale Pressezentrum zu seiner zweiten Pressekonferenz als ZK-Sekretär für Medien. Krenz steckt ihm vorher zwei DIN-A4-Blätter zu: «Gib das bekannt. Das wird ein Knüller für uns.» Schabowski übersieht, dass auf Krenz' Papier steht, die Pressemitteilung zur Ausreiseverordnung sei am 10. November zu veröffentlichen.

262

Jens Reich gibt dem spanischen Fernsehen in seinem Wohnzimmer ein Interview. Mal wieder soll er sagen, wie es weitergeht. Während er noch überlegt, klingelt es an der Tür, ein Kollege der Spanier, der ganz aufgeregt ist: Da braue sich was zusammen an der Mauer! Die Spanier entschuldigen sich und verschwinden. Jens Reich geht ins Bett. Seine Frau Eva jedoch hat Nachtdienst in der Klinik in Buch. Dort bekommt sie später in dieser Nacht einen Anruf von ihrem Sohn. «Mami, ich saß gerade auf der Mauer!» Und das Erste, was Eva dazu einfällt, ist: «Aber da kannst du doch runterfallen, Mensch!»

Lothar Bisky ist im Kino. Die Premiere von «Coming Out» findet im Kino International statt, nur eine Querstraße vom «Haus des Reisens» entfernt. Der Saal ist voll. Der Film ist grandios. Ein Manifest für die Selbstbestimmtheit. Für Offenheit. Bisky hat schlimme Zahnschmerzen. Er hat einen doppelten Cognac drüber gekippt, aber das hilft nicht. Statt zur Premierenfeier im Lokal «Zum Burgfrieden», das auch im Film der Ort des Geschehens ist, fährt Bisky nach Hause und trinkt einen zweiten Cognac.

Tobias Langhoff steht auf der Bühne, «Nathan der Weise», zum siebzigsten Mal, Beginn: 19 Uhr 30. In der Pause sagt der Inspizient, der ein kleines Radio hat: Die Mauer ist offen. Und alle so: Ja, ja! Da sagt der: Leute, ohne Scheiß! Vor den Fenstern sehen sie Trabis Richtung Invalidenstraße hupen. So, weiter geht's! Das Publikum weiß von nichts. Und sie wissen es auch nicht genau, sie können keine Ansage machen. Also spielen sie einfach. Der Vorhang fällt fünfzehn Minuten früher als nach all den Aufführungen zuvor. Langhoff setzt sich in seinen roten Trabi. Weil in der Friedrichstraße immer so viel Verkehr ist, fährt er wie sonst auch hinten rum, die Schumannstraße rechts runter Richtung Charité, dann rechts zum Naturkundemuseum. Aber da ist Stau. Die sind alle unterwegs zur Grenze! Langhoff will nur noch nach Hause. Erst als er da vor seinem Mini-Fernseher hockt, mit dem Berliner Pilsner in der Hand, und Tagesthemen guckt, weiß er, was ihm so schlechte Laune macht, und er schämt sich ein bisschen dafür. Er nimmt seinen Pass in die Hand und betrachtet den neuen Eintrag: «Zur mehrmaligen Ein- und Ausreise». Das war das Tollste gewesen, was er sich hatte vorstellen können. Sein Traum. Jetzt war es einfach nur ein Stempel.

Günter Schabowski ist zurück in Wandlitz. Um 22 Uhr ruft ihn einer aus der Bezirksleitung an. Einige tausend Menschen hätten sich an den Grenzübergangstellen eingefunden. Eine halbe Stunde später der nächste Anruf: Es werden immer mehr. Er muss zurück nach Berlin. Unverzüglich! Monatelang passiert gar nichts und dann alles auf einmal. Der Fahrer brettert an der Pforte vorbei und Günter Schabowski blickt zurück und sieht nur dunklen Wald. Alle schlafen.

Am dritten Tag der Sitzung des Zentralkomitees werden Günter Mittag und Joachim Herrmann aus dem ZK ausgeschlossen. Die sogenannte «Kontaktgruppe» fordert die Bildung eines zentralen Runden Tisches mit Vertretern aller gesellschaftlichen Kräfte in der DDR.

Gerhard Schöne fährt seine Tochter in den Kindergarten. Sie sind in diesen Tagen dabei, an den Stadtrand zu ziehen. Schöne war am Vorabend so kaputt von den Renovierungsarbeiten, dass er früh ins Bett gegangen ist. Erst im Autoradio hört er, auf Höhe Prenzlauer Allee, dass die Mauer offen ist. Er hält am Straßenrand. Tränen laufen ihm übers Gesicht. Ihm kommt die Stelle aus dem «Froschkönig» in den Sinn. Als der König ruft: Heinrich, der Wagen bricht! Und sein treuer Diener antwortet: Nein, es sind die Eisenfesseln um mein Herz! Er ist so froh, dass er nicht zweigleisig wird reden müssen mit seiner Tochter, dass er ihr nicht einschärfen muss, was sie nur zu Hause sagen darf. Und dass er sich nicht mehr schämen muss für seine Auftritte im Westen, für die kleinen Stücke Freiheit, die nur er genießen durfte. Ab heute kriegt jeder davon.

Ronald Freytag hat am Morgen Sensationelles zu verkünden. Sie haben die Ergebnisse der Urabstimmung ausgezählt: Siebzig Prozent sind für eine unabhängige Studentenvertretung. Die FDJ ist an der Humboldt-Universität entmachtet! Fast alle Medien hatten sich in den letzten Tagen zu dieser Pressekonferenz angemeldet, nicht nur die «Aktuelle Kamera» und das *Neue Deutschland*, auch viele aus dem Westen. Aber jetzt sitzt Ronald Freytag in ihrem Linoleumbodenraum nicht mal zehn Leuten gegenüber, immerhin die *taz* ist von der anderen Seite der Mauer gekommen, wo heute alle sind.

Jens Reich fährt mit seinem Trabant aus Pankow nach Schöneweide, zur DDR-weiten Konferenz aller Delegierten des Neuen Forums. Er weiß: Sie müssen die demokratische Energie, die in Leipzig und auf dem Alexanderplatz zu spüren war, jetzt nutzen, sie aufrechterhalten. Vielleicht aus der Bewegung doch gleich eine Partei machen. Weiter vorangehen. Doch die meisten Bewohner Berlins haben an diesem Freitag ein anderes Ziel als Jens Reich. Wo die Mühlenstraße auf die Florastraße trifft, blockiert ein nicht endender Strom aus Fußgängern den Verkehr. Die Leute ziehen Richtung Grenzübergang; wer frei hat, macht einen Ausflug nach drüben, und wer nicht frei hat, nimmt sich frei. Nach einigen Minuten hupt Jens Reich zaghaft, aber wer hört schon noch einen Trabant? Die Leute singen. Einer, der heute nach Süden und nicht nach Westen unterwegs ist, muss völlig verblödet sein. Soll er ihnen zurufen: Lasst mich durch, ich muss dringend debattieren, wie es mit unserem Land weitergeht? Das ist denen erst mal völlig schnuppe, nun, da die Welt hinter der Mauer weitergeht. Bärbel Bohley hat am Abend, als die Ersten in den Westen stürmten, in einem Radiointerview gesagt: «Die Menschen sind verrückt und die Regierung hat den Verstand verloren.» Das hilft ihnen bestimmt nicht. Schon diesen Morgen bekam Reich wütende Anrufe deswegen. Reifenlänge für Reifenlänge rollt er durch das Volk.

Auf der Versammlung diskutieren sie lange darüber, wie offensiv sie nun die Absetzung der Machthaber fordern sollen, zu lange für Bärbels Geschmack. Einig sind sie sich nur darüber, dass die offene Grenze gefährlich ist. Jetzt werden sie uns aufkaufen, sagen viele, jetzt werden sie uns mit der Banane locken, wir müssen aufpassen, dass wir nicht alle völlig den Mut verlieren, noch etwas zu bewegen. Reich soll was aufschreiben. Eine Erklärung, die Bärbels Aussage von gestern einordnet. Am 12. November wird der Aufruf «Die Mauer ist gefallen» veröffentlicht, für die Initiativgruppe «Neues Forum» unterzeichnet von Jens Reich, Sebastian Pflugbeil, Bärbel Bohley, Reinhard Schult, Eberhard und Jutta Seidel. Darin heißt es: «Bürgerinnen und Bürger der DDR! Eure spontanen und furchtlosen Willensbekundungen im ganzen Land haben eine friedliche Revolution in Gang gesetzt, haben das Politbüro gestürzt und die

266 Mauer durchbrochen. Lasst euch nicht von den Forderungen nach einem politischen Neuaufbau der Gesellschaft ablenken! Ihr wurdet weder zum Bau der Mauer noch zu ihrer Öffnung befragt, lasst euch jetzt kein Sanierungskonzept aufdrängen, das uns zum Hinterhof und zur Billiglohnquelle des Westens macht! Achtet genau darauf, wem die jetzt eintretenden Unternehmungen und Geschäfte Vorteile bringen werden und wie hoch die sozialen Kosten sind. Lasst das Land nicht verhökern und euch nicht als Mietsklaven verdingen! Wir werden für längere Zeit arm bleiben, aber wir wollen keine Gesellschaft haben, in der Schieber und Ellenbogentypen den Rahm abschöpfen. Ihr seid die Helden einer politischen Revolution, lasst euch jetzt nicht ruhigstellen durch Reisen und schuldenerhöhende Konsumspritzen!»

MONTAG, 13. NOVEMBER

Hans Modrow wird von der Volkskammer zum Ministerpräsidenten der DDR gewählt. Erich Mielke hält vor dem Parlament eine entrückte Rede, er ruft: «Ich liebe euch doch alle!» Mielke hat zur Beruhigung Faustan-Tabletten genommen. Auf der Leipziger Montagsdemonstration steht auf einem Transparent: «Deutschland einig Vaterland!»

Christoph Hein sitzt neben Christa Wolf. Die unabhängige Untersuchungskommission zu den Übergriffen rund um den 7. Oktober, bestehend aus 23 Mitgliedern, hat erzwungen, dass man ihr für ihre Vernehmungen einen Raum im Roten Rathaus zur Verfügung stellt. Viele Verantwortliche weigern sich, zu erscheinen. Sie befragen einen hochrangigen Stasi-General. Dank Marianne Birthlers Gedächtnisprotokollen können sie immer wieder ganz konkret nachfassen. Doch jeder von ihnen muss sich immer wieder überwinden, bevor er nachhakt. Die Hemmung ist noch groß. Es fühlt sich verwegen an, einen Stasi-Mann zu verhören. Der General wippt heftig mit seinen Stiefelspitzen. Er bleibt stur, er schweigt. Christoph Hein reicht es irgendwann. Offenbar, sagt Hein, sei der General nicht gewillt, sich kooperativ zu zeigen, man werde ihn also ein zweites Mal vorladen müssen. Christa Wolf flüstert: Christoph, die bringen uns alle eines Tages noch um!

Die Volkskammer beschließt die Streichung der Führungsrolle der SED aus der Verfassung. Die CDU-Fraktion scheitert aber mit dem Antrag, die DDR nicht mehr als «sozialistisches Land» zu bezeichnen. Das Panzerregiment «Friedrich Wolf» wird aufgelöst.

J ohanna Schall kann Thomas Neumann verstehen. Sie ist auch enttäuscht. Thomas hat ihr seinen Entwurf für den «Rechenschaftsbericht der Vertrauensleute Schauspiel» gezeigt, den sie dann an die immer kargere Wandzeitung gepinnt haben, verbunden mit der Einladung zur heutigen Spartenversammlung. Es sind 14 Schreibmaschinenseiten, viele davon sehr emotional. Thomas hat geschrieben: «Der 4. November wird immer wichtiger, desto weiter die Demokratisierung fortschreitet, ich weiß nicht, ob sich heute noch einmal so viele Menschen auf eine solche Weise zusammenfinden würden. Ich habe immer gedacht, – es war wohl dumm – ‹Die da oben, wir hier unten›. Aber jetzt, wo ‹die da oben› weg sind, stelle ich fest, dass wir uns, in dieser Größenordnung am 4. November, wohl nur einig waren gegen ‹die da oben›. Ohne ‹die da oben› streben wir schon wieder sehr schnell auseinander.»

Liefers und Langhoff haben gekündigt. Liefers geht ans Thalia Theater nach Hamburg und Langhoff ans Burgtheater in Wien. Peymann hat ihn hier besucht, die zwei waren Bier trinken im Palast der Republik. Es geht so schnell. Es ist, als würden alle verschwinden, kaum dass sie sich gefunden haben. Die Gewerkschaft ist quasi arbeitsunfähig, es fehlen Ansprechpartner, Pläne, Geld. Das Gerücht geht um, das Theater werde am 1. Januar unabhängig. Gerüchte wurden in den letzten Wochen schnell zur Wahrheit. Aber im Ensemble interessiert das alles kaum jemanden. Die Wandzeitung: leer. Die Gespräche: geflüstert. Eine Interessenvertretung ist doch wichtiger als je zuvor. Jetzt wird entschieden, wie es weitergeht mit der DDR und mit der Kunst und mit ihrem Theater. Sie müssten zusammenhalten. Aber sie beäugen sich plötzlich alle.

Am meisten hat Thomas verletzt, dass die Kollegen seinen Brief an Helmut Kohl so geschlossen abgelehnt haben. Er hatte den mit Maik Hamburger verfasst und dann Johanna Schall und den zwei anderen Vertrauensleuten vorgelegt. Am 23.11. haben sie ihn an die Tafel gehängt. Am 24.11. war er in den Zeitungen. Ein offener Brief der Vertrauensleutevollversammlung des Deutschen Theaters an Bundeskanzler Helmut Kohl: «Das Volk der DDR hat seine Reformen selbst erkämpft und wird das auch künftig tun.» Und weiter: «Wir haben nichts dagegen, wenn Sie, Herr Bundeskanzler, für freie Wahlen auf die Straße gehen, aber wir wollen Sie nicht unter den Trittbrettfahrern unserer Reformbewegung sehen. Davon haben wir im eigenen Land genug. Was sollen das außerdem für freie Wahlen sein, die mit dem Geld der Bundesrepublik erkauft werden?»

Zu dem Brief war aus dem Theater erst gar keine Reaktion gekommen. Bis zu diesen heftigen Angriffen in der Kantine: Das sei doch betonköpfig und reaktionär! Für wen sprächen denn die Vertrauensleute da? Seien sie jetzt das neue Politbüro? Thomas hat erklärt, worum es ihm mit diesem Brief ging: Er fühlte sich durch die Äußerungen von Kohl wieder entmündigt, gerade jetzt, wo er anfing, dieses Gefühl zu genießen, dass seine Meinung eine Rolle spielt. Ist das schon wieder vorbei? Dann war es eine kurze Phase der Selbstbestimmung. Die vertrauen uns Vertrauensleuten nicht mehr, sagte Thomas nach dem Streit in der Kantine. Sie wollen die Vertrauensleute neu wählen lassen an diesem 1. Dezember.

Sie warten am Abend eine ganze Weile. Dann schreibt Thomas Neumann einen Nachtrag zu ihrem 14-seitigen Brief an der Wandzeitung: «Am 1. Dezember 1989 konnte die vorgesehene Neuwahl wegen mangelnder Beteiligung nicht stattfinden. Neuer Termin ist der 8. Dezember 1989. Bis dahin arbeitet die amtierende Ensemblevertretung als amtierende Vertretung weiter.»

In Berlin gibt Wolf Biermann ein Konzert. In Bonn führt Alexander Schalck-Golodkowski, Leiter des Bereichs Kommerzielle Koordinierung beim ZK, Wirtschaftsverhandlungen.

G regor Gysi bekommt einen Anruf. Ein befreundeter Arzt der Charité fragt ihn, ob er bei der Protestkundgebung von SED-Mitgliedern vor dem ZK-Gebäude sprechen könne. Gysi sagt zu. Vor vier Wochen hat er auf dem Alexanderplatz gefordert, dass Egon Krenz eine Chance bekommt. Nun will er vor den Kameras und den Genossen sagen, dass Krenz diese Chance nicht genutzt hat. Das Land ist außer Kontrolle. Als Gysi am ZK-Eingang vor den Leuten steht, kommt Krenz mit seinem Tross plötzlich auch heraus auf die Stufen. Gysi zögert kurz. Dann redet er weiter. Der Generalsekretär, ruft er, müsse zurücktreten, und schaut dabei Egon Krenz in die traurigen, leeren Augen.

Heiner Müller sitzt im Café Annast am Münchner Hofgarten. Für das *Neue Deutschland* hat er einen Text zum 4. November geschrieben. Seine Rede hat alle verwirrt. In der «Aktuellen Kamera» hieß es, nur Müller habe sein eigenes Süppchen gekocht. In der Zeitung stand, er habe sich zum Sprecher einer Gruppe gemacht, deren Programm deutlich hörbar auf wenig Gegenliebe stieß. «Mein Fehler», schreibt Müller für das *Neue Deutschland*, «ich hatte den strapazierten Begriff DIALOG so verstanden, dass er niemanden ausschließen sollte. Als mir am Fuß der improvisierten Tribüne eine Welle von Hass entgegenschlug, wusste ich, dass ich an Blaubarts verbotene Tür geklopft hatte, die Tür zu dem Zimmer, in dem er seine Opfer aufbewahrt.» Müllers Freundin Margarita Broich, die Schauspielerin, ist nach Frankfurt am Main gezogen aus West-Berlin. Wenn Müller sie besucht, fühlt er sich eingezwängt zwischen den Türmen des Kapitals. In München hat er am Gebäude der Deutschen Bank gelesen: «Aus Ideen werden Märkte». Ist das Fortinbras? Auf Hamlet folgt der Markt, der den Staat Dänemark übernimmt? Oder ist Kohl Fortinbras? Ein birnenköpfiger Fortinbras?

«Der Widerstand von Intellektuellen und Künstlern», schreibt Heiner Müller im *Neuen Deutschland*, «die seit Jahrzehnten privilegiert sind, gegen den drohenden Ausverkauf wird wenig ausrichten, wenn ein Dialog mit der lange schweigenden oder in Fremdsprachen redenden Mehrheit der jahrzehntelang Unterprivilegierten und im Namen des Sozialismus Entrechteten nicht zustandekommt.» Kein Arbeiter traut einem Künstler oder Intellektuellen, mit Recht! Im Café Annast sind auf dem Fernseher oben an der Decke Bilder von einer Demonstration zu sehen, Leipzig oder Dresden. Und eine ältere Münchner Dame vor einem Kaffeegedeck schimpft vor sich hin: «Ja, ihr seid das Volk. Und das sollt ihr auch bleiben!»

Günter Mittag sowie der ehemalige Gewerkschafts-Chef Harry Tisch werden verhaftet. Erich Honecker und Erich Mielke werden aus der SED ausgeschlossen. Eine Menschenkette von Hunderttausenden verläuft quer durch die DDR.

Henning Schaller moderiert wieder. Die «Initiativgruppe 4. 11.» hat in den Friedrichstadtpalast geladen, zur «Nachfolgeveranstaltung zum 15. 10. und 4. 11.». Gut 2000 Leute sind gekommen. Schaller glaubt jetzt an den nächsten Schritt. Es sprechen einige Professoren. Man ahnte gar nicht, wie viele kluge Gedanken verborgen geblieben waren. Sie stellen alternative Modelle vor, wie dieses Land überleben könnte, wirtschaftlich, politisch. Da macht plötzlich die Nachricht die Runde, dass Schalck-Golodkowski sich in den Westen abgesetzt hat. Die Leute rasten aus. «Hängt sie auf an den Laternen», brüllt jemand. Ein normaler Ablauf der Veranstaltung ist nicht mehr möglich. Auf der Bühne werden Plakate gebastelt. Sie wollen zum Zentralkomitee ziehen. Keiner hält sie auf, nirgendwo ist Polizei. Vor dem ZK-Gebäude stehen schon Demonstranten, Parteimitglieder. Die Parolen vermischen sich, ein einziges Gebrüll. Irgendwann tritt Egon Krenz vor die Leute, Schabowski steht dicht hinter ihm. Alle könnten nach Hause gehen, ruft Krenz, sie hätten alles im Griff.

SAMSTAG, 9. DEZEMBER

Auf dem außerordentlichen Parteitag der SED wird Gregor Gysi mit 95 Prozent der Stimmen zum neuen Vorsitzenden gewählt. In Straßburg stimmen die Mitgliedsstaaten des Europäischen Rats einer deutschen Einheit in Selbstbestimmung zu.

Stefan Heym mag das Plakat mit der Aufschrift «Erst erwachsen werden, dann heiraten». Er ist eingeladen, im Berliner Lustgarten zu reden, mit Blick auf den Palast der Republik, eine «Initiativgruppe Wissenschaft» demonstriert unter dem Motto «Vorausdenken und handeln – damit es eine Zukunft gibt». Heym macht keinen Hehl aus seiner Angst vor der nahenden Zukunft. Am 28. November hatte er den Aufruf «Für unser Land», von Christa Wolf verfasst, auf einer Pressekonferenz verlesen. Gegen die Wiedervereinigung. Für die Eigenständigkeit der DDR. «Noch haben wir die Chance, in gleichberechtigter Nachbarschaft zu den Staaten Europas eine sozialistische Alternative zur Bundesrepublik zu entwickeln.» 31 Erstunterzeichner standen unter dem Aufruf, dazu gehörten auch Friedrich Schorlemmer und Jutta Wachowiak. Der *Spiegel* schrieb vergangene Woche: «Hat das Volk, das inzwischen in Leipzig immer weniger vom Sozialismus und immer mehr vom einigen Deutschland wissen mag, wenn man den Kundgebungen glauben will, jetzt die Künstler rechts überholt? Hat es die von einer sozialistischen Demokratie in der DDR träumenden Künstler, allen voran Stefan Heym, links liegenlassen?» In Leipzig wird jetzt gerufen: «Wir sind ein Volk!» Heym kennt das schon: Ein Volk, ein Reich. Der Hass auf einzelnen Gesichtern auf den Demonstrationen erinnert ihn an den Januar 1933, an die Gesichter auf jenem Fackelzug auf der Wilhelmstraße, bei dem Hitler auf dem Balkon der Reichskanzlei stand.

Heym fragt vom Podest im Lustgarten, was das denn für ein geeintes Deutschland sein solle: «Ein Großdeutschland wieder, wie gehabt, durch Anschluss zusammengekommen, ein Viertes Reich, gefürchtet von den Völkern und von nachdenklichen Menschen in beiden deutschen Staaten ebenso – oder ein anderes, neues, in das auch die Bürger der DDR ihre Erfahrungen und Werte und die Resultate ihrer langjährigen Mühen mit eingebracht haben?» Heym hat denselben Mantel an wie am 4. November. Er ruft: «Ich habe mich seit meiner Jugend für diese Art Sozialismus eingesetzt, und ich habe erlebt, wie viele für diese Sache sich aufgeopfert haben und gestorben sind, und ich bin dagegen, dass jetzt, wo durch die Revolution hier zum ersten Mal es möglich wird, auf einem Stück deutschen Bodens einen solchen menschlichen, demokratischen Sozialismus zu machen, das Land DDR so mir nichts, dir nichts aufgegeben werden soll.» Heym schließt die Augen und lässt seine Worte wirken. Und hört nur noch: Pfiffe.

Die West-SPD hält in Bonn eine Pressekonferenz ab. Das Präsidium plädiert für eine Konföderation beider deutscher Staaten in wenigen Jahren.

Gregor Gysi wollte nicht ins ehemalige Büro von Erich Honecker ziehen. Es wurde dann das irgendeines anderen ehemaligen Politbüro-Mitglieds. Gysi ist mit Gorbatschow zum Telefonieren verabredet. Gysi ist sich sicher: Die DDR wird erst dann aufhören zu existieren, sobald die Sowjetunion das genehmigt. Der rote Apparat klingelt. Gorbatschow sagt im Laufe des Gesprächs: Wenn Sie die SED aufgeben, geben Sie die DDR auf, und wenn Sie die DDR aufgeben, geben Sie die Sowjetunion auf. Da sagt Gysi: Bitte nicht auf den Schultern eines kleinen Berliner Advokaten die ganze Sowjetunion – das ist mir doch zu viel! Da muss Gorbatschow lachen.

DDR-Künstler rufen dazu auf, keine Knallkörper zu kaufen und stattdessen an das Kinderhilfswerk der Vereinten Nationen zu spenden.

S teffie Spira soll um Mitternacht dem DDR-Fernsehen am Brandenburger Tor ein Live-Interview geben. Sie wäre sonst alleine zu Hause. Unter Leuten war sie schon am 30., wie jedes Jahr, bei Irene Gysi. Wie immer zu spät kam auch Sohn Gregor mit seiner hübschen Freundin. Er war nun natürlich der Mittelpunkt. Spira hat das Neujahrs-Interview zugesagt, weil sie dachte, dann würde sie nicht so viel grübeln. Und weil sie dachte, sie könne den Menschen ein paar Gedanken mitgeben für dieses Neue, Ungewisse. Ist das nicht ihre Pflicht? Wer spricht denn noch zum Volk? Sie bereut ihre Entscheidung, als sie sich um 23 Uhr 30 durch die nie gesehenen Massen schiebt. Überall böllert es. Jeder hat eine Sektflasche in der Hand. Eine Feier des Überflusses. Jemand zieht sie rein in den Übertragungswagen. Sie setzt sich, um geschminkt zu werden, auf einen Hocker und lehnt sich an die Wand. Das würde er nicht tun, sagt jemand, und da wird Spira schon nach vorne geworfen von vielen Schlägen in ihrem Rücken. Die Leute hämmern an den Wagen, auf dem «Fernsehen der DDR» steht, als würden sie den auch in die Luft jagen wollen. Ein kleines Schiffchen der alten Verhältnisse, das im Meer der Entfesselten schaukelt. Um Mitternacht steht Spira auf der kleinen Bühne, zweihundert Meter vor dem Brandenburger Tor. Es ist zu laut zum Reden. Sie sieht die Leute auf der Mauer sitzen. Da dreht der Moderator ihren Körper schon Richtung Kamera und schreit: Los! Sie redet. Sie erinnert nichts von dem, was sie sagen wollte. Sie fühlt sich wie ein braves Zirkuspferd. Sie spricht irgendeinen Toast aufs neue Jahr. Viel Glück!

Markus Wolf schaltet den Fernseher aus und geht in den Garten. Sie feiern mit den Kindern und einigen Freunden im Haus am Wald. Es ist still. Borschtsch kocht draußen über dem Feuer. Nur die Kleinen sind fröhlich. Für sie lässt Wolf einige wenige Raketen steigen. Allen steht die Furcht vor dem neuen Jahr im Gesicht. Jürgen, ein Offizier des Nachrichtendienstes, spricht kaum ein Wort. Die westliche Seite hat ihm eine hohe Summe geboten für sensible Informationen. Er hat das Angebot gemeldet. Aber wenn sie das Ministerium für Staatssicherheit bald auflösen, wem soll er überhaupt noch etwas melden? Auch Anita und Werner schweigen. Sie gehörten zu den besten Kundschaftern von Markus Wolf. Im Westen hätte man sie Spione genannt. Aber Kundschafter, fand Markus Wolf immer, trifft es besser, Kundschafter des Volkes. Sie haben ihr Privatleben der Sicherheit dieses Staates geopfert. Wer sorgt nun für ihre Sicherheit? Sie haben wie so viele im guten Glauben gehandelt und entsprechend der Politik der Führung dieses Staates, von der sie glaubten, dass sie gut sei. Am 12. November, bei seiner Lesung im Deutschen Theater, von der er dachte, dass sie nach dem Fall der Mauer leer bliebe, die dann aber ausverkauft war, hatte Markus Wolf viel Unmut gespürt aus den Zuschauerrängen. Wie könne er diesen verbrecherischen Bespitzelungsapparat aufrechterhalten wollen? Wie könne er die Mitarbeiter in Schutz nehmen? Die Leute sahen in der Stasi nur noch den Terror nach innen. Er hatte geantwortet, dass der Bereich, den er verantwortete, der Auslandsnachrichtendienst, dafür verantwortlich sei, dass sie 45 Jahre nach dem Krieg hier zusammen diskutieren konnten. Eine gute Aufklärung ersetzt in einer nicht geeinten Welt noch mehr Waffen und garantiert Frieden. Es wurde gebuht, aber auch geklatscht. Die vorige Lesung am DT war die Walter Jankas gewesen. Markus Wolf hatte gehört, dass Janka seinetwegen nicht auf dem Alexanderplatz gesprochen habe. Er rief Janka Ende November an. Wolfs Vater und Bruder waren einst mit Janka befreundet gewesen. Markus Wolf hatte das Gefühl, Janka hätte auf seinen Anruf gewartet. Sie trafen sich bald darauf. Sie stellten fest, dass sie aus demselben Holz geschnitzt waren. Dass sie beide für ihre Ideale kämpften, jetzt noch. Am Tag ihres Treffens erfuhr Markus Wolf, dass der BRD-Generalbundesanwalt Rebmann am Haftbefehl gegen ihn festhielt. Janka wurde im Dezember vor Gericht rehabilitiert, wie auch Robert Havemann. Und beim außerordentlichen Parteitag am 16. Dezember, auf dem Janka in den «Rat der Alten» berufen wurde, setzte der sich auf der Präsidiumstribüne neben Markus Wolf. So blickten sie zusammen hinunter auf die Partei, die einen Neuanfang brauchte. Sie waren vereint, ganz am Ende.

Im Westen fordern CDU-Politiker erstmals eine «deutsch-deutsche Wirtschafts- und Währungsunion». Weil die DDR-Regierung angekündigt hat, mit der kommenden Woche die Subventionierung von **280** Kindersachen zu reduzieren, stürmen die Leute die Kaufhäuser, um Schuhe und Klamotten für die Kleinen zu kaufen. Ministerpräsident Hans Modrow bietet Ibrahim Böhme von der SDP an, stellvertretender Umweltminister zu werden. In Plauen demonstrieren 40 000 Menschen gegen die SED-PDS.

J ens Reichs Frau Eva liegt in der Badewanne und hört Radio. SFB 3. Da erzählt auf einmal eine Reporterin, so eine Gesellschaftstante, dass in wenigen Stunden im ICC unter dem West-Berliner Funkturm der Presseball beginne, Helmut Kohl werde erwartet, Walter Momper, Eberhard Diepgen, Hans-Jochen Vogel, Walter Scheel, Unterhaltungskünstler wie Karl Dall oder Wolfgang Völz – aber auch erstmals Gäste aus der DDR-Gesellschaft, darunter der Bürgerrechtler Jens Reich und seine Gattin ... Jens?! Sag mal, müssen wir da nicht hin? Wann kam denn die Einladung? Warum hast du nichts gesagt? Reich hat das verschusselt.

Sie ziehen sich rasch etwas an und nehmen die S-Bahn. So eine Veranstaltung haben sie noch nie gesehen: Der Ball findet auf drei Etagen statt, 5000 Gäste. Am Eingang sind die 3000 Preise der Tombola aufgereiht, darunter auch ein Trabi, um den eine schwarzrotgoldene Schleife gebunden ist. Die Leute stehen Schlange für die Lose, als gäbe es hier auch Begrüßungsgeld. Jens und Eva Reich fühlen sich sofort fehl am Platz. Die Bürgerlichen aus Charlottenburg, die Industriellen vom Wannsee, die Damen in pompösen Kleidern, die Herren im Smoking glotzen verächtlich. Jens Reich hat sein beiges Sakko an. Am nächsten Tag ist in der *Berliner Morgenpost* ein Foto von ihm und Richard von Weizsäcker abgedruckt, unter dem steht: Um wen es sich bei diesem Herrn im Flanell neben dem Bundespräsidenten handelt, ist leider nicht bekannt.

Weizsäcker erkennt sie zum Glück. Er ist als Oberhaupt des Staates, durch den sie gerade taumeln, Gastgeber der Veranstaltung und holt sie spontan in die Ehrenloge. Eva setzt er an seinen Tisch. Für Jens Reich wird ein Stuhl an den Tisch des Bundeskanzlers geschoben, an dem sonst vor allem Botschafter platziert sind, auch der amerikanische. Reich sitzt direkt neben Kohl. Ihm fallen zuerst die Oberschenkel des Kanzlers auf. Ein einziger von denen ist breiter, als Reich sich machen kann. Diese körperliche Wucht beeindruckt ihn. Doch Kohl ist sehr gnädig mit Reich, herzlich fast, auch die etwas abwesend wirkende Hannelore, die zur anderen Seite ihres Mannes Platz nimmt.

Es beginnt dann, als die Kohls von einem kurzen Tänzchen zurück sind, ein besonderes Schauspiel: Der Reihe nach hält die westdeutsche Polit- und Wirtschaftsprominenz Hof am Kohltisch, Vorstände, Minister, Parteigrößen. Alle winzig klein vor diesem Koloss. Sie werden von den Leibwächtern so nah, wie es überhaupt möglich ist, von hinten an den Kanzlerkopf geführt, sie beugen sich vor über diese gigantischen Schultern, um Kohl, der sich nicht zu ihnen umdreht, ihre Aufwartungen einzuflüstern. Wenn Kohl genug hat, tätschelt er, mal kürzer, mal länger, mit seiner rechten Pranke nach hinten, das Zeichen, dass derjenige verschwinden soll, mal früher, mal später. Eberhard Diepgen, der vor bald einem Jahr die Wahl zum Abgeordnetenhaus von Berlin gegen Walter Momper verloren hat, erwischt es besonders schlimm. Kohl wedelt ihn weg, da ist Diepgen noch nicht mal in der Nähe seines Ohrs. Jens Reich hätte gerne Eva bei sich, um das gemeinsam zu erleben. Er ist froh, dass sie am 10. November nicht zum Schöneberger Rathaus sind, wohin sie auch eingeladen waren, da sprachen Momper und Willy

Brandt, auch Diepgen, der noch regierte, und Kohl. Selbst in diesen aufwühlenden Stunden, in denen es nicht um Parteien oder Pläne ging, sondern nur ums Jetzt, polterte Kohl schon wieder von der Wiedervereinigung. Er wurde ausgepfiffen, auch noch, als alle auf der Bühne schief das Deutschlandlied sangen. Da hätten Eva und er ja mitmachen müssen, um Himmels willen. Der Weißwein ist gut. Kohl unterhält den ganzen Tisch. Er erzählt Witze. Ein pfälzisches Ehepaar stürzt beim Wanderurlaub in eine Felsspalte. Endlich kommt Hilfe, von oben ruft es: Wir sind die Bergwacht! Da schallt es von unten zurück: Mir gäääbe nischts! Kohl lacht polternd und der ganze Tisch stimmt ein, obwohl die meisten Botschafter den Witz gar nicht verstanden haben dürften. Kohl gibt seiner Wachmannschaft zu verstehen, dass sie ihm sämtliche Besucher von anderen Tischen nun vom Leibe halten sollen. Er beugt sich hinunter zu Reich und fängt an, ihm Ratschläge zu erteilen, von welchen Leuten aus Wirtschaft und Politik er sich dringend fernhalten soll, Reich kennt nicht alle Namen. Kohl schimpft auch über das Personal, das die CDU bisher in der DDR rekrutiert habe. Er brauche fähige Leute. Dann schreibt er mit einem Kugelschreiber eine Telefonnummer auf eine Serviette. Da erreiche Reich die Juliane, seine Sekretärin, jederzeit direkt. Kommen Sie mich doch bald mal in Bonn besuchen, sagt Kohl. Jens Reich sieht, dass Eva seinen Blick sucht. Sie will auch gehen.

Wegen des Aufbaus des Überwachungsapparats werden die Ermittlungen gegen Erich Honecker und Erich Mielke ausgeweitet, gegen beide läuft nun auch ein Verfahren wegen Hochverrats und verfassungsfeindlichen Zusammenschlusses.

S teffen Mensching steht vor der Zentrale der Staatssicherheit in der Normannenstraße. Es ist unübersichtlich und hektisch geworden. Das «Neue Forum» hatte zu einer Kundgebung um 17 Uhr aufgerufen: «Mit Phantasie gegen Stasi und Nasi». Zehntausende waren gekommen. Dann ging die Tür des Stasi-Gebäudes auf. Viele strömten rein. Bücher und Akten wurden aus den Fenstern geworfen. Es spricht sich rum, dass Ministerpräsident Modrow, der die Auflösung des ganzen Stasi-Apparats nicht gerade eilig angegangen war, und einige Oppositionelle direkt vom «Runden Tisch» auf dem Weg hierher seien. Im Fernsehen sollen sie sogar das Programm unterbrochen haben, um zu Besonnenheit und gegen Gewalt aufzurufen. Da kommen sie schon. Hinter der Limousine des Ministerpräsidenten hält ein Wartburg, aus dem Konrad Weiß springt, von «Demokratie jetzt». Er marschiert zum Eingang der Stasi-Zentrale, sie wollen wohl eine Ansprache halten. Mensching sieht Weiß und muss an die historischen Bilder denken, auf denen Lenin vor seiner ersten Rede zum Smolny-Institut marschiert. Dieses Vorsichhertragen der eigenen Bedeutung. Es sieht fast so aus an diesem Abend, als seien aus den Revolutionären neue Funktionärstypen geworden.

Am Tag zuvor hat Michail Gorbatschow erklärt, die deutsche Vereinigung werde von niemandem in Zweifel gezogen. Prinz Albert von
Sachsen meldet erste Rückübertragungsansprüche an.

T obias Langhoff läuft in diesen Tagen der Anarchie, in denen jede Nacht etwas anderes ist und alle unterwegs, die
morschen Stufen zu seiner Wohnung im vierten Stock hoch, und
schon im zweiten liegen Briefe und Unterlagen von ihm verstreut
herum. Langhoff ist der letzte verbliebene Mieter in diesem Haus.
Es soll wohl saniert werden, man erfährt aber nichts. Seine Woh-
nungstür steht sperrangelweit offen. Die ganze Bude ist leerge-
räumt. Komplett. Alles weg. Besenrein. Tobias Langhoff hockt sich
auf den Boden und heult. Ein Zuhause gibt es nicht mehr. Vier Tage
später fährt Langhoff mit einem Mietauto nach Wien.

Christa Wolf wird an der Universität Hildesheim die Ehrendoktor-
würde verliehen. In ihrer Rede nennt sie den 4. November 1989 den
«Punkt größtmöglicher Annäherung zwischen Künstlern, Intellektuellen und den anderen Volksschichten». Der Tag war laut Wolf
«keineswegs, wie westliche Reporter es staunend sehen wollten,
das Zufallsprodukt eines glücklichen Augenblicks. Es war der Kul-
minations- und Höhepunkt einer Vorgeschichte, in der Literaten,
Theaterleute, Friedens- und andere Gruppen unter dem Dach der
Kirche miteinander in Kontakte und Gespräche gekommen waren».

Spätere, sagt Wolf, die vielleicht in weniger bedrängten Umständen leben werden, würden herausfinden, was an diesen Bemühungen zu oberflächlich, zu inkonsequent, zu wenig kühn war und was, als Literatur, Bestand habe. Sie gibt zu: «Dieser Aufbruch kam wohl um Jahre zu spät, die Schäden in vielen Menschen und im Land gehen zu tief, der zügellose Machtmissbrauch hat die Werte, in derer Namen er geschah, diskreditiert und zersetzt, innerhalb weniger Wochen schwanden vor unseren Augen die Chancen für einen neuen Ansatz zu einer alternativen Gesellschaft, damit auch für den Bestand unseres Landes.» **285**

15 000 Menschen versuchen in Berlin, ein Gratis-Sonderheft des *Stern* zu ergattern. Es kommt zu Tumulten.

286

Gregor Gysi ist in Moskau. Jeden Tag ist er woanders, oft jede Nacht im Büro. Alles geschieht gleichzeitig. Gerade noch saß er mit François Mitterrand zusammen, dann mit Prinz Claus aus den Niederlanden. Heute mit Gorbatschow. Der hat Hans Modrow inzwischen sein Einverständnis zu einer Währungsunion gegeben. Gorbatschow wirkt freundlich und direkt, ebenso unruhig und aufgeregt wie sein Gast. Und Gysi ahnt: Er hat sich mit dem Ende der DDR abgefunden.

Die Hochrechnungen zur Volkskammerwahl sehen am Abend die CDU mit 40,4 Prozent als klaren Sieger, die SPD kommt auf 22,3 Prozent, die PDS auf 17,1. Bündnis 90 liegt bei 2,9 Prozent, das «Neue Forum» unter einem.

U lrich Mühe interviewt eine Stunde vor Schließung der Wahllokale Regierungschef Hans Modrow, auf Wunsch von Christoph Rüter, der das Gespräch für seinen Dokumentarfilm aufnimmt, den er über die Arbeit an Heiner Müllers «Hamlet / Maschine» macht, das in sechs Tagen Premiere am Deutschen Theater feiert. Mühe begrüßt Modrow mit den Worten: «Sie werden zu den großen Verlierern gehören heute. Hätten Sie vor drei Jahren aus Dresden schon etwas tun müssen?» Modrow sagt, mancher hätte vielleicht konsequenter sein müssen. Als SED-Bezirkschef hätte er noch mehr auf Veränderungen in Berlin drängen müssen. Mühe wandelt in diesen Tagen, in voller Konzentration, in den letzten Zügen, bevor der Vorhang fällt, als Hamlet durch dieses moderne Königreich Dänemark. Er kann all das nicht mehr anders sehen. Aber die Bezüge sind auch zu offensichtlich. Hamlet war nicht fähig, in seinem Land die Wende zu vollziehen. Oder waren es die politischen Umstände, die es ihm nicht erlaubten? Spätestens mit dem 9. November, Mühe merkt es auch am Theater, kam etwas in Gang, das man nicht mehr aufhalten konnte. Und am Ende des Stücks, Heiner Müller trichtert es ihnen immer wieder ein, ist es wie in Brechts «Fatzer»: «Von nun an und für eine lange Zeit wird es auf dieser Welt keine Sieger mehr geben.» Nur noch Besiegte. Es geht etwas zu Ende, das ganz gut begonnen hatte. Die DDR. Aber nun auch die Revolution gegen den Zustand DDR. «Sind Sie eine Hamlet-Figur», fragt Ulrich Mühe, der Hamlet, den Regierungschef Hans Modrow. Der Regierungschef ist in einer nachdenklichen Stimmung, ein belesener Mann. Er sagt, er fühle sich schon an Shakespeare erinnert in diesen Wochen und Monaten: Die Kopflosigkeit der Handelnden ihrer eigenen Situation gegenüber. Die Panik. Aber, sagt Modrow, dieses Heute müsse nicht das Ende sein, es könne immer noch ein Anfang sein. Ulrich Mühe jedoch, der seinen Text Tag und Nacht einstudiert, kennt den Schlussakt bereits.

288

Heiner Müller steigt in seinem Plattenbauschloss in den Aufzug. Oben nimmt er Platz in einem weiß-grün gestreiften Liegestuhl inmitten einer Wiese aus Büchern und macht die Tagesschau an. Die Bürgerbewegung sei nicht honoriert worden, sagt der Sprecher. Müller pafft an seiner Zigarre und gießt sich etwas ein. Sie wurden zu Helden gemacht, bevor sie überhaupt welche sein konnten. Ein Politikermensch sprich im Fernsehen von der «freiheitlichen Ordnung». Müller lacht. Das Schlimme an Politikern ist ihre Unfähigkeit, sich selbst komisch zu finden. Jetzt schwenken die im Fernsehen schon wieder ihre schwarzrotgoldenen Kohlfahnen. Es gibt einen Grad der Unterdrückung, sagt Müller, der von den Menschen als Freiheit empfunden wird. Ein Freund von ihm aus New York, ein Marxist, der nun als Vertreter für Coca-Cola in Indien arbeitet, hat mal gesagt: Die einzige Chance für den Sozialismus ist, dass den Leuten die Cola zu den Ohren rauskommt. Aus dem Königreich Dänemark wird ein besetztes Land. Aus der DDR auch. Von der einen Knechtschaft geht es in die nächste. Die Deutschen erleben die Freiheit immer nur am Tag ihrer Beerdigung. Nicht Kohl ist Fortinbras. Nicht die Deutsche Bank. Fortinbras ist der deutsche Geist.

Stefan Heym kommentiert am Wahlabend im Fernsehen: «Es wird keine DDR mehr geben. Sie wird nichts sein als eine Fußnote in der Weltgeschichte.» Er hat sich in den vergangenen Wochen manchmal gefragt, ob er am 4. November, der noch gar nicht lange zurück liegt und doch so unerreichbar weit weg erscheint, nach seinem Aufruf zur Übernahme der Macht nicht auch zum Marsch auf das Amt des Ministerpräsidenten hätte aufrufen sollen. Zur Besetzung von Rundfunk und Fernsehen, der Zeitungsdruckereien. Aber daran hatte niemand gedacht.

289

Bundesinnenminister Wolfgang Schäuble und DDR-Staatssekretär Günther Krause paraphieren den deutsch-deutschen Wahlvertrag, mit dem das bundesdeutsche Wahlrecht grundsätzlich auf die DDR ausgedehnt wird. Die Bürgerrechtsgruppen, Bündnis 90 und die PDS kritisieren den Vertrag als undemokratisch.

Steffie Spira ärgert sich über einen Artikel in der «Welt», in dem die Künstler des 4. November als «Handlanger des Honecker-Regimes» bezeichnet werden. Sie notiert in ihr Tagebuch: «Ich fühle, dass wir alle, die wir uns wirklich bemüht haben, etwas zu schaffen, nicht uns selbst betrogen haben. Nein, nein, das haben wir gar nicht. Wir waren viel zu beglückt, etwas tun zu können, von dem wir annehmen durften und hofften, dass es für die Menschen nach langer Zeit doch zum Wohlsein führen sollte. Nur so ungeduldige Menschen wie ich verstehen nicht, wie man auf so brutale Weise die Welt zurückdrehen kann, unsere Welt, unsere kleine Welt zurückdrehen auf die armselige Welt des kapitalistischen Lebens, auf die Seite des Habens. Viele Menschen glauben, was sie nicht erlaufen können und was sie nicht versaufen können, das erledigen vielleicht diese Autos, in die sie sich setzen, die sowohl ihrem Willen wie ihrer eigenen Natur unterstellt sind, im wahrsten Sinne des Wortes. Sie stellen die Füße auf das Pedal und – schwupp – geht es los. Das ist das heutige Lebensgefühl. Und da ist es Wurst, ob das Kapitalismus oder Sozialismus ist: Hauptsache, man kann wegfahren!»

290

Das Gebiet des künftigen Deutschland ist chemiewaffenfrei. Zwei amerikanische Spezialschiffe mit hochgiftiger Ladung verlassen deutsches Hoheitsgewässer.

J ens Reich vermisst die Wissenschaft. Wenn er morgens um neun in die Volkskammer kommt, als Sprecher der Fraktion Bündnis 90 / Die Grünen, hat immer schon jemand eine neue Sau durchs Dorf getrieben und er muss aus dem Stand zu irgendeinem Thema, von dem er keine Ahnung hat, ein Statement abgeben. Als Forscher musste er auch kämpfen, aber mit Fakten. Er hat schon keine Lust mehr. Vielleicht hätte er sich im Institut nicht freistellen lassen sollen. Vielleicht hätte er nicht kandidieren sollen. Er hat sich immer überreden lassen. Und jetzt zerfleischen sich alle. Gleich nach dem 4. November fing es an. Im Rat in der Rosa-Luxemburg-Straße, in dieser stickigen, verrauchten Wohnung, die mal ein Puff war, haben sie ihm gesagt, er sei blass gewesen auf dem Alex, er habe die Thesen des «Neuen Forums» nicht nach vorne gebracht. Warum sind die denn nicht selber auf die Bühne gegangen?

Jens Reich vermisst sogar Bärbel Bohley. Sie sitzt jetzt für das «Neue Forum» in der Berliner Stadtverordnetenversammlung, sie sehen sich nicht mehr oft. Natürlich hatte sie nicht für die Volkskammer kandidiert. Das Gesicht des «Neuen Forums» war sie trotzdem noch. Auf der Gründungskonferenz im Januar bekriegten sich die ganz Linken und die ganz Gemäßigten. Einige spalteten sich als «Deutsche Forumspartei» ab. Die Verbliebenen schlossen sich vor der Volkskammerwahl mit «Demokratie Jetzt» und «Initiative Frieden und Menschenrechte» zum «Bündnis 90» zusammen. Bärbel sagte nach der Wahl im März im Fernsehen, das Volk habe die Vormundschaft durch die alte SED gegen die Vormundschaft durch die CDU getauscht. Wieder so ein Aufregersatz wie am 9. November, als sie vom verrückten Volk sprach und danach zehntausende Protestbriefe kamen. Reich hätte das so nie gesagt, aber er wusste, was Bärbel meinte: Die «Allianz für Deutschland», dieser Zusammenschluss aus der Ost-CDU, dieser fauligen Blockpartei, und der neugegründeten DSU und DA wurde von Kohls West-CDU finanziert. Und die SED / PDS hatte das alte Geld und den Apparat. Sie dagegen hatten gar nichts, nicht mal Redenschreiber. Der Wahlkampf wurde dominiert von den Erben der alten Ost-Macht und den Zöglingen der alten West-Macht. Kohl verteilte seine schwarzrotgoldenen Fahnen und seine D-Mark an die ganzen Umfaller, die gerade noch in den Reihen der Blockparteien Honecker mitgetragen hatten. Es war klar, dass sie gegen diese Leute, die sich die Revolution unter den Nagel gerissen hatten, verlieren würden. Vielleicht hätte Reich zu Kohl fahren sollen nach Bonn. Dann hätte er so viele Wahlplakate bekommen wie dieser Pfarrer Eppelmann, der nun Minister für Abrüstung und Verteidigung im Kabinett von Ministerpräsident Lothar de Maizière war. De Maizière! Über den hatte Kohl noch gelästert auf dem Presseball. Diese Personen waren egal. Gewonnen hatte die Wahl Helmut Kohl, nein, seine simplen Versprechen: Freiheit statt Sozialismus! Ja zu Freiheit und Wohlstand! Nie wieder Sozialismus! Schnelle Wiedervereinigung! Sie dagegen formulierten alles zu intellektuell. «Wer bei Honecker BLOCKflöte gelernt hat, kann in keiner Demokratie die erste Geige spielen!» Wer sollte das verstehen? «Wir sind für Mitbestimmung bei politischen Entscheidungen.» Die Leute wollten nicht über Basisdemokratie diskutieren. Stasi raus! Deutschland jetzt oder nie!

Reich stimmt gegen den Einigungsvertrag in der Volkskammer, wie die ganze zwölfköpfige Fraktion «Bündnis 90 / Grüne», die sie mit den Grünen gebildet hatten, für das «Neue Forum» sitzen darin Joachim Gauck, Hans-Jochen Tschiche, Werner Schulz, Gotthilf Matzat, Hans-Ulrich Meisel, Ilse Nierade-Koenig, Rainer Pietsch. Die SED / PDS votiert logischerweise auch gegen den Einigungsvertrag. In dieser langen Nacht, in der die Volkskammer grundsätzlich den Beitritt der DDR zur Bundesrepublik zum 3. Oktober beschließt, geht nach der Bekanntgabe des Ergebnisses, 294 Ja-Stimmen, 62 dagegen, Gregor Gysi erneut ans Rednerpult und sagt, unterbrochen vom Triumphgeklatsche der anderen und dem Kloß in seinem Hals: «Das Parlament hat soeben nicht mehr und nicht weniger als den Untergang der Deutschen Demokratischen Republik zum 3. Oktober 1990 beschlossen. Ich bedaure, dass die Beschlussfassung im Hauruckverfahren über einen Änderungsantrag geschehen ist und keine würdige Form ohne Wahlkampftaktik gefunden hat; denn die DDR, wie sie auch immer historisch beurteilt werden wird, war für jeden von uns – mit sehr unterschiedlichen Erfahrungen – das bisherige Leben.»

So hört es auf im grellen Licht der Holzfurnier-Volkskammer, in der vor kurzem noch Erich Mielke, dessen Leute alles über Jens Reich wussten und ihn auf dem Alexanderplatz noch niedergeschrien hatten, gesprochen hatte, mit diesem Land, das Jens Reich von seinem Wohnzimmer aus, das ein Debattierzimmer wurde, zu einem besseren machen wollte. Als der Staat, der ihn zum Schweigen bringen wollte, besiegt ist, hat Jens Reich zwar eine Stimme, aber er kommt sich machtloser vor denn je. Es geht ihm zu schnell. Ihm gefällt die intellektuelle Bewegung aus Ost- und Mitteleuropa, um Milan Kundera oder Václac Havel, die an ein neues, östliches Mitteleuropa glauben. Die das Gute, das Große an Russland lieben – und an den USA. Er stellt sich die DDR als einen von solchen Denkern geprägten Staat vor, als den wahrlich anderen, der in einer Konföderation souverän existieren kann. Und der in ein paar Jahren vielleicht aus dieser Souveränität heraus über mögliche Vereinigungskriterien verhandeln kann. Aber Jens Reich weiß, dass er mit diesen Vorstellungen die erdrückende Mehrheit der Bevölkerung gegen sich hat. Er gehörte lange zur Minderheit. Und nur kurz zu einer Mehrheit.

Man kann leicht bitter werden in diesen Tagen. Das hat er immer an Bärbel bewundert. Dass sie zu den wenigen gehörte, die richtig fröhlich sein konnte – in den finsteren Stunden, bei den ungewissen Demonstrationen, in den hässlichsten Kampfsitzungen. Sie war jederzeit in der Lage, über sich selbst zu lachen. Sie konnte umschalten: Es war doch irgendwie auch alles bloß großer Karneval!

Angela Merkel kandidiert für den Bundestag. In einer Hütte in ihrem Wahlkreis auf Rügen trinkt sie an diesem Tag für die Fotografen mit einigen Fischern Schnaps.

Marianne Birthler denkt wieder: Das bin ich nicht, die jetzt ans Mikro geht, das kann ich gar nicht sein, ich doch nicht! Sie muss sich in den Arm kneifen und sagen: Das passiert jetzt wirklich. Ich bin jetzt Ministerin. Für Bildung, Jugend und Sport. In Brandenburg, unter Ministerpräsident Manfred Stolpe. Das kann alles nicht wahr sein. Es geht nicht nur um Ost oder West. Es geht um die Herkunft. Viele Menschen, denen sie mittlerweile begegnet, kommen aus Familien, in denen schon mal irgendjemand Minister war oder wenigstens Professor oder Arzt. Aber Birthler, das vergisst man schnell, nur sie nicht, ist in einem Schnapsladen groß geworden. Am Alexanderplatz.

Der Alexanderplatz soll in den nächsten Jahren neugestaltet und zum wichtigsten Treffpunkt der Stadt werden. Dazu beginnt ein städtebaulicher Wettbewerb, dessen Ergebnisse im Sommer feststehen werden.

H einer Müller gibt in einem Interview mit «Spiegel TV» zu, Kontakte zu Offizieren des Ministeriums für Staatssicherheit gehabt zu haben. Er habe versucht, zu beraten und Einfluss zu nehmen. «Ich wusste, ich rede nicht mit der Heilsarmee», sagt Müller, aber ein Stasi-Offizier habe «mehr über die wirkliche Lage gewusst als ein Parteifunktionär, der seinen Nachtschlaf nur noch zustande brachte, indem er sich Illusionen machte». Müller soll laut «Spiegel TV» als Inoffizieller Mitarbeiter «Heiner» geführt worden sein. In der *taz* steht: «Die Argumentation, mit der Müller seine Stasi-Mitarbeit begründet, setzt eine ästhetische Leitlinie seines gesamten Werks fort: die Wirklichkeit als Material für die Produktion von Stücken zu betrachten, ohne dabei moralisch-engagierte Positionen zu beziehen oder gar eingreifen zu wollen.»

In Moskau werden die Verhandlungen zwischen Russland und der Ukraine im Streit um die Halbinsel Krim unterbrochen. In Halle ist ein Asylbewerber aus Zaire von Skinheads überfallen und verletzt worden. Zuschauende Passanten griffen nicht ein. In Ludwigslust, Mecklenburg-Vorpommern, werden fünf Jugendliche in einem Schnellverfahren zu vier Wochen Dauerarrest verurteilt, ein 19-Jähriger zu einer Freiheitsstrafe von sieben Monaten. Sie hatten einen 16-Jährigen misshandelt und mit einem Filzstift Nazi-Symbole auf seine Schulter geschmiert.

Jens Reich steht auf einem wackligen Stuhl in einer Berliner Kneipe und wird von seinen Freunden aus der Bürgerbewegung gefeiert. Reich ruft erleichtert: «Der Unterkiefer wäre mir heruntergefallen, hätte ich im Reichstag eine Rede halten müssen!» Wie erwartet ist Roman Herzog zum Bundespräsidenten gewählt worden, knapp vor Johannes Rau. Jens Reich war der Kandidat der Grünen, nominiert von einem Intellektuellenzirkel namens «Frankfurter Einmischung», er erhielt im ersten Wahlgang 62 Stimmen aus der Bundesversammlung. Die anderen Kandidaten hießen Hildegard Hamm-Brücher und Hans Hirzel, den die Republikaner vorgeschlagen haben und der noch chancenloser war als Reich. Hirzel war ein Freund Hans Scholls und hatte als junger Mann Flugblätter der «Weißen Rose» verteilt, weshalb die Gestapo ihn 1943 verhaftete, er kam kurz vor dem Kriegsende frei. 1976 trat Hirzel, der zeitweise Assistent bei Theodor W. Adorno war, der CDU bei, 1993 wurde er Mitglied der Republikaner und sogar deren stellvertretender Bundesvorsitzender. Man muss da nicht mehr mitkommen. Es ist ein fremdes Land, und Jens Reich hat es nun ein wenig besser kennengelernt, was ziemlich anstrengend war, zwischenzeitlich bekam er Herzrhythmusstörungen vor lauter Unterwegssein.

Dass er bei der heutigen Wahl chancenlos sein würde, war Reich klar. Es ging ihm darum, erstens zu zeigen, dass man als Ostdeutscher bei der Wahl zum Bundespräsidenten chancenlos ist, und zweitens mal endlich zu Gast zu sein in der Bundesrepublik Deutschland. Er kam so in Kreise, die ihm völlig unbekannt waren.

Als Kandidat ist er eingeladen, sich dem Großbürgertum im Taunus vorzustellen und Vorstandschefs in Frankfurter Türmen, vor schwäbischen Friedensgruppen zu sprechen und beim Sparkassenempfang in Dillenburg. Da kommt der Mittelstand und trinkt sonntags um 10 Uhr sein Bier und hört sich den träumerischen Vortrag des netten Ossis an. Reich staunt, wie glücklich die Leute in der westdeutschen Provinz über den fernen Fall der fernen Mauer sind. Ist doch herrlich, was da passiert ist, wie wir zusammengerückt sind, sagen sie und begutachten ihn wie ein seltsames Wesen. Reich staunt auch, mit welcher Verachtung diese anständigen Leute, die Kohl gewählt haben, über die Regierung schimpfen, als gehöre das eben dazu.

Bärbel, die in diesem Jahr das Bundesverdienstkreuz bekommt und die er ab und an sieht bei den Treffen derer, die nur noch über Vergangenes reden, war überhaupt nicht einverstanden mit seiner Kandidatur. Sie warf ihm vor, zuerst habe er sich in die Wissenschaft verdrückt, kaum dass es vorbei war mit der Volkskammer, und nun tauche er zwar plötzlich wieder in der von ihm verhassten Politik auf, aber bloß als Alibikandidat des Westens. Bärbel hat sich mit allen zerstritten. Als Gerd Poppe, der langjährige Weggefährte, vor der Bundestagswahl 1990 denkbar knapp zum Kandidaten gewählt wurde an ihrer statt, hat sie wütend die Kirche, in der sie die Listen festlegten, verlassen, gefolgt von ihrem Tross. «Das ist das Ende der Bewegung», hat Bärbel geschrien.

Jens Reichs Mutter ist auch gegen seine Kandidatur. Ob er jetzt so eine Art Hindenburg werden wolle? Schuster bleib bei deinen Leisten, er habe doch eine gute Stellung als Wissenschaftler! Sie hat keine Freude daran, ihn im Fernsehen zu sehen. Seine ersten Vortragsreisen in die USA beunruhigen sie. Sie hat ihren Kindern immer gesagt: Redet nichts Politisches! Als der Geschichtslehrer Herr Dörre über den Tod des großen Führers Stalin dozierte, kicherte Jens Reich, und die Mutter musste in der Schule antanzen. Reich glaubt, sie fürchtet, dass er eines Tages, wie so viele, die sie erlebt hat, im Knast landet. Seine Mutter ist Beutedeutsche. 1918 war sie in Böhmen Tschechoslowakin geworden. Ihr Vater hatte eine Textilfabrik, sie wuchs im Großbürgertum auf, in einem, wie sie fand, sehr liberalen Land. Dass sie 1939 ins Reich mussten, hat sie nie verwunden. Auch nicht, dass sie ab 1949 Bürgerin der Deutschen Demokratischen Republik war. Das war in jeder Hinsicht vulgär. Genauso wie das Burschenschaftenwestdeutschland, aus dem Jens Reichs Vater stammte, der in der DDR Militärarzt geworden war. Die Mutter trug diesen Stolz des verarmten Adels durch ihren einsamen Alltag, so eine thomasmannhafte Melancholie, sie las Arthur Schnitzler und Joseph Roth, wer tat das sonst in Halberstadt? Ihre Weltsicht war von oben herab, und doch fühlte sie sich ganz unten. Ihre Kinder mussten Sprachen lernen, Bücher verschlingen, sich die Welt im Kopf erschaffen, die es vor der Haustür nicht gab. Sie war absolut unheimisch. Nach der Wiedervereinigung war sie in das nächste Land geworfen worden, das nicht ihres war.

Der Vater, zeit seines Berufslebens nur zum Mittagessen zu Hause gewesen, bekam eine ganz miese Rente im neuen Deutschland. Jens Reich musste was beisteuern. Der Vater stellte einen Antrag auf Offiziersrente. Medizinischer Offizier war er gewesen, den ganzen Weltkrieg lang, erst an der Ostfront, später, als er aus Nazideutschland entkommen war, in Eisenhowers Regiment an der Westfront. Er hatte immer für das gekämpft, was er für richtig hielt. Die Wehrmachtsoffiziere, die einfach mitgemacht hatten, bis sie wieder auf der richtigen Seite standen, bekamen ihren Sold im Ruhestand.

Aber Jens Reichs Vater bekam die Offiziersrente verweigert. Er war verbittert. Er konnte, wenn sie beim Abendschoppen saßen oder mit dem Hund rausgingen, so fröhlich sein, wie er es immer gewesen war. Aber dass er so eine Nullnummer geworden war, ertrug er nicht. Er schwieg nun meist dasselbe Schweigen, das die Mutter immer schon geschwiegen hatte.

Auf seiner Reise durch die Bundesrepublik Deutschland trifft Jens Reich eines Abends auch Wolfgang Schäuble, der sehr freundlich ist. Reich berichtet Schäuble, um die Brüche sichtbar zu machen, wie schlecht es seinem Vater geht. Schäuble sagt, Reich solle sich noch etwas gedulden, sie würden bald eine Regelung finden, dass auch die etwas ausgezahlt bekommen, die vierzig Jahre durchgehalten haben. Menschen wie sein Vater hätten zwar genau genommen nicht eingezahlt, aber das würde man trotzdem anpassen müssen. Anpassen hat für Jens Reich so einen herablassenden Beiklang. Eins ist klar, sagt Wolfgang Schäuble, wenn man das von Ihrem Vater so hört, ist das schon irgendwie – traurig.

300

Roman Herzog legt im Berliner Reichstag den Amtseid ab. Die Ostdeutschen, so Herzog in seiner Antrittsrede, sollten stolz sein auf
die Bürgerbewegung von 1989 und diese Erfahrung in die Politik ein-
bringen.   **301**

Konrad Elmer ist deprimiert. Er will nur noch in die Sommerferien. 344 Ja-Stimmen, 261 Nein-Stimmen, 22 Enthal-
tungen. Sein Antrag, in das Grundgesetz für die Bundesrepublik
Deutschland den Artikel 2a «Jeder ist zu Mitmenschlichkeit und
Gemeinsinn aufgerufen» aufzunehmen, hat gestern im Bundestag nicht die nötige Zweidrittelmehrheit bekommen. Das ganze
Jahr hat Elmer dafür gekämpft. Im Ausschuss. In der Kantine, wo
er Helmut Kohl den ersten Antrag überreichte. In den Sitzreihen
der CDU/CSU-Fraktion, wo er den Kollegen sein Anliegen erklärte,
was die Genossen aus seiner eigenen Fraktion misstrauisch machte.
Aber Elmer war überzeugt: In diesem unerfreulichen Land, das DDR
hieß, waren doch die zwischenmenschlichen Beziehungen das Er-
freulichste gewesen. Die Nähe. Die Solidarität. Das Herzliche. Das
musste man bewahren. Außer dem grünen Pfeil für Rechtsabbieger
und Berlin als Hauptstadt blieb ja sonst nichts aus dem Osten. Die
Mitmenschlichkeit, die sich im Herbst 1989 nochmals in schönster
Blüte gezeigt hatte, war doch ein Erbe der DDR, fand Elmer, das
die BRD gut gebrauchen konnte. Peter Hintze von der CDU hatte
ihn irgendwann entnervt einen «Terroristen der Mitmenschlichkeit» genannt. Aber Elmers Hartnäckigkeit hatte sich ausgezahlt:
70 Abgeordnete der CDU/CSU hatten Elmers Antrag, bevor er zur

Abstimmung kam, unterschrieben. Doch dann, kurz bevor es ernst wurde, hatte Jürgen Rüttgers bei der CDU Stimmung gemacht. Rüttgers vermutete wohl irgendwas Sozialistisches hinter Elmers Mitmenschlichkeit. Er stand an der Wahlurne und hielt drohend sein Nein-Kärtchen in die Höhe. Die haben so ihre Methoden, sagte ein FDP-Abgeordneter zu Elmer.

So bleibt die Abstimmung für Berlin als Bundeshauptstadt zu Beginn dieser Legislaturperiode Elmers größter Erfolg. Von dem die wenigsten wissen. Aber: Nur sechs Stimmen mehr gab es für Berlin 1991. Und sechs Abgeordnete hat Elmer locker umgestimmt an all den Kneipenabenden, die er nutzte, um zu erklären, dass es viel teurer wird, Berlin über Wasser zu halten ohne Hauptstadtstatus, als diesen Umzug dorthin zu bezahlen.

Als Elmer für die SPD nach Bonn kam, direkt gewählt im Wahlkreis Berlin-Pankow-Hohenschönhausen-Weißensee II, musste er erst lernen, dass man nicht wie in der DDR jeden anquatschen konnte. Er fiel immer mit der Tür ins Haus. Er verstand, dass im Osten nicht so ein Würdebewusstsein wachsen konnte wie hier. Wenn man von jedem, ob Lehrer oder Genossen, eben mit «du» angeredet wird, fühlt man sich nicht so unnahbar. Er fand sich rein in diese Welt. Der gelegentliche Abstand von zu Hause tat ihm gut. Es war viel Schlechtes passiert. Ibrahim Böhme, den vor der Wahl im März 1990 viele als künftigen Ministerpräsidenten der DDR sahen, musste nach der Wahlschlappe im April sogar sein Volkskammermandat niederlegen, weil der *Spiegel* berichtete, er sei für die Stasi tätig gewesen. Böhme beteuerte seine Unschuld. Im September 1990 wurde er wieder in den Parteivorstand gewählt. Aber dann legte der Schriftsteller Reiner Kunze nach der Lektüre seiner Stasi-Akte dar, dass Böhme IM Paul Bonkarz gewesen war. Böhme hatte viele übel verraten, kam nun raus. Wie so einiges rauskam. Diese ominöse Sekretärin Carola Gabler, die Konrad Elmer zur Parteigründung mitgenommen hatte im Oktober 1989, und von der er danach nie wieder gehört hatte, musste auch auf sie angesetzt worden sein. Ibrahim Böhme wurde 1992 aus der SPD ausgeschlossen, die er gegründet hatte in Schwante, wohin sie vor der Stasi geflohen waren.

Konrad Elmer hatte so sehr auf die Mitmenschlichkeit gehofft.

Von einem gellenden Pfeifkonzert wird die feierliche Wiedereröff-
nung der Oberbaum-Brücke durch Berlins Regierenden Bürgermeister Diepgen begleitet, die nun zum Ärger der Anwohner vierspurig
304   den Ost- und West-Teil Berlins miteinander verbindet. Bei einem
Gang durch das Brandenburger Tor fordert die SPD-Bundestagsfrak-
tion die Vollendung der «inneren Einheit».

Stefan Heym geht ans Telefon. Rita Süssmuth, von der CDU.
Sie klingt aufgeregt. Ob Heym angesichts der Vorwürfe
nicht doch auf die Eröffnungsrede im Bundestag als Alterspräsi-
dent morgen verzichten wolle. Welche Vorwürfe? Habe Heym denn
nicht Tagesschau geschaut? Nein, er sitzt an seiner Rede. Heym ist
81 Jahre alt. Er hat als Parteiloser für die PDS kandidiert und das Di-
rektmandat im Wahlkreis Berlin-Mitte-Prenzlauer Berg gewonnen.
«Die andere Stimme», stand auf seinen Plakaten.

Bundesinnenminister Kanther hat verbreitet, dass Heym Kontakte zur Stasi gehabt habe. Rita Süssmuth faxt die Unterlagen.

Die ganze Nacht über versuchen die Heyms, zu rekonstruieren,
was damals war. Heym hatte zu seinem Roman «Der Tag X», der
später «5 Tage im Juni» hieß, über den Arbeiteraufstand 1953 recher-
chiert. Er hatte einen Brief von einem, der damals beteiligt gewesen
war und nun in West-Berlin lebte, bekommen. Er hatte den Brief seiner Sekretärin gegeben, deren Mann Kriminalpolizist war. Der Mann
aus West-Berlin war später entführt und in die DDR zurückgebracht
worden. Es sind noch vier Stunden, bis Heym aufstehen muss. Sie
schlafen kaum in dieser Nacht. Morgen wird es also krachen.

Bundesinnenminister Kanther verbietet die rechtsextremistische «Wiking-Jugend». Die Gewerkschaft der Polizei fordert eine Grundgesetzänderung im Kampf gegen Neonazis: Grundrechte wie die Meinungs- oder Versammlungsfreiheit müssten entzogen werden können, wenn nationalsozialistisches Gedankengut wiederbelebt werde.

S tefan Heym tritt um 11 Uhr ans Mikrophon, sein Blick wandert durch den Saal, ein kurzes, ungläubiges Lächeln, dann stützt er beide Arme auf das Rednerpult. In dieser Haltung wird er 23 Minuten verharren, tief über sein Manuskript gebeugt, die Schultern auf einer Höhe mit den weißen Haarbüscheln. Alle erheben sich vor seiner Rede, nur die CDU/CSU-Fraktion bleibt sitzen. Der Direktor der Stasi-Unterlagenbehörde, Hansjörg Geiger, hat am Morgen bekanntgegeben, dass es «keine vorwerfbare Belastung» gegen Heym gebe, im Gegenteil sogar Informationen mit «durchaus entlastenden Wirkungen». Die *Bild-Zeitung* berichtet, der 73-jährige CDU-Abgeordnete Alfred Dregger, zweitältester Abgeordneter, ab 1940 Mitglied der NSDAP, habe vorsorglich eine Rede vorbereitet gehabt.

Diese erste Sitzung findet als einzige der Legislaturperiode im Berliner Reichstag statt. Heym erinnert daran, dass er diesen brennen sah, 1933, bevor er das Land verlassen und erst in einer amerikanischen Uniform wiederkommen sollte. «Wenn einer wie ich, mit dieser Lebensgeschichte, sich von hier aus an Sie wenden und den 13. Deutschen Bundestag, den zweiten des wiedervereinigten Deutschlands, eröffnen darf», spricht Heym, «so bestärkt das meine

Hoffnung, dass unsere heutige Demokratie doch solider gegründet sein möchte, als es die Weimarer war, und dass diesem Bundestag wie auch jedem künftigen ein Schicksal wie das des letzten Reichstages der Weimarer Republik erspart bleiben mag.»

Heym kommt bald auf die aktuellen politischen Herausforderungen zu sprechen, er fragt, wie lange der Globus, «der einzige, den wir haben», sich die Art gefallen lassen wird, wie «diese Menschheit tausenderlei Güter produziert und konsumiert». Und wie lange die Menschheit sich die Art gefallen lassen wird, wie diese Güter verteilt werden. Heym sagt, mit einer Stimme, der die Kraft genauso wenig entschwindet wie ihr sächsischer Farbton: «Reden wir nicht nur von der Entschuldung der Ärmsten, entschulden wir sie. Nicht die Flüchtlinge, die zu uns dringen, sind unsere Feinde, sondern die, die sie in die Flucht treiben.» An dieser Stelle heißt es im Protokoll: «Beifall des Abg. Dr. Gregor Gysi (PDS)». Dann widmet sich Heym der Wiedervereinigung: «Ich habe mich immer gefragt, warum die Euphorie über die deutsche Einheit so schnell verflogen ist. Vielleicht, weil ein jeder als Erstes Ausschau nach den materiellen Vorteilen hielt, die die Sache ihm bringen würde: den einen Märkte, Immobilien, billigere Arbeitskräfte; den anderen – bescheidener – harte Mark und ein grenzenloses Angebot an Gütern und Reisen. Zu wenig wurde nachgedacht über die Chancen, die durch die Vereinigung unterschiedlicher Erfahrungen, positiver wie negativer, sich für das Zusammenleben und die Entwicklung der neuen alten Nation ergeben könnten und – wie ich hoffe – noch immer ergeben können.» Heym fragt: «Gibt es nicht auch Erfahrungen aus dem Leben der früheren DDR, die für die gemeinsame Zukunft Deutschlands zu übernehmen sich ebenfalls lohnten? Der gesicherte Arbeitsplatz vielleicht? Die gesicherte berufliche Laufbahn? Das gesicherte Dach überm Kopf?» Das Protokoll hält fest: «Unruhe bei der CDU/CSU». Heym lässt sich nicht beirren, er plädiert für «gegenseitige Toleranz» und «Verständnis» und dafür, auf beiden Seiten Ängste abzubauen. «Die Menschen erwarten, dass wir uns als Wichtigstes mit der Herstellung akzeptabler, sozial gerechter Verhältnisse und der Erhaltung unserer Umwelt beschäftigen», sagt Heym. Es ist eine große, eine historische Rede, man spürt es schon, als noch applaudiert wird. Heym, der sein Mandat nur ein Jahr später niederlegen wird aus Protest gegen eine geplante Verfassungsänderung zur Erhöhung der Abgeordnetendiäten, schließt mit dem Appell an eine «Koalition der Vernunft, eine Koalition der Vernünftigen». Es gibt langen Applaus, jeder erhebt sich. Nur die CDU/CSU-Fraktion bleibt geschlossen sitzen und weigert sich, entgegen allen Gepflogenheiten, zu klatschen, nachdem einige Mitglieder schon während der Rede demonstrativ in Akten geblättert oder sich unterhalten hatten. Stefan Heym müht sich vom Rednerpult auf seinen Sitz, von dem er den ganzen Plenarsaal dirigieren kann. Unten, in der ersten Reihe, blickt Helmut Kohl abschätzig dem Mann nach, der als Helmut Flieg aus Berlin flüchten musste, um als Stefan Heym zurückzukehren.

Der inhaftierte frühere DDR-Staats- und Parteichef Egon Krenz hat am Dienstag seinen Sonderurlaub zur Verhandlung vor dem Europäischen Gerichtshof für Menschenrechte angetreten.

Marianne Birthler steigt ins Flugzeug nach Zürich. Sie ist zum Jahrestag des Mauerfalls eingeladen, dort in einer Talkshow mit Egon Bahr und Günter Schabowski zu diskutieren. Birthler drängelt sich zu ihrem Platz – und daneben sitzt schon: Günter Schabowski. Guten Tag! Schabowski erzählt, er arbeite jetzt als Layouter beim Anzeigenblatt *Heimat-Nachrichten*. Er sagt, er wolle keine Pension von der PDS. Er habe sich von denen abgenabelt. Schabowski ist richtig stolz, von seiner eigenen Hände Arbeit zu leben. Er spricht dieses schöne Berlinerisch, das Marianne Birthler bis in die Schweiz trägt. Würde er Unsinn erzählen, würde sie sich nicht von Schabowskis angenehmem Habitus bestechen lassen. Aber sie muss zugeben: Er klingt auf einmal irgendwie glaubwürdig.

Im *Spiegel* steht: «Der Osten belebt: Nach dem Abdanken der West-Elite werden die beiden Volksparteien von Politikern geführt, die in der DDR aufgewachsen sind.»

Lothar Bisky scheitert im Bundestag auch im vierten Wahlgang zum Vizepräsidenten. Das gab es in der Geschichte der Bundesrepublik Deutschland noch nie, in der Geschäftsordnung des Parlaments ist für diesen Fall nicht mal eine Regelung vorgesehen. Normalerweise wird der Abgeordnete, den jede Fraktion für dieses Amt vorschlägt, akzeptiert. Bisky sitzt mit versteinerter Miene inmitten seiner Kollegen. Es ist eine Demütigung. Gesine Lötzsch, gegen die er sich für diese Kandidatur intern durchgesetzt hatte, streichelt Bisky kurz über den rechten Unterarm. Dann lassen ihn alle erst mal in Ruhe.

Für die Bundestagswahl hat Bisky, der Bundesvorsitzende der Partei, die seit Juli Linkspartei.PDS heißt, seinen Freund Gregor Gysi zurück in die Bundespolitik geholt, der nun gemeinsam mit Oskar Lafontaine Fraktionsvorsitzender ist. Bisky war bereits von 1993 bis zum Jahr 2000 Vorsitzender der PDS. Er, dieser schweigsame, zweifelnde Mann, verlieh der Partei, die selten vom Zusatz «SED-Nachfolge» verschont blieb, Glaubwürdigkeit, Gysi gab ihr Gewandtheit. 2003 kehrte Bisky zurück auf den Posten des Parteivorsitzenden. Die PDS lag am Boden, 2002 war sie nicht mehr in den Bundestag gekommen. Gysi und Bisky können es nicht lassen seit ihrer ersten Begegnung auf dem Alexanderplatz. 1994 gingen sie zusammen in den Hungerstreik, als das Finanzamt rückwirkend

67 Millionen Mark von der PDS forderte. Er kann seine Leute doch nicht alleine lassen, sagt Lothar Bisky oft. Seine Leute, das waren erst die Studenten an der Filmhochschule und dann die Genossen, die ihn um Hilfe baten bei der Neubesetzung der Partei – und dann war es die Partei. Er kann nicht hinschmeißen. Auch wenn der Arzt ihn warnt: So viele Zigaretten, so viel Politik, das geht nicht gut. Auch wenn der Sohn ihn fragt: Wo soll das alles enden, im Kreml? Die Söhne sind, wie er, angekommen im neuen Deutschland, der eine schreibt für die größte Zeitung, der andere malt die teuersten Bilder, von denen Bisky sagt, dass er sich davon keines mehr leisten könnte. Nur: Die Söhne sind mit diesem Land gewachsen, Lothar Bisky vor allem gegen dieses Land, gegen die Sozialreformen, gegen das Vorurteil, es habe keine Querdenker gegeben in der DDR, gegen die Verleumdungen. Er ist auch deswegen noch in der Politik, weil er doch der lebende Beweis ist, dass nicht alle in der Partei gleich gewesen sind und gleich gedacht haben. Lothar Bisky steht an diesem 8. November, sechzehn Jahre nach dem 4. November 1989, nicht nur zur Wahl für das Bundestagspräsidium. Er stellt schon wieder und immer noch eine Vertrauensfrage, zu seiner Person und auch zu allem, wofür er steht.

Vor zwei Jahren war in der *Zeit* zu lesen, Bisky sei bei Markus Wolfs Auslandsspionage registriert gewesen. Ja, hat er damals gesagt, er habe Berichte über seine Auslandsreisen geschrieben, aber ein Spitzel sei er nie gewesen. Da schwebte das Ungetüm über ihm: Stasi. Bevor in der *Bild* der Bericht über ihre Vergangenheit stand, rief Biskys Frau Almuth die Söhne an: Wir müssen mal reden. Sie war jahrelang als IM registriert gewesen. Jens sagte dazu in der Presse: «In der Sache habe ich ein deutliches Urteil. Aber das trifft nicht ihre Person als Ganzes.»

Vor dem Plenarsaal gibt es nur ein Thema an diesem Tag: Biskys Scheitern. Wolfgang Thierse sagt, er kenne Bisky gut genug und dessen Biographie. Er könne sagen, Bisky hätte ins Bundestagspräsidium gepasst.

Gregor Gysi sagt, er sei erst wütend und traurig gewesen, aber jetzt sei er kämpferisch: «Jetzt soll'n se wählen, bis sie ihn gewählt haben!»

Bei der CDU und der FDP heißt es, es entspräche eben nicht den Gepflogenheiten, einen amtierenden Parteivorsitzenden zum Bundestagsvizepräsidenten zu nominieren. Warum habe die Linke Bisky denn auch wieder und wieder aufgestellt? Das sei doch betonköpfig.

Lothar Bisky sagt: «Ich knicke nicht gegenüber dem mehrheitlichen Willen des Deutschen Bundestages ein. Ich stehe zu meiner Biographie!»

Bundestagsvizepräsident wird Bisky nicht. In der *Zeit* sagt Bisky später, er sei «eben mit dem Makel des Ostens ausgestattet, der bleibt ein Leben lang haften. Auch wenn ich in der DDR ja nicht unkritisch war. Schon gar nicht als Rektor der Filmhochschule in Potsdam. Aber es ist schizophren. Gorbatschow oder der ehemalige KGB-Resident Putin werden hofiert, während die Linkspartei stigmatisiert wird. Ich hätte nicht gedacht, dass dies 15 Jahre nach der Einheit noch so sein könnte.» Es sei ein Fehler gewesen, sich aufstellen zu lassen, sagt Bisky. Für sein Selbstwertgefühl wäre es nicht nötig gewesen. Er habe die Situation falsch eingeschätzt, weil er dachte, die Bundesrepublik sei weiter.

Beruhigung findet Lothar Bisky in dieser Zeit in den Filmen von Stanley Kubrick. Er schaut noch mal «2001 – Odyssee im Weltraum». Man blickt da in die Unendlichkeit. Man merkt, wie wenig man eigentlich ist.

Die Bundestagsfraktion DIE LINKE fordert in einer Pressemitteilung alle anderen Parteien auf, ihre Abgeordneten in der Abstimmung über den Abriss des Palastes der Republik in der kommenden Woche **312** nicht unter Druck zu setzen.

lrich Mühe bekommt in München den Bayerischen Filmpreis als bester Hauptdarsteller für seine Rolle als Stasi-Hauptmann Gerd Wiesler in Florian Henckel von Donnersmarcks «Das Leben der Anderen». In seiner Dankesrede erinnert Mühe daran, dass er diesen Preis bereits im Januar 1989 erhalten hat, für Bernhard Wickis «Das Spinnennetz». Damals habe er gesagt, dass er hoffe, den Film auch in der DDR zeigen zu können. «‹Das Leben der Anderen› ist ein Film über diese DDR», sagt Mühe heute, «und in ihm wird sehr deutlich, dass man diesem Land keine Träne nachweinen sollte!»

Ein Jahr später wird Ulrich Mühe erfahren, dass er Krebs hat. Mit dieser Diagnose wird er nach Los Angeles reisen, wo «Das Leben der Anderen» den Oscar als bester fremdsprachiger Film gewinnt. Ulrich Mühe ist in der Zwischenzeit noch mit dem Deutschen und dem Europäischen Filmpreis ausgezeichnet worden. Er befindet sich auf dem Höhepunkt seiner Karriere. Und in der größten Krise seines Lebens, nicht nur gesundheitlich.

In einem Buch zum Film wird Mühe im Gespräch mit Regisseur Henckel von Donnersmarck zitiert, seine ehemalige Frau Jenny Gröllmann, mit der er zur Wendezeit verheiratet war und Tochter Anna Maria hat, habe «die ganze Zeit über bei der Staatssicherheit als IM gearbeitet». Mühe sagt weiter: «Ich bekam davon nichts mit, während es lief. Sie arbeitete ja auch nicht über mich», sondern habe «hauptsächlich in ihrem Ensemble über die Kollegen Berichte abgegeben».

Die Vorwürfe gegen Gröllmann sind nicht neu, sie existieren seit 2001. Und dem Decknamen «Jeanne» soll sie vor allem akkreditierte West-Journalisten bespitzelt haben, darunter den *Stern*-Korrespondenten Peter Pragal, in den Akten «Starnberg» genannt.

Marianne Birthler, die Leiterin der Stasi-Unterlagen-Behörde, sagte damals: «Die Aktenlage im Fall Jenny Gröllmann ist unserer Auffassung nach völlig unstrittig.»

Doch Gröllmann bestreitet eidesstattlich, jemals für das Ministerium für Staatssicherheit gearbeitet zu haben. Sie beauftragt den Berliner Anwalt Hardy Langer, in derselben Kanzlei wie Gregor Gysi tätig, das Buch, in dem Ulrich Mühe den Vorwurf erneuert hat, zu stoppen. Im Juli 2006 verbietet das Landgericht Berlin Ulrich Mühe, zu behaupten, seine Exfrau habe als IM gearbeitet. Es existierten zwar anhand der Stasi-Unterlagen «Verdachtsmomente», es sei aber nicht zulässig, diese als Tatsache zu behaupten. Einen Monat später stirbt Jenny Gröllmann an Krebs.

Um das Kinodrama, das davon handelt, wie der Überwachungsstaat in das Private drängt und Familien zerstört, ist ein privates Drama von fast Shakespeare'schen Ausmaßen entstanden. Ulrich Mühe war der DDR entwachsen, als es sie noch gab, und entflohen, als sie nicht mehr war. Nun holt man ihn zurück in dieses Land. Die Boulevardblätter erzählen die Geschichte vom glamourösen Paar, das sich vor der Kamera lieben lernte, sich nach dem Sturz des Staates, in dem sie Stars wurden, verloren, und über den Streit um diesen Staat wieder ineinander verbissen, in epischer Breite. Man liest, Tochter Anna habe ihren Vater gebeten, aufzuhören, die Mutter zu bekämpfen. Peter Pragal schreibt Ulrich Mühe, dass die Akte von Jenny Gröllmann voller Ungereimtheiten sei. Der Schauspieler Henry Hübchen sagt in einer Talkshow, es sei schäbig, wie sich Mühe verhalte. Außerdem zeige «Das Leben der Anderen» die DDR viel zu grau. Einige Schauspieler, steht im *Spiegel*, wollten nicht mehr mit Ulrich Mühe arbeiten. Im *Spiegel* steht damals, im März 2007, auch: «Kollegen, die ihn von früher kennen», würden sagen, Ulrich Mühe sei kein mutiger Mensch. Er habe lange überlegt, ob er auf der Demonstration am 4. November wirklich reden solle. Jenny Gröllmann habe ihm zugeraten. Im Streit um den Streit zwischen Ulrich Mühe um Jenny Gröllmann geht es nicht zuletzt darum, was vom Leben vor 1990 bleibt.

Wenn Ulrich Mühe sich später an den 4. November 1989 erinnerte, sagte er: «Es gab kurz diesen Traum!» Aber die Leute seien nicht bereit gewesen für irgendwelche Sozialismus-Experimente. Und: «Eine Diktatur der Intellektuellen wäre auch grausam geworden.» Heiner Müller hat mal gesagt: «Ulrich Mühe wird den ersten Schritt in eine Rolle nicht tun, bevor er vom letzten Schritt eine Ahnung hat, der ihn vielleicht aus der Kurve trägt.»

Nach seinem Tod am 22. Juli 2007 steht über Ulrich Mühe im *Spiegel*: «Als er fünf Tage vor dem Fall der Mauer auf der Großkundgebung auf dem Alexanderplatz endlich seine Stimme gegen das Regime erheben konnte, hatte es sich praktisch schon selber aufgelöst. Richtig besiegt hat er es erst fast 20 Jahre später, in seiner Rolle als Stasi-Abhörspezialist in dem Film ‹Das Leben der Anderen› – niemand zuvor hat so genau das gespielt, was diese Diktatur anrichtete.»

DIENSTAG, 3. FEBRUAR 2009

Die Ankündigung der Talkrunde «hart aber fair» zum Thema «20 Jahre Mauerfall – viel Geld, wenig Gefühl» am nächsten Tag um 21 Uhr 45 verspricht eine Antwort auf die Frage «Wer hat die Einheit zerredet: Besser-Wessis oder Jammer-Ossis?» Einer der Gäste: Jan Josef Liefers.

K urt Demmler wird um 6 Uhr 20 von einem Justizvollzugs-bediensteten in seiner Zelle der Untersuchungshaftanstalt Berlin-Moabit gefunden. Demmler hat sich mit seinem Gürtel am Fenster erhängt. Um 13 Uhr sollte der zweite Prozesstag in Saal 806 des Kriminalgerichts beginnen. Die Staatsanwaltschaft wirft Demmler sexuellen Missbrauch von sechs Kindern im Alter zwischen zehn und 14 Jahren vor, insgesamt 212 Übergriffe. Demmler hatte die Mädchen zu Castings für eine Band eingeladen.

FREITAG, 3. OKTOBER 2009

In Ihrer Rede beim Festakt zum Tag der Deutschen Einheit in Saar-
brücken sagt Bundeskanzlerin Angela Merkel: «Im Jahre 2009, in
einer Zeit, in der wir eine weltweite Finanz- und Wirtschaftskrise
316 haben, feiern wir unsere Deutsche Einheit in einem ganz besonderen
Zusammenhang. Der Fall der amerikanischen Bank Lehman Brothers
ist Symbol einer Finanz- und Wirtschaftskrise, wie wir sie seit Jahrzehnten nicht erlebt hatten. Diese Krise hat grundsätzliche Fragen
aufgeworfen, zum Beispiel Fragen über die Nachhaltigkeit unseres
Wirtschaftens und vor allen Dingen auch Fragen nach dem Verständnis von Freiheit. Denn das Verständnis von Freiheit als einer Aus-
lebung hemmungsloser Gier Einzelner, das Verständnis von Freiheit
als einer Ordnung ohne Regeln, ist, wie sich gezeigt hat, das falsche
Verständnis.»

J ens Reich begleitet Bärbel Bohley zur Verleihung eines
Preises namens «Quadriga», der Persönlichkeiten ehrt, die
durch «ihr Engagement ein Zeichen für Aufbruch, Erneuerung und
Pioniergeist gesetzt haben». Ein großes Fest mit reichen Leuten,
etwas halbseiden. Bärbel ist schwer krebskrank nach Berlin zurückgekehrt. Aus Kroatien, von wo aus sie sich seit den 1990er Jahren
um die Wiederaufbaumission nach dem Bosnienkrieg gekümmert
hat. Helmut Kohl hatte dafür gesorgt, dass Bärbel das Geld für den
Balkan bekam. Im *Eulenspiegel* wurde diese widerliche Karikatur
gedruckt, die Bärbel und Kohl beim Sex zeigte. Man kann doch
nicht sagen, dass der Kohl ein Unhold ist, regte sich Bärbel auf, der
ist ganz in Ordnung, fand sie auf einmal. Es ging bei ihr nie ohne

Emotionen. Sie hatte den Kontakt zu allen abgebrochen. Sie war zerrissen. Die Aufgabe in Sarajewo brachte ihr endlich Ablenkung. Bärbel hatte sich natürlich nie um so etwas wie eine Krankenversicherung gekümmert, ohne Spende hätte sie in Berlin gar nicht behandelt werden können.

Jens Reich ist einverstanden, die Laudatio zu halten. Eva und er sind die Einzigen, zu denen Bärbel nach der Rückkehr zarten Kontakt sucht. Eva hat ihr einen Tumorspezialisten vermittelt. Jens Reich hat mal wieder einen Zettel in der Hand und muss eine Bühne betreten, auf die es ihn nicht zieht. Bärbel tut ihm leid, das ist das Schlimmste. Politisch hat er mit ihr überhaupt nichts mehr gemein. Sie kann über gar nichts mehr lachen, schon gar nicht über sich selbst. Das Leben in ihrem alten Kiez, im Prenzlauer Berg, findet sie unerträglich, all die Neuen, all das Teure. Das Brandenburger Tor, dessen Quadriga sie nun vergoldet überreicht bekommen soll, ist für sie das schlimmste Symbol der lächerlichen Wiedervereinigungs-Inszenierung, die zwanzig Jahre danach leer und groß gefeiert wird. Die Ostdeutschen, sagt Bärbel, hätten erst ihre Würde wiederfinden müssen, bevor die Grenze hätte geöffnet werden dürfen. Dass die Stasi-Unterlagen, wie sie findet, nicht konsequent geöffnet wurden, dass sie Rechtsstaat statt Gerechtigkeit bekam, ärgert sie noch immer. Dass das «Neue Forum» zum «Bündnis 90» wurde: ein Riesenfehler. Sowieso alles ein Riesenfehler. Wir Bürgerrechtler, sagt sie, waren in gewisser Weise blöd!

Es wird eine gefühlvolle Laudatio. Jens Reich spricht von der Frau, die alle mitriss. Die goldene Quadriga ist zu schwer für Bärbel, er hält sie ihr im Scheinwerferlicht im Westflügel des Auswärtigen Amts am Werderschen Markt, in dem früher das Zentralkomitee der SED residierte und Jens Reich Günter Schabowski besuchte. An diesem Abend werden auch Václav Havel, dessen Bücher die Stasi konfiszierte, als sie Bärbels Wohnung durchsuchte, und Michail Gorbatschow ausgezeichnet, dessen Name über allem schwebte, als Bärbel Bohley noch Träume hatte. Nun sitzt Gorbatschow an Reichs Tisch. Aber was soll man reden? Es ist so lange her. Die Berliner High

Society applaudiert ihnen wie einer Band, deren alte Hits man nur noch aus dem Radio kennt. Je häufiger die große Geschichte beschworen wird, desto kleiner fühlt man sich.

Nach der Verleihung beginnt das Galadinner. Aber Bärbel Bohley will nach Hause. Jens Reich bringt sie zum Taxi. Er stellt ihr das goldene Pferdegespann auf den Rücksitz. Es ist das letzte Mal, dass er sie sieht. In der Ferne blinkt der Fernsehturm. Als sie ein Jahr später stirbt, lässt Bundeskanzlerin Angela Merkel mitteilen: «Wir Deutschen sind Bärbel Bohley zu Dank verpflichtet.»

Am 9. Oktober soll Gregor Gysi in der Leipziger Peterskirche eine Rede halten. Die «Stiftung Friedliche Revolution» erklärt, Gysi habe bis zuletzt die führende Rolle der SED und den Erhalt der Staatssicherheit verteidigt und betreibe heute Geschichtsklitterung. Friedrich Schorlemmer verteidigt Gysis geplanten Auftritt: «Er war ein Anwalt der Bedrängten und kein Mensch der Repressalien.» Eine Ausladung Gysis käme einer Zensur gleich. Schorlemmer bittet alle Kritiker, nicht weiter Öl ins Feuer zu gießen: «Ich möchte nicht, dass aus Bürgerrechtlern Bürgerrächer werden», sagt er. Das widerspräche dem wichtigen Gedenken an die friedliche Revolution.

Henning Schaller ist mit seinem alten Freund Peter Pragal in das «Café Einstein» Unter den Linden gekommen. Peter Pragal hat manche Freunde verloren, als er seine Stasi-Akte las. Freunde, die ihre Freundschaft mit dem Westjournalisten verraten hatten. Henning Schaller gehörte nicht dazu. Es war alles so, wie sie es erinnern. Heute erinnert Henning Schaller, wenn er lange erzählt, nicht mehr alles. Dann hat er noch immer diesen klaren Blick, den er auch auf seiner Bühne am Alexanderplatz hatte, aber dieser Blick verirrt sich in der Masse aus Erlebtem. Peter Pragal hilft ihm dann auf die Sprünge. Das war doch mit dem und dem. Dann haben wir doch im Gorki das und das gesehen. Die beiden Freunde sind verbunden in der Erinnerung an die gemeinsame Zeit im entzweiten Land. Die Geschichte ist komplett, solange sie sich haben.

Der 4. November 1989 war für Henning Schaller, solange er sich erinnert, der Tag, an dem er alle zusammenbrachte.

Johanna Schall hat eine Wohnung in den Hackeschen Höfen gefunden. Hätte sie nicht gedacht, dass es da noch was Bezahlbares gibt. Sie ist zurück in ihrer Heimat, Berlin-Mitte, wo sie jeden Winkel kennt. In den Cafés bestellt man den Kaffee jetzt auf Englisch, aber zu Hause macht Schall ihn noch auf DDR-Art: Kaffeepulver mit heißem Wasser aufgießen. Schall setzt sich, außer Atem, an den Tisch im Restaurant «Hackescher Hof», sie hat heute Abend Vorstellung. Die Haare trägt Schall fast so kurz wie auf dem Alexanderplatz 1989.

Sie steht wieder auf der Bühne, in «Hase Hase» in der «Komödie am Kurfürstendamm», neben Katharina und Anna Thalbach und Pierre Besson, dem Sohn von Benno Besson, dem großen Regisseur. Die DDR, sagt Schall, war ein beschauliches Land, man kannte sich. Deswegen entkam sie ihrer Theaterfamilie nie, der Bühnenhistorie und der politischen Überzeugung, die ihr vorausgingen. Schall hat sich eine Weile den Namen «Anderson» gegeben, weil der ihr gefiel. Aber dann gab es ja diesen Künstler Sascha Anderson, der als Stasi-Spitzel enttarnt wurde.

Am Deutschen Theater, fand Johanna Schall, spielten sie nach der Wende bloß noch schickes Theater für schicke Leute. Deswegen arbeitete sie ab 1997 ausschließlich als Regisseurin. Sie hatte eigentlich ohnehin nie Schauspielerin werden wollen, sondern Archäologin. Nach dem Abitur war sie zuerst als pflegerische Hilfskraft tätig. Jetzt, wo sie wieder zurück ist in ihrem Kiez, macht es auf der Bühne wieder Spaß. Seit dem Tod ihrer Mutter vor vier Jahren ist Johanna Schall außerdem die Nachlassverwalterin des Erbes von Bertolt Brecht. Sie ist verantwortlich für den Schatz, der ihr so oft Last war.

«Ein Bundi», erzählt Johanna Schall, also eine Bürgerin der Bundesrepublik Deutschland, ist sie schon vor der Wiedervereinigung geworden, nur ein halbes Jahr nach dem 4. November. Sie flogen für eine Brecht-Tournee nach London. Die zuständige Frau am Theater hatte nicht bedacht, dass man dafür eine Arbeitserlaubnis brauchte in England. Nach der Landung riefen sie in der DDR-Botschaft an, aber da hieß es nur: Wir packen gerade alles zusammen! Also mussten sie die BRD um Hilfe bitten. Am Flughafen Heathrow bekam Johanna Schall ihren neuen Pass. Dreißig Jahre ist das her. Die Hälfte ihres Lebens lebt sie nun nicht mehr in der DDR. Sie sagt, sie sei wirklich glücklich, dass dieses andere Land weg ist. Das heiße ja nicht, dass sie hier alles prima findet. Sie mag es nur nicht, wenn die Vergangenheit geschönt wird. Und wenn man sie dämonisiert, sei das auch falsch. Es war nicht alles besser, sagt Johanna Schall, aber dass unsere Biographien gar nichts mehr wert sein sollten, fühlte sich beschissen an.

Sie würde sich jetzt gerne hinlegen zu Hause, sagt Johanna Schall. Eigentlich weiß sie keine Details mehr rund um den 4. November. Sie habe keine Langzeitsicht. Sie sei immer sehr im Moment. Man traf sich viel. Man beantragte das. Es war toll, weil plötzlich vieles veränderbar erschien. Aber: «Mir kam es in den Jahren danach so vor, als würden wir Theaterleute bei dieser Revolution so überhöht, so hochgespielt. Klar, das war viel organisatorische Arbeit. Aber die ganze Basisarbeit haben andere Leute mit viel mehr Mut und viel mehr Risiko gemacht.» Ihnen sei es doch am Theater viel zu lange viel zu gutgegangen, sagt Schall. Sie hätten zu lange die Schnauze gehalten. Sie seien zu spät gekommen.

Der 4. November 1989 ist der Tag, an dem Johanna Schall beschloss, nie wieder feige zu sein.

Christoph Hein sitzt auf seiner Terrasse in Havelberg, Sachsen-Anhalt, zwei Autostunden von Berlin, irgendwann sind die Straßen, die hierherführen, nur noch Sandpisten, und schaut auf die dramatisch in der Sonne funkelnden Havelauen tief dort unten. Diese blühenden Landschaften blühen auch deshalb, weil hier kaum Menschen sind. Wegen der Entindustrialisierung, die 1989 begann, sagt Christoph Hein, werde der Osten noch für eine lange Zeit eine abgehängte Region bleiben. Er kann in diesem Haus gut schreiben. Christoph Hein war nicht nur ein großer Chronist der Wende, er blieb auch ein großer Chronist der dreißig Jahre seither. Es kam durch den Fall der Mauer eine Menge Stoff dazu, sagt er, darüber sei man als Autor ja froh. Ich hatte, sagt Hein, in meinem Leben Glück: Dank dieser heftigen Umwälzung, die zum Glück unblutig verlief, musste ich nicht irgendwann über unglückliche Ehen schreiben. Es kam ständig Unglück dazu.

In seinem aktuellen Buch «Gegenlauschangriff – Anekdoten aus dem letzten deutsch-deutschen Kriege» erzählt Hein von persönlichen Momenten, die zeigen, dass die einst geteilte Nation noch immer nicht zusammengefunden hat. Hein schreibt von einem «Beamten der Besoldungsgruppe B8», der ihm kurz nach der Wiedervereinigung entsetzt verkündet, als sei das ein Makel, es gebe in Thüringen und Sachsen alle dreißig, vierzig Kilometer ein Symphonieorchester; das müsse man schnellstens auf bundesdeutsches Niveau bringen. Und Hein schreibt davon, dass die ARD-Direktoren «programmtreu» am 4. November 1989 nicht live vom Alexanderplatz sendeten, sondern ein Spiel von Boris Becker übertrugen.

Bereits Anfang des Jahres war Christoph Hein in den Schlagzeilen, weil er sich in der *Süddeutschen Zeitung* von Florian Henckel von Donnersmarcks dreizehn Jahre zuvor ins Kino gekommenen Film «Das Leben der Anderen» distanzierte. Hein schilderte, wie Ulrich Mühe ihm damals den jungen Regisseur vorstellte, der für die Filmrecherche etwas über das Leben eines Dramaturgen in der DDR wissen wollte. Hein berichtete. Aber, schrieb Hein nun: «Nein, ‹Das Leben der Anderen› beschreibt nicht die achtziger Jahre in der

DDR, der Film ist ein Gruselmärchen, das in einem sagenhaften Land spielt, vergleichbar mit Tolkiens Mittelerde.»

Sein Leben, so Hein, sei völlig anders verlaufen als dieser Film, der das Bild von der DDR hierzulande so geprägt hat. Bei denen, die nie in der DDR waren. Von einem Germanistikprofessor hörte Hein mal, er habe seinen Studenten Heins Anti-Zensur-Rede von 1987 präsentiert und sie hätten nicht glauben können, dass der Verfasser damals nicht ins Gefängnis gekommen ist, das sei gar nicht möglich, sie hätten doch «Das Leben der Anderen» gesehen.

Christoph Hein ist in den aktuellen öffentlichen Debatten eine Figur, die manche überfordert: Er verteidigt das untergangene Land, das er zeit des Bestehens so oft angegriffen hatte, gegen allzu plumpe Kritik. Und obwohl es ihm gut ergangen ist in diesem wiedervereinigten Land, viele Preise, viel mehr verkaufte Bücher, sieht Hein die zurückliegenden dreißig Jahre äußerst kritisch.

Im Dezember 1989 schrieb Christoph Hein: «Wer jetzt noch ausreist, der will keine Reformen, der will ein neues Auto.» In seinem Roman «Willenbrock» ging es im Jahr 2000 um einen Gebrauchtwagenhändler im Berlin der späten neunziger Jahre, das war für Hein eine Symbolfigur. Der Autopark der DDR sei innerhalb eines Jahres ausgewechselt gewesen, Mercedes und Opel statt Wartburg und Trabant. Hein sagte später, der Automobilindustrie wurde noch viel zu wenig gedankt für ihre Verdienste um die deutsche Einheit. Man nannte ihn zynisch. Man nannte ihn auch reaktionär. Zum Beispiel, als er am 14. November 1989 bei einem Empfang im Verlag von Klaus Wagenbach in West-Berlin sagte, die DDR werde es in einem Jahr nicht mehr geben. Für Hein war das mit der Öffnung der Mauer klar. Die Gruppierung vom 4. November, sagt er, hatte zu wenig zu bieten außer Utopien. Die wurden an diesem einen Sonnabend in diesem einen Monat von der Bevölkerung dankend angenommen. Aber dann kamen ganz andere Verlockungen.

Der westdeutsche Wendepunkt, sagt Christoph Hein, bleibt der 9. November. Natürlich: Wenn man im Schwarzwald wohnt, hat sich damals nichts verändert, abgesehen davon, dass diese ärgerliche

Solidaritätssteuer dazu kam. Man sah die Leute auf der Mauer und dachte: Schön für euch. Aber für jeden Ostdeutschen, sagt Hein, war dieser ganze Herbst und das, was folgte, ein ergreifendes, ein gravierendes Erlebnis.

In den vierzig Jahren DDR, sagt Christoph Hein, hätten die Künstler immer versucht, ihre Möglichkeiten zu erweitern. Sie hätten, sagt er, ihre Aufgabe einigermaßen erfüllt und den Staat immer mehr herausgefordert, bis 1989 aus dieser Bewegung von oben auch eine von unten wurde, im ganzen Land, nicht nur an den Theatern. Vielleicht, das sagte Hein schon damals, wurde der Kunst, gerade auch der Literatur in der DDR, sogar immer etwas zu viel Gewicht beigemessen, weil es keine Konkurrenz gab, keine freie Presse, keine Wahrheit am Kiosk, nur zwischen den Buchdeckeln und auf den Bühnenbrettern, wenn die Zensoren es erlaubten.

Nach der Wende jedoch, sagt Christoph Hein, wurde der siegreiche Kapitalismus scheinbar konkurrenzlos wurde und infolgedessen immer dümmer und entfesselter. Der Fall der Mauer hat auch das Wirtschaftssystem fatal verändert, sagt Hein. Banken lassen sich nun von den Bürgern retten. Und wenn einer wie Kevin Kühnert Sozialismus sagt, ist der Aufschrei groß. Es habe sich eben ein bestimmtes Geschichtsbild durchgesetzt. Der Staatssicherheitsdienst der DDR werde ja auch nicht bloß Geheimdienst genannt, sondern müsse immer auch immer gleich als Macht- und Mordinstrument herhalten.

Wenn er heute nach Berlin kommt oder in andere Städte, reden sogar die jungen Leute, nach 1990 geboren, von Ost und West. Hein hat damals gesagt, es werde vierzig Jahre dauern, bis dieses Land zusammengewachsen ist. Man nannte ihn Pessimist. Von heute aus betrachtet wäre es ein Wunder. Es gab am 4. November diesen Moment, sagt Christoph Hein, als die Leute glaubten, sie könnten ihr Schicksal endlich in die eigene Hand nehmen, ihre Gesellschaft gestalten. Christoph Hein spricht jetzt noch schneller, als er raucht. Ganz so, als rase die Zeit bis heute und als könnte sie ihm entwischen, wenn er nicht aufpasst.

Der 4. November 1989 war der Tag, an dem der Schriftsteller Christoph Hein ganz kurz Pause hatte.

Róbert Juharos sagt, er müsse eigentlich viel häufiger nach Deutschland fahren. So wie damals, als er die Grenzen ständig überquerte, hin und her. Es sei wieder Zeit, zu vermitteln. Es schmerzt ihn, was man heute in Deutschland über Ungarn und in Ungarn über Deutschland denkt. Dass Deutschland einigen Parteifreunden als flüchtlingsversessener Hort allen Übels gilt. Dass Viktor Orbán, der Mann, der ihn einst nach Berlin schickte, um ein Land freier zu machen, in westlichen Medien als Diktator gilt.

Róbert Juharos, der Anwalt, der für Fidesz lange im Budapester Stadtparlament saß und Viktor Orbáns erste Regierung beriet, sagt, es sei doch alles viel komplexer.

«Die Seele der Regierung Orbán wird im Westen nicht verstanden», sagt Juharos. Sie seien alle glühende Europäer gewesen 1989 und das seien sie noch heute, auch Viktor. Er habe auf dem Alexanderplatz, sagt Juharos, rufen wollen: Raus mit den Russen! Und das gelte doch heute noch: Raus mit den Russen aus der Ukraine! Europa müsse von den Europäern bestimmt werden, nicht von Russland, nicht von den USA. Bloß, sagt Juharos: Die Europäer hätten sein Land, wie schon 1956, als die russischen Panzer kamen, im Stich gelassen. Es sei ja nichts geblieben als die Besinnung auf das Nationale. Sie hatten nur noch ihren Stolz, sagt Juharos.

Der 4. November 1989 ist für Róbert Juharos der Tag, an dem die Welt um ihn kreiste. «Wir haben die Mauer schon an diesem Samstag eingerissen, der 9. November wäre ohne diese Demonstration nicht möglich gewesen», sagt er, «ohne den 4. wäre auch der 9. nicht friedlich geblieben, das auf dem Alexanderplatz war ein einmaliger Aufbruch nach Europa!»

Der 4. November 1989 ist für Róbert Juharos aber auch der Tag, an dem er lernte, dass Europa für die Deutschen etwas anderes ist als für ihn. Sie blickten nur nach Westen, nicht nach Osten, sie kehrten ihm den Rücken zu.

Steffen Mensching, seit über zehn Jahren Intendant des Theaters Rudolstadt in Thüringen, fühlt sich derzeit gelegentlich an die Zeit vor der Wende erinnert, so wenig man das Jahr 2019 auch mit dem Jahr 1989 vergleichen kann. Damals redeten Menschen auf Familienfeiern nicht mehr miteinander. Freundschaften zerbrachen. Weil er trotz allem, was er richtig fand im Sozialismus, überzeugt war von der Freiheit, von der Demokratie, von der Vielfalt, nach der er sich sehnte. Heute reden Menschen auf Familienfeiern nicht mehr miteinander. Freundschaften zerbrechen. Weil er trotz allem, was er falsch findet seit der Wiedervereinigung, überzeugt ist von der Freiheit, von der Demokratie, von der Vielfalt, in der er seitdem lebt. Und weil er nicht verstehen kann, warum so viele hier glauben, dass diese Partei, die von Westdeutschen orchestriert ist und jetzt die Frechheit besitzt, eine «Wende 2.0» auszurufen, irgendwelche Lösungen hat. Mensching meint die AfD.

Der 4. November 1989 war der Tag, an dem Steffen Mensching dachte, dass sie weiterkommen.

Jürgen Eger sitzt bei McDonald's und erzählt vom Kommunismus. Er hat diesen Treffpunkt vorgeschlagen. Eine Filiale in einem Einkaufszentrum im Märkischen Viertel am Ende von Berlin. Jürgen Egers kahler Kopf ist so braungebrannt wie seine muskulösen Arme. Er trägt eine tarngrüne kurze Hose. Als sei er durch den Dschungel gekommen. Neben Eger steht ein prall gefüllter Rucksack. Er wohne seit 18 Jahren nicht mehr, sagt Eger, er halte sich nur auf, an unterschiedlichen Orten. Seit 1998 werde er strafverfolgt. Seitdem habe er auch Veröffentlichungsverbot. Seit 1990 schon Berufsverbot. Das heiße in diesem System nur nicht mehr so. Die Herrschaft entziehe jedem alle Rechte, auch mit ihrer Herrschaftssprache. Er könne nicht mehr gewinnen, sagt Eger, aber er könne entscheiden, wie viel er verliert.

Nach der Wende trat er in Adlershof auf, wie schon in den Jahren vor dem Mauerfall mit seinen DDR-Rockliedern, die im Radio nicht mehr gespielt wurden. Nein, nicht wegen der Zensur, sondern weil damals eben die nationalen Künstler gefördert wurden, und wer nicht mehr im Land war, weil er rübergegangen war, war ja kein inländischer Künstler mehr. Bei diesem Konzert nach der Wende waren viele Wessis, die kamen ja nun rein, so Hippies. Die machten alles lächerlich. Okay, sagte Eger danach, dit war dit letzte Mal.

Als er noch Prenzlauer Allee Ecke Knaackstraße wohnte, brannten nach dem Mauerfall plötzlich jede Woche Wohnungen. Warmsanierung nannte man das. Auch die Wohnung über Eger brannte. Seine wurde durch das Löschwasser unbewohnbar. Das Haus wurde für 1,2 Millionen an einen Inder verkauft. 1998 waren 98 Prozent der Ureinwohner des Prenzlauer Bergs vertrieben, sagt Jürgen Eger. Die Berufssöhne und -töchter aus Stuttgart und Frankfurt marschierten ein, und Eger zog, wie in konzentrischen Kreisen, immer weiter raus, aus dem S-Bahn-Ring, aus der Stadt, aus dem Einwohnermeldeamtregister.

Nach dem Währungsumstellungsfolgengesetz wollten sie ihn zuerst drankriegen. Einer hatte ihn gefragt, ob er eine Computerfirma mitgründen wolle, und weil er als Künstler keine Chance mehr sah, machte Eger mit. «Die Bumszentrale für politische Vollverblödung», sagt Eger, nenne das Papier «Einigungsvertrag», er nennt es «unsere Nürnberger Gesetze».

Wo auch immer er sich aufhält, wenn er nicht wohnt, Eger scheint dort einen Fernseher zu haben. Er schaut sehr viele «Pfaffen-Commerz-Sender» und regt sich in seinen Facebook-Einträgen über deren Propaganda und die «kanzlerHURE» auf. Eger schreibt Dinge wie: «mindestens 80 % DDR feinde treten als zeitzeugen auf. die erzählen nur SCHWACHSINNIGES LÜGEN ZEUGS. der kommentar besteht zu 99% aus INLÄNDER HASS PHRASEN wider die DDR und ihre bürger. zu maximal 5% dürfen auch DDR loyale reden. aber nur, um widerlegt, verlacht, lächerlich gemacht zu werden. wie wenn unter adolf JUDEN zitiert wurden.» Bis 2016 hat Eger 22 Strafanträge allein an den Generalstaatsanwalt Brandenburg geschickt, der ihm dann mitteilte, auf seine «wirre Schreiben» in Zukunft nicht mehr einzugehen.

Eigentlich, erzählt Jürgen Eger, erzähle er «West-Idioten» überhaupt nichts mehr. Das habe keinen Zweck. Die verstehen es einfach nicht. Es gab keine «Stasi», sagt er, nur das Ministerium für Staatssicherheit. Und wenn man in der DDR gelebt habe, sagt Eger, als kritisch-loyaler Bürger, und seine Verantwortlichkeiten erkannt habe, dann gab es keinen Unterschied, mit wem man geredet habe. Die Leute, sagt er, redeten damals ja noch miteinander. Heute, sagt er, sei es hingegen verboten, mit ihm zu reden. Ist das gerade denn kein Gespräch? Doch, aber die Wahrheit werde danach wieder nicht gedruckt.

Eger packt seinen Rucksack aus. Dicke Bücher mit bunten Covern. «Kurt Demmler. Eine Zu- und Hinrichtung. Teil 1: Warum mein Freund sterben sollte & musste in der sogenannten Freiheit». Der Autor heißt «malcom.z, der weiße nigger aus deutsch-nordost, ein ehemaliger mensch der ehemaligen DDR». Das müsse man erst mal beweisen, sagt Eger, dass er malcom.z sei. Die Stimme auf dem YouTube-Kanal von malcom.z jedenfalls ist die von Jürgen Eger. Auf dem Rücken des Buchs über Kurt Demmler steht: «Er wurde zwischen August 2008 und dem 3. 2. 2009 in den Tod getrieben, wie die Original-Nazis es mit ihren Geltungs-Juden ab 1933 vormachten.» Es gehe darum, «wie das Suizidierungs-Regime sich weigert, die Wahrheit über den Fall zur öffentlichen oder auch nur suböffentlichen Kenntnis zu geben».

Eger sagt, er habe zweimal in Genf, dreimal in Straßburg, einmal in Wien und einmal in Warschau um Asyl gebeten. Wegen des Apartheidsystems, in dem er lebe. Er fuhr mit seinem Wohnmobil in diese Länder und musste wieder zurückkehren. Sogar beim Roten

Kreuz habe er um Hilfe gebeten. Er kramt einen «Focus»-Artikel aus den frühen neunziger Jahren hervor: Es geht um die höhere Herzinfarktrate in den damals neuen Bundesländern. «Rätselhafte Herzinfarkte», steht darüber. Aber das will niemand mehr hören, sagt Eger, in der Lügenpresse in diesem Blödland. Es sei die faschistische Propaganda wie sie schon Victor Klemperer benannt habe.

Wenn er unbehelligt mit seinem Wohnmobil in diese Länder fahren konnte, steht er dann wirklich auf der Fahndungsliste? Und: Wenn er die Freiheit hat, in diese Länder zu reisen als EU-Bürger, warum siedelt er sich dort nicht an, wenn er in Deutschland nicht mehr leben will? Eger lacht wütend auf. Ja! Das seien dann diese Fragen, die von Leuten kämen, die total blind seien in diesem System. Erstens dürfe er auch im Ausland nicht arbeiten! Zweitens würden die ihn gleich wieder ausliefern!

Die anderen, die auf dem Alexanderplatz waren, sagt Jürgen Eger, hätten leider vergessen, worum es damals gegangen sei. Der 4. November 1989 ist für Jürgen Eger der Tag, an dem alle außer ihm geimpft wurden.

Tobias Langhoff schaut aus dem Café rüber auf die Berliner Volksbühne. Er geht nur noch selten ins Theater. Er spielt auch nur noch selten Theater, das letzte Mal ist jetzt schon wieder fast sechs Jahre her. Langhoff ist ab und zu im Fernsehen zu sehen, macht sonst freie Projekte. Im Westen hat er oft gehört: Ihr DDR-Schauspieler habt nicht mit Seele gespielt. Das war nur Kopftheater. Und sicher, sie kamen aus der Brecht-Schule: Ich bin nicht die Figur, sondern Tobias Langhoff, der die Figur spielt. Der gegenteilige, westdeutsche Ansatz von Zadek oder Kroetz war Langhoff irgendwann zu viel. Einmal sollte er auf der Bühne onanieren und weigerte sich und wurde als intellektueller Schlappschwanz beschimpft. Heute würde vieles, was er erlebt hat, unter #MeToo fallen. Da war es noch lustig, als der Regisseur, als Langhoff Woyzeck spielte, ihm zur Probe eine Banane mitbrachte. Hier, für unseren Ossi, du musst mal was essen! Langhoff war da schon so dünn, so sehnig wie heute. Er hatte begonnen, zu rennen. Das war seine Droge. Das war sein Programm, statt immer nur in der Kantine zu sitzen mit denen, die sich nun alles neideten und tranken und tranken. Heute läuft er Marathon. Im Jahr 2000 kam Langhoff zurück nach Berlin. Er studierte davor in New York Filmregie. Er wollte alles hinter sich lassen, die Familie, das Theater, die Wende. In New York fanden alle seine Herkunft «awesome» und wollten etwas erfahren von diesem Land,

das es nicht mehr gab. Zurück in Berlin fuhr Langhoff manchmal mit der S-Bahn irgendwohin, tief in den Westen, und rannte zurück in den Osten. So entdeckt er heute noch neue Ecken. Die ersten Wochen nach der Maueröffnung ging er demonstrativ nicht rüber. Nur schnell über die Stadtautobahn und dann zu seiner damaligen Freundin in den Süden.

Jan Josef Liefers und er sehen sich heute viel zu selten, aber wenn sie sich sehen, ist da eine Bindung, die man nicht beschreiben kann. Sie müssen gar nicht so viel reden über die Zeit am Deutschen Theater und ihre Helden, mit denen sie dort arbeiten konnten, Kurt Böwe, Inge Keller. Sie wissen, woher sie kommen. Vielleicht, sagt Tobias Langhoff, hat es eben nicht gereicht für die große Karriere bei ihm. Das war nie sein Ziel. Die Etappen waren ihm wichtig, jede einzelne. Liefers dagegen hatte es nie gestört, wenn ihn die Leute auf der Straße anquatschten, schon vor der Wende nicht. Im Sommer 1990 machten sie zusammen eine Fahrradtour von Vancouver nach San Diego. Bei der Hälfte musste Liefers auf ein Mietauto umsteigen, weil er ein kaputtes Knie hatte. Er fuhr schon mal vor und besuchte auf dem Weg Tom Waits, mit dem er zusammengearbeitet hatte. Liefers war sehr zielstrebig.

Gelegentlich hört Tobias Langhoff von Leuten, die er kennenlernt: Echt, du bist Ossi? Hätte ich gar nicht gedacht! Was soll das denn heißen? Er findet aber auch diese Nostalgie widerlich, gerade bei den Jüngeren. Von wegen: Wir sind immer an die Ostsee gefahren im Sommer! Ja, wohin denn sonst? Das war ja das Schreckliche.

Es ist so viel Misstrauen geblieben nach diesen dreißig Jahren, das ist das eigentliche Erbe des Ostens, findet Langhoff. Misstrauen gegen die Politiker, Misstrauen gegen die Presse, Misstrauen auch gegen das Neue, das man einst herbeigesehnt hat. Die Tage nach dem 4. November beschreibt Tobias Langhoff so: Da war ein Zug, der sehr lange gestanden hatte. Nun war er langsam in Bewegung gekommen, und dann, am 9. November, raste von hinten eine D-Lok an und schob den Zug so schnell an, dass er entgleiste.

Was sie geeint hatte auf dem Alexanderplatz: das Wissen, dass es so nicht weitergehen konnte. Sie waren gegen das Bestehende. Danach waren leider viele immer noch gegen vieles, aber *für* wenig. Gegen Treuhand, zu Recht. Gegen den Ausverkauf, zu Recht. Gegen das Vergessen, ja. Viele haben es aber aus der Opposition nicht mehr rausgeschafft.

Tobias Langhoff sagt, er ist froh, dass er an diesem 4. November beteiligt war, aber er war nicht so emotional involviert wie andere, Johanna zum Beispiel. Für manche war der 4. November so wichtig, dass sie ihn heute wieder negieren.

Der 4. November 1989 war der Tag, an dem Tobias Langhoff begann, seinen eigenen Weg zu gehen.

Gerhard Schöne sagt, mit der Wende kam sein zweiter Frühling. Er lernte seine zweite Frau kennen, bekam mit ihr fünf Kinder. Sie zogen dann, als es ihnen in Berlin zu unverbindlich wurde, zurück in die gemeinsame Heimat, nach Sachsen, in die Nähe von Meißen, in ein altes Bauernhaus mit großem Garten, inmitten des Elbtals mit seinen sanften Hügeln und den vielen Bächen.

Als der Bürgerrechtler Frank Richter vergangenes Jahr für den Oberbürgermeister-Posten von Meißen kandidierte und die AfD ihm vorwarf, seinen Lebenslauf verfälscht zu haben, da wurde im Kino ein Dokumentarfilm über den Herbst 1989 gezeigt. Schöne nahm seine Kinder mit. Die Wasserwerfer und das Geknüppel am

Dresdner Hauptbahnhof waren zu sehen. Die große Demonstration in Dresden, die nicht zuletzt dank Richter friedlich blieb. Dass alle Gruppen miteinander sprachen. Schönes Kinder interessierte das sehr, es ging ja auch gerade los mit den «Fridays for Future». Und Gerhard Schöne erklärte ihnen, dass so ein Schulstreik in der DDR nicht möglich gewesen wäre. Er spielt ihnen manchmal seine Lieder von damals vor und sagt: Merkt ihr? Ich singe eigentlich das Gegenteil von dem, was ich denke!

Gerhard Schönes Kinderkonzerte sind heute anders. Die Kinder haben schon alles gehört. Ein Mann mit Gitarre haut sie nicht um. Die Älteren hängen an irgendwelchen Geräten, und die Jüngeren können keine halbe Stunde stillsitzen. Eigentlich kommen vor allem die Kinder von damals zu seinen Auftritten, die ihren Kindern zeigen wollen: Schau mal, das habe ich früher gehört! «Wenn Mutti früh zur Arbeit geht» oder «Zimmer unterm Dach». Oft spielt Schöne auch seine neuen Programme, mit einem Organisten und einem Saxophonisten, da passen die nostalgischen Wünsche, die aus dem Publikum kommen, gar nicht. Er sagt dann: Wenn das Konzert vorbei ist, komm ich ins Foyer und sing die alte Sachen für euch!

Aus der Küche blökt das kleine Lamm aus dem Babylaufstall. Sie ziehen es groß, weil es keine Mutter mehr hat. Die Schafe weiden in ihrem Garten unter dem Baum, auf den Schönes Kinder nach der Schule klettern. Wenn er aus dem Fenster schaut, sieht Gerhard Schöne das Kinderland, das er aus seiner Kindheit kannte, aber das verlorengegangen war.

Der 4. November 1989 war der Tag, an dem er wusste, dass er fortan anders darüber singen würde.

Thomas Heise, Professor für Kunst und Film an der Akademie für bildende Künste in Wien, sitzt an einem Freitag in seiner Berliner Wohnung über der Schönhauser Allee und denkt an Heiner Müller. Der hat mal notiert, der Schriftsteller Günter Maschke habe ihm gesagt: Aus der Revolution 1989 habe nichts werden können, weil keine Leichen die Elbe von Dresden nach Hamburg hochgeschwommen sind. Das heißt ja nicht, sagt Heise, dass man sich Gewalt gewünscht hätte, aber «keine Gewalt» heißt eben auch: Die alte Gewalt bleibt am Ruder. Und deswegen hatte einer wie Schalck-Golodkowski eben irgendwann seine Villa am Tegernsee.

Vom Filmarchiv des Bundesarchivs bekam Thomas Heise nach der Wende 800 Euro für seinen Film über die Polizeiwache. Die West-Sender hatten kein Interesse daran, wie es in der DDR ausgesehen hatte. Als fast fünfzehn Jahre später der SFB das Werk doch zeigen wollte, musste er dafür ein Vielfaches an das Archiv zahlen. Thomas Heise hat zweimal geklagt gegen die Bundesrepublik, um die Rechte zurückzubekommen. Beide Male verlor er haushoch, sagt er. Das war auch so eine Enteignung. Eine Enteignung von Bildern. Vor einigen Jahren konnte Heise den Film immerhin auf seiner DVD «Material» integrieren. Darauf sind auch die meisten Aufnahmen rund um den 4. November. Heise sagt, wenn er sieht, wie die SED-Mitglieder am 8. November vor dem ZK-Gebäude demonstrieren, fragt er sich manchmal, ob Schabowski nicht doch Angst hatte, sie würden das Politbüro am nächsten Tag stürmen, und deswegen auf dieser Pressekonferenz so dumm daherredete, bis die Mauer fiel, aber Heise ist kein Verschwörungstheoretiker.

Manchmal, sagt er, denkt er sich, in diesem neuen Land müsste man auch alles filmen. Einfach dokumentieren. Es war doch aberwitzig. Dass nach der Wende ein ganzes Volk pauschal zu IMs gemacht wurde. Bis auf vielleicht sieben Stasi-Opfer und Katharina Witt. Dass nicht akzeptiert wurde, dass es eine Gleichzeitigkeit gab von Unterdrückung und Hofierung der Jugend zum Beispiel. Er hatte das alles gefilmt. Aber lange wollte es keiner sehen.

Heise findet es absurd, dass auch dieses Jahr wieder der Mauerfall gefeiert wird. Man müsste doch, findet er, feiern, dass das Volk vor dreißig Jahren auf die Straße ging und sich zum Souverän erklärt hat. Und dass es nicht mit einem Gebet in der Kirche begann, sondern an vielen Orten und dass die Kirchen eben nach Schäfchen suchten und ihre Türen öffneten. Aber das ist schon wieder zu kompliziert für das gesamtdeutsche Gedenken. Der Mauerfall war das Ende jedes utopischen Denkens, findet Thomas Heise. Der 4. November 1989 war für ihn der letzte Tag der Revolution.

Annekathrin Bürger hat Kuchen gebacken. Im Haus ist es schwül und still. Auf den Bildern an der Wand: die vielen Besucher, die sie früher hatten, die lauten Abende, die vielen Träume. Vom Wohnzimmer aus überblickt man den großen Garten, den Rolf angelegt und gepflegt hat. In diesem Garten im Märchenviertel in Berlin-Köpenick, in den er so viel Arbeit und Liebe gesteckt hatte, weil die ihn nicht mehr arbeiten ließen in seinem geliebten Film in der DDR, passierte es vor 19 Jahren: Ein Unkraut-Gift entzündete sich, Römer erlitt Brandverletzungen, an denen er zwei Wochen später starb. 39 Jahren waren sie verheiratet.

Annekathrin Bürger hat damals weitergemacht, Tage danach stand sie vor der Kamera, im Leipziger Tatort, zu dem sie gehörte wie Peter Sodann. Heute hat sie keine Lust mehr, das alte Land zu erklären. Die «sogenannte Diktatur», wie sie sagt, weil: Welche Diktatur werde schon gewaltlos gestürzt? Im Bundestag debattieren sie über berufstätige Mütter und Schwangerschaftsabbrüche und das Bildungssystem, aber von den modernen Lösungen in der DDR wollten sie nichts wissen damals. Sie ist froh, sagt Bürger, dass die Jugendlichen jetzt wegen des Klimas aufstehen, so passiert mal was in diesem System, in dem alles den Bach runtergehe, sozial und menschlich. Deutschland, sagt Bürger, das sind doch lauter Länder, in denen jeder seins macht. Eine einzige ideelle Enttäuschung seit dreißig Jahren.

Die Linkspartei hat sie eingeladen, diesen Winter über den 4. November zu reden. Ein wichtiger Tag, auch für sie. Ein Beweis, dass die Deutschen mal Revolution machten ohne Blutvergießen. Weil sie Ideale hatten und die Schnauze voll von denen, die sie verrieten.

Die S-Bahn, sagt Bürger, mit der Rolf und sie am Morgen des 4. Novembers 1989 von hier in die Stadt fuhren, mit den Schärpen im Gepäck, fällt heute ständig aus. Der 4. November 1989 ist für Annekathrin Bürger der Tag, nach dem es nicht besser wurde.

Joachim Tschirner befindet sich auf dem Weg der Besserung. Er ist an Krebs erkrankt, er hat einige Operationen hinter sich. Nun sitzt er auf der Terrasse einer Trattoria im Köpenicker Stadtteil Friedrichshagen am Müggelsee, groß und grau, und bestellt ein Bier.

Als er am Alexanderplatz von der Bühne stieg, sagt Tschirner, meinte Friedrich Schorlemmer zu ihm: Mensch, wird das ein bunter Sozialismus! Das ist ja kein Geheimnis, sagt Tschirner, dass er zu den Romantikern gehörte, die an einen dritten Weg glaubten, an ein anderes, besseres Deutschland, das hätte entstehen können. Im Jahr 2011 nannte ihn die *Welt* einen «vollbärtigen Revolutionär mit Stasi-Vergangenheit». Da kannte er seine Akte selbst noch nicht. Er hatte aber darauf gewartet, dass was kommt. Was hätte er tun sollen? Von sich aus mit der Springer-Presse reden? Es kam, wie er es befürchtet hatte, Stasi ist Stasi, da macht es keinen Unterschied, warum man mit denen geredet hatte und was man denen gesagt hatte. Es wolle, sagt Tschirner, heute niemand hören, wenn er sagt: Von fünf Leuten in der DDR war einer bei der Stasi. Darauf kam es nicht an. Sondern darauf, ob der, der bei der Stasi war, ein Arschloch war oder nicht. Er besteht darauf, dass er nichts Persönliches verraten hat, kein Spitzel war, wie es immer heißt.

Tschirner hatte damals Angst, dass seine Kinder leiden könnten. Die Tochter war schon prominent. Wäre es früher rausgekommen, hätte sie bestimmt nicht so unbeschwert in die Schauspielerei starten können. Die Tochter aus zweiter Ehe bekam in der Schule überhaupt nichts zu hören, Stasi, das ist weit weg. Und der Sohn, der so gelitten hatte im Knast, sagte: Okay, reden wir nicht darüber.

Später hat Joachim Tschirner Filme über Stasi-Opfer gemacht. Er dachte: Das kann nicht wahr sein! Er hatte sich schon für couragiert gehalten damals. Aber was es für Courage gab in der DDR! Man musste couragiert sein, wenn man nicht die Klappe halten wollte. Wolfgang Thierse hat später mal gesagt: Wir können ja schauen, wo die Zivilcourage zu Hause war! Lasst uns doch unsere Geschichten erzählen, Ost und West. Aber dafür muss man zuhören.

Der 4. November 1989 war für Joachim Tschirner der Tag, ab dem nur noch die eine Geschichte galt.

Friedrich Schorlemmer macht Kaffee in seiner Küche in der Lutherstraße in der Lutherstadt Wittenberg und hört im Radio, dass die Synode der Evangelischen Kirche Mitteldeutschland einen neuen Landesbischof gewählt hat. Pssst, macht Schorlemmer. Oh, nein! Doch nicht den! Schorlemmer hat sie gewarnt vor diesem Kandidaten, er hatte sich mal wieder eingemischt, dezent, wenn man das bei ihm so nennen kann. In wenigen Tagen wird er 75 Jahre alt. Es wird ein großes Fest geben und viele werden kommen, auch solche, denen er auf die Nerven gegangen ist.

Schorlemmer blättert später an diesem Tag in seinem Arbeitszimmer in dem kleinen roten Büchlein, in das er am 4. November alles notierte: «Was tun? Was tun!» Es waren, sagt er, fünf Tage der Selbstbestimmung zwischen 4. und 9. November. Aber Helmut Kohl, sagt Schorlemmer, hatte ein großes Interesse daran, dass es schnell geht. Für sie, die Redner auf dem Alexanderplatz, hatte sich ein Fenster geöffnet, eine kurze, einmalige Chance. Aber für Kohl hatte sich eben auch ein Fenster geöffnet, eine kurze, einmalige Chance. Beim Runden Tisch, der am 7. Dezember zusammenkam, hatte Christa Wolf durchgesetzt, dass eine neue Verfassung für die DDR erarbeitet wird. Doch dazu kam es nie.

«Die Würde des Menschen ist unantastbar», zitiert Friedrich Schorlemmer. «Diese Würde zu achten und zu schätzen ist Aufgabe aller staatlichen Gewalt. Darum bekennt sich das deutsche Volk zu den unveräußerlichen und unverletzlichen Menschenrechten als Grundlage jeder Gemeinschaft, des Friedens und der Gerechtigkeit der Welt.» Das sei doch keine kommunistische oder nichtkommunistische Idee, sagt Schorlemmer, sondern eine humanistische. Es gehe doch nicht um Kapitalismus oder Sozialismus, sondern um die Frage, wie wir als Teil der Schöpfung uns so verhalten, dass alle, Mensch und Natur, leben können. Wollen wir nur dem Geldgott dienen? Was streben wir an? Immer mehr haben, ohne noch zu sein?

Der 4. November 1989 ist für Friedrich Schorlemmer der Tag, an dem Fragen gestellt wurden, die noch immer nicht beantwortet sind.

Irina Schabowski hat für das Treffen eine Bäckerei in Berlin-Wilmersdorf vorgeschlagen. Sie nimmt Platz, bestellt nichts. Sie wohnt hier am Ku'damm. Die Augen flackern, sie nestelt an ihrer Halskette. Eigentlich gibt sie keine Interviews, sagt sie. Aber das war ihm wichtig. Was? Der Alexanderplatz. Sie saß im Auto und hörte die Rede im Radio. Dreimal tat ihr Mann ihr leid, sagt Irina Schabowski. Das war das eine Mal, die anderen zwei will sie heute noch nicht erzählen.

Einmal, da wohnten sie nach der Wende schon in der kleinen Wohnung, sahen sie nachts ein Interview mit Heiner Müller und der sprach von ihrem Mann, dem er im Café im «Haus des Reisens» begegnet sei und nannte ihn einen «Provinz-Caracalla». Caracalla. Dieser Name hat sich ihr eingebrannt, er klingt so schön. Der römische Kaiser ging, das las sie später, sehr brutal gegen jede Opposition vor. Die Soldaten verehrten ihn noch lange nach seinem Tod. Heiner Müller meinte es bewundernd, sagt Irina Schabowski, nicht böse, sie würde dieses Fernsehgespräch mit Müller gerne noch einmal sehen.

Seit bald vier Jahren ist Günter Schabowski tot. Irina Schabowskis Stimme stockt, als würde ihr das in den Erinnerungen manchmal entfallen und dann wieder bewusst werden.

Die «Stiftung Haus der Geschichte» kaufte Schabowskis Notizzettel von der historischen Pressekonferenz im Jahr 2015 für 25 000 Euro. Irina Schabowski beklagte sich damals, Bekannte hätten sich die alten Unterlagen geliehen und nie zurückgegeben. Der versteigerte Zettel sei ihnen geklaut worden. «Nach meiner Kenntnis ... ist das sofort, unverzüglich.» Diesen Satz nimmt ihm keiner mehr. Manche, sagt Irina Schabowski, haben ihrem Mann vorgeworfen, er hätte die Mauer geöffnet, um sich für die Pfiffe auf dem Alexanderplatz zu rächen. Er habe verhindern wollen, dass das Volk sich selbst finde. Aber das sei Quatsch. Die einen haben ihm nicht abgenommen, sagt sie, dass er die Wende vor dem Mauerfall ernst meinte, und die anderen haben ihm nicht abgenommen, sagt sie, dass er die Wende nach dem Mauerfall ernst meinte, als er alles, wofür er gestanden hatte, sehr kritisch sah.

Wolf Biermann bezeichnete ihren Mann nach dem Auftritt am 4. November als «zähnefletschenden Glasnostalgiker». Irina Schabowski sieht auf den Bildern vom Alexanderplatz nur Günter. Bei ihrem ersten Treffen in Moskau, sie war junge Fernsehjournalistin und begegnete ihm bei einer Freundin, hatte er dieselben Augen. Unsichere. Irina Schabowski ist eine absolute Moskauerin, sagt sie, nur die große Liebe konnte sie wegführen. Sie hat lange gebraucht, sich an die DDR zu gewöhnen, und als sie es geschafft hatte, war das Land weg.

Der Herbst 1989 war die schönste Zeit in der DDR, sagt Irina Schabowski, auch für ihren Mann. Alle hatten wieder Lust auf diesen Staat. Aber wollten die Menschen auf der Straße ihn nicht verjagen, stand ihr Mann nicht für so vieles, das falsch gelaufen war? Sie kannten ihn nicht, sagt Irina Schabowski.

Der 4. November war der Tag, an dem ihr Mann aussah, wie sie ihn in Erinnerung behalten will.

Andrea Wolf, die Witwe von Markus Wolf, den man «Stasi-General» nannte, was sie gar nicht mag, beschreibt die Lage ihrer Berliner Wohnung so: «Das ist gleich neben dem BND!» Um diese zu erreichen, muss man schwere, kameraüberwachte Eisentüren und einen Hinterhof durchqueren. Der Aufzug fährt direkt in Wolfs weitläufiges Apartment. Ebenfalls anwesend: Wolfs Tochter, die Galeristin Claudia Wall, Exfrau des kürzlich verstorbenen Unternehmers Hans Wall. Und Paul Werner Wagner, heute Kulturmanager, der einst wie Andrea Wolf in Stasi-Haft saß und als Bürgerrechtler auf dem Alexanderplatz demonstrierte. Wagner führte, eine Woche vor dessen Tod, das letzte öffentliche Gespräch mit Markus Wolf. Mittlerweile wahrt er gemeinsam mit Andrea Wolf das Andenken an diesen Mann, der lange für das System stand, an dem sie beide verzweifelten.

Auf dem Küchentisch steht Pflaumenkuchen. Es werde leider, sagt Andrea Wolf, alles in einen Topf geworfen seit der Wende. Worum es ihr geht: Ihr Mann sei mit dem Mantra seines Vaters groß geworden. Nie wieder Krieg! Er übernahm Verantwortung und habe mit seinem Auslandsgeheimdienst einen Beitrag zum Frieden geleistet. Und außerdem: Der BND hier nebenan sei auch kein Gesangverein, sagt Andrea Wolf sanft. Das Reden über ihren Mann, 2006 beerdigt, fällt ihr noch immer schwer.

An ihrem Briefkasten am Spreeufer stand eines Tages, Anfang 1998: KOMMUNISTENSCHWEIN! JUDE! Die Amerikaner boten Markus Wolf viel Geld und ein Haus in Kalifornien. Ihr Mann verriet niemanden, sagt Andrea Wolf, hätte er nie getan. Sie flohen mit Markus Wolfs Sohn aus erster Ehe in die Tschechoslowakei. Dann nach Österreich, von wo sie ein KGB-Kurier über Ungarn nach Moskau brachte. Aber auch dort wurden die Freunde weniger. Sie gingen zurück nach Österreich, der Antrag auf politisches Asyl wurde abgelehnt. Die Zeitungen spekulierten jeden Tag, wo sie untergekommen waren. Im Herbst 1991 stellte sich Markus Wolf am Grenzübergang Bayerisch Gmain. Der Grenzer bat um ein Autogramm. Der Bundesstaatsanwalt wollte, dass Andrea Wolf in ein anderes Auto steigt. Aber sie ließ die Hand ihres Mannes nicht los. Wenn sie heute davon erzählt, dass Markus Wolf nicht mal einen Kaffee bekam in den Verhören, und wie er ihr dann sagte, dass sie ihn gleich mitnehmen, wie sie zum Anwalt Johann Schwenn nach Sylt flog, wie die Tochter sie zu Hause wieder empfing in der Wohnung, die durchwühlt worden war, muss Andrea Wolf weinen.

1993 wurde Markus Wolf wegen Landesverrat und Bestechung zu sechs Jahren Freiheitsstrafe verurteilt, in Haft musste der 70-Jährige nicht mehr. Das Urteil wurde 1995 aufgehoben. Doch 1997 wurde Wolf in einem anderen Prozess zu zwei Jahren Freiheitsstrafe auf Bewährung wegen Freiheitsberaubung, Nötigung und Körperverletzung in vier Fällen verurteilt. Im gleichen Jahr kam er für drei Tage wegen Aussageverweigerung in Beugehaft. «Er hat die Dinge angenommen», sagt Andrea Wolf.

Paul Werner Wagner sagt, Markus Wolf habe in diesem letzten Gespräch vor seinem Tod gesagt, die Frage, ob er sich anders hätte verhalten müssen, werde ihn bis an sein Lebensende begleiten. Sie quäle ihn. Aber er habe immer aus Überzeugung gehandelt.

Andrea Wolf sagt, der Herbst 1989 sei die schönste Zeit gewesen mit ihrem Mann. Er war so befreit. Plötzlich kam alles auf den Tisch, sagt sie. Aber dann, zack, und der Pflaumenkuchen bebt, wurde alles wieder runtergeworfen. Wenn sie heute zum Gedenktag «zu Rosa und Karl» auf den Friedhof geht, liegen auch auf dem Grab ihres Mannes Nelken. Das rührt sie.

Der 4. November 1989 ist für Andrea Wolf der Tag, an dem sie endgültig mit diesem Staat, aus dem sie wenige Jahre zuvor hatte fliehen wollen, vereint wurde.

Jens Reich wollte sich mittags treffen, um über diese Kundgebung auf dem Alexanderplatz zu sprechen, und nun ist es bald früher Abend und Jens Reich, der seinen Mantel in diesen Stunden nicht ausgezogen hat, sitzt immer noch vor dem Café in Berlins Mitte und spricht noch von dieser Kundgebung auf dem Alexanderplatz. Es sei doch so, sagt Reich: Der 4. November war der einzig schöne, der schönste Tag der DDR. Und gleichzeitig der Abgesang auf dieses Land. Es war, sagt Reich, eine Theatervorstellung, in die Zukunft gerichtet, aber doch eine Aufführung, eine sehr gute, immerhin inszeniert von Brecht-geschulten Leuten. Jeder Redner hatte sein Couplet, jeder durfte seine zehn Minuten vor dem Volk singen, die Guten und die Bösen, immer abwechselnd, wie Puppen. Bei diesem Schwanengesang machte er mit.

Er wird nie vergessen, wie Henning Schaller nach den Schluss- **341** worten Steffie Spiras die Menge über das Mikrophon bat, ihre Transparente vorne an der Bühne abzulegen, um sie später im Rahmen einer Kunstausstellung zu zeigen. Die Transparente lagern heute noch im Deutschen Historischen Museum. Wann gibt es das schon, fragt Reich, dass im Moment der Geschichtswerdung die Beteiligten an das denken, was später im Schaukasten von ihnen bleibt? Die Revolution lief noch und musealisierte sich bereits. So kann man es von heute betrachten

Und trotzdem, sagt Reich, ärgert es ihn, wenn so getan wird, als sei am 4. November 1989 schon alles gelaufen gewesen, als sei das nur eine Intellektuellenparade gewesen. Das Militär stand bereit. Die SED hatte die Gewalt. Wer weiß, ob Gorbatschow die DDR da schon aufgegeben hatte. Für Jens Reich war es damals kein Schauspiel. Es war ein Endspiel.

Es heißt immer, die Macht habe auf der Straße gelegen. Das stimmt, sagt Jens Reich. Aber wer hätte sie denn aufheben sollen? Sie waren nicht angetreten, Herrschaft auszuüben. Sie waren angetreten, Herrschaft in Frage zu stellen. Sie wollten sich auf keinen Fall ohne Mandat der Bevölkerung auf irgendeinen Sessel setzen. Es gab doch in der DDR keine schlagkräftige Opposition. Es gab die Künstler und es gab die Gesprächskreise. Theater und Palaver, sagt Jens Reich.

Er hat ein gutes Gewissen. Ihm geht es gut. Er ist Herausgeber der «Blätter für deutsche und internationale Politik», Mitglied der

Berlin-Brandenburgischen Akademie der Wissenschaften, Carl-Friedrich-von-Weizsäcker-Preisträger. Er war nie glücklich mit der Spaltung der deutschen Kulturnation. Die Mauer war der Schock seines Lebens. Für die überwiegende Zahl aller DDR-Bürger wurde das Leben nach der Wende besser. Und doch, Reich hat es ja an den Instituten und in den Laboren erlebt, fühlte man sich zu lange wie der kleine Bruder, hörte man: Ihr wart ja sowieso pleite und am Ende! So fühlte es sich aber nicht an, sie waren voller Leben und erst am Anfang, als die DDR am Ende war. Er spürt noch immer diese Fremdheit in Deutschland, sagt Jens Reich, obwohl er dreißig Jahre hier lebt. Deswegen hatte Reich ja gehofft, es hätte eine Möglichkeit gegeben, einige Zeit in einer Konföderation zu existieren, eigenständig, einen «dritten Weg». Dann erst zusammenzuwachsen. Aber wie das funktionieren sollte, wusste er auch nicht.

Manchmal denkt Jens Reich, dass sie damals noch einen größeren Auftritt hätten hinlegen müssen: den Sturm auf das ZK-Gebäude. Wahrscheinlich, sagt Jens Reich, wäre es misslungen, aber es wäre ein Zeichen gewesen. So bleibt bei allen Beteiligten immer der Zweifel: Wurde diese friedliche Revolution nicht zu Ende gebracht?

Der 4. November 1989 ist für Jens Reich ein Tag, an dem sie die hässliche DDR endlich besiegt hatten – und an dem gezeigt wurde, was für eine richtig schöne DDR es hätte werden können.

Ronald Freytag wird online manchmal von seinen Studenten entdeckt, auf dem Foto vom Alexanderplatz, mit der Baskenmütze auf dem Kopf. Sind Sie das, Herr Freytag? Freytag ist Kanzler und Professor für Medien- und Wirtschaftspsychologie an der Hochschule für Medien, Kommunikation und Wirtschaft in Berlin. Es gibt, sagt Freytag, an deutschen Hochschulen nicht viele Kanzler, die aus der ehemaligen DDR stammen, Rektoren oder Präsidenten noch weniger. Wenn er sich irgendwo bewerbe, sagt Freytag, tue er das nun mal mit einem Zeugnis, auf dem das Emblem der DDR prangt, das Symbol eines untergegangenen Staates. Das schwäche seine Position bestimmt. Er fordere deswegen keine Ossi-Quote, aber man müsse sich dessen schon bewusst sein. Unterbewusst würde er selbst, sagt Freytag, sicher auch Bewerber bevorzugen, die wie er an der Humboldt-Universität studiert haben. Und die überwiegend westdeutschen Entscheider an den Universitäten bevorzugen eben Tübinger oder Heidelberger Absolventen.

Ronald Freytag hat zum «Afternoon-Tea (oder -Coffee)» eingeladen. Während er mit seiner Frau französisches Gebäck auf dem Küchentisch der schönen Altbauwohnung in Berlin-Friedenau anrichtet, sagt er, er habe nach der Wende kein Ossi mehr sein wollen. Er habe sogar versucht, sich mit Kraft davon zu lösen. Er wollte die Weltläufigkeit, die Liberalität und die Bürgerlichkeit des Westens übernehmen. Inzwischen sei das alles aber so lange her, dass er locker mit seiner Herkunft umgehen könne. Er freue sich, wenn man sie ihm nicht gleich anmerke, aber es sei okay. Es gehöre zu ihm. Er sei mittlerweile froh, die DDR erlebt zu haben. Auch aus professioneller Sicht, als Psychologe. Immerhin habe er sich damals, zu Wendezeiten, für ziemlich schlau gehalten und erst in den Jahren danach bemerkt, wie beschränkt seine Weltsicht zwangsläufig gewesen ist. Daraus, sagt Freytag, müsse er die Schlussfolgerung ziehen, dass er auch in seiner heutigen Sicht auf das Leben Beschränkungen habe, von denen er noch nichts weiß. Das zwinge ihn, immer zu überlegen: Wo sind jetzt meine blinden Flecken? Wenn dieses Denken das Erbe der DDR sei, so sei er froh darum.

Der 4. November 1989 war für Ronald Freytag der Tag, an dem seine bereits bewegte Biographie endlich vollständig wurde.

Gregor Gysi sitzt vor seinem roten Miniatur-Karl-Marx, der auf dem Boden steht, in seinem Bundestagsbüro und tut das, worin er sehr gut ist und was er besonders gerne tut: von Gregor Gysi erzählen. Er sagt, als er seine Biographie geschrieben habe, sei ihm eins klargeworden über sich beziehungsweise über die dritte Person, von der er manchmal spricht, wenn er sich meint: Gysi, habe er gemerkt, sei durch und durch Anwalt! Zum Anwalt kommen nie die mit der glücklichen Ehe, sondern die mit Problemen. Man kann süchtig werden nach diesen Problemen. Deswegen versteht Gysi sich ja so gut mit Uli Hoeneß, seitdem der auch Probleme hat. Gysi hatte also das «Neue Forum» vertreten. Dann seine Partei. Nach der Wiedervereinigung blieben als Klienten die ehemaligen Bürger der DDR. Und damit auch Gysi selbst. Eine gewisse Eitelkeit gehörte bei Gysi immer dazu.

Wenige Tage nach dem 4. November 1989 saß Gregor Gysi bei Heinz Florian Oertel, in der einzigen Talkshow der DDR. Es ging um diesen Reisegesetzentwurf, den das Politbüro nicht auf die Kette kriegte. Gysi sagte vor laufender Kamera: Man muss das Reisen erlauben oder eben nicht, dazwischen gibt's nichts! Heute sagt Gysi: «Ich war, glaube ich, an dem Abend einer der beliebtesten Menschen in der DDR, was sich vollständig drehte, als ich Parteivorsitzender wurde.» Die Eitelkeit, sagt Gysi aber auch, muss man beherrschen. Sie zu beherrschen, muss man lernen. So weit war er damals noch nicht. Also sagte er noch: Liebe Fernsehzuschauer, wenn Sie Ideen für ein solches Gesetz haben, können Sie mir gerne schreiben! Das war ein Fehler. In den nächsten Tagen hatte Gysi 6000 Briefe in der Kanzlei und musste Kollegen bitten, ihm zu helfen, die dringende Mandantenpost rauszufischen.

Ein Alarm ertönt in Gysis Büro. Und eine Durchsage: Hammelsprung. Von der Fraktion DIE LINKE beantragt. Alle Abgeordneten werden dringend in den Plenarsaal gebeten. Sind wir fertig?, fragt Gysi. Nein? Dann komm' Se mit! Gysi läuft so unvermittelt und zackig durch die endlosen Gänge und Katakomben des Reichstags, als sei er wie der kleine Marx auch eine Plastikfigur, die plötzlich zum Leben erweckt worden ist. Dabei referiert er, warum der Hammelsprung in dieser Form eigentlich rechtswidrig organisiert ist.

Die vielen Aufzüge, die Gysi nimmt, sind alle gut gefüllt, mit Genossen, aber auch mit alten Kontrahenten. Gysi zieht alle Blicke auf sich. Jeder, ob CSU oder AfD, lächelt ihn an und versucht, in Gysis Ausführungen eingebunden zu werden oder wenigstens mit einem kurzen Nicken bedacht zu werden.

Er habe mal zum damaligen Fraktionsvorsitzenden der CDU / CSU gesagt, redet Gysi unbeirrt und ungebremst von den Blicken weiter, wenn sie von Anfang an netter zu ihm gewesen wären, wären sie ihn schon lange los. Aber Gysi, sagt Gysi, wird da auch stur. Die immer wiederkehrenden Stasi-Vorwürfe. Die sich immer wieder offenbarende soziale Ungerechtigkeit. Gysi kann sein Mandat nicht aufgeben. Er sagt, er wisse, was die Leute aus dem Osten gewonnen haben damals, aber auch, was sie verloren haben. Er wisse, wie viele sich als Verlierer der Geschichte fühlen. Erst die sowjetischen Besatzer, nicht die Amerikaner. Dann den Kohl und nicht die Erfüllung aller Wünsche. Außerdem, sagt Gysi, war die DDR eine geschlossene Gesellschaft. In Berlin, da sah man Gastarbeiter und Künstler und Weltläufigkeit, zumal in einem Elternhaus wie seinem. Aber Berlin war nicht die DDR.

Gregor Gysi sagt, er habe sechs Leben gehabt. Die Kindheit und die Jugend. Dann die Studentenzeit. Das Anwaltsleben. Und die Wendezeit, in der er nicht mehr nur Anwalt, sondern auch kurz Politiker war. Dann wurde er Bürger der BRD: Zuerst lehnte ihn die Mehrheit der Leute ab, das war Leben Nummer fünf, aber weil Gysi sich netter fand, als die Menschen ihn sahen, musste er diesen Widerspruch lösen und schaffte es mit Beharrlichkeit und Gysitum, dass ihn auch die zu mögen begannen, die er gar nicht vertrat.

Seine Rede auf dem Alexanderplatz hat sich Gregor Gysi unlängst noch mal angeschaut. Er hat gedacht: Gysi, das hättest du kürzer machen müssen. Der 4. November 1989 war der Tag, an dem Gregor Gysi begann, sich von außen zu sehen.

Marianne Birthler weiß noch, wie die Westfreunde in diesen Wochen im Herbst 1989 sagten: Ihr seid alle so schön! Die Leute guckten anders, lachten anders, gingen anders. So verzaubert. Das war mit dem 9. November nicht vorbei, sagt Birthler. Dieses Bild vom Volk, das fünf Tage nach der Alexanderplatzdemonstration zur Mark und den Bananen strömte, sei ja nicht richtig. Erstens stand nicht das ganze Volk auf dem Alexanderplatz, sondern vor allem Berlin, vor allem das intellektuelle, das ohnehin kritische. Und zweitens passierte, auch dank des 4. November, nach dem 9. November noch viel. Die Runden Tische. Die Verfassungsdebatten. Kiloweise Gesetze verabschiedete Birthler als Volkskammerabgeordnete. Der Größenwahn, alles umzuschmeißen, sagt Birthler, war weiter da, nur wuchs eben die Einsicht, dass sie nicht über die Ressourcen, die Mittel, das Wissen verfügten, um ein Land zu führen.

Und trotzdem: Es stört Birthler, wenn es in der Rückschau heißt, die DDR sei doch schon am Ende gewesen, als sie auf dem Alexanderplatz redete. Wenn sie das damals gedacht hätten, dann wäre so etwas wie der unabhängige Untersuchungsausschuss zur Polizeigewalt nicht möglich gewesen. Sie dachten damals nicht an ein Ende der DDR, weil sie eben mit dieser DDR verknüpft waren. Ein großer Teil ihrer Identität bestand aus dem Kampf gegen die SED, und ohne die SED wäre auch ihre Identität in Frage gestellt gewesen.

Als es in der Volkskammer 1990 um den Einigungsvertrag ging, warnte Birthler in ihrer Rede davor, dass die Folgen einer solchen ungleichen Vereinigung noch in Generationen zu spüren sein würden. Sie hätte gerne nicht recht behalten. Nach der Geschwindigkeit und der Gleichzeitigkeit der Ereignisse im Herbst 1989 plädierte Birthler dafür, mit dem Fuß auf die Bremse zu gehen. Sie fand, die DDR-Bürger müssten erst zu einem politischen Subjekt werden, sich aufrichten, um dann auf Augenhöhe in diese Einheit zu gehen. Die Themen, die es zu verhandeln galt, waren auf dem Alexanderplatz besprochen worden. Sie hatten ja gerade erst begonnen, zu überlegen, wer sie sein wollten. Aber gut, man kann nicht auf das Gaspedal und die Bremse zugleich steigen.

Marianne Birthler sagt, sie habe das, was sie am meisten wollte, bekommen: als freier Mensch in einem freien Land zu leben. Dass sie nicht im Paradies landen würde, sei ihr klar gewesen. Sie gehört nicht zu den Enttäuschten, wie könnte sie. Freiheit, Demokratie und Selbstbestimmung sind in den vergangenen dreißig Jahren ihre Lebensthemen geblieben. Als Ministerin und auch später hat Marianne Birthler oft von Menschen gehört: «Frau Birthler, dafür sind wir aber damals nicht auf die Straße gegangen!» Und sie versteht viele; wenn man Existenzangst hat, denkt man nicht an die Freiheit. Manchmal glaubt Birthler, die Männer aus dem Osten sind doppelt beschädigt. Frauen, so hart es klingt, sind es wenigstens von Geburt an gewöhnt, sich als Menschen zweiter Klasse zu fühlen.

Von den Rednern des 4. November 1989 trifft Marianne Birthler eigentlich nur Jens Reich regelmäßig. Bis zu seinem Tod hatte sie Kontakt zu Ulrich Mühe. Über Friedrich Schorlemmer hat sie sich geärgert als Leiterin der Stasi-Unterlagen-Behörde, weil er zu denen gehörte, die sagten, man müsse diese Akten verbrennen, um daraus ein Freudenfeuer zu machen. Natürlich gab es Schreckliches, was Menschen aus Akten erfuhren. Ihr Freund Werner etwa musste lesen, dass seine Mutter Informationen über ihn weitergegeben hatte. Aber das Öffnen dieser Akten sah Marianne Birthler oft auch als einen Akt der Versöhnung. Die Leute fanden Frieden mit dem vergangenen Leben, mit sich. Und ganz wunderbare Geschichten aus diesen wunderbar bunten Milieus, auf die es die Stasi besonders abgesehen hatte, wären ohne die Spitzel-Aufzeichnungen bestimmt verlorengegangen.

Träume, sagt Marianne Birthler, sind nicht dafür da, in Erfüllung zu gehen. Träume sind Treibstoff für die Realität. Was sie damals erlebt hat, nimmt ihr niemand mehr. Dieses Gefühl, dass die Verhältnisse, egal wie betoniert sie sind, umgeschmissen werden können. Alles war tot, und plötzlich gab es Leben. Dreißig Jahre. Trau keinem über dreißig, sagt Marianne Birthler und lacht. Während dieser dreißigjährigen Reise wollte eines Tages Angela Merkel, dass Marianne Birthler Bundespräsidentin wird, 2016 war das. In den

Zeitungen war zu lesen, Birthler habe erst ganz kurzfristig abgesagt, weil sie Bedenken hatte, ob sie dem Amt gewachsen wäre. Alles erreichen zu können heißt nicht alles erreichen zu müssen. Manchmal kneift man sich in den Arm, weil alles so unglaublich erscheint, und es tut weh.

Der 4. November 1989 ist der Tag, an dem Marianne Birthler wusste, dass es immer weitergehen wird.

T homas Neumann blickt zurück.

Im Frühsommer 2019 sitzt Thomas Neumann in seinem Wohnzimmer im Prenzlauer Berg und raucht. Über dem Heimtrainer trocknet die Wäsche, die neuen Bücher stapeln sich daneben auf dem Boden. Früher hat man Bücher gelesen, heute kauft man sie. Neumann, 73, raucht noch immer Karo-Zigaretten, filterlos. In der DDR nannte man die «Lungentorpedo». Als dieses Land wieder eins war, lautete der Karo-Werbespruch «Anschlag auf den Einheitsgeschmack». Im Jahr 2005 gastierte Thomas Neumann in Mainz, mit «Tod eines Handlungsreisenden». Er ging in den Zigarettenladen und sagte: Einmal Karo bitte! Der Mann fragte: Was ist das? Neumann sagte: Das ist eine Zigarette. Der Mann fragte: Wie sieht die denn aus? Neumann zeigte ihm seine Schachtel. Schwarzweiße Karos. Dazu der Schriftzug KARO, rote Schrift auf Weiß und auf dem schwarzen Streifen darunter steht: Rund ohne Filter. Der Mann fragte: Wo kommt die denn her? Neumann sagte: Aus Dresden. Da sagte der Mann: Dann müssen Sie zum Hauptbahnhof, da gibt es internationale Zigaretten. 15 Jahre lag die Wiedervereinigung zurück.

Als Thomas Neumann vor drei Jahren hörte, dass Karo-Zigaretten bald im Softpack kommen, mit einem dieser Schockbilder über den Karos, hat er angefangen, die alten Schachteln zu sammeln. Er kaufte so viele er finden konnte, bestimmt ein paar hundert, das war seine Altersanlage. In seinem Bücherregal liegen linker Hand die Schachteln, die er schon aufgeraucht hat und rechter Hand, immer weniger, die noch vollen. Deswegen stapeln sich die Bücher auf dem Boden. Thomas Neumann raucht Zigaretten, die es eigentlich nicht mehr gibt. Das ist ein Satz, der ihm gefällt.

Aus manchen der leeren Schachteln hat Thomas Neumann

Visitenkarten gebastelt. Er hat die Karos ausgeschnitten und auf die Rückseite seine Kontaktdaten geklebt. Thomas Neumann. Schauspieler, Regisseur, Lehrer. Rund ohne Filter. Thomas Neumann ist ein Mann ohne Filter, nur rund ist er immer noch nicht, sondern klein und drahtig wie früher. Er hat sich die Zuversicht aus dem Gesicht gequalmt, aber traurig ist er nicht. Er erwartet bloß nichts mehr. In «Wir sind auch nur ein Volk» nach Jurek Becker am Staatsschauspiel Dresden spielt er derzeit den Opa Karl, in einem Trainingsanzug. Weil Wessis und Ossis einander nicht verstehen, davon handelt das Stück, beschließen die Fernsehchefs, eine Serie zur Einheit zu produzieren. Der Drehbuchautor Steinheim war aber leider noch nie im Osten. Ein Schnellkurs soll seine Bildungslücke schließen, das Studienobjekt ist die Familie Grimm, und der Opa, den Thomas Neumann spielt, hat sich von der Wiedervereinigung nie etwas versprochen, deshalb, sagt er, sei er «nicht so enttäuscht wie diese Trottel!»

Eigentlich, sagt Thomas Neumann, ist er seit acht Jahren Rentner, aber er hat doch immer wieder zu tun. Bis ins Jahr 2000 war er am Deutschen Theater. Als sein Bruder 1986 in den Westen gegangen war, dachte Neumann, der oft auf Gastspiel beim Klassenfeind war und Gelegenheit gehabt hätte: Ich kann ihm nicht folgen! Er hätte seinen Beruf im Westen nicht mehr ausüben können, weil er die Menschen da nicht kannte. Er hätte nichts zu sagen gehabt. Zu Hause, im großen Saal «des Deutschen», wusste er, was die Leute denken. Er konnte mit ihnen reden. Oder schweigen. So war es jedenfalls, bis die Mauer offen stand und die Ränge plötzlich leer blieben. Da rief eine alte Dame aus West-Berlin an im Deutschen Theater, um Karten für sich und ihre Freundin zu bestellen. Sie wollten gute Plätze haben. Es gab noch was in der ersten Reihe, für zwölf Mark. Zwölf Mark? «Haben Sie keine besseren Karten?», fragte die Dame. So begann das.

Thomas Neumann erklärt sich diese Ablehnung gegen alles, was aus der DDR kommt, die Zigaretten, das gemeinsame Aufs-Klo-Gehen im Kindergarten, den Sozialismus, manchmal so: Einer, der in der DDR aufgewachsen ist, konnte immer noch den Westen kennenlernen. Der blieb ja, wie er war. Aber ein Westler konnte die DDR nicht mehr kennenlernen. Und deswegen muss das vielleicht scheiße gewesen sein, es ist schließlich weggespült worden. Heute wüsste Neumann gar nicht, wo er anfangen sollte, eigentlich, sagt er, hätte er jeden Tag Anlass, auf die Straße zu gehen. Gegenüber hat jetzt auch das letzte Haus obendrauf ein Penthouse. Neumann lebt seit 1977 im Prenzlauer Berg. Damals war der Bezirk das größte Sanierungsgebiet Europas. Und heute? Neumann hat von einem jungen Mädchen gehört, das in Berlin studieren wird und zu ihren Eltern sagte: Ich will aber nicht in den Osten ziehen, sondern nach Mitte oder Prenzlauer Berg! Neulich lief Thomas Neumann seit langem mal wieder Richtung Kollwitzplatz. Auf einmal rief jemand hinter ihm: He, Tommy! Ein alter Bekannter. Erst als sie wieder auseinandergegangen waren, wurde Neumann klar, dass er für denselben Weg früher drei Stunden gebraucht hätte, weil ständig jemand nach ihm rief. Die sind alle verschwunden. Nur seine Tochter ist da, ein paar Häuser weiter, wegen ihr ist Neumann vor sechs Jahren, als er aus der alten Wohnung rausmusste, hier hingezogen, in das morscheste Haus der Straße.

Am 9. November 1989 hatte Thomas Neumann Vorstellung: «Offene Zweierbeziehung» in der Kammer des DT. Um 20 Uhr sollte es losgehen, um 19 Uhr 30 kam die Souffleuse und sagte: Die Mauer ist offen! Neumann sagte: Hör doch auf, wir haben zwei Stunden Theater zu spielen! Nach der Arbeit ging er wie immer in die Kantine, im Keller des Deutschen Theaters. Das Telefon hinter dem Tresen klingelte. Es war einer der Techniker. Er schrie, er stehe am Ku'damm in einer Telefonzelle. Eine Viertelstunde später war die Kantine leer, und Thomas Neumann dachte: Jetzt bin ich das Volk!

Ins Theater geht Thomas Neumann nicht mehr. Er sagt, es sei laut geworden, schnell, aggressiv. Er sieht Fotos von Inszenierungen und weiß: Da möchte ich nicht dabei sein. Gut, das Stück von Jutta in der Kammer des Deutschen Theaters wollte er sich schon noch angucken dieses Jahr, er hat es fest vor. Die Sache mit Jutta und ihm ist auch eine, von der man nicht weiß, wie sie verlaufen wäre, wenn es anders gekommen wäre mit dem Land und der Welt, ob sie dann noch zusammen wären. Das bringt ja nichts. Jutta hatte es noch viel schwerer als er. Die hatte eine Bedeutung in der DDR, sie war richtig weit oben und, na ja, je tiefer der Fall, so kam es nun mal.

An einem Sonnabend im Jahr 2019 ist Jutta Wachowiak zurück am Deutschen Theater. Wachowiak, 78, steht auf der kleinen Bühne der Kammer. Ein Fenster, eine Tür, drei Umzugskisten, ein Stuhl und sie, eine Dame in einer weiten Bluse. «Jutta Wachowiak erzählt Jurassic Park» ist ein Solo-Stück, ein Ein-Frauen-Abend, die Jutta-Wachowiak-Revue. Sie gibt die Wärterin in einem geheimnisvollen Park, in dem Dinosaurier gezüchtet werden. Heimlich nimmt sie einen kleinen Dino mit nach Hause, der ihr bald über den Kopf wächst. Alles gerät außer Kontrolle. Der Park muss geschlossen werden. Niemand darf mehr rein und raus. Die Wärterin bleibt zurück. Plötzlich wird aus ihrem verhärteten Gesicht das weiche eines kleinen Mädchens, und Jutta Wachowiak berichtet vom Treck zurück ins zerbombte Berlin. Dann wieder schaut sie weniger verträumt, sondern melancholisch zurück: auf eine erfolgreiche Schauspielerin in einem zunehmend erfolglosen Land. «Und alle heben sich gleichzeitig empor, von ihren Stangen, und flattern hinauf in die Kuppe, als hätten sie das Loch dort oben im Eisengitter erst jetzt gesehen!» Bis an jenem Tag im November, «als das Fenster aufgestoßen» wurde und endlich wieder Sauerstoff zu atmen war. Wachowiak wütet über die Bühne, dann ist sie schlagartig wieder elegant wie ein großer Star auf Abschiedstournee. Alle Erzählstränge verschwimmen und folgen doch nur ihrer Biographie. Jutta Wachowiak redet nicht von Dinosauriern, sondern von sich.

Die Kammer ist wieder ausverkauft. Viele Zuschauer sehen aus, als wären sie dabei gewesen im Herbst 1989. Aber auch viele Junge sind gekommen, um diesen Ritt durch ein Leben, das unbekannter wurde, und ein Land, das ihnen nicht bekannt ist, mitzumachen.

Der Applaus ebbt nicht ab. Ein grauhaariger Mann kommt nach vorne zu Wachowiak gestürmt und überreicht ihr eine rote Nelke. Später an diesem Abend sitzt Wachowiak im Keller des Deutschen Theaters, alleine in der Kantine, vor einem Glas Weißwein. Auf jedem leeren Stuhl um sie herum sitzen Erinnerungen. Dort hinten, das ist der Tisch, an dem Johanna Schall zu ihr rutschte und sagte: Janka will nicht reden, wenn Markus Wolf redet! Jutta, der Wolf kommt nachher, frag du ihn bitte, ob er zugunsten Jankas zurücktritt! Diese alten Männer, dachte Wachowiak, benehmen sich alle gleich, auf der einen wie auf der anderen Seite.

Viele Jahre konnte Jutta Wachowiak das Deutsche Theater nicht betreten, sie ertrug es nicht. Sie fühlte sich gedemütigt. Nach dem Jahr 1990 fiel es ihr schon schwer, neue Rollen zu übernehmen. Die alten, ja. Aber das Neue ging nicht in ihren Kopf. Es war schlimm. Die jüngste Tochter quälte sich mit dem Abitur. Sie mit dem ganzen Dasein. Als 2001 die Intendanz von Thomas Langhoff endete, wurde es richtig schlimm. Bernd Wilms wurde der Nachfolger, ein Mann aus Solingen. Da war gar keine Neugier an dem, was die Wessis übernahmen. Wachowiak fühlte sich als Altlast. Sie wurde fast gar nicht mehr besetzt. Viele verließen das Ensemble. Wachowiak verstand nicht: Wie kann man ein solches Potenzial an intelligenten, phantasievollen, gut meinenden Leuten einfach ausgrenzen? Sie wurde krank, wie andere auch, sie brauchte Hilfe, die andere sich nicht nahmen, sie musste weg aus Berlin, was andere nicht schafften. In Essen fand Wachowiak 2005 die Lust am Theater wieder, mit Nachwuchsregisseuren, die in ihr nicht nur das Gestern sahen. Einer davon ist Rafael Sanchez, der bei diesem Solo-Abend Regie führt, der Jutta Wachowiak wieder zurück gebracht hat.

Wachowiak lebt heute in Potsdam und auf Usedom, mit einem neuen Mann. Ihre Augen funkeln, wenn sie über all das spricht. Die leeren Stühle in der Theaterkantine erinnern sie nicht mehr an den Verlust, sondern an das, was sie hatte. «Der 4. November», sagt Jutta Wachowiak, «war ein schöner Tag, vielleicht der schönste in meinem Leben.» Sie sagt, sie denke sehr oft an diesen Tag zurück, wie überhaupt an diese Zeit und die Gründe, warum sie so abgefertigt wurden. Im einen Moment lagen sich alle noch in den Armen, im nächsten gingen sich alle aus dem Weg. Das hat sie damals nicht ausgehalten.

Ihr Dinosaurier-Stück läuft so gut, dass es auch in der kommenden Spielzeit fortgesetzt wird. Wachowiaks große Tochter saß auch am heutigen Abend im Publikum, zum dritten Mal schon. Wachowiak hat nicht gefragt, aber irgendwas scheint die Tochter daran spannend zu finden. Sie haben zu Hause nie viel geredet über die Zeit vor und nach der Wende, kein Gewese drum gemacht. Aber vielleicht, sagt Jutta Wachowiak, tut es der Tochter gut, zu hören, wie es der Mutter erging. Und ihr, sagt sie, tue es gut, gehört zu werden.

Am Sonnabend, den 4. November 1989, als Thomas Neumann und Jutta Wachowiak in der ersten Reihe des Demonstrationszugs gehen, lassen sie mit dem Alexanderplatz auch die Stille hinter sich. Die Ersten beginnen, Parolen zu rufen. Es wird geklatscht. Gelacht. Sie glauben langsam daran. Es passiert wirklich. Auf den Tapeten auf dem Anhänger vor ihnen stehen Losungen geschrieben, und die tapezieren sie überallhin. Niemand greift ein. «Demokratie hier + jetzt» steht plötzlich neben dem Eingangsschild der Volkskammer. Thomas Neumann greift Juttas Hand noch fester. Sie können es nicht erwarten, voranzukommen. Sie laufen immer zügiger. Hinter der Volkskammer steht Uschi Werner vom Gorki-Theater, mit ihrer Schärpe und ihrem Polizisten und fleht: «Nicht zur Mauer, Leute, linksrum!» Aber natürlich wollen sie nicht zur Mauer, sie wollen nicht raus, sie wollen endlich mittenrein. Thomas Neumann ist schon ganz außer Atem, als er sich zum ersten Mal umdreht. Da klafft eine Lücke, eine große Lücke zwischen ihnen, den Schauspielern an vorderster Front und den Massen dahinten, die noch immer runterströmen vom Prenzlauer Berg, aus Friedrichshain und Lichtenberg. «Langsamer!», ruft jemand.

Und Thomas Neumann denkt: Jetzt haben wir die Leute verloren.

NACHBEMERKUNG DES AUTORS

Das in diesem Buch Erzählte basiert auf Interviews mit Zeitzeugen, auf Literatur, Presseartikeln, Überlieferungen und Originaldokumenten. Der Rekonstruktion der Vergangenheit liegt eine aktuelle und gewissenhafte Recherche zugrunde. Aber: Jeder erinnert und notiert die Vergangenheit anders. Das erklärt eventuelle Widersprüche und Unklarheiten in den Schilderungen der Ereignisse. Es handelt sich bei diesem Buch nicht um eine historische, sondern um eine literarische Aufarbeitung, ohne Anspruch auf Vollständigkeit. Da der Autor sich dafür entschieden hat, die Geschichte aus subjektiven Perspektiven nachzuerzählen, handelt es sich zwangsläufig um seine ebenso subjektive Interpretation der Geschichte. Die Ereignisse vor, am und nach dem 4. November 1989 werden in diesem Buch durch die Augen der Beteiligten gesehen, aber es handelt sich dabei doch immer zuerst um den Blick des Autors, der bei keiner in diesem Buch geschilderten Szene, die sich vor dem Jahr 2019 zugetragen hat, anwesend war. Es war so, wie es hier steht, aber es war eben auch ganz anders.

358 Der Autor dankt Marianne Birthler, Jens Bisky, Jens-Uwe Bogadtke, Annekathrin Bürger, Jürgen Eger, Konrad Elmer, Ronald Freytag, Roland Gawlik, Gregor Gysi, Annegret Hahn, Christoph Hein, Thomas Heise, Inge Heym, Renate Hürtgen, Róbert Juharos, Ilko-Sascha Kowalczuk, Tobias Langhoff, Jan Josef Liefers, Steffen Mensching, Thomas Neumann, Peter Pragal, Jens Reich, Hans Rübesame, Karl Sand, Irina Schabowski, Johanna Schall, Henning Schaller, Andreas Schmidt-Schaller, Gerhard Schöne, Friedrich Schorlemmer, Jutta Seidel, Annette Simon, Joachim Tschirner, Jutta Wachowiak, Claudia Wall, Paul Werner Wagner, Hans-Eckardt Wenzel, Andrea Wolf und Gerhard Wolf. Außerdem: Nicola Bauer, Marion Blomeyer, Michael Ebert, Guntram Fink, Kendall Haaf, Thomas Hölzl, Timm Klotzek, Diana Stübs, Martina Wendl und ganz besonders Meredith, Levi und Hilda.

LITERATUR

Birthler, Marianne: Halbes Land. Ganzes Land. Ganzes Leben: Erinnerungen, Hanser Berlin, Berlin 2014.

Bisky, Lothar: So viele Träume. Mein Leben, Rowohlt Berlin, Berlin 2005.

Braun, Jutta / Schöbitz Michael (Hg.): Von der Bühne auf die Straße. Theater und friedliche Revolution in der DDR, Vorwerk 8, Berlin 2016.

Gerlach, Manfred: Mitverantwortlich. Als Liberaler im SED-Staat, Morgenbuch Verlag. Berlin 1991.

Gysi, Gregor: Ein Leben ist zu wenig. Die Autobiographie, Aufbau, Berlin 2017.

Hein, Christoph: Gegenlauschangriff. Anekdoten aus dem letzten deutsch-deutschen Kriege, Suhrkamp, Berlin 2019.

Hertle, Hans-Hermann: Chronik des Mauerfalls. Die dramatischen Ereignisse um den 9. November 1989, Christoph Links Verlag, Berlin, überarbeitete 12. Auflage, 2009

Heym, Stefan: Nachruf, btb Verlag, München 2011.

Heym, Stefan, Offene Worte in eigener Sache. 1989–2001, btb Verlag, München 2003.

Hilzinger, Sonja: Christa Wolf. Leben Werk Wirkung, Suhrkamp, Frankfurt a. M. 2007.

Hutchinson, Peter: Stefan Heym. The Perpetual Dissident (Cambridge Studies in German), Cambridge University Press, Cambridge, 2008.

Janka, Walter: Schwierigkeiten mit der Wahrheit, Rowohlt 1989, neu herausgegeben bei Rowohlt Repertoire , Reinbek bei Hamburg 2016.

Kowalczuk, Ilko-Sascha: Endspiel. Die Revolution von 1989 in der DDR, C. H. Beck, München 2015 (3. überarb. Auflage).

Kowalczuk, Ilko-Sascha / Polzin, Arno: Fasse dich kurz! Der grenzüberschreitende Telefonverkehr der Opposition in den 1980er Jahren und das Ministerium für Staatssicherheit, V&R, Göttingen 2014.

Kuberski, Angela (Hg.): Wir treten aus unseren Rollen heraus. Dokumente des Aufbruchs Herbst 89, Berlin 1990.

Liefers, Jan Josef: Soundtrack meiner Kindheit, Rowohlt, Reinbek bei Hamburg 2009 (6. Auflage 2016).

Mitter, Armin / Wolle, Stefan (Hg.): Ich liebe euch doch alle! Befehle und Lageberichte des MfS, Januar-November 1989, Basis Druck Verlagsgesellschaft, Berlin 1990.

Müller, Heiner: Krieg ohne Schlacht. Leben in zwei Diktaturen. Eine Autobiographie, Kiepenheuer & Witsch, Köln 2016 (3. überarbeitete Auflage).

Pragal, Peter: Der geduldete Klassenfeind. Als West-Korrespondent in der DDR, Osburg Verlag, Berlin 2008.

Poss, I. / Mückenberger, C. / Richter A. (Hg.): Das Prinzip Neugier. DEFA-Dokumentarfilmer erzählen, Neues Leben, Potsdam 2012.

Rödder, Andreas: Deutschland einig Vaterland: Die Geschichte der Wiedervereinigung, C. H. Beck, München 2009.

Rübesame, Hans (Hg.): Antrag auf Demonstration. Die Protestversammlung im Deutschen Theater am 15. Oktober 1989, Ch. Links Verlag, Berlin 2010.

Schabowski, Günter: Der Absturz, Rowohlt Taschenbuch, Reinbek bei Hamburg 1992.

Schabowski, Günter im Gespräch mit **Frank Sieren:** Wir haben fast alles falsch gemacht. Die letzten Tage der DDR, Econ, Berlin 2014.

Schorlemmer, Friedrich: Bis alle Mauern fallen. Texte aus einem verschwundenen Land, Knaur, München 1993.

Schorlemmer, Friedrich: Klar sehen und doch hoffen: Mein politisches Leben, Aufbau, Berlin 2012.

Schütt, Hans-Dieter: Ekkehard Schall. «Ich hab's erlebt, was will man mehr». Letzte Gespräche, Verlag Das Neue Berlin, Berlin 2014.

Schulz, Helmut H.: Die letzten Tage. Vom 4. November 1989 bis zum 18. März 1990, He RaS Verlag, Göttingen 2018.

Simon, Annette: Versuch, mir und anderen die ostdeutsche Moral zu erklären, Psychosozial-Verlag, Gießen 1995.

Simon, Jana: Sei dennoch unverzagt. Gespräche mit meinen Großeltern Christa und Gerhard Wolf, Ullstein, Berlin 2015.

Spira, Steffie, Rote Fahne mit Trauerflor. Tagebuch-Notizen, Kore, Freiburg 1990.

Spira, Steffie: Trab der Schaukelpferde. Autobiographie, Kore, Freiburg 1991

Süß, Walter: Staatssicherheit am Ende. Warum es den Mächtigen nicht gelang, 1989 eine Revolution zu verhindern, Ch. Links Verlag, Berlin 1999.

Wolf, Christa: Ein Tag im Jahr. 1960–2000, Suhrkamp, Frankfurt a. M. 2008

Wolf, Christa: Stadt der Engel oder The Overcoat of Dr. Freud, Suhrkamp, Berlin, 2010

Wolf, Markus: In eigenem Auftrag. Bekenntnisse und Einsichten, Tagebuch 1989 (Neuauflage von 1999), edition berolina, Berlin 2017 (2. Auflage).

Wolf, Markus: Die Kunst der Verstellung. Dokumente Gespräche Interviews, Schwarzkopf & Schwarzkopf, Berlin 1998.

Wolf, Markus: Die Troika. Geschichte eines nichtgedrehten Films. Mit Beiträgen von Egon Bahr und Hans Modrow, AtV, Berlin 2003.

361

LITERATUR

Alle Reden aus dem Onlinearchiv «Herbst 1994, 4. November 1989, Berlin Alexanderplatz», Mitteilungen des Deutschen Historischen Museums, 4. Jahrgang, Heft 11, https://www.dhm.de/archiv/ausstellungen/4november1989/htmrede.html, abgerufen am 1. 7. 2019. © Deutsches Historisches Museum
Außerdem wurde auch auf die folgenden Seiten zurückgegriffen: www.chronikderwende.de, www.ddr89.de, www.chronik-der-mauer.de und www.stasi-mediathek.de

BILDNACHWEIS

LIEDNACHWEIS

Der Traum ist aus, Rio Reiser
Text: Ralph Moebius

Berliner Lied, Wenzel & Mensching
Text: Hans Eckardt Wenzel und Steffen Mensching

Dank Choral, Wenzel & Mensching
Text: Hans Eckardt Wenzel und Steffen Mensching

Krenz Lied, Wenzel & Mensching
Text: Hans Eckardt Wenzel und Steffen Mensching

Mit dem Gesicht zum Volke, Gerhard Schöne
Text: Gerhard Schöne

Rüber geh'n, Jürgen Eger
Text: Jürgen Eger

Irgendeiner ist immer dabei, Kurt Demmler
Text: Kurt Demmler

Worte eines politischen Gefangenen an Stalin, Annekathrin Bürger
Text: Bulat Schalwowitsch Okudschawa

INHALTSVERZEICHNIS